WILLIAM V. WELLS

EXPLORACIONES Y AVENTURAS EN HONDURAS (1857) TOMO I

Un viaje a "La nueva California"

ERANDIQUE
COLECCIÓN

EXPLORACIONES Y AVENTURAS EN HONDURAS (1857).
TOMO I. UN VIAJE A "LA NUEVA CALIFORNIA"
WILLIAM V. WELLS

©Colección Erandique
Supervisión Editorial: Óscar Flores López
Diseño de portada: Andrea Rodríguez—Mariana Turcios
Administración: Tesla Rodas
Director Ejecutivo: José Azcona Bocock
Segunda Edición
Tegucigalpa, Honduras—Febrero de 2025

CONTENIDO

UN LIBRO CON PREJUICIOS... PERO VALIOSO

No sin razón, más de algún lector se preguntará por qué el Banco Central de Honduras –para dejar huella de su décimo aniversario– exhumó este libro en 1961 para publicarlo en español.

Originalmente, salió a la venta en inglés en 1857.

¿Cuál fue el resultado de la visita de Wells en términos de negocios? No lo sabemos. Pero reproducir hoy este enfoque económico, político, histórico y, en resumen, sociológico, es ciertamente amplificar una voz que habló hace mucho tiempo; el lector dirá después de su cuidadoso repaso si la vigencia de aquellas palabras era para entonces, para ahora o para "el siempre" de la vida hondureña.

Su principal objetivo, dice en el prólogo, "era llevar a cabo un reconocimiento en la parte de la República de Honduras conocida con el nombre de Olancho, que en 1850 había sido visitada por un ciudadano que reside ahora en Nueva York y, según él, era otra California, igualando al nuevo El Dorado en depósitos auríferos, y aventajándolo en posición y accesibilidad".

Benévolo a veces, acertado y justo otras, y en ocasiones duro y cruel hasta herir los sentimientos del centroamericano más indiferente, sin duda alguna el autor escribió esta obra creyendo hacer un servicio a su país y, sobre todo, influido por las corrientes ideológicas entonces predominantes.

Aunque no siempre exactas, el editor ha querido conservar las citas históricas tal como aparecen en el original; en pocos casos se han agregado algunas notas, más que todo para auxiliar a los que no conozcan la biografía patria.

Si la imagen reflejada aparece deformada, excusemos al autor; si acaso es reproducción fiel a la realidad, que ello nos sirva para que en los próximos cien años logremos cambiar la fisonomía descrita. Desarrollémonos.

Deseamos y esperamos que, al final, alguien piense que con esta publicación al menos no nos hemos apartado del tácito lema de la institución: "Hacerlo bien todo para el bien de la Patria". 1° de julio de 1960.

Al estar en el dominio público (y no encontrarse disponible en idioma español), esta obra amerita una republicación. El relato del señor Wells es muy valioso, pues nos lleva hasta los albores de la vida republicana en Honduras y Centroamérica. Sus opiniones son subjetivas y reflejan muchos prejuicios propios de su origen y tiempo, pero muy valiosas por ser de un observador educado y estudioso.

En particular, es conmovedora la descripción que realiza del general José Trinidad Cabañas, de su semblante, de su mirada, de su larga barba grisácea, la cual no se cortaba desde el fusilamiento de Francisco Morazán.

Wells, además, describe algunas particularidades de la población, su rutina y sus gustos, así como su viaje a lomo de mula por las montañas del sur de Honduras hasta llegar a Olancho.

Agradecemos al Banco Central de Honduras haber hecho esta traducción y publicación en 1960. El Lic. Pío Suárez Romero fue el editor y el Lic. Juan B. Valladares contribuyó con notas.

Esperamos que esta nueva edición ayude a llevar nuestro lejano pasado a las nuevas generaciones. Nuestra memoria es importante para poder construir un futuro mejor.

JOSÉ S. AZCONA B.
PRESIDENTE EJECUTIVO DE COLECCIÓN ERANDIQUE

PRÓLOGO

El viaje del cual las páginas siguientes forman un diario complementado después con datos reunidos, fue concebido en California en 1853 y basado en información, digna de confianza, que desde 1851 había sido puesta en mis manos, referente a las regiones auríferas de Centroamérica. Su principal objeto era llevar a cabo un reconocimiento en la parte de la República de Honduras conocida con el nombre de Olancho[1], que en 1850 había sido visitada por un ciudadano que reside ahora en Nueva York y, según él, era "otra California", igualando al nuevo El Dorado en depósitos auríferos, y aventajándolo en posición y accesibilidad.

---

[1] Con este mismo nombre se conoce aquella rica región desde su descubrimiento hacia 1524: Olancho escribieron Bernal Díaz del Castillo (Verdadera Historia, Cap. CLXXXIII), el cosmógrafo cronista Juan López de Velasco en su Descripción Universal de las Indias (p. 313 de la ed. De D. Justo Zaragoza), Juan Diez de la Calle (Memoria y Noticias Sacras y Reales de las Indias Occidentales, p. 273 de la ed. De Bibliófilos Mexicanos) y Antonio Vázquez de Espinoza (Compendio y descripción de las Indias Occidentales, pp. 224 y 225, ed. De The Smithsonian Institution), entre otros autores de los siglos XVI y XVII. El primero Cronista del Nuevo Mundo, Fernández de Oviedo, escribió Vylancho o Vlancho (pp. 198, 211, y 220 del tomo III de su Historia General y Natural de las Indias, ed. de la Real Academia de la Historia); Ulancho dicen también el adelantado D. Francisco de Montejo en su relación fechada el 1º. De junio de 1539 (Colección de Documentos Inéditos de Torres de Mendoza, t. XXIV, pp. 260 y 261) y el cronista Herrera en el cap. VI, Lib. VII, década tercera. En el testimonio de la fundación de la Villa de la Frontera de Cáceres, verificada el 2 de junio de 1526, se expresa que fue establecida en la "provincia de Huylancho (Colección cit., t. XIV, p. 61). Cortés en su quinta carta de relación dice Huilacho (Gayangos, Cartas y Relaciones, p. 475). El Dr. Membreño, explicando su etimología dice que Olancho es el "nombre de uno de los departamentos más ricos que tiene la República. La interpretación de esta palabra nos ha hecho meditar mucho sobre de qué proviene la última sílaba; hasta que en la Historia de las Indias, por Gómara, leímos San Jorge Blanco. Claro está que la sílaba co se ha debilitado hasta quedar en cho. La forma mejicana de la palabra sería Ollalco, que significa "en la tierra del hule". Se compone de olli hule, goma elástica, tlalli, tierra, y co, en. En las Cartas de Cortés dice Huilacho, y aun el mismo Gómara, Huictlato". V. Nombres Geográficos de la República de Honduras. Tegucigalpa, Tipografía Nacional, 1901, p. 73.

Las ventajas de este país centroamericano por algún tiempo habían sido materia de discusión.

De la limitada información que podía reunirse en San Francisco y de los papeles que tenía en mi poder, aparecía que en las cabeceras de los ríos que nacen en las montañas de Honduras y desembocan en el mar Caribe –particularmente el Guayape o Patuca– había depósitos de oro (placeres) en todo iguales a los de California; que eran accesibles por un río navegable, la boca del cual estaba a la distancia de tres días de navegación de Nueva Orleans y de siete de Nueva York; que el clima de esta región, aunque en el trópico, era uniforme y salubre; que el Gobierno había manifestado su disposición favorable hacia las empresas extranjeras; y que, en adición a su riqueza mineral, el país abundaba en maderas preciosas y drogas y proveía espontáneamente de todos los productos tropicales.

En aquel tiempo se había descubierto oro por todo el mundo. En varios lugares insospechados, en Australia, Oregón, Perú y Sonora el minero audaz, estimulado por el ejemplo de California, había descubierto depósitos auríferos y en los primeros dos lugares con un éxito que rivalizaba con la misma California.

La era del oro, que aparentemente se iniciaba en el mundo aumentando la cantidad producida de $50,000,000.00 a la fantástica suma de $200,000,000.00 anualmente y llegado de regiones hasta entonces desconocidas por los comerciantes y los geógrafos, condujo a la reflexión de que depósitos similares podrían existir en Honduras, que en los siglos pasados había sido conocida como país aurífero y ahora era campo de trabajos levados a cabo por los indígenas con las toscas herramientas de su raza semi civilizada.

En aquel entonces no podían adquirirse en California libros ni mapas relacionados con Honduras. Difícil me fue obtener el hábil trabajo del Sr. E. G. Squier sobre Nicaragua[1], tan admirado por su estilo narrativo y sus valiosos datos etnológicos, pero aquel autor no había visitado por segunda vez Centroamérica y, por consiguiente, la magnífica información que entonces dio al mundo sobre Honduras, no se había publicado. Las obras y los mapas de los ingleses y de otros escritores extranjeros sobre Centroamérica no habían llegado a la costa del Pacífico y hasta sus nombres eran desconocidos. Pero, si

---

[1] Nicaragua: su pueblo, monumentos, escenas y el proyecto canal, con numerosos mapas originales e ilustraciones por E. Geo. Squier, 2 volumen, Nueva York, 1852.

todo esto hubiera sido asequible tampoco hubiera significado una ayuda como guía debido a la ignorancia de sus autores sobre la región que me proponía visitar, particularmente de la parte oriental de Honduras y la extensa zona bañada por el Guayape. Este río, en algunos mapas hasta de 1855, aparecía como afluente del río Aguán o Romano, descargando sus aguas en el mar Caribe, cerca de Trujillo, cuando en realidad es el mismo Patuca, pero con nombre diferente en el interior [1]. La topografía del país pareciera haber sido puesta al acaso para llenar los feos vacíos en los mapas, en los cuales solo las líneas costeras, y no siempre, estaban correctas, circunstancia debida a los minuciosos estudios del Almirantazgo. De hecho, como lo averigüé después, Honduras era una tierra incógnita como el interior del Japón.

El mapa que acompaño de la parte oriental de Honduras es resultado de no poco trabajo, y aunque no abarca una extensión mayor de territorio, corrige las absurdas equivocaciones sobre Olancho que aparecen en los hechos anteriormente. Las distancias entre las ciudades principales y las haciendas y su ubicación, las determiné por observación personal y con la ayuda de diligente información que obtuve de los residentes más capaces. Según creo, no se ha hecho mapa alguno basado en un levantamiento real de esta apartada región, excepto uno burdo e incorrecto enviado en 1851 al señor Rugama, de Nacaome, por un nativo de Trujillo, quien hizo un grosero trazo de Olancho con el propósito de localizar ciertas concesiones de tierras para realizar en ellas cortes de caoba. Las pocas ciudades del interior que aparecen en la línea del proyectado Ferrocarril Interoceánico [2], se

---

[1] Squier, en la introducción de su obra principal sobre Honduras, trata extensamente de los errores geográficos y cartográficos que por el escaso y confuso conocimiento que entonces se tenía de Centroamérica se cometieron en la generalidad de las obras y mapas publicados hasta a mediados del siglo XIX; V. **Honduras, Descripción histórica, geográfica y estadística de esta República de la América Central**, por E. G. Squier, edición corregida y anotada por J. M. C. (Juan María Cuéllar). Tegucigalpa, 1908. Esta edición, que parece ser la tercera en español, porque D. Carlos Gutiérrez debe de haber publicado la segunda en Londres hacia 1873, está basada en la que se titula: **Apuntamientos sobre Centro-América, particularmente sobre los Estados de Honduras y San Salvador. Su geografía, población, riqueza, producciones, etc., y el propuesto camino de hierro de Honduras**. Traducidos del inglés por un hondureño (D. León Alvarado). París, Imp. De Gustavo Gratiot, 1856. En 4°. XIII, 384 pp.

[2] Squier describe minuciosamente la vía del ferrocarril interoceánico de Honduras, pp. 279 a 382 de su citada obra. La Ley Agraria de Honduras, emitida en 1924, en el capítulo VIII que se refiere a las **Zonas de influencia del ferrocarril**

sitúan de acuerdo con el mapa del Sr. E. G. Squier. Si Olancho es objeto en lo futuro de extensos reconocimientos científicos se hallarán, creo, pocos errores en el presente mapa, como son los que no puede evitar un viajero sin experiencia.

Al salir de California no tenía más propósito que el de informar a varios amigos de San Francisco, que se habían interesado en mi empresa encaminada a conseguir del Gobierno de Honduras el derecho de explotar yacimientos de oro y de establecer estaciones comerciales para la exportación de pieles, maderas de construcción, maderas de tinte y otros objetos de valor, por el río Guayape o Patuca, desde el departamento de Olancho [1]. Más, al considerar lo poco conocida que, entonces, era Honduras, resolví, además de cumplir con los deberes que específicamente me había trazado, dedicar parte de cada día a llevar un registro de los acontecimientos que me sucedieran y que abarcara las peculiaridades de carácter y costumbres, y las ocurrencias generales de viaje en medio de un pueblo aislado y primitivo.

Con esta mira, durante un viaje de cerca de un año, que se extendió a más de mil millas, la mayor parte a lomo de mula y visitando en ese lapso treinta y ocho ciudades y aldeas, reuní todo cuanto me pareció a propósito para arrojar luz sobre la historia y recursos naturales del país. Monedas, retratos, muestras botánicas, mineralógicas y ornitológicas; folletos de toda clase publicados durante cincuenta años en las prensas locales; viejos libros, "gacetas", "diarios" y manuscritos, y una serie de dibujos ejecutados por el señor Lazo [2], de

---

nacional, señala el camino de la vía férrea. En igual sentido está concebida la última Ley de 1936.

[1] La Asamblea Nacional Constituyente del Estado de Honduras decretó el 28 de julio de 1825 la primera demarcación territorial del Estado, dividiéndolo en siete departamentos: Comayagua, Tegucigalpa, Gracias, Santa Bárbara, **Olancho**, Yoro y Choluteca: **Bosquejo Histórico de Honduras** por el Dr. Rómulo E. Durón. San Pedro Sula, Tip. del Comercio, 1927, p. 150.

[2] Muy poco se sabe de D. José Sotero Lazo, compañero de Wells en su viaje por Olancho. Nació en Tegucigalpa entre 1820 y 1822, en la antigua casa de sus padres D. Francisco Lazo y Da. Rafaela Fiallos, la misma de dos plantas que forma esquina frente a **El Ahorro Hondureño**. Hablaba inglés; debe de haber viajado a Inglaterra o a los Estados Unidos, y tal vez allí aprendió o se perfeccionó en el dibujo y la pintura. Wells dice en el capítulo XIII de esta obra que Lazo lo acompañó a Olancho como dibujante, por su propia cuenta; que le había mostrado unos dibujos que encontró muy correctos. Fuera de los tres retratos y de algunos dibujos para la obra de Wells no se conocen sus trabajos. En **Una ensalada del Padre Reyes**

Tegucigalpa, que acompañó a Olancho, me permitieron, al regreso, reunir hechos suficientes para merecer su incorporación en la forma de un libro impreso. Se me extraviaron algunos de mis retratos, mapas y vistas de paisajes más importantes, que no podrán ser reemplazados con exactitud.

La parte histórica y política, que comprende algunos hechos no publicados hasta hoy, se presenta simplemente como un breve bosquejo de esta interesante porción del continente desde su descubrimiento hasta la fecha, pero sin pretender la altura de una historia, en el sentido exacto de la palabra. Los historiadores españoles han sido consultados en el capítulo XXIII, como también varios modernos, en relación con el gobierno colonial de España. Como lo hizo observar un autor inglés: "Es tan poco lo que conocemos de la historia interna de Honduras a través de la era obscura del dominio hispano, que los escasos hechos que podemos recoger de la luz vacilante y sospechosa que los corsarios nos han proporcionado, sirven más bien como mojones de su existencia, que como detalles de los sucesos relacionados con su suerte".

El llamado misterio que envuelve al reino de Guatemala después del establecimiento del sistema colonial español y que se extiende ininterrumpidamente a través de los siglos XVI, XVII, XVIII y hasta

---

publicada por Rafael Heliodoro Valle en la **Revista del Archivo y Biblioteca Nacionales** (t. XIV, pp. 366 a 366) se menciona un retrato hecho por el señor Lazo:

"buen retrato ha hecho Sotero
que ha merecido gala;
ya se marcha a Guatemala
con sus tropas don Juan Lindo"

Sea por su dominio del inglés, sea porque lo hablaba muy mal, es lo cierto que la musa festiva del padre Reyes lo embromó dedicándole el epitafio que dice:

"Murió Míster Sotiro
de mal de boca ¡oh caso lastimero!
Si a su tumba llegares es forzoso
que le hagas sacrificio de un suspiro;
pero te advierto hermano
que este muerto no sabe castellano:
llora, pues, en inglés, si tal favor
quieres hacer a un hijo de Nueva
York".

Debido a dificultades para su reproducción, el editor no pudo insertar, en esta versión, los interesantes dibujos de Lazo.

el XIX, ha sido parcialmente aclarado por el historiador de ese país, Juarros, de quien hago citas ocasionales. Este trabajo, originalmente publicado en Guatemala en 1811 en nueve volúmenes y posteriormente compendiado por su autor [1], es poco conocido en los Estados Unidos, en donde parece que ha sido confinado a las librerías de los estudiosos de asuntos hispánicos. Probablemente se sabe menos de la historia antigua de Guatemala que de la de cualquier otro país hispano americano. La descripción de esa extraña y maravillosa invasión de una nación por Alvarado y un puñado de sus armados acompañantes, con el garbo de un Irving o de un Prescott [2], todavía está por realizarse. El campo, inmenso como es, y que se abre a través de las polvosas páginas de los cuentos de las hazañas caballerescas ha mucho olvidadas, es tal vez lo más prometedor que ha quedado al historiador moderno.

El fundamento de los sucesos que se detallan en los capítulos XXIV y XXV lo hube del breve bosquejo histórico del Sr. R. G. Dunlop, "Travels in Central América" [3], en donde él presenta un

---

[1] Hay tres ediciones guatemaltecas de esta obra, las únicas en castellano que conoce el autor de estas notas; la primera impresa por D. Ignacio Beteta en 1809, el tomo primero, y el segundo en 1818; la publicidad en dos tomos por el **Museo Guatemalteco** en 1857. D. Víctor Miguel Díaz sacó a luz la tercera edición en 1936, también en dos tomos.

El Dr. Ramón A. Salazar dice que "en 1823, Mr. John Baily hizo la traducción de esta obra al inglés, siendo publicada en Londres en 1857": **Historia del Desenvolvimiento intelectual de Guatemala**. Guatemala, 1897, pp. 151 y 152. La traducción inglesa se titula: **A statistical and Commercial History of Kingdom of Guatemala in Spanish America – Containing important particulars relative to its productions, manufactures, customs, etc., with an account of its conquest by spaniards, and a narrative of the principal events down to the present time: from original record in the archives; actual observation; and other authentic sources, translated by J. Baily, London, 1824.**

Como se ve, no hay edición de la obra de Juarros publicada en 1811; tampoco se publicó primitivamente en más de dos tomos, como dice Wells; sí pudo haber sucedido que la edición príncipe se hiciese por entregas, a las que nuestro autor da el nombre de tomos.

[2] William Hickling Prescott. Erudito historiador norteamericano; escribió una notable **Historia del Reinado de los Reyes Católicos**. Con sus obras sobre las conquistas de Méjico y del Perú comenzó a demostrar la verdad de la obra civilizadora de España en América, que apasionados escritores anglosajones habían negado hasta entonces.

[3] Viajes a Centroamérica, Londres, 1847.

resumen político que se extiende de 1821 a 1847. Los capítulos interesantes del Sr. E. G. Squier, al parecer obtenidos de esa misma fuente y Marure y Montúfar [1], presentan esos acontecimientos en una forma más sistemática y significativa. Los principales hechos históricos, sin embargo, los obtuve en Honduras de manuscritos y papeles oficiales, la mayor parte de los cuales están aún en mi poder, y de las narraciones verbales de personas que tomaron que tomaron parte sobresaliente en las revoluciones. El bosquejo histórico "The Gospel in Central America" [2] ha sido también consultado. Este, como su autor el Sr. Crowe dice, se basa en los capítulos del Sr. Dunlop sobre aquella materia.

Se ha dedicado tal vez inmerecido espacio a los hechos en relación con la historia y muerte de Morazán. Estas páginas, no obstante, son apenas una pequeña parte de los manuscritos que puso en mis manos su yerno, don Esteban Travieso [3], de Tegucigalpa, y es debido a la promesa que a este hiciera en aquel tiempo, de publicar un sumario de su contenido, lo que me motivó a preparar ese bosquejo.

El relato de aventuras, como ya lo expresé, es simplemente una transcripción de mi diario, que lo llevé sin un solo día de interrupción. Este, en las soledades que el viajero debe recorrer, sirvió más que como un empeño, como entretenimiento agradable. Unas pocas páginas han sido dedicadas a Nicaragua, país más familiar al lector, y trato de Olancho (el objetivo de mi expedición) tan pronto como es posible. Al hablar de esta parte de mi viaje, puedo solamente repetir lo que ya dije en los artículos que arreglé de mis notas y que recientemente publicara la revista Harper's. Imagínese la riqueza vegetal y mineral de Nueva Inglaterra y Virginia, intensificada diez veces: el mismo género de plantas y árboles en su colorido y aspecto; nuestros campos verdes del norte en junio y nuestros prados de septiembre alternando con la misma verdura familiar, pero más

---

[1] D. Alejandro Marure, autor del **Bosquejo Histórico de las Revoluciones de Centroamérica** (Dos tomos, Guatemala, 1877-78), y D. Manuel Montúfar y Coronado que escribió las **Memorias para la Historia de la Revolución en Centroamérica** (Cuarta edición, Guatemala, 1934), obra más conocida con el nombre de **Memorias de Jalapa**.

[2] El Evangelio en Centroamérica, por Frederick Crowe, Londres, 1850.

[3] Don Esteban Travieso fue hijo legítimo de don Esteban Travieso Rivera y de doña María Josefa Lastiri, casada en segundas nupcias con el Gral. Francisco Morazán; de manera que don Esteban Travieso Lastiri era hijastro del Gral. Morazán.

firmes, más ricas, más variadas y esparcidas en todos sentidos. Es el Nuevo Mundo en lo mejor de lo mejor, en su clímax de belleza y utilidad. El aforismo de Lord Bacon, que saber es poder, a la inversa, que la ignorancia es debilidad, tipifica el desconocimiento de los norteamericanos en cuanto a la realidad del interior de la América tropical. Desde mi regreso, frecuentemente he contemplado los paisajes veraniegos en Massachusetts, particularmente entre Brighton y Cambridge, y me hicieron recordar a Olancho como una contraparte resplandeciente, pero excediendo este al cuadro del norte en suavidad y en delicadeza de perfiles.

En relación con esto, uno vacila para describir escenas de tan rara belleza y siente la tentación de no dar a su cuadro pinceladas "couleur de rose", sino conservarlo en toda su prístina belleza, por miedo a que el lector sonría incrédulo, de lo que va más allá de la experiencia de la vida ordinaria. Así como las multitudes toman como un absurdo la expresión de algo que ellas nunca han sentido, así la descripción de lo que jamás han visto les parece ridículo y exagerado, especialmente cuando creen que todo ha sido calculado para debilitar sus prejuicios.

El contacto que la navegación ha establecido entre los Estados Unidos y la América Española y el creciente interés por esos países, que hasta hace poco habían estado, comparativamente, excluidos del mundo, señalan al trópico americano como destinado en no lejano tiempo a convertirse en un prominente campo de empresa. Hasta recientemente, las citas constantes reproducidas de diccionarios geográficos y enciclopedias han sido la fuente principal de información acerca de Honduras, un Estado que, con toda probabilidad, se convertirá en un camino real de naciones a través del continente y en fuente de una gran riqueza mineral. Todavía el país está entronizado en el silencio y el aislamiento que, al parecer, solo serán rotos por el avance de la civilización y la industria extranjeras.

Nueva York, 5 de noviembre de 1856

CAPÍTULO I: EN BUSCA DE CONCESIONES MINERAS

Objetivos del viaje a Olancho. – Salida de California. – San Juan del Sur. – Pasajeros de Nueva York. – El camino a la Bahía de la Virgen. – Panorama. – Clima. – Ometepe. – Tempestad en el Lago de Nicaragua. – Nuevas amistades. – La guerra. – Salida para Rivas. – Lago de Nicaragua. – Río Lajas. – Cruce por arenas movedizas. – Noche en el bosque. – Una tormenta tropical. – Rivas. – Paseo a la luz de la luna. – "¿Quién vive?".

A principios de 1854 salí de San Francisco, California, para visitar Centroamérica con el propósito de obtener ciertas concesiones mineras y comerciales del Gobierno de Honduras. La empresa, que surgió de un comerciante de Nueva York, había pasado de mano en mano, hasta que los papeles y documentos relacionados con la misma fueron a parar a California, en donde la amplia libertad y ansioso espíritu de aventura en aquel tiempo, parecía ofrecer un terreno más adecuado para llevarla a cabo.

Se consideraba la oportunidad como peculiarmente favorable a una feliz negociación con el pueblo de Centroamérica, y especialmente con el de Honduras, cuyo Gobierno había enviado a uno de sus ciudadanos más prominentes a los Estados Unidos [1] con el

---

[1] Don José Francisco Barrundia, precursor y prócer de nuestra independencia. Nacido en la ciudad de Guatemala en 1784 del matrimonio de D. Martín Barrundia con Dña. Mercedes Cepeda y Coronado. "Había sido uno de los conjurados de Belén sentenciado a la pena de garrote, que no sufrió, como ningún otro, por haber podido escaparse; pero tuvo que vivir escondido cinco años. En su encierro nutrió su espíritu con la lectura de los libros de los revolucionarios, y se preparó de ese modo para mejores días. Aprendió en su encierro inglés y francés, cosa rara y de gran mérito en aquella época, y estudiando en el primer idioma la constitución americana y sus leyes, se aficionó de tal modo a ellas, que eso nos valió más tarde el federalismo y la traducción hecha por el del "Código de Livingston" que se adoptó como ley sustantiva de la República". V. Los hombres de la independencia por Máximo Soto Hall en la **Revista de Costa Rica en el siglo XIX**, San José, MXMII, p. 231; y la **Historia de veintiún años. La independencia de Guatemala** por el Dr. Ramón A. Salazar. Guatemala, Tipografía Nacional, 1928, p. 206.

objeto de abrir las puertas del país a la inmigración norteamericana, medida que se juzgó propicia para el desarrollo de sus intereses sociales y comerciales.

Tuve la fortuna de obtener cartas de presentación de varios centroamericanos para algunos de los hombres más sobresalientes de Honduras y, asimismo, del Hon. S. Foote, del Hon. Ogden Hoffman Jr., del gobernador Bigler de California, y de varios otros altos funcionarios estatales y nacionales, lo que me permitió prever un viaje placentero y confiado.

Con esas cartas y una deficiente información que pude obtener de los pocos libros relativos a Centroamérica en aquel entonces asequibles en California, me embarqué en el vapor "Cortez", y diciendo adiós a un pequeño grupo de amigos en el muelle, cuya expresión de deseos sinceros por mi éxito todavía guardo fresca en mi memoria, salimos del puerto y luego surcábamos por las aguas azules del Pacífico. Con vistazos ocasionales hacia la costa, ora deslizándonos a la vera de los borrosos perfiles de las montañas del interior, ya bordeando los promontorios de México y Guatemala, entramos al décimo tercer día de navegación en el pequeño puerto de San Juan del Sur, siendo una tormenta borrascosa nuestra primera experiencia de las peculiaridades del clima centroamericano, significativo preludio de lo que podía esperar en lo futuro.

Gracias a las atenciones del gentil capitán, fue placentera nuestra navegación de dos semanas. Desde nuestro puesto en el alcázar podíamos observar el aspecto general del puerto y en lontananza el paisaje tropical de eterna esmeralda. La apariencia exótica del

---

Barrundia presidió la convención unionista reunida en Tegucigalpa el año de 1852, cuando gobernaba Honduras el general José Trinidad Cabañas, quien lo envió como ministro plenipotenciario a los Estados Unidos. Desempeñando este cargo falleció en New York el 4 de agosto de 1854.

Perdone el lector la digresión para consagrar un recuerdo estremecido a la memoria de un hondureño ilustre de la brillante generación y de la sangre de Marco Aurelio Soto y Ramón Rosa. Justamente en la propia fecha en que murió el prócer Barrundia nacía en Tegucigalpa el Dr. Carlos Alberto Uclés, jurisconsulto, diplomático, parlamentario. Rector y profesor de la Universidad Central, literato, conversador ameno y erudito cuyo ingenio y ocurrencias felices todavía se recuerdan; pero por sobre todo el Dr. Uclés fue buen patriota, leal y desinteresado servidor de Honduras, que con su claro saber, su rectitud y su consejo ilustró los altos cargos que desempeñó desde su juventud. La Universidad de Honduras no debería haberse olvidado de quienes le dieron calor y vida, y la autoridad la prestancia que no ha logrado alcanzar en tiempos más cercanos.

panorama se echaba a perder por la arquitectura de sus principales edificios, por las profanidades tan poco hispanas y por la actividad que acompañaba al bullicio del desembarque.

Un enjambre de bronceados nativos en bongos, confundían su inglés quebrado con los tonos ásperos y comerciales del barquero neoyorquino en la ruidosa discusión de tarifas. Esperamos que el bullicio se calmara y entonces con el capitán nos sentamos tranquilamente en la lancha del vapor y nos dirigimos hacia la playa, a lo largo de la cual brillaba una blanca cresta de espumas diluyéndose en un suave murmullo, especialmente calmante después del monótono trepidar de las máquinas y de la infinita variedad de ruidos que siempre acompaña a las naves.

La época de las lluvias se hallaba en su apogeo y en cuatro horas tuvimos otras tantas borrascas, acompañadas de truenos y de relámpagos. En estas circunstancias, aunque estaba preparado para anotar cada novedad en el panorama y el carácter de las gentes, me despreocupé de tomar notas acuciosas de este lugar que todo viajero californiano ha cruzado y cuyos sucesos novelescos han sido por años el tema del comentario periodístico.

Salimos a tierra en hombros de morenos, y nuestro primer saludo al arribar a costas de Centroamérica, fue el de un soldado negro, sin camisa y en pernetas, cuya sucia apariencia solo podía compararse en su risible aspecto, con el oxidado fusil inglés con que se pavoneaba a lo largo de la línea de la marejada. Mi primer cuidado fue buscar alojamiento, y pareciéndome el "Hotel Pacífico" el más prometedor, nos encaminamos hacia allá con nuestro equipaje, cargado en las espaldas de tres o cuatro naturales del país, que nos cobraron un real cada uno por sus servicios.

Como a las diez de la mañana los pasajeros, cuyo número oscilaba alrededor de unos seiscientos, habían montado y estaban en marcha por el camino de la Compañía hacia la Bahía de la Virgen; y desde el balcón de nuestro hotel dijimos adiós a los varios amigos que habíamos hecho a bordo, hasta que desapareció el último; entonces hicimos subir nuestros baúles y pronto nos hallábamos debidamente instalados en nuestro cuarto. El hábito adquirido en años pasados, entre suramericanos, me había familiarizado con el uso de la hamaca, de tal manera que no me fue extraño echarme en una de esas cómodas y mecedoras redes y con ayuda de un excelente cigarro (resto de los que traje de San Francisco), me puse a soñar una hora, acariciado por el calmante susurro de las olas y pensando lánguidamente en los deberes de la expedición.

Nuestro hospedero, Mr. Priest [1] pronto hizo migas con nosotros y al saber nuestro destino, nos aconsejó que por ningún punto intentáramos ir por tierra a la parte norte del país; mientras el lago, infestado de guardacostas partidarios de Chamorro, era una peligrosa vía para los extranjeros, en especial para los norteamericanos, muchos de los cuales, habiéndose enrolado en el partido liberal o de Castellón, eran desde entonces objeto primordial de las venganzas del enemigo; y aún se aseguraba que Chamorro no había dado órdenes a sus subordinados para no dar cuartel a los americanos en servicio de la causa opositora o fuera de ella. El país, desde San Juan del Sur hasta Masaya, estaba en manos del partido de Castellón, pero más allá de ese punto, nos encontraríamos en las vecindades de Granada, la plaza fuerte de Chamorro. Mr. Priest nos aconsejó que aguardásemos la llegada de una goleta costera que se esperaba cualquier día de Puntarenas, con destino a El Realejo.

Mientras conversábamos con nuestro locuaz hospedero, se nos unieron dos señores, evidentemente extranjeros, quienes, como supimos después, eran hijos de don Carlos Dárdano [2], de Amapala,

---

[1] John Priest, cónsul de los Estados Unidos en San Juan del Sur, donde era dueño de una fonda y una taberna, de quien Walker no se expresa favorablemente: **La Guerra de Nicaragua**, escrita por el general William Walker, versión castellana de Ricardo Fernández Guardia. San José de Costa Rica, Imprenta María v. de Lines, 1924, pp. 83 y 84.

[2] D. Carlos Dárdano Dota, probablemente de origen sardo, contrajo matrimonio con Josefa Lozano, hija legítima de D. Calixto Lozano y de Dña. Josefa Lardizábal, boda que se verificó en Tegucigalpa el 2 de enero de 1834, siendo una de las madrinas Dña. María Josefa Lastiri, esposa del general Morazán; en la partida de casamiento no se indican ni la patria ni los padres del contrayente (V. el **Libro de Matrimonios de la Parroquia de San Miguel de Tegucigalpa**, años 1831 a 1857, fol. 19).

Dárdano tuvo la debilidad de aceptar el nombramiento de superintendente de la isla de Tigre y demás adyacentes de la bahía de Conchagua cuando la ocupación inglesa de 1849. El general Santos Guardiola, en carta fechada en Nacaome el 3 de noviembre de 1849, decía al Sr. Dárdano: "hace más de 20 años que Ud. vive en Centroamérica, está casado con una hija del país, ha hecho en él su fortuna y por sus leyes Ud. es centroamericano y goza de los mismos derechos y franquicias que los naturales; Ud., pues, al adherirse y prestar sus servicios a una potencia enemiga e invasora, a una nación que actualmente nos insulta y nos oprime, y a quien no puede Ud. servir sino es agraviando al país que tan generosamente le dio acogida y lo aceptó por hijo, ejecuta Ud. un acto de ingratitud, de felonía y de traición, que

isla del Tigre, para quien yo llevaba una carta de presentación. Estos jóvenes se habían demorado en San Juan y la Bahía de la Virgen, en compañía de Mr. Henry Matsell, nombrado recientemente cónsul de los Estados Unidos en La Unión, El Salvador, esperando varias semanas la llegada de una goleta. Mr. Matsell se mostraba renuente a aventurarse con su familia a través del país o por el lago, y llevado de la desesperación, negociaba la reparación de un barco arruinado y embrocado en la playa, para trasladarse a El Realejo en donde, estaba seguro, encontraría hospitalaria acogida y regulares comodidades.

Una dama que en este momento se unió a nuestro grupo en compañía de una niñita de ojos negros, parecía aburrida de sus pocas semanas de vida en Nicaragua. Se quejaba de languidez y debilidad, efectos seguros que se marcan en los visitantes femeninos, al quedar bajo la influencia enervante del clima tropical.

Después de una larga consulta, en la cual los Dárdano nos invitaban a quedarnos con ellos, decidimos marchar por tierra, y mientras nuestro grupo rechazaba la dudosa oportunidad del bote destartalado de la playa, tuvimos éxito en asegurar los servicios de varias mulas, a cuyos propietarios hallamos jugando al monte en la calle de Pineda, y convinimos con ellos en que nos transportarían con nuestros equipajes a Rivas, a razón de cuatro dólares por mula utilizada, debiendo salir temprano a la mañana siguiente.

Había habido una ininterrumpida sucesión de chubascos durante los dos días de nuestra permanencia allí; el termómetro a medio día marcaba 90° F. a la sombra, y a las borrascas sucedían rayos de una luz solar fiera, que caían sobre el follaje húmedo de la ciudad. Temprano, a la mañana siguiente, y confortados con un buen desayuno, comenzamos, con ansiedad de verdaderos novatos en la ciencia de la lenidad centroamericana, a buscar nuestros arrieros. Dixon (un americano empleado en las oficinas de la Compañía, de quien era yo deudor de muchas indicaciones útiles), riéndose, nos aconsejó que aprendiéramos y adoptáramos, tan rápidamente como nos fuera posible, el adagio universal español: poco a poco [*], porque pronto descubriríamos la falacia de querer apresurar a un natural del país.

---

como he dicho lo creo injustificable". (V. la **Monografía Geográfica e Histórica de la Isla del Tigre y Puerto de Amapala**, por Pedro Rivas. Tegucigalpa, Talleres Tipográficos Nacionales, 1934, pp. 137 a 141).

[*] N. del E – El Sr. Wells tradujo "literalmente" esta frase como "take it easy".

A las diez de la mañana, una nube de polvo y una serie de alaridos y gritos indescriptibles, anunciaron la llegada de los pasajeros de Nueva York, quienes, en número de varios cientos, prestamente tomaron posesión de la pequeña ciudad. En medio del alboroto, justamente cuando habíamos reconocido a varios viejos californianos, llegaron nuestras mulas y sin acordarnos de llamarle la atención al arriero para que en lo futuro fuera más puntual, enfilamos hacia la Bahía de la Virgen, cayéndose un aguacero al solo andar una milla. Sabíamos que teníamos que acostumbrarnos a esto en los próximos ocho meses; y así, envolviéndose en nuestros ponchos, seguimos adelante, pensando con ansiosa esperanza en nuestra llegada a Rivas.

Fue con orgullo de norteamericanos que vimos la carretera macadamizada que en una distancia de treinta millas cruza una tupida selva, contrastando el aspecto selvático del país con la evidencia de la civilización y el resultado de una industria activa desplegada en los puentes y excavaciones a lo largo de la ruta. Este trabajo era uno de los muchos ejemplos fuera de los límites de los Estados Unidos, donde el genio y el espíritu de empresa de nuestros compatriotas están venciendo los terrores de los climas tropicales y abriendo para el mundo los vastos campos del istmo centroamericano que aún están sin desarrollo. A nosotros, que por años contemplamos en San Francisco la llegada quincenal de ciento de pasajeros que habían cruzado con toda seguridad estas regiones, nos pareció que no había nada "extraño" en la escena. Pero la profusa vegetación limitando la vista por todas partes; el vuelo de las polícromas guacamayas y de los bulliciosos oros pasando encima de nosotros a intervalos, la quietud impresionante de la selva unida al indefinido e interesante país por el cual nuestro viaje tenía que realizarse hasta alcanzar la meta distante, producía un agradable alborozo en el espíritu, una alegre sensación de libertad con un anticipado anhelo de aventuras salvajes, solamente conocidas por aquellos que, por necesidad o por propia voluntad, dejan atrás las restricciones y convencionalismos de la sociedad.

La mayoría de los lectores americanos han sido acostumbrados desde su niñez a asociar ideas románticas y a menudo extravagantes con aquellos misteriosos países cuyas tribus broncíneas, sus pájaros de brillante plumaje, sus animales extraños y productos preciosos, fueron dados a conocer por las exploraciones de los aventureros españoles del siglo XVI. Los medios escasos de información, a menudo limitados a las crónicas exageradas de los primeros conquistadores, o a los relatos fabulosos de los sacerdotes que los acompañaban; el insignificante comercio hasta ahora existente entre los países de Centroamérica y las naciones marítimas del mundo; la dificultad de las comunicaciones hasta que los lavaderos de oro de California despertaron aquellas soleadas plácidas a la vida, como un medio de tránsito al Pacífico; su posición alejada, aparentemente fuera de las grandes rutas del comercio mundial; estas y otras causas, evidentemente, hasta hace pocos años, no solo han evitado que estos países sean mejor conocidos, sino que parecieran ofrecer pocos o ningún aliciente al comerciante y al viajero.

El barco cargado de caoba procedente de las pestilentes zonas bajas de la Costa Firme, su tripulación frecuentemente azotada por la epidemia y portadora de noticias espantosas sobre el horrible clima que había dejado, era suficiente para influenciar la mente del más osado aventurero, mientras que la suerte de los pocos intentos de poblar con colonos europeos, parecía señalar la costa como un Gólgota para todos los aventureros extranjeros que se atrevieran a vivir ahí aun temporalmente. Del interior, poco o nada se sabía excepto que era de un "clima tropical", lo suficiente para hacer al traficante reflexionar larga y seriamente antes de visitar sus playas, y al marino desistir estremecido de su viaje proyectado. El avance de la civilización, rápidamente está colocando a Centroamérica en posición prominente ante el mundo. Las ideas anticuadas y fabulosas en relación con su gente y clima están cediendo ante la investigación de la vigorosa raza anglosajona. Los cuentos de sus miasmas venenosos; de su atractivo exterior escondiendo bestias de presa y reptiles ponzoñosos; de sus selvas obscuras, lugar de nacimiento de la malaria, y de su follaje lujuriante exhalando vapores de enfermedad y muerte; todo esto ha pasado a la categoría de sueños vanos y nunca más detiene la marcha del aventurero. Los recursos naturales del país, que igualan en variedad y exceden en calidad a los de la codiciada Cuba, añadidos a su proximidad a los Estados Unidos, no pueden menos que traer una intimidad más estrecha con el espíritu de empresa comercial que caracteriza a la época presente.

Nuestro arriero era un jamaiquino cuya ocupación consistía en conseguir mulas para la Compañía del Tránsito, a un precio estipulado por cabeza. Se decía que era dueño de más de cien animales, que empleaba a gran número de nativos, y me fue asegurado por un negro que caminaba al lado de mi mula, que no era pequeño el honor de ser atendido en persona por el patrón.

Por ahí, a la mitad del camino, llegamos a un lugar elevado desde el cual, a través del bosque abierto hacia el oriente, dimos un vistazo al volcán Ometepe [1], situado en la isla de ese mismo nombre, al este de la Bahía de la Virgen. Al mediodía, la atmósfera perfectamente clara, los rayos del sol caían produciendo el extraordinario color añil descrito en varias obras sobre Centroamérica como características de las montañas distantes del país. Esto era la primera vista que tenía de la gran cadena de volcanes que se extiende de parte a parte de Nicaragua, y no fue sino hasta entonces que empecé a darme cuenta de que estaba en medio del paisaje y del verdor florido de los trópicos, en una tierra cuya historia, prolongada hacia atrás al descubrimiento del continente, era abundante en interés y en romance.

Poco después del mediodía, llegamos a la pequeña población denominada Bahía de la Virgen, y a medio galope por su única, ancha y bien cuidada calle, detuvimos nuestras cabalgaduras en la casa del juez Cushing, en este tiempo agente interino de la Compañía de Tránsito. Fuimos invitados gentilmente a desmontarnos; y cuando al entrar en el fresco e imponente salón del agente, fui presentado a un viejo y valioso amigo (últimamente encargado de negocios en Ecuador), me sentí bien pagado del abrasador viaje desde San Juan del Sur. Desde la ventana, abierta hacia el lago, obtenía yo una bella vista de esta notable extensión de agua. Una brisa suave y fresca llegaba al cuarto, desde allá. Lejos, por el sureste, el chubasco diurno o borrasca vespertina de la estación lluviosa se estaba formando, y sombras espesas lanzadas por las encastilladas nubes deslizándose gradualmente hacia arriba hasta que todo el horizonte del sur quedó

---

[1] Según Lévy, el Ometepe mide 5,350 pies de altura; agrega que nunca se había hecho la ascensión científica del Madera y del Ometepe antes de su exploración personal en 1869. Entonces pudo describir que "en el vértice del cerro de Ometepe hay dos puntas de la misma altura, y entre ellas un pequeño cráter lleno de agua lluvia, cristalina y helada. La vista se extiende sobre la mitad de la República, y se tiene el istmo de Rivas a sus pies. En la falda oriental hay otro cráter vasto, pero poco profundo y enteramente oculto por la vegetación"; **Notas geográficas y económicas sobre la República de Nicaragua**, por Pablo Lévy. París, Librería Española de E. Denné Sohmitz, 1873, pp. 83 y 148. Sonnestern hace subir la elevación del Ometepe a 5,700 pies; **Geografía de Nicaragua para uso de las escuelas primarias de la República**. Reimpresa en Granada, Imprenta del "Centroamericano", 1875, p. 54.

en plena obscuridad y los picos elevados del Ometepe y del Madera se envolvieron en nubes impenetrables. Los vivos relámpagos y los truenos retumbantes anunciaron pronto la inminente tormenta, y un minuto después se cerró del todo por una cortina de agua que, al pasar por la ciudad, se evaporaba de los calientes tejados, con un efecto curioso.

El juez Cushing nos aseguró que esta no era ni remotamente igual a las tormentas propias de la estación. Fue, no obstante, de corta duración, y habiendo aclarado el cielo ahí por las dos de la tarde, nos preparamos para continuar nuestro viaje hacia Rivas, distante como diez millas.

Mientras me hallaba en San Juan, Mr. Pardee, cónsul de los Estados Unidos en aquel lugar, al saber de mi intención de hace escala en León, me entregó cartas oficiales para Castellón, puesto que no había entonces medios seguros de comunicación con la parte norte del país. Como ambos partidos pretendían ser los gobernantes legítimos del Estado, el cónsul no había decidido a cuál reconocer, pero finalmente juzgó seguro admitir los derechos de aquellos que actualmente dominaban la región. Consecuentemente, sus cartas fueron dirigidas al director provisional, reconociendo su autoridad y rogándole el exequátur. El juez Cushing, asimismo, se inclinó por admitir la causa de Castellón, pero como ambos exigían los dineros adeudados por la Compañía del Tránsito al Estado, él, con verdadera diplomacia, rehuyó pagar a ninguno hasta que la marea de los acontecimientos se calmara en favor de un partido o del otro.

Dejamos la Bahía de la Virgen, marcando el mercurio 90° a la sombra; un nuevo conocido, el Dr. Davis, que decía ser el cirujano del ejército democrático nos advirtió seriamente que no partiéramos. No habiendo adquirido nosotros todavía el estilo de poco a poco del país, no escuchamos la advertencia y proseguimos; a la media hora se nos unió el doctor, fuerte y jovial, que, prefiriendo compañía en su ruta, vino a medio galope en un caballo flaco, al que regocijadamente le daba el remoquete de "Chingo".

El doctor era natura de Ohio y vivía en Nicaragua desde hacía tres años, donde había acometido varias aventuras, ora trabajando en una mina de plata, ora residiendo como médico en Granada y Masaya, ora combatiendo en las revoluciones del país, ora actuando como piloto a bordo de vapores en el lago. Atribuía su presente exaltación a la influencia de un oficial a quien él había suavizado durante una pelea hacía unas pocas semanas. El doctor estaba fuertemente comprometido al lado de Castellón, había tomado parte activa en las batallas de mayo anterior y se dirigía ahora a Jalteva, en los aledaños de Granada, donde Chamorro estaba sitiado por cerca de mil doscientos "leoneses" al mando del general Jerez. Había estado en la Bahía de la Virgen portando despachos y consiguiendo medicinas, y regresaba ahora a tomar parte en el sitio. Nos aseguró que en Rivas tenía media docena de compañeros norteamericanos, que nos acompañarían a Granada.

Aunque satisfecho con la compañía de mi nuevo conocido, no me hallaba seguro de la conveniencia de viajar con su persona, ya que me anticiparon que podríamos caer prisioneros en el camino y ser transportados a Granada, en donde el hecho de ir con él aseguraría mi confinamiento por tiempo indefinido. Sin embargo, el viaje debía de hacerse y, resolviendo confiar en la suerte, seguimos nuestro destino.

El camino de la Bahía de la Virgen a Rivas va por las orillas del lago cerca de cuatro millas, y el resto por campos bien cultivados, en grandes y pequeñas secciones, con cacao y oras plantaciones. A nuestra izquierda se extendía un impenetrable bosque de ceibas, guanacastes y otros árboles cuyo obscuro follaje parecía tan desconocido y abandonado como cuando los viejos conquistadores españoles pisaron por primera vez este suelo prolífico. A nuestra derecha, el gran lago, impresionando nuestros sentidos con su inmensidad, y en donde, contra un cielo de ensoñación, una goleta acortaba su ruta hacia Granada. Esta fue la única señal de actividad comercial. Las tormentas recientes habían puesto las aguas revueltas, y el fuerte oleaje se rompía en la playa, mojando frecuentemente contra un promontorio, para bordear el cual nos veíamos obligados a entra en el lago, apresurar nuestros animales y hundirse hasta la altura de las cinchas. Allá lejos y asomado en los cielos claros, el volcán Zapatera levantaba su testa, mientras a la derecha y aparentemente surgiendo del agua estaban el Ometepe y el Madera; la isla en la cual se halla situados desaparecía en el horizonte. Estos volcanes son mojones en todo el país.

Hay varias leyendas sobre el volcán Ometepe, que se estima de seis mil pies de altura, aunque no tenga noticias de que se haya medido su elevación alguna vez. Hay en la isla varias familias de indios, que se gana la vida fácilmente cultivando legumbres, que venden en la Bahía de la Virgen, a donde van en bongos todos los días. Me informó Mr. Geer, caballero residente desde hace varios años en la Bahía de la Virgen y San Juan del Sur, que nadie, según se sabe, ha ascendido hasta su cúspide. Él, en compañía de dos intrépidos amigos, intentó el ascenso hace tres años y habiendo salido de la base a las cinco de la mañana, llegó hasta unos pocos centenares de pies de la cima, diez horas después. Aquí encontraron una elevada pendiente cubierta de cenizas, que les fue imposible subir, hasta que, exhaustos por los esfuerzos y deslizándose a cada momento, decidieron regresar, emprendiendo el descenso la misma tarde. Un indio viejo sostiene haber alcanzado la cima hace muchos años y dice que existe un lago, que él describe como un extinto cráter. Mr. Geer trató de confirmar esta creencia, a la cual los viejos nativos se adhieren fuertemente, y se inclina a aceptarla porque al observar hacia arriba, contra el lado perpendicular de una roca, se ven sombras peculiares como las producidas por la reflexión de la luz solar sobre las olas contra un muro. Hay también una considerable corriente que sale del lado de la montaña, unos pocos centenares de pies sobre el nivel del lago, lo cual apenas podía tomarse de otra manera que no fuera la de haber un lago en la parte superior. Las constantes nubes alrededor de la cúspide parecieran indicar tal cuerpo de agua. Una investigación futura, sin embargo, resolverá sin duda alguna el problema.

Las playas del Lago de Nicaragua difieren poco de las del océano y una persona extraña al lugar, en presencia de las marejadas que se levantan impulsadas por el fuerte viento, podría suponer fácilmente que se encuentra en las playas del mar.

Cuando me detuve en un promontorio o cabo saliente del lago y noté la espléndida extensión de agua ante mí – un horizonte de olas, navegable por grandes vapores en casi todas sus partes, rodeada por tierras rebosantes de una vegetación espontánea y justamente denominada "el jardín del mundo" – no pude reprimir un sentimiento de honda pena de que un lugar al que la naturaleza pareciera haber otorgado sus regalos más preciosos, fuera teatro de sangrientas revoluciones e infructuosas guerras; donde la agricultura y el comercio solo existen de nombre, y su historia sea un baldón para los dueños de este suelo. Seguramente que un país tan felizmente ubicado, que descansa a medio camino entre los cinco continentes, debiera desde hace tiempo ser campo de industrias, ya bajo la guía de sus propios hijos, ya en la de manos extrañas.

A lo largo de nuestra ruta encontramos bandadas de aves acuáticas, algunas de la especie de las garzotas. Pasábamos a pocas yardas de ellas antes que levantaran el vuelo con estridentes gritos y se posaran ahí no más a corta distancia. Evidente era que nunca se les molestaba o mataba. Una variedad de excelentes peces puede ser extraídos del lago; no obstante, durante nuestra permanencia en sus vecindades jamás nos fueron ofrecidos en venta. Resultaba claro que los moradores son tan indolentes hasta para aprovecharse de este manjar. Grandes tiburones se han capturado en el lago, y hace pocos meses una mujer de la Bahía de la Virgen, que se hallaba lavando ropa en sus orillas, fue atrapada y devorada por un cocodrilo.

Un alto farallón rocoso nos impidió continuar por la playa; tuvimos que seguir por un angosto pasillo hacia la izquierda que conducía directamente a los bosques y, después de hundirnos en un lodazal negro donde las mulas se iban hasta las rodillas a cada paso, salimos de nuevo al lago en la boca de un río de cerca de cincuenta yardas de ancho, conocido como Río Lajas. Este río, sin agua durante la estación seca, era ahora de una profundidad formidable, y nuestros hombres nos informaron que era retiro de cocodrilos, que aquí se refugiaban entre las cañas y los arbustos para defenderse de los fuertes vientos.

Una canoa, hecha de un tronco de ceiba ahuecado, permanecía atada en un banco de arena. Dos barqueros, medio desnudos, estaban cocinando carne en un fuego hecho cerca de una choza de ramas y juncos, que les servía de morada. Nazario comenzó a desensillar nuestras mulas y a poner los arreos dentro de la canoa, mientras Chico, el sirviente del doctor, hombrecillo vivaz, de Costa Rica, atendía el equipaje de su amo. Mientras nos preparábamos para embarcarnos, nos llamaron la atención tres o cuatro grandes objetos negros a pocos cientos de yardas arriba del río que, según nos dijeron nuestros hombres, eran cocodrilos. Nada grato era el desmañado y balanceante barco en que íbamos a meternos; sopesé las oportunidades de un baño en las aguas lentas y la posibilidad de conceder una o ambas de mis piernas a los monstruos que, evidentemente, estaban atentos a nuestros movimientos.

Las mulas, después de recibir algunos varazos y regaños, se tiraron a la corriente, y hundiéndose hasta las narices se arrastraron con decisión a atravesarla. Nazario les gritaba fuertemente, y contestando a mis preguntas dijo que no había que temer de los cocodrilos mientras hubiera ruido en las orillas. Seguimos a las mulas, y, ensillándolas, pagamos a los boteros un dólar a cada uno y continuamos nuestro viaje, no sin antes matar un armadillo que salió precisamente cuando nos montábamos. Estos animales, según supe después, abundan, aunque en esta ocasión tenía yo deseos de conservar su carapacho.

La noche había entrado, y media hora después encontramos otro río, en el cual el doctor, sin temor alguno, apretó el paso de su caballo haciendo ver que en otras ocasiones había cruzado la corriente cuando la marea estaba más alta; pero él no calculó la dirección de los vientos de la semana anterior y, cuando ya estaba como a una yarda de la ribera opuesta, de repente desapareció en un lecho de arenas movedizas. Fue con mucha dificultad que pudimos evitar que tanto él como su caballo se ahogaran. Después de secar sus ropas y echarse un trago más de una botella de aguardiente que nunca faltaba en su maleta, volvió a montar con bastante buen humor y, dirigiéndose hacia otro lado, pudimos cruzar la corriente en un punto más arriba. Pasando por un camino de mulas, mitad vereda y mitad cenagal, nos metimos en los bosques, cuyo trayecto completamente cerrado por la maleza obscurecía hasta la más pequeña luz de las estrellas y nos impedía distinguir cualquier objeto a una yarda de distancia.

Adelante seguía el doctor, no sin pararse a ratos a esperarnos gritando a toda fuerza para indicarnos la dirección y, frecuentemente, pasaba la botella al grupo ecuestre antes de proseguir la marcha. Afirmaba él que el uso moderado del "aguardiente del país" cuando sufría una conmoción o se exponía a la intemperie, o por fatiga, hacía que pudiera soportar las peores consecuencias sin enfermar. Después, cuando arribé a León, dos médicos extranjeros me afirmaron lo mismo. La bebida, cualesquiera que fueran sus benéficas propiedades, es una de las más repulsivas; y meses después, cuando me familiaricé con las costumbres del país, nunca pude probarla sin una sensación desagradable.

La advertencia de los truenos, que en la última hora habíamos percibido en la distancia, se oía ahora más cerca, y la caída rítmica de gruesas gotas, acompañada del estallido de los rayos y de los vívidos relámpagos que iluminaban el bosque en todas direcciones, dejando ver con lívida claridad cada ramita y cada hoja, para quedar nuevamente envueltos en una obscuridad de tinta.

Los huevos de la lodosa vía se convirtieron en grandes charcos, a través de los cuales y encima de las irregularidades del camino seguíamos, habiendo cambiado nuestro último romántico entusiasmo en un silencio pensativo, ocasionalmente interrumpido por el grito de alguien del grupo que se había perdido en la espesura. De cuando en cuando, en el aire caliente de la noche, el croar de los sapos y las ranas y el grito de las aves nocturnas nos llegaban penetrantes y monótonos desde los pantanos que nos circundaban, mientras el resoplido ocasional de nuestras bestias, cuando tropezaban dando con la nariz en el suelo, parecía un alivio en la selvática soledad de la ruta.

Estábamos a una milla de Rivas cuando salió la luna, haciendo nuestro camino más visible; y pronto el ladrido furioso de una manada de perros nos confirmó que entrábamos a los arrabales de la ciudad.

Las casas de paja y teja eran más frecuentes y el ruido de los perros atraían a su puerta a los perezosos campesinos, que nos escudriñaban con la mano puesta a modo de visera en la frente, mientras chapoteábamos, contestaban brevemente a nuestro saludo y nos observaban en silencio hasta que desaparecíamos en la obscuridad. Al voltear una esquina formada por una línea de casas bajas de adobe y encaladas, atravesamos una calle medio empedrada, en un silencio de tumba, y cabalgando por ella llegamos a la gran Plaza de Rivas, que vimos a los rayos tenues de la luna, con su iglesia inconclusa y sus buenas residencias presentando un espectáculo más impresionante del que esperábamos y provocando esperanzas gratas para la mañana siguiente.

Seguimos al doctor hasta la puerta de la casa más importante de la plaza, de donde salió un caballero que nos habló en inglés y se nos presentó como el Dr. Cole. Con característica hospitalidad fuimos invitados a apearnos, se prepararon hamacas y camas para nuestro grupo, se envió un muchacho a encontrar a nuestros arrieros retrasados con las mulas de carga, y media hora después se nos daba una cena con café caliente, huevos y pan dulce, preparada por la propia señora de la casa, con quien nuestro anfitrión se había casado recientemente, siendo ella miembro de una de las primeras familias del Departamento.

Mientras se preparaba la cena, dimos un paseo por la calle más cercana, ahora iluminada claramente por la luna, y pasando por las ruinas de la iglesia de San Felipe, destruida hacía algunos años por un terremoto, llegamos a un cuartel de madera y barro, con una tronera fuera de la cual emergía la boca de un pequeño cañón. La voz fuerte y de alarma que nos gritó: "¿Quién vive?" nos persuadió de que estábamos en una ciudad acuartelada. "La Patria", contestamos "¿Qué gente?". "¡Nicaragua!". No obstante, el permiso para continuar nuestro paseo, ya estábamos demasiado cansados para satisfacer nuestra curiosidad y volvimos sobre nuestros pasos. Después de la agradable cena, encendí un cigarrillo que nos brindara la señora, entramos en conversación con nuestro anfitrión, caballero inteligente y bien educado, cuya vida pasada en las ciudades del sur, había sido una rueda incesante de agitaciones: Texas, México, California, China, Centroamérica. Cada una había sido respectivamente teatro de sus numerosas aventuras. Finalmente se había establecido en Nicaragua, según decía, por los lisonjeros atractivos del país. Aquí casó con la hija de un rico cultivador de cacao, y siendo él un médico de profesión, se había ganado la confianza y la buena voluntad de las gentes. Le pregunté cómo había hecho para descartar los escrúpulos religiosos de la dama, habiendo yo oído decir que solo a los católicos les era permitido casarse por los ritos de la iglesia entre las familias nativas. Me replicó que, aunque se creía ser ese el caso, tales objeciones eran raras, y si las había borrábalas el afecto de la dama o el interés de sus padres.

La noche era ya bastante avanzada cuando, disponiendo de la hospitalidad amable de nuestro anfitrión, nos retiramos a descansar y dormimos profundamente, a pesar del balido de un cabrito y de las picadas de esos indispensables artículos caseros: las pulgas.

CAPÍTULO II: CAFÉ Y CACAO EN RIVAS

Rivas. – Evidencia de una ciudad más antigua. – Departamento Meridional. – Agricultura. – Casas campestres. – Productos. – Casas urbanas. – Hacienda de Santa Úrsula. – Plantaciones de cacao. – Paisaje. – Una boa constrictora. – Alarma. – José Bermúdez. – Mujeres. – Piedad. – Un busto de Washington. – Terremotos. – Dificultades al partir. – Salina. – El Obraje. – Oración tropical. – "los Candeleros". – Derecho de búsqueda. – El campamento. – Caza de un venado. – Valle de Nandaime. – Ochomogo. – Noticias alarmantes. – Retirada. – Hacienda de San Francisco. – Las tortilleras. – Caminata en la noche. – Rivas de nuevo.

Se cree que la actual ciudad de Rivas se halla ubicada en el sitio donde estuvo una ciudad más antigua, por haber rastros de calles viejas que van en dirección contraria a las actuales. Habiendo sido el Departamento Meridional, del cual es la capital, víctima de más terremotos catastróficos que las secciones norteñas del país, se cree que tales ruinas son de una ciudad que fue destruida hace un siglo. No existe, sin embargo, una fuente segura para tal aseveración.

La ciudad se asienta en el centro de un extenso llano, superpoblado de exuberante vegetación entremezclada con plantaciones de cacao, café, caña de azúcar y añil, consideradas entre las más valiosas del país. Se encuentra situada como a tres millas del lago y está rodeada de varias pequeñas poblaciones que son propiamente arrabales de Rivas, pero cada una lleva su nombre particular. La ciudad con sus alrededores es sin duda la tercera en población de Nicaragua, aunque el follaje que ofrecen las numerosas y pequeñas haciendas y el espacio para jardín que se reserva cada residencia, esconden sus verdaderas proporciones. Hacia el lago y sirviendo como un embarcadero de la ciudad, está la aldea de San Jorge, que comúnmente se considera como parte de Rivas.

Los habitantes del Departamento Meridional [1] son en su mayoría "mestizos". Al tiempo de mi visita casi todos los hombres habían

---

[1] Rivas, uno de los siete departamentos en que estaba dividida Nicaragua: Sonnestern, **Geografía**, p. 15.

huido hacia los lugares más apartados del país, para evadir su enganche en el ejército, no habiendo respeto hacia nadie cuando el Gobierno necesitaba soldados. Esto dejó a los departamentos, especialmente a aquellos dedicados al cultivo del cacao, enteramente sin trabajadores, y en muchos casos el resultado de años de paciente labor se perdía por el reclutamiento forzoso de los trabajadores de las plantaciones. Con tales métodos, no podía haber mucho incentivo para la industria agrícola. En verdad, fui verazmente informado por Mr. Sanisbury, casado con una rivense, que la proporción entre mujeres y hombres era de cuatro a dos en aquel tiempo, debido al éxodo de los habitantes masculinos.

La mayoría de las haciendas se comunican con el camino real por veredas casi ocultas que se extienden por millas hacia el interior y que no podían ser localizadas, a no ser por ojos experimentados. Estas haciendas se hallan situadas en parajes remotos y tan lejos como es posible del teatro de las frecuentes revoluciones que devastan el país anulando la labor de los cultivadores. Los nativos iban ocasionalmente a la ciudad con legumbres y frutas, pero en tiempo de revolución con el constante temor a ser reclutados.

Las casas en las fincas del país, como también en las pequeñas poblaciones, son por lo general toscas cabañas construidas con cañas y entechadas con hojas secas de palma, las que, convenientemente colocadas, son impermeables a la lluvia. No hay chimeneas y la puerta sirve de escape para el humo, y a menudo la preparación de los alimentos se lleva a cabo al aire libre y la familia se sienta haciendo rueda frente al fuego en las horas de la comida. En ninguna época del año el clima es tan severo como para exigir que las casas sean de mayor solidez. En las ciudades más grandes, no obstante, las habitaciones son de adobe, limpias y hasta bellamente construidas, regularmente blanqueadas con cal y sus techos entejados.

Las capacidades de Nicaragua, y en especial de la parte sur del país, son todavía desconocidas y hasta el presente parece no haber estímulos para el desarrollo de sus recursos. Se necesita de una actividad grande a fin de hacer realidad las ventajas que ofrece el país, una protección para el trabajo y la garantía de un gobierno estable y capaz. Por todas partes hay evidencias de que Nicaragua era, no hace mucho tiempo, un país poblado y próspero. Sus iglesias, ciudades, acueductos y estanques –sus grandes plantaciones en decadencia, cubiertas de árboles y apiñadas enredaderas, sus linderos solo indicados por el infalible cerco de erguidos cactus como una burla a la ociosidad y desorden que las ha reducido a su presente condición– todo señala que un día, ni la influencia enervante del clima era capaz de producir los efectos destructores que ahora atestiguan treinta años de disensiones internas.

El café y el cacao que se cultivan en las vecindades de Rivas se cotizan a precios más altos que los de cualesquiera de los otros departamentos. Pero el cacao poco se exporta, siendo la mayor parte aprovechada en el país donde es artículo universal en la alimentación en la forma de una bebida espesa, pero sumamente agradable, llamada tiste, que se consume por todas las clases sociales. Lo poco que se exporta es a menudo vendido a razón de $20.00 el quintal. El café, aunque no tiene la reputación del de Costa Rica, es excelente y se exporta en mayores cantidades que el cacao. Su cultivo hasta ahora ha sido descuidado no solo por las causas atrás enumeradas, sino por las dificultades de enviarlo a los mercados, pues no ha habido comunicaciones con el resto del mundo antes de la apertura de la ruta de tránsito.

El maíz, el añil, el arroz y el tabaco se cultivan también, pero últimamente en pequeñas cantidades debido a los efectos devastadores de las guerras. Un azúcar de inferior calidad se produce, que es de caña indígena del país y muy diferente a la de las Indias Occidentales y de la parte sur de los Estados Unidos. Las toscas máquinas que se emplean en su elaboración impiden que sea importante artículo para la exportación, amén de que apenas se produce lo suficiente para el consumo interno. La fabricación de aguardiente es el principal incentivo del cultivo de la caña de azúcar. La producción de algodón de una calidad superior fue una de las ramas florecientes de la industria, pero esta, como la de otros artículos de la agricultura, han declinado ante el hálito destructor de la guerra.

Un inteligente comerciante norteamericano que ha residido durante muchos años en varias partes de Nicaragua, dice que de los cálculos que él ha hecho, comparándola con Cuba y otras islas de las Indias Occidentales, Nicaragua es capaz de producir anualmente fuera de lo que ya tiene cultivado: diez millones de "bushels" de maíz, doce mil zurrones de añil (que es el mejor del mundo), incontables cargamentos de azúcar, arroz, almidón, palo de rosa, maderas de tinte, medicinas, etc., y en todos aspectos rivalizar ventajosamente con Cuba. La naturaleza ha hecho su parte; se necesita ahora decisión y espíritu de empresa humanos para que se cumplan las más halagüeñas predicciones.

La ciudad de Rivas tiene cerca de cinco mil habitantes y es el centro comercial del departamento. Sus calles están trazadas con regularidad, empedradas y con una anchura uniforme. Las casas son de una sola planta, con techos de teja, puertas sólidas de cedro y con un portón de entrada también entejado. Una casa de habitación corriente, incluye un cuadro vacío que es el patio, al que dan las puertas de los cuartos interiores y alrededor del cual se extiende el corredor. Este sirve para acomodar mercaderías, provisiones, equipaje de los viajeros, sillas de montar y todas las cosas comunes del mobiliario familiar. Las casas constan de un locutorio familiar llamado sala y de varios dormitorios. El mobiliario se halla parcamente colocado por todos lados de la sala y por lo general consiste en unas pocas sillas pesadas y de respaldar recto, un armario guardarropa y una o dos mesas pequeñas.

A la mañana siguiente de nuestro arribo, desplegamos gran actividad desde muy temprano, y habiendo hecho nuestra ablución en una vieja tina en el patio, comenzamos con nuestro anfitrión a visitar la ciudad. Durante nuestra permanencia de una semana, hicimos frecuentes excursiones al campo a fin de inspeccionar las haciendas de los alrededores y observar el método de cultivo del cacao y de la caña. Una finca de cacao tiene de seiscientos a cinco mil acres de tierra. La de "Santa Úrsula", a dos millas de la ciudad, más o menos, y propiedad del señor Lacayo, es una de las mejor cultivadas de la vecindad y consta de alrededor de dos mil árboles. La hacienda del señor Argüello es también una de las más grandes y más valiosas en el departamento. Estas, como otras en esta sección del país, están decayendo rápidamente. Solo tres hombres vivían en la finca, y el triste silencio era inviolado, salvo por el crujido de los maderos negros y de los plátanos que, con los cactus, forman una sombra protectora de los árboles jóvenes hasta que ganan suficiente fuerza para resistir los fieros rayos del sol. El mayordomo nos recibió a la entrada; gentilmente nos invitó a pasar, y con entusiasmo contestaba a nuestras preguntas; lisonjeado por nuestra admiración, pronto se volvió locuaz y nos describió el método de cultivo.

El lugar escogido para la plantación primeramente es desyerbado y rozado; a menudo se le da fuego al terreno; luego se ara el suelo a una profundidad de poco más o menos seis pulgadas con el arado tosco del país. Las plantas jóvenes se siembran entonces en cuadro, con una separación aproximada de diez pies, mientras los espacios intermedios son ocupados por plátanos y cafetos. El madero negro se siembra a intervalos regulares y sus ramas frondosas protegen eficazmente la vegetación de abajo. Muy poco personal se necesita para cuidar una plantación no más grande que esta de "Santa Úrsula"; la mayor parte de la labor corresponde al tiempo de la cosecha. Se deja que las hojas caídas se pudran en el suelo; las raíces de los árboles, sin embargo, se mantienen cuidadosamente limpias y cada día los niños del mayordomo o los de los trabajadores van de un lado a otro de la plantación destruyendo los insectos que, si se les dejara, serían fatales a los árboles. El terreno de toda la finca, como es el caso de la mayoría de las secciones de esta parte baja de Nicaragua, es negro, de rico mantillo, que requiere por su extrema fertilidad el uso constante del azadón, a fin de evitar que las malezas crezcan con lujuria e invadan la plantación.

Hay que esperar de tres a cuatro años para que los árboles jóvenes comiencen a dar frutos, después de lo cual, según supe, siguen produciendo por espacio de medio siglo. No hay fincas, sin embargo, de esa edad para juzgar si esta aseveración es correcta. Se precisan pocos años, después de comenzar una hacienda, para que toda la finca esté firme y bellamente circundada con un seto de cactus y de plátanos, a menudo de veinte pies de altura e impenetrable como la maraña espesa.

Nicaragua es capaz de producir por sí sola suficiente cacao para suplir a Norteamérica, con el esfuerzo de una industria bien dirigida y apoyada por un gobierno progresista. Los árboles, tal como los vimos, ya habían fructificado, pero observamos yemas, flores y frutos al mismo tiempo en muchos de ellos.

Nada puede exceder a la quieta belleza de uno de estos fundos. Tanto como puede alcanzar la mirada, aparece el follaje esfumándose en la distancia y la perspectiva rodeada de una umbrosa verdura. El suelo está perfectamente nivelado, espesamente cubierto con hojas secas caídas a tierra a causa de las lluvias, a través de las cuales millares de delicados pimpollos y de bellos botones revientan embalsamando el ambiente con gratos aromas. Las cerezas rojas de los cafetos, el color dorado del cacao y de las frutas en racimo de los plátanos, las naranjas y las limas ofrecían un agradable contraste con la esmeralda profunda de la fronda. Arriba, en medio de las hojas protectoras de los palos negros, se agitaban bandadas de loros dándose prisa, con su parloteo ruidoso de árbol en árbol, mientras a intervalos el grito áspero de las guacamayas partía el silencio, apenas visibles allá en las ramas más altas de un distante guanacaste. La única señal de la presencia humana era la voz de nuestro guía cuando señalaba algún curioso arbusto explicándonos sus propiedades, o dirigía nuestra atención hacia la exuberancia de las brillantes flores tropicales. Aquí, en verdad, parecía la región de la eterna florescencia, en donde rústicamente y sin ninguna atención, las plantas más raras y las flores más bellas emiten su fragancia singular saturando el aire de ricos bálsamos. ¡Apacible "Santa Úrsula"! ¡Pasarán muchos, muchos años, antes que tu solemne belleza pueda borrarse de mi corazón!

Cuando regresábamos, a la entrada de la hacienda nos paramos a charlar con una muchacha de rostro bonito y pulcramente vestida, hija del propietario, que nos invitó a pasar adelante, a la vieja casa de adobe. Al hacerlo, media docena de perros bravos, excitados por nuestra apariencia extraña, salieron del corredor a ladrarnos, pero regresaron sobre sus pasos al reproche de su ama. Una sonriente y sencilla indita, sirvienta de nuestra amiga, se hallaba cómodamente cosiendo un vestido de fantasía para una fiesta próxima. Levantó sus bellos ojos negros hacia nosotros mientras nos acercábamos, y prontamente reasumió su labor; y a una pregunta casual que le hice, solo vio a su ama y se puso a reír. A diferencia de las mujeres de la clase humilde que yo había visto, esta usaba zapatos y medias, artículos de lujo a los cuales evidentemente no estaba acostumbrada, dada la pesadez en su andar cuando se levantó y nos trajo bananos. Casi todas las mujeres de Rivas usan collares, anillos y aretes baratos que compran al buhonero ambulante, tipo familiar en todo el sur de Nicaragua desde la apertura de la Ruta del Tránsito.

Ni el mayordomo ni las mujeres sabían la extensión de la hacienda, pero bien podía ser esta de media legua cuadrada. En Nicaragua no se toman medidas exactas, y las distancias se calculan por caballerías o jornadas a caballo.

Mientras conversábamos, vimos por primera vez una oropéndola, pájaro bello que tiene el tamaño de nuestro petirrojo, con el cuerpo negro y escarlata y las alas y la cola amarillas; este pájaro es cantor, y con frecuencia se le coge y enjaula por esa razón. Aquí tomamos nuestro primer vaso de tiste, bebida compuesta de cacao molido, azúcar y pinol, o maíz tostado y molido. Se le hace muy dulce y es realmente delicioso.

Meciéndose perezosamente en la hamaca que nos brindara la señorita y escuchándola sobre la revolución y sus efectos desastrosos para la industria del país, nuestras horas se deslizaron plácidamente. La suave brisa acariciando las ramas frondosas entraba agradablemente por los anchos corredores. Han estropeado todas las fiestas del país, dijo nuestra joven, a tiempo que se contemplaba maquinalmente en un espejo colgado ahí cerca, y meditaba sobre los días del ayer, cuando cada dos semanas había un día de fiesta, en las que todo el encanto de los ojos brillantes y de los labios rojos podían ponerse en juego en el bolero grácil o en el fandango saleroso. En verdad que los días felices de Nicaragua parecían idos para siempre y que el país, otrora paraíso de placer y de despreocupada alegría, estaba ahora abandonado a los zarpazos de la guerra.

Después de decir adiós a nuestra amiga, proseguimos hacia la ciudad y cuando pasábamos frente a una pequeña y medio ruinosa hacienda, la vieja dueña nos hizo señas para que entráramos. Vimos a un grupo de personas reunidas alrededor de algo en el suelo y que luego descubrimos era una boa que acababa de ser muerta en el acto de tragarse una guatusa, pequeño animal de tierra, entre erizo y ardilla, cuyos gritos atrajeron al grupo al lugar del suceso. La serpiente tenía a su víctima medio engullida cuando la mataron, con la cabeza del animalito fuera de su boca.

Una de las mujeres dijo que había sido una suerte la muerte de esta culebra, porque algún día hubiera acabado con uno de sus hijos. Le pregunté si tal hecho había ocurrido alguna vez, a lo cual todos los del grupo respondieron afirmativamente, y cada quien, interrumpiendo al otro, se hizo lenguas refiriendo casos en que, en las haciendas más apartadas, varios niños habían sido víctimas de las boas. La historieta, sin embargo, necesita confirmarse en fuentes más formales. Esta culebra medía catorce pies de longitud y casi un pie de circunferencia en la parte final. Me dijeron que alcanzaban un tamaño mayor.

A nuestro regreso a Rivas nos encontramos al pequeño cuartel en estado de intensa agitación. Un correo había llegado con la alarmante noticia de que los soldados de Chamorro, en número de doscientos, estaban en las orillas de la ciudad preparándose para atacarla. El tambor de la guarnición llamaba animosamente a las armas, y se procedía a una limpieza general mosquetes. Resultó ser una falsa alarma y la tranquilidad fue luego restablecida; pero tuvimos la ocasión de ver la confianza que nuestros amigos los norteamericanos residentes ponían en los medios de defensa y en la buena fe del enemigo. El doctor Cole ya había empacado sus baúles, ensillando las mulas y su familia estaba lista a salir apresuradamente hacia San Juan del Sur tan pronto como hiciera su aparición la facción contraria. Se habían hecho varias ejecuciones recientemente en las cuales los prisioneros fueron obligados a hincarse en la plaza para ser sumariamente fusilados tirándoseles al corazón. No era oportuno confiar en la merced de los hombres frenéticos por la oposición y la derrota y sedientos de la sangre de todos los americanos.

En medio de la barahúnda surgida por el grito de "¡el enemigo!", un hombre irrumpió en la ciudad cabalgando un brioso caballo con los arreos cascabeleros a que son tan aficionados los caballeros hispanos. Acicateó hacia donde estábamos admirando su equitación, parando en seco su corcel y lanzando una lluvia de arena y polvo a nuestros pies, evidentemente enfadado porque permanecimos inmóviles frente a la peligrosa proximidad de las patas del animal. Este hombre era el célebre José Bermúdez, muerto después en una de las sangrientas batallas de la revolución, y catalogado como el jinete más atrevido y el combatiente más fiero en el departamento. Sus grandes y expresivos ojos, su gruesa y larga cabellera, su flexible figura, su aspecto de "¡qué me importa!", y el estilo de su traje, le daban una verdadera prestancia cuando cabalgaba.

Regresaba ahora de un viaje de inspección por su propia cuenta, y desmontó de su caballo precisamente cuando el cielo se puso nublado y cayó de improviso una tormenta atronadora sobre la ciudad. Las calles fueron arroyos en corto tiempo y todo el mundo, excepto un burro que pacía apaciblemente en la plaza, corrió a refugiarse. Bermúdez afectaba un desprecio por la lucha insignificante de sus compatriotas, y a menudo se refería, para atemorizar, a las grandes batallas de México, como el non plus ultra en los anales guerreros. El termómetro durante nuestra permanencia en Rivas se mantuvo más o menos como sigue: a las seis de la mañana, 82°; a las doce meridiano, 98°; y a las seis de la tarde, 88°. La temperatura parecía cambiar poca cosa por las lluvias de la tarde. Desde las torres de la iglesia de Rivas se obtiene una vista muy bonita de una porción del Lago de Nicaragua y del volcán Ometepe.

El mercado ocupa los lados norte y oeste de la gran plaza. Aquí se exhiben en venta numerosas frutas del país, chiles picantes, artículos de ropa ligera, medicamentos y chucherías. Las mercaderías, colocadas en el pavimento en canastas grandes y de poco fondo, eran vigiladas por mujeres, quienes nos observaban curiosamente cuando pasábamos ante sus artículos de comercio. Al suponer que, como extranjeros, no podíamos hablar su lenguaje, se arriesgaron a hacer observaciones en cuanto a nuestra apariencia personal y nuestros trajes. Mariano, no obstante, le contestó a una vieja gorda que se rio de su sombrero de paja de ala de angosta, a tiempo que todo el grupo rompió en un alborotado regocijo gritado: "¡Es hijo del país, habla bien el español!", e inmediatamente comenzaron una conversación con nosotros, en la cual preguntaron el objeto de nuestro viaje, aconsejándonos que por ningún punto continuáramos nuestra ruta a través del país. Las tropas de Chamorro se habían posesionado del camino a Masaya y no darían Merced a los norteamericanos. Yo siempre hallé a las mujeres de las clases humildes de Centroamérica sencillas, de buen corazón y hospitalarios, generalmente haciendo la parte más dura del trabajo y nunca cansadas de sus tareas incesantes. Son, en realidad, las picadoras de la leña y las jaladoras del agua. Escucha con legítima sorpresa los relatos sobre Norteamérica y Europa que les hacen los extranjeros, y generalmente están prestas a ofrecer hospitalidad, según sus medios.

La construcción de La Parroquia, iglesia a medio terminar que forma el costado este de la plaza, ha llegado a su estado actual gracias a la piadosa contribución de las mujeres, siempre dispuestas dentro de sus modestos recursos a satisfacer las inevitables exigencias del clero. La construcción lleva ya catorce años y tiene todo el aspecto de un viejo edificio en ruinas. Sobre los muros se levantan árboles de diez años, cuyas raíces están desplazando los sillares, mientras en el interior, nunca techado, se ve una maraña inextricable de zarzas y malezas. ¡He aquí el prototipo de un país en decadencia!

Hay cuatro iglesias en Rivas en las cuales se dice misa diariamente y se llevan a cabo los acostumbrados servicios dominicales. Con excepción del excesivo oropel y de las ceremonias, los ritos son iguales a los de la iglesia católica de otras partes. La mayoría de los fieles son mujeres, quienes cumplen su primer deber mañanero concurriendo a misa. Cuando se hincan en el pavimento de piedra con sus rostros hacia el altar parecen estatuas silentes, mientras a intervalos canturrea el cura con su voz monótona, acompañado del grupo coral.

Uno de los sacerdotes, notoriamente viejo, de rostro inteligente y talante decoroso, estuvo en los Estados Unidos hace veinte años, y a su regreso trajo consigo un busto de su ídolo Jorge Washington que, cosa curiosa, ahora ocupa un nicho en la iglesia donde oficia, colocado vis a vis con las imágenes encapuchadas y barbadas de los santos y los mártires.

Después de cuatro días en impaciente espera del arribo de las mulas que nos prometiera nuestro arriero de la Bahía de la Virgen, las cosas más conspicuas de Rivas empezaron a empalagarnos. Una pequeña dosis de sutileza y observación son suficientes para abarcar cada uno de los aspectos más interesantes del lugar. Su escenario rural tranquilo, sus calles desiertas, sus iglesias silenciosas y sus pobladores indiferentes no proporcionaban sino un tema ya sin interés. Al tercer día mi paciencia empezó a flaquear a pesar de las admoniciones de mi amigo Dixon en San Juan, de "mantener la calma". La monotonía de la vida llegó a serme repugnante. Día tras día esperaba yo la llegada de las mulas prometidas y, finalmente, despaché un correo por ellas a la Bahía de la Virgen, que regresó la misma tarde con este lacónico anuncio: ¡No hay! Fueron igualmente infructuosos los mensajes que envié a San Jorge, El Obraje, Potosí, y otros lugares aledaños, en donde supe había arrieros con patachos de mulas. En realidad, la costumbre seguida por el Gobierno de atrapar sumariamente a hombres y animales para la guerra, hacía que cada propietario de mulas tuviera temor de exponer su propiedad.

En la noche del cuarto día hice mi quinto solemne compromiso para obtener animales, habiendo resultado inútiles todos los anteriores sin que los obligados siquiera comparecieran a ofrecer excusas por el incumplimiento de su convenio. El doctor me recomendó: "cálmese y no se enoje". Yo debía aprender más sobre las costumbres de estas gentes antes de abandonar el país. El individuo con quien ahora había hecho trato me prometió con tal aire de sinceridad que estaría en la puerta puntualmente a las ocho de la mañana, que no podía dudar de él. El doctor, sin embargo, se rio de la idea de partir el día propuesto y la señora me contempló como si fuera una maravilla de urgimiento y precipitación cuando ordené que se empacara mi equipaje y se colocara en un lugar conveniente para ser cargado. Las predicciones de mi hospedero eran muy correctas: jamás volví a ver al hombre.

Entonces decidí hacerle una súplica a don Buenaventura Selva, el comandante militar del departamento, y hombre fuerte de Castellón. Le pedí a mi amigo Davis que me presentara, y me dirigí hacia el cuartel. Un centinela descalzo estaba en la entrada y, cuando nos aproximamos, subió el mosquete al hombro, haciendo reverencia a un kepis militar que el doctor había insistido que yo llevara puesto para darle así más fuerza a mis peticiones, haciéndome la observación de que una insignia militar haría más para asegurar respeto que todo un tratado Chesterfield de urbanidad.

Encontramos al comandante sentado en un sillón de respaldar recto, en compañía de varios personajes con aspecto de oficiales, todos fumando cigarros, mientras dos hombres, aparentemente acabados de llegar de una larga jornada, comían tortillas y queso en un cuarto contiguo. Mi acompañante me presentó lisa y llanamente como portador de despachos de los Estados Unidos para don Francisco Castellón, aserto que juzgué imprudente contradecir en aquellos momentos. Al anuncio, todos se pusieron de pie, y la proverbial cortesía hispana salió inmediatamente a relucir. Se inquirió noticias de California; y el objeto de mis negociaciones fue eludido con tacto, porque era parte de mi diplomacia quedarme en silencio. Don Buenaventura me reprochó el no haber acudido a él para conseguir mulas, ya que tenía órdenes del Gobierno de ponerlas por cuenta del Estado a disposición de personas públicas, lo cual, como supe después, consistía en detener por la fuerza todo animal que se encontrara. Me prometió las mulas para aquella misma tarde, y después de varios saludos efusivos y del cambio de cigarros (prueba de amistad), nos despedimos. "Al fin", pensé, "se concedió mi deseo". Por la tarde nos presentamos de nuevo, temiendo que los "asuntos del Estado" hubieran hecho que nuestro comandante olvidara sus reiteradas promesas. Nos aseguró, sin embargo, que nuestras mulas estarían listas y disponibles tan pronto como nuestro equipaje estuviera preparado. Pero vino la noche, y al renovar nuestra visita al día siguiente, muy de mañana, don Buenaventura había salido de la ciudad para no regresar en todo el día.

Con este desengaño nos presentamos ante un oficial ahí cerca para que nos alquilara dos bestias de aspecto raquítico que comían zacate en el patio, a lo cual, después de dos horas de pensarlo, accedió, pero a un precio exorbitante. Era demasiado tarde, sin embargo, para llevar a cabo el viaje aquel día, y regresamos a casa a fin de esperar la hora de salida a la mañana siguiente. El descanso de la noche restauró mi bueno humor y temprano despachamos a nuestro sirviente al cuartel por las bestias. Después de una hora de ausencia, regresó con este inesperado anuncio: ¡no hay! Empecé ahora a desesperar. Era obvio que ni francas promesas ni dinero podían comprar mulas en Rivas, como tampoco podían ser robadas o prestadas. Más cuando estábamos convirtiéndonos casi en blasfemos con el tema de la puntualidad de los nicaragüenses, o de la falta de ella, un mulero llegó de Rivas a su paso para Masaya conduciendo varias cargas de cacao y tres mulas de silla. Hicimos ahí luego un trato, y sin tener el deseo de salir inmediatamente, lo que hubiera sido una anomalía en las costumbres centroamericanas, a las cinco de la tarde ya estábamos lejos de Rivas.

Habiéndose divulgado la noticia de que los americanos estaban prestos a salir, se unieron a nuestra comitiva cerca de una docena de nativos que, como después supimos, habían estado aguardando para beneficiarse de nuestra escolta y compañía en el camino. Esperamos a que pasara una fuerte tormenta, y luego montamos y desfilamos en oren a través de la plaza; pasamos frente al cuartel, y salimos de la ciudad; el doctor Davis iba a la cabeza de la columna, viendo hacia atrás, y no sin orgullo, la pompa de nuestros hombres a caballo y erizados de armas. La procesión, ridícula como nos parecía por sus mulas orejonas y peludas y por los trajes de los jinetes, era no obstante de aspecto formidable, y varias entusiastas vivas atestiguaban impresión que hacíamos, cuando dejamos la población. Cuatro de nosotros llevábamos rifles y revólveres, y el resto, mosquetes de chispa o pistolas de poco efecto. El despliegue marcial, agregado al respeto que se tenía a los americanos armados, era considerado de suficiente importancia para impedir un ataque de cualquier grupo del enemigo que recorriera los caminos.

A los pocos minutos de andar estábamos fuera de la ciudad. Opuestamente a la casa del señor Hurtado, encontramos a un americano residente, que cabalgaba a prisa hacia Rivas, quien nos aconsejó que regresáramos y esperáramos la confirmación de la noticia de la aproximación de las tropas de Chamorro. Nos manifestó que los caminos estaban impasables y se hallaban infestados de grupos de hombres hostiles. Pero una semana de vida monótona me había disgustado enteramente y, ansioso de avanzar, determinamos correr los riesgos y enfrentar los peligros. La hacienda al lado opuesto del sitio donde habíamos cambiado impresiones se hallaba desierta, salvo por unos pocos naturales dejados para su cuido, y la consiguiente manada de perros. Siguiendo nuestra marcha cruzamos el río Gil González, poco más o menos a cinco millas de la ciudad y a las seis de la mañana arribamos a la aldea de El Obraje, en donde nos pareció prudente pernoctar. Al cabalgar hacia el pequeño cuartel, el comandante vino a nuestro encuentro, y al saber que éramos norteamericanos y partidarios de Castellón, ordenó a uno de sus hombres que trajera un jarro de aguardiente, pasando el licor por turno. El centinela, que cuando llegamos no había conocido nuestra divisa, temblaba cuando formamos frente al cabildo, pero al notar que había licor, con nuestra disposición amigable se tranquilizó.

Ante la invitación de un anciano venerable que ofreció alojamiento, como su casa se lo permitiera para pasar la noche, desmontamos y enviamos nuestros animales a un corral cercano, entramos a la casa, donde la señora y sus hijas calladamente prepararon una caliente cena para toda la comitiva.

Mientras estábamos desensillando las mulas, la campana de la iglesia del pueblo dio la señal de la oración; [1] al instante cada quien se descubrió y, durante unos pocos minutos, el silencio imperó en el poblado, hasta que un nuevo repique se dejó oír con un retintín alegre, momento en que se reanudaron las ocupaciones. Desde el comandante del puesto al más insignificante de los habitantes, la observancia de este pequeño rito parecía un deber habitual considerado como sagrado. Meses después, en las solitarias montañas de Honduras, cuando esta ceremonia se repitió en las aldeas alejadas del interior, yo siempre recordé esta, la primera vez que la había presenciado. Se ocupa tan solo un momento, no se abandonan los deberes y para muchos esto podría tomarse como un símbolo de su misión ciega a los formulismos del catolicismo, pero el acto, tan sencillo como es, tan primitivo en su índole, desde entonces se quedó agradablemente impreso en mi mente como una evidencia de los devotos sentimientos del pueblo.

Por la noche extendimos nuestras mantas en el corredor y bajo el dosel de un cielo profundamente tachonado de estrellas y con una luna en creciente hundiéndose detrás del tupido follaje al occidente, pronto nuestro grupo estuvo dormido, haciendo guardia uno de nosotros,

---

[1] N. del E. – Como esta escena ocurre en Rivas supónese un lapsus el que el autor diga que "el mulero llegó de Rivas"

aunque tal precaución parecía sobrar considerando la proximidad del centinela vecino.

Temprano de la madrugada estábamos ya activos, y habiéndole pagado a nuestro amable viejo, montamos, y a las seis dejamos el poblado habiéndole dado una calurosa despedida al gordo comandante, y alquilado los servicios de un muchacho para que nos guiara a través de un desvío que había al occidente del camino real, que según supimos estaba casi intransitable por el lodo. Antonio, nuestro guía, ofreció sus servicios hasta Masaya por cinco dólares; y aunque pusimos en duda su aseveración: "hay lodo señores, hasta la cincha", nos pareció mejor proseguir con la cautela del caso. De común acuerdo dejamos el consabido camino real y seguimos a nuestro guía, que trotaba ligero delante de nosotros y nos metimos en un denso bosque, siguiendo un camino en zigzag, que se adaptaba a las irregularidades del terreno. La mañana estaba deliciosa y con las notas alegres de los brillantes pájaros, los vistazos de un cielo claro que aparecía a través de la celosía de las ramas tupidas, y el aire fresco y vigorizante de la selva, proseguimos, conversando con nuestros acompañantes nativos que abiertamente expresaban sus opiniones sobre la revolución. La mayor parte de ellos eran comerciantes, hombres más sensibles que otros a la influencia depresiva de un malhadado sistema de gobierno, bajo el cual ellos laboraban, sin importarles cualquier cambio con tal que se pudiera conseguir la restauración de la estabilidad comercial.

El panorama, en todo nuestro trayecto de cerca de ocho millas de El Obraje a la pequeña hacienda llamada "Los Candeleros", era bello y romántico. Era la época de las lluvias más copiosas, cuando el húmedo suelo, ahora caliente, nutría de vida a la tupida vegetación, dando vida a toda una variedad de arbustos y de enredaderas, que formaban una maraña a lo largo del camino, o subían por las majestuosas ceibas, centellantes con sus espléndidas flores rojas y retorciéndose en festones de rica esmeralda en las florescencias adornadas de campánulas. Por dos veces vimos en el bosque grupos de monos colorados persiguiéndose los unos a los otros y saltando de una altura increíble, balanceándose con maravillosa precisión de rama en rama, colgándose por sobre nuestro camino y protestando con cómica seriedad contra nuestra intromisión en sus dominios. Bandadas de loros avivaban la selva con sus parloteos y de cuando en cuando el grito ronco de la garza azul se combinaba con el agudo chillido del mono colorado. Estábamos ciertamente de vena para gozar hasta el límite la frescura y la belleza salvaje del panorama, porque cada objeto nuevo y extraño tenía para nosotros los encantos que se revelan por primera vez a la imaginación del lector, las floridas descripciones de la vida del trópico y sus paisajes.

Al mediodía nos hallábamos en "Los Candeleros", lugar apartado que se halla más o menos a medio camino entre el lago y el océano, y rara vez visitado, excepto en la época de lluvias, época que sirve de albergue a los viajeros en ruta de Rivas a Nandaime. Al cruzar una quebrada de poca profundidad, que violentamente corre entre rocas hacia el río Gil González, donde desagua, dimos de pronto con una recua de mulas conducidas por un arriero de aspecto tan sospechoso que el doctor, contra nuestros deseos, lo paró y le exigió que mostrara su pasaporte. No era ocasión, sin embargo, para miramientos; los robos y las traiciones eran frecuentes y el hombre, sin protesta alguna, presentó sus papeles, los que fueron cuidadosamente examinados, después de lo cual se le permitió que siguiera su camino. Nuestro amigo ofreció como justificación que de Rivas se estaba sacando pólvora contrabando para ciertos partidarios de Chamorro. Al arriero, sin embargo, le pareció cosa natural y corriente el hecho de que lo registraran. A pocos pasos de la quebrada, subiendo una empinada cuesta llegamos a la hacienda que, según se nos dijo, otrora fue lugar de importancia considerable, aunque ahora solo tenía unas pocas chozas destartaladas, en una de las cuales encontramos a dos nativos, que se levantaron precipitadamente cuando llegamos, evidentemente alarmados por nuestra presencia y número. Pronto se tranquilizaron y en respuesta a nuestras preguntas sobre carne o alimentos de cualquiera otra clase, nos señalaron una espesura cercana, en la que dijeron podríamos matar fácilmente en venado.

Dejamos al doctor dirigiendo el avivamiento de un fuego cuyos rescoldos humeaban aún en la choza, y un chico vivaz apellidado Ceballos se ofreció para acompañarme cuando decidí ir a la cañada vecina para conseguir un sorbo de agua pura y con la esperanza de encontrar caza. Escasamente habíamos penetrado veinte varas, cuando el siseo peculiar que se usa en Centroamérica para atraer la atención, me hizo ver hacia atrás y observé a uno de los nativos, que nos había seguido en silencio, quien señalaba hacia debajo de la quebrada. Seguí la dirección indicada y mi corazón dio un vuelco cuando vi un hermoso venado parado debajo del saliente de una roca, con las patas delanteras metidas en el agua, la cabeza y orejas erguidas, las narices dilatadas y sus grandes y negros ojos siguiendo nuestros movimientos; más allá estaba la hembra, igualmente interesada en observarnos; no nos separaban más de cincuenta yardas. Apunté, pero la inocencia con que estas criaturas medrosas esperaban la descarga casi me hizo desistir de mi asesino designio. Pero el escrúpulo fue momentáneo. Mis dos acompañantes nativos fruncieron el entrecejo con expectación y un momento después, mientras en el bosque retumbaba el estallido del disparo, mi valiosa pieza, de un solo brinco, alcanzó el peñón y se paró, trató de mantenerse en pie, pero luego cayó pesadamente en el lecho del arroyo. Ceballos lanzó un grito de alegría y corrió hacia la víctima, mientras la hembra desaparecía como un relámpago en el bosque. El muchacho sacó su cuchillo, cortó la garganta del animal y un trozo de carne para consumo inmediato, y echándoselo a la espalda, lo llevó al campamento, ofreciéndonos después un delicioso filete, cuyo corte tuve el cuidado de dirigir, pues la gente del país, más allá de la inmediata vecindad de la Ruta de Tránsito, donde su contacto con extranjeros los ha civilizado algo, tiene escasa idea de cómo destazar, y cortan grandes y gruesos pedazos que echan a las brasas y comen a medio asar y achicharrados por fuera.

Obsequié a los ocupantes de la choza toda la carne que no necesitaba nuestra comitiva y a las tres de la tarde continuamos el viaje hacia Nandaime, despidiéndonos con el adiós caluroso de los nativos cuyo concepto de los norteamericanos había sido grandemente mejorado con los tragos de aguardiente que les brindó el doctor.

El calor se había vuelto sofocante. El bosque parecido a los robledales del oeste de nuestro país, alternaba con verdes manchas de césped en los cuales crece la manzanita o manzano silvestre. Pasamos también las ruinas de una finca de añil; los tanques y la tosca maquinaria ocultados por las lianas y malezas que, en este clima por mucho que se arranquen, se reproducen como por arte de magia y pronto cubren de nuevo las plantaciones descuidadas. Desde una pequeña eminencia en nuestra ruta logramos una vista amplia del valle de Nandaime, resplandeciente a la luz del sol y rodeado por ondulantes colinas que rodean el volcán de Masaya.

A las seis de la tarde llegamos al río Ochomogo, seco en el verano, pero ahora después de las últimas lluvias torrenciales, con más de tres pies de agua. Nuestro camino nos llevó directamente de la selva a una vía ancha, y al cruzar el río vimos que un hombre a caballo salió vertiginosamente hacia Nandaime. Cabalgamos hasta la hacienda, que consistía en una casa grande de adobe recientemente construida y usada como residencia por los vaqueros, pues esta es una de las principales regiones ganaderas del sur de Nicaragua. Dos hombres jóvenes nos clavaban sus miradas a través de una ventana medio cerrada y luego, saliendo de la casa, corrieron apresuradamente hacia el doctor, a quién le secretearon estas ominosas palabras:

¡Cuidado, el enemigo!

"¿Dónde?", preguntó el doctor.

"Aquí no más", fue la respuesta cuchicheada; y luego el doctor, reconociendo en quien le hablaba a un antiguo paciente cuya vida había salvado al practicarle una operación, averiguó que los chamorristas, en número como de ochenta hombres, habían abandonado Nandaime el día anterior y se dirigían a Rivas. El jinete que tan sin ceremonia partió a escape al divisarnos era uno de los chamorristas a quien habían ordenado observar nuestros movimientos. No previendo que tomaríamos el atajo de arriba, lo habíamos sorprendido. El hermano de nuestro informante yacía dentro de la casa gravemente herido de un bayonetazo que recibiera el día anterior en Nandaime. "¡Vuélvanse! ¡Vuélvanse!", nos apremiaba nuestro amigo mientras observaba a la comitiva. "¡Mataron a todos los americanos!".

Henos aquí en un buen brete. Más, habíamos corrido el riesgo y regresar por el camino principal con el lodo hasta la panza de nuestras bestias, era terrible de solo pensarlo. No había tiempo que perder: un chico de ojos brillantes hizo su aparición, aterrorizado, en el camino de arriba y gritó a sus compañeros de la casa:

"¡Vienen! ¡Vienen! ¡Cuidado!", y se escondió en un matorral.

Confiando en que la discreción es la mejor parte del valor, al menos en estos casos, nos dirigíamos hacia el bosque, y al avanzar como media milla fuera del camino, mandamos a nuestro guía por un camino tortuoso a que observara los movimientos de los contrarios. A los diez minutos regresó. Resultó que se trataba de un grupo como de setenta a ochenta soldados, casi todos borrachos; el oficial que los mandaba inquiría con interés sobre el paso de un grupo de norteamericanos con despachos para Castellón. Toda la verdad resplandeció ante mí: se había dado noticia a Granada, desde Rivas, de nuestro viaje a León, y de aquí la ansiedad por atraparnos. Aventurar una lucha con nuestros pocos nativos contra tal superioridad era una locura, y encarar la situación abiertamente hubiera conducido cuando menos a nuestro arresto y detención en Granada, en donde una bala accidental hubiera puesto fin a nuestras penas, como había ocurrido antes con un extranjero que fue llevado allá en una forma similar, y qué decir de las cartas de las autoridades de California dirigidas a Castellón, como presidente, reconociendo así su causa, y por último mi faja de doblones, cuya pérdida hubiera puesto punto final a mi proyecto.

Tuvimos una corta deliberación, y al ver que nuestros amigos americanos residentes decidieron no poner sus ya amenazadas vidas a merced del enemigo, optamos por regresar a Rivas, maldiciendo a viva voz a los chamorristas, y a aguardar allá el arribo de un barco a San Juan del Sur, que pudiera conducirnos a El Realejo, aunque ello nos costara un mes de espera.

Antonio quedó a retaguardia para observar los movimientos de la tropa, y continuando nuestra lenta marcha a causa del lodo, cerca de las once llegamos a la hacienda de San Francisco donde encontramos a nuestro guía, que había regresado por el camino del oeste. En este lugar estaban varias mujeres, que no nos mostraron especial buena voluntad, aunque sí nos ofrecieron albergue para pasar allí la noche. Todas estaban ocupadas en echar tortillas en un alegre fogón, cuyo calor era lo más confortable en contraste con la lluvia despiadada que ahora caía a cántaros desde un cielo de pizarra. La hacienda – propiedad de un hombre principal de Chamorro – era conocida como base del pelotón que estaba en el camino. El doctor notó, con gran sospecha, que la echada de tortillas era prueba de que se esperaba la llegada de numerosos visitantes. Quienes pudieran serlo, las tropas que dejamos atrás parecían indicarlo; así que, después de una apresurada cena con tortillas, reanudamos la marcha pasando la misma noche por Pueblo Nuevo y El Obraje para llegar a Rivas, en medio de una lluvia pertinaz que nos calaba hasta los huesos, una hora antes del amanecer. Habíamos despachado previamente a Antonio a la ciudad para que previniera a la pequeña guarnición, y cuando de nuevo entramos a Rivas, podían verse, a través de la obscuridad y la neblina, los pelotones de tropas que llegaban apresuradamente desde San Jorge, Bahía de la Virgen, El Obraje y Potosí. El doctor Cole tenía listas sus mulas para huir, y a juzgar por las bestias que estaban ensilladas alrededor de la plaza, pensé en una desbandada general.

Habíamos andado a caballo cerca de veinticuatro horas sin descanso, no al cómodo galope, que, con movimiento de cuna, una silla confortable y en caminos parejos es esencia de placer y euforia, sino penosamente apurados a través de un trayecto lodoso, sin comer, empapados por la lluvia y con las piernas adoloridas por el movimiento monótono del trote de una mula, que es lo más cansado que pueda imaginarse.

No fue con poca satisfacción que nos echamos en el piso de la casa del doctor y caímos en profundo sueño, del que ni los regimientos de pulgas ni el vigoroso canto de los gallos, que comenzaron sus himnos matinales justamente cuando entrábamos a la ciudad, pudieron despertarnos.

CAPÍTULO III: CAMINO DE GRASIENTOS HOSTILES

Una visita al comandante militar. – Adiós a Rivas. – San Juan del Sur. – El "Tres Amigos". – Navegando por la costa de Nicaragua. – Compañeros de viaje. – La mañana. – Puerto de El Realejo. – La ciudad. – Convento de San Francisco. – Tesoros ocultos. – Viaje a Chinandega. – Recepción en la casa del señor Montealegre. – Un nuevo método de tributación. – Tormenta. – Baño matinal. – Prejuicios. – Un elíseo nicaragüense.

El sol entraba de lleno por la ventana de fuertes rejas, cuando C. nos despertó con el estruendo de un pistoletazo. Los sucesos de la noche anterior, la amortiguada sensación de los huesos adoloridos y el amodorrado recuerdo de los caminos obscuros y fangosos y de los "greasers" [1] hostiles, eso unido al súbito disparo del arma, nos hizo imaginar una sorpresa del enemigo. Saltamos todos, para encontrar que nuestro amigo solo había querido gozar a nuestras costillas. Un tanto repuestos por el corto sueño, nos dirigimos al cuartel, donde encontramos al comandante con su plácida sonrisa de costumbre. Cuando entramos nos lanzó una mirada siniestra indicándonos claramente de dónde había salido el aviso de nuestro proyectado viaje a León. Estaba yo a punto de hacer a un lado toda formalidad y echarle en cara la traición, que casi había resultado en nuestra captura, cuando el doctor Davis, echando espuma como jabalí, entró al apartamento. Aunque estábamos furiosos, gustosamente le dimos campo a la verborrea superior de nuestro amigo, cuyas gigantescas proporciones y conocida ferocidad de carácter lo habían hecho objeto de temor y de servil admiración entre los nativos. Por espacio de cinco minutos, el airado doctor tronó en el cuarto, y era curioso ver las caras de asombro de los guardias, atisbando y escuchando las maldiciones que echaba nuestro campeón. Fue en vano que el amedrentado comandante nos adulara ofreciéndonos cigarros; su perfidia era patente. La última advertencia que le hizo el doctor cuando salimos,

---

[1] "Grasientos", término despectivo dado por los norteamericanos a los latinoamericanos.

la acompañó con un movimiento significativo tocándose la garganta de oreja a oreja, al cual el comandante no contestó sino con una sonrisa torva.

Siguiendo el ejemplo del pueblo, y teniendo a nuestro arriero pendiente del pago, dejamos la ciudad al día siguiente, y al llegar a la Bahía de la Virgen, devolví al juez Cushing los despachos que me había confiado, quien, al relatarle brevemente los incidentes del viaje, me dijo que él había calculado vernos de regreso dos días antes. Al medio día siguiente avistamos de nuevo San Juan del Sur y nuestro pequeño grupo dio un grito de alegría cuando al salir de los montes vio anclada en la bahía una goleta bonita y de gran arboladura. Nos encontramos con que Mr. Matsell y sus amigos los Dárdano habían insistido en su ida de ir a El Realejo, habiendo tocado por fortuna en San Juan del Sur esa nave que venía de la bahía de Salinas en su ruta costa arriba.

Tres días en San Juan, sin siquiera el acaloramiento temporal del tránsito de pasajeros para aliviar la sosa monotonía, nos hizo recibir con regocijo el avisto de Mr. Craigmiles, su sobrecargo de que debíamos ir a bordo inmediatamente. Con la ayuda de unos pocos reales, no tardamos en acomodar nuestro equipaje a bordo, y con la mayor sorpresa vimos que la tripulación levaba anclas, caso de puntualidad y diligencia inesperadas que alabamos como algo nuevo en el lento desarrollo de nuestro viaje. Una brisa fresca desde tierra hinchó las velas y, a la hora, la ciudad de San Juan, con su muelle a medio construir, sus casas primitivas y sus repulsivos hoteles y cantinas pintados de blanco y rojo, se convirtió en una línea borrosa allá en el horizonte.

El nombre de nuestra goleta era "Tres Amigos"; sólido bajel de poco más o menos cien toneladas, cuyos tantos viajes a lo largo de las costas de Centroamérica lo habían hecho, como el sobrecargo aseguró "su propio piloto", ya que entraba por sí sola a los puertos de la ruta. El capitán San Antonio, natural de Costa Rica, desdeñaba el uso de la brújula o del sextante; jamás habían trazado una ruta de viaje sobre el mapa ni habían tocado el inútil compás. El manejaba su nave, me informó, según era la costumbre en este oficio; los promontorios y las estrellas, celestes luminarias que durante la mayor parte del año tachonan los cielos tranquilos y sin nubes, guían al marinero, en ausencia de la luna, con una exactitud jamás igualada. En las noches obscuras el ruido de la marejada era el último recurso. Unos cuarenta pasajeros se hallaban a bordo, dos de ellos – los señores Mateo Sáenz y Antonio Martínez – curas jóvenes de León que ahora, después de la muerte de don Jorge Viteri [1], obispo de León, regresaban de las ceremonias de su ordenación llevadas a cabo en San José, la capital de Costa Rica por el obispo Anselmo Llorente [2]. El resto eran guatemaltecos que volvían a patria desde Costa Rica.

Debido a los escasos vientos y ratos de calma, nuestra travesía tomó dos días con sus noches. La pequeña embarcación, repleta de proa a popa, parecía por la charla incesante de los nativos un exuberante gallinero más que un paquebote. Por la noche, con los pocos camarotes ocupados de antemano por los más fuertes del grupo, los demás extendían sus ponchos sobre cubierta, más agradable que los estrechos cuartos de abajo, calientes por el vaho viciado de los pasajeros y la poca circulación de aire, que luchaba por entrar por la escalera de la cámara y salir por la escotilla firmemente cerrada.

Con las velas desplegadas encima de nuestras cabezas, cada uno de nosotros, boca arriba, observaba la arboladura del barco haciendo erráticos recorridos por entre las estrellas, hasta que el movimiento monótono nos arrullaba hasta el sueño. No se oía más ruido que el respirar de los durmientes. Hasta el timonel, dócil a la soporífera

---

[1] El Dr. Jorge Viteri y Ungo, primer obispo de la diócesis de San Salvador. Llevó a Roma credenciales de los Gobiernos de Honduras, Guatemala, El Salvador y Costa Rica; obtuvo la creación de la diócesis de El Salvador y el nombramiento para obispo de Comayagua del P. Francisco de Paula Campoy y Pérez, natural de Cartagena del Levante. Por motivos políticos se vio obligado a salir de su país, trasladándose a Nicaragua; falleció siendo obispo de León. **Reseña Histórica de Centro América** por Lorenzo Montúfar. Guatemala, Tipografía "El Progreso", 1881, t. IV, pp. 171 a 185 y 216.

[2] Primer obispo de la diócesis de Costa Rica, preconizado por S. S. Pío IX en el consistorio de 10 de abril de 1851; fue consagrado por el Sr. Arzobispo de Guatemala, Dr. Francisco de Paula García Peláez, y tomó posesión de su elevado cargo pastoral el 27 de diciembre de aquel año. Después de un pontificado lleno de trabajos apostólicos, en los que cosechó abundantes frutos materiales y espirituales para Costa Rica, falleció el 23 de septiembre de 1871. **Revista de Costa Rica en el siglo XIX**. San José, Tipografía Nacional, MXMII, t. I, pp. 340, 348 Y 349.

El obispado de Costa Rica, separado del de Nicaragua, había sido erigido el 28 de febrero de 1850 por bula del mismo sumo pontífice. Veinticinco años antes, por Decreto LX de 25 de septiembre de 1825, la Asamblea Nacional erigió el Estado libre de Costa Rica en obispado, distinto del de Nicaragua, y la iglesia parroquial de San José en catedral, nombrando primer obispo al R. P. Dr. Fr. Luis García, que no aceptó. Felizmente, el Decreto no tuvo ningún efecto ni provocó el sisma que la frustrada mitra del padre José Matías Delgado en El Salvador. Ib., pp. 310 y 311.

inclinación, aflojaba la cabilla de la rueda de mano, y echado sobre ella dormitaba en las horas salientes. La noche estaba absolutamente en calma; nuevas y extrañas constelaciones parpadeaban en los cielos; la Estrella del Norte, centro de su eterna rotación, ahora cercana al horizonte, se adivinaba confusamente en la niebla brillante que colgaba como ámbar transparente sobre el océano. De lejos, tierra adentro, a través de la noche venía el ruido sordo de la marejada rompiéndose en las orillas, mientras que, a la distancia, las montañas asomaban como gigantes espectrales en la obscuridad. Uno de los curas, que no podía dormir, pasó frente a mí y, viéndome despierto, me obsequió un puro, que encendí en la brasa del que tenía él entre sus dedos. Roto el hielo, pronto me estaba haciendo un recuerdo de sus aventuras en Guatemala y, correspondiéndole, le di una descripción de los grandes inventos del día, ahora en uso común en los Estados Unidos. Sus ideas, sin embargo, eran guatemaltecas e inglesas, y creyendo él que tan solo un país en el mundo estaba más adelantado que el suyo propio en las artes del progreso, cesé en mi intento. Como a la mayoría de los guatemaltecos, cuyo contacto con los ingleses los ha predispuesto contra todo lo norteamericano, a mi acompañante se le había enseñado que los Estados Unidos es un país próspero y con ambiciones para arrogarse una situación dominante entre las naciones, pero todavía en una posición comparativamente colonial con respecto de Inglaterra. Los nombres de nuestros próceres más ilustres, surgidos de la gloriosa falange de la revolución, le eran totalmente desconocidos, y admitió que, aparte de los trabajos históricos que él había visto sobre los Estados Unidos, sus ideas de la república del norte habían sido recogidas de las publicaciones mexicanas que regularmente llegaban a Guatemala. Era este cura uno de los pocos hombres cultos que encontré en el país y evidenciaba una sed de información, un comportamiento caballeroso sin arrogancias, y era muy simpático comparado con los zafios que yo había conocido en Nicaragua. Mi amigo, el cura, tenía consigo una copia de las cartas de lord Chesterfield traducidas al castellano y editadas en México. Parecía que las tenía en grande estima, y me aseveró que él trataba de amoldar sus puntos de vista y acciones a esos modelos.

Cuando despertamos en la mañana del segundo día, los irisados matices del amanecer se lanzaban contra el mar desde las ceñudas cañadas y picos de El Viejo. Con suave brisa del mar en las velas, húmedas de rocío, la goleta se abría paso perezosamente hacia una entrada de la costa a la cual nuestro capitán llamó "Punta Icaco". Una alta nube de humo del Momotombo, festoneada con figuras plumosas y fantásticas, se destacaba con maravillosa distinción contra el horizonte, mientras en los esplendores de la mañana la amplitud del follaje rutilante se extendía hacia nosotros desde la base de El Viejo, como invitando a cobijarnos bajo sus deliciosas sombras. A lo largo de la playa, una línea de espumas nos indicaba dónde la marejada inquieta dejaba sus furias; y al norte y al sur, tan lejos como la vista podía alcanzar, los altivos conos volcánicos de un azul añil, alzaban sus picos hasta las nubes perfilándose contra el cielo brillante. Era un paisaje que, indeleblemente, se grabó en mi recuerdo, y hasta los nativos, acostumbrados a la suntuosa belleza del panorama centroamericano, salieron de su modorra para exclamar: "¡Qué bonita mañana!".

Con una brisa refrescante pasamos la isla del Cardón, que se halla a la entrada, y a poco anclamos en la rada de El Realejo, puerto solitario del Pacífico de Nicaragua y memorable en la historia por las hazañas de los bucaneros del siglo XVII.

Durante el verano de 1851, con el establecimiento de la ruta nicaragüense a través de Granada y El Realejo, se suponía que este puerto recuperaría su vieja posición en el comercio mundial. Se concibieron las más absurdas especulaciones en tierras y se hicieron los más grandes planes de mejoramiento. Con el retiro de los barcos, El Realejo volvió al estado de completa inactividad, del cual lo había sacado el contacto con los norteamericanos y, exceptuando el recuerdo de los agitados días de la Ruta de Tránsito, con el consiguiente escamoteo de "dimes" [1] a los yankees, la prosperidad temporal del lugar desapareció.

La posibilidad de convertirse en la terminal en el Pacífico del Canal Interoceánico, que por siglos ha sido el tema soporífero de especulación para cada uno de los gobiernos con intereses marítimos, todavía da al puerto de El Realejo algún valor a los ojos del mundo. Pero desde el rechazo del estudio del coronel Child por los capitalistas ingleses, en el cual el canal se propuso de dimensiones tales como para impedir la posibilidad de cruzar el continente en un moderno vapor, parece que el consenso general ha sido retirarse del gran proyecto. La perfección que el teniente Maury ha traído al arte de la

---

[1] Monedas de 0.10 norteamericanas. Quiere decir el autor, raterismo a toda costa. N. del E.

navegación, también ha demostrado el hecho de que los viajes a la India no se acortarían por el canal. Un proyecto por cuyo control las naciones de Europa han puesto en el istmo centroamericano el celo más agudo y por el cual la rivalidad comercial entre Inglaterra y los Estados Unidos había casi llevado a ambos a una actitud beligerante, ha sido abandonado como impracticable o, al menos, como innecesario para las exigencias del comercio o, bajo cálculos de los grandes capitalistas, como una empresa no remunerativa.

La distancia del puerto a la población de El Realejo es de dos leguas; los servicios de transporte consisten en una diminuta lancha perteneciente a dos muchachos que, colocando nuestro equipaje en otro bote más grande que nos seguiría más despacio, se afanaron en su labor, y después de media hora de remar, dejamos tan atrás la primera curva del río, que perdimos de vista el océano, y el estruendo de la rompiente era ya solo un murmullo por entre la arboleda. La marea subía rápidamente por largas y silenciosas extensiones de agua, que reflejaban en su superficie de espejo las márgenes de la selva que festonan el río por ambos lados.

Tres millas más arriba pasamos por las ruinas de un pequeño fuerte, en la ribera sur, que se nos dijo había sido levantado por los bucaneros en una de sus invasiones al país. Sus montículos de piedra cubiertos de maleza entre las cuales la marea fluye, trajeron vivamente a nuestra memoria las luchas terríficas y las crueldades despiadados de estos intrépidos ladrones del mar para con la débil raza objeto de sus ataques. Aguas arriba, el viejo merodeador guiaba su banda de barbudos y, entrando a El Realejo, saqueaban la ciudad, que entonces tenía quince mil habitantes, y salían de ella perdiendo si acaso uno de sus hombres.

A una distancia de media milla de El Realejo, abrió un canal el padre Remigio Salazar, cuyos actos caritativos le han captado el cariño de todas las clases sociales, considerándole casi como objeto de adoración.

Nuestro bote tocó fondo con su casco cuando proseguimos, y unos pocos minutos después, rodeando una punta de densos bosques, al parecer aptos para el cultivo de todos los productos tropicales, atracamos en un muelle medio destruido que se extiende hasta la mitad de la ensenada y sirve de lugar de desembarque a la ciudad.

Saltamos a tierra dando gracias a nuestra buena estrella por haber llegado a la parte norte del país tan fácilmente. Nos dirigimos a un hotel, propiedad de un inglés fanfarrón, que nos dio la bienvenida a su casa con aquella complaciente familiaridad característica en los que tienen trato con las gentes del mar. Nuestro equipaje quedó en la aduana para su inspección; la guarnición en aquel edificio y la del cuartel inmediato llegaba a dos negros flacos y un oficial nativo, de buen aspecto, cuyo saludo cortés cuando nos acercamos, agregado al toque de su atavío regimental, con pantalones y guerrera bien ajustados, nos hizo observarlo con simpatía.

El Realejo, tal como está, puede ser examinado hasta la saciedad en una hora. Nos quedamos allí lo suficiente para conversar con el inglés, que no sabía de la historia del lugar nada anterior al establecimiento de la Ruta de Tránsito, y claramente suponía él que había sido fundado en tal época, y entramos en conversación con el solitario cura del lugar, que satisfecho por la perspectiva de un auditorio, comenzó a narrar detalladamente la fundación de la ciudad en el siglo XVI, la gloria pasada de su convento y sus edificios, las incursiones de los filibusteros y el decaimiento progresivo del lugar bajo el dominio español. Los viejos nativos enfáticamente afirmaban que un gran tesoro estaba enterrado en las ruinas del convento de San Francisco, parte del cual había sido descubierto, y que don Julio Balcke, un caballero alemán a quien después conocí, había comprado el terreno donde estuvo dicho convento por $4000.00 con la intención de escarbar el sitio en busca de doblones, cuando la mano de obra fuera más barata. El Sr. Balcke me confirmó este aserto después y me aseguró que varias cantidades de dinero habían sido encontradas en las ruinas y sus alrededores. Caminamos despacio entre ellas, y noté su rápido deterioro, el cual es inevitable en este clima. Hasta los grandes bloques de piedra de los muros de la torre, en pie a pesar de los destructores, habían sido desplazados por la invasión de la maleza, la que tomando en cuenta el prolífico suelo, alcanza una rapidez de crecimiento desconocida en climas más fríos; que de arbustos se convierten a los pocos años en grandes árboles, agrietando y desmoronando la sólida mampostería en su progreso ininterrumpido. Pocos años más bastarán para que estos agentes silenciosos acaben hasta con los restos que aún existen y que atestiguan la anterior riqueza y esplendor del convento de San Francisco. El Realejo tiene ahora tres mil habitantes, y el único edificio que puede tener pequeñas pretensiones arquitectónicas es la iglesia de San Benito; tiene alguna importancia comercial por ser el puerto de mar de León, Chinandega y de la gran región agrícola comprendida entre las montañas de las Segovias, Chontales y el Pacífico, porción fértil conocida como la gran llanura de León. No se han llevado estadísticas en El Realejo durante los tres años de revolución, así que los datos sobre las exportaciones e importaciones del lugar son materia de simples conjeturas.

Desde California me había acompañado el hijo de un caballero de Chinandega, don Mariano Montealegre. Su llegada del norte fue aclamada en todo El Realejo, con las felicitaciones calurosas de sus muchos amigos y habiéndose presentado a S., C. [1], y a mí a los grupos que le rodeaban, vimos pronto que éramos también objeto de especiales atenciones.

Se consiguieron caballos para don Mariano y para mí; mis dos acompañantes quedaron en El Realejo esperando el equipaje, que no llegaría sino hasta el día siguiente; así que, diciendo el primero hasta luego a estos amigos desde nuestra salida de San Francisco, acepté la invitación de don Mariano y, montando en uno de los espléndidos y numerosos caballos de su padre, galopamos juntos por el camino hacia Chinandega.

En un minuto salimos de la sucia y pequeña población y entramos en la campiña más bella que yo he conocido; a cada vuelta encontraba vistas agradables de rural esplendor que, a pesar de lo mucho que estaba preparado para la escena, me tomaron enteramente de sorpresa. De cada dos árboles, uno tenía frutos o flores, o era de valor tintóreo; casi cada arbusto era medicinal. Aquí la panacea echó sus raíces: la ceiba, el guapinol, la palmera, el tamarindo, el naranjo, el plátano, el banano, el higo y una docena más, familiares a la vista, mostraban sus frutos entre las hojas, a la vera del camino y colgaban de sus ramas, invitando al viajero a gustar de su ambrosía en racimos tentadores. El cactus, que en otros climas menos propicios levanta su mezquina cabeza tres pies, después de crecer en un invernadero y con cuidados especiales, aquí crece a una altura de treinta pies, sin una rama y tan grueso como el cuerpo de un hombre. Los setos, por millas, están formados por estas moles en muchos lugares, mezcladas con las sombras ligeras de la higuerilla y de las hablas, que a la distancia parecían uvas en agraz. Estos setos son en verdad los más durables en

---

[1] Se supones hace referencia a Byron Cole. N. del E.

el mundo, haciéndose cada año más impenetrables y desarrollándose en cantidades ilimitadas.

El camino, en un suelo parejo, se curvaba románticamente a través de paisajes como estos; mientras el polvo, del cual todos se quejan en los meses del verano, se había aplacado por las constantes lluvias, aunque los caminos no se arruinaban por su causa, pudiendo pasar carretones del puerto de El Realejo durante todo el año, sin interrupción. La tierra aquí es de lino negro, de cinco a ocho pies de hondo y produce dos cosechas anuales. Muchos productos crecen espontáneamente. El viajero constantemente se recrea con las más halagadoras perspectivas y románticas vistas, muchas de ellas rematadas con el verde aterciopelado de algún volcán extendido desde la base de su cono perfecto hasta la amplitud del llano.

Las personas con quienes nos encontrábamos en nuestra ruta se paraban para congratular a don Mariano por su regreso o, si eran extraños, cambiaban saludos obsequiosos al pasar. La peculiar cortesía de los centroamericanos se nota a cada paso. Es un rasgo que les distingue de inmediato frente a la indiferencia comercial de los anglosajones. Esto es particularmente el caso entre las clases más humildes, que con sus ideas ultra republicanas no han sido capaces de reprimir una casi servil deferencia ante una superioridad aparente por el vestir, porte o maneras. Que un extraño no reciba un saludo respetuoso, si no sincero, cuando viaja, es la excepción a la regla.

Nuestro viaje por este paisaje de hadas de Chinandega nos ocupó más o menos una hora, cuando en eso el mayor número de casas y el ladrido de los perros nos indicaron que estábamos en los suburbios de la ciudad; y mientras unas pocas gotas gruesas de lluvia, acompañadas del estruendo de los rayos cerca de El Viejo, nos anunciaron el chubasco que se avecinaba, aligeramos el paso ya en las calles empedradas de Chinandega y, encontrando grupos de amigos de don Mariano, nos encaminamos a la mansión de su familia, que queda en la esquina de dos anchas y bien pavimentadas calles y cerca de la iglesia principal del lugar. La ciudad está en un llano a poco más o menos tres millas de las faldas del volcán (El Viejo) y ha sido por muchos años uno de los lugares más prósperos de Centroamérica, no habiendo sufrido como León la destrucción de sus casas y edificios públicos a causa de la revolución. Estábamos aquí en el mes de septiembre, que cercano al fin del periodo de lluvias, se considera como el más agradable del año.

Desmontamos frente a la puerta por la cual salieron varios sirvientes a recibir nuestros caballos, mientras en la espaciosa sala una multitud de parientes, con la peculiar efusión para saludar que tienen los hispanoamericanos de sangre ardorosa, arrastró a don Mariano al interior de la casa, colmándolo de atenciones.

Fui formalmente presentado en pocas palabras, y cuando mi compañero le explicó a su mamá y a sus hermanos que el extranjero que le acompañaba era su amigo, la casa se me puso inmediatamente a la disposición, que es la forma de indicarle a uno que se sienta como en su propio hogar. La residencia del señor Montealegre es precisamente la más grande y la más costosa de la ciudad, aunque no tan bien amueblada y con los adelantos modernos de la del Sr. Thomas Manning, cónsul británico en León. El anfitrión mismo llegó poco después y me reiteró la hospitalaria bienvenida que ya me había brindado la señora de la casa. La sala privada a la cual nos retiramos parecía contener los valores más estimados de la familia. Aquí estaba la biblioteca con obras religiosas e históricas, la mayor parte publicadas y empastadas en Barcelona. Un reloj yankee, al cual ninguna otra mano que no fuera de su dueño podría aventurarse a dar cuerda, estaba sobre una mesa que también contenía material para escribir y papeles de negocios, pues este era el cuarto que se usaba como oficina para las transacciones de las varias haciendas del señor Montealegre. Numerosos grabados a colores colgaban de las paredes nítidamente empapeladas, suspendida y cercad e la puerta estaba una representación de la crucifixión de Rubens, de tamaño natural, que mi anfitrión dijo había sido ejecutada en Guatemala, y su color podría despertar la admiración en cualquier parte del mundo. Al otro lado del cuarto se hallaba tendida la indispensable hamaca de pita, fabricada con cáñamo coloreado entretejido artísticamente, constituyendo el lugar de descanso al cual el extranjero es cordialmente invitado en prueba de consideración. Los pisos esmeradamente barridos y la nitidez desplegada en toda la casa patentizaban la mano directora de la mujer, sin cuya ayuda el hogar mejor dispuesto cae en el desorden.

El señor Montealegre era tenido en este tiempo como el hombre más rico de Chinandega, y durante nuestra permanencia en su casa tuvimos la oportunidad de observar el método arbitrario empleado por el gobierno ocasional del Estado para conseguir dineros y sostener la revolución. Al día siguiente de nuestro arribo, la casa fue rodeada por tropas de los revolucionarios, quienes desconsideradamente impidieron a la familia tener contacto alguno con el mundo exterior hasta que diera una suma de cinco mil dólares para sufragar los gastos de la administración. La cantidad fue pagada la misma noche, y se me aseguró que esta era la cuarta vez que se hacía lo mismo desde el comienzo de la guerra. Algunas otras familias ricas habían sido gravadas con impuestos acordes con sus probables recursos, y todo indicaba lúgubres presagios para el futuro. Mi anfitrión creía que la presente revolución acabaría por arruinarlo totalmente. Solo se respetaba la propiedad de los residentes extranjeros y aquellos lugares que se hallaban bajo la protección de las banderas consulares francesa, inglesa o americana. Por esta razón, don Mariano había sido despachado a San Francisco con el propósito de que se hiciera ciudadano de los Estados Unidos y pudiera así preservar una pequeña parte de las posesiones familiares. Pero hasta este expediente había fallado y parecía que la única esperanza era que el éxito de cualquiera de los dos partidos pusiera término a la guerra.

Con tales métodos de tributación, injustos y sumarios, no hay por qué sorprenderse del miedo constante de la gente a las cabecillas, políticos y militares, cuyas intrigas y discordias han inundado al país con sangre y destruido todo lo que se asemeje a un desarrollo industrial. No obstante, el viejo caballero era tenaz e inflexible liberal, cuyos recuerdos databan de los días quietos de la dominación española, cuando bajo la Capitanía General de Guatemala, la nación había al menos gozado de seguridad comercial y no temía sino a los enemigos que amenazaban a la madre patria más allá de los límites de Centroamérica. Se refería a los días de Morazán, a quien recordaba con alegría entusiasta, y sus finas facciones se le iluminaban cuando traía a su recuerdo las agitadas guerras de 1839 y 1840. El señor Montealegre era el primer exponente verdadero del hacendado centroamericano que yo encontré en el país.

Como de costumbre, por la noche a la familia se reunía en la biblioteca, donde yo hice al anciano un recuento de las noticias de California y de la guerra europea, de las cuales él no había oído nada hacía varios meses. Una cautelosa observación suya me llevó a creer que mi huésped estaba fuertemente inclinado a favor de la causa rusa, aunque él parecía, no obstante, conservar el respeto habitual, sino el temor al nombre inglés, cuidándose de no lanzar su opinión en contra de él. Esta, no obstante, puede haber sido su acostumbrada manera de expresarse. Se me llevó finalmente a un dormitorio, a una cama con el lujo de sábanas limpias. Al estirarme con aquella sensación de extremo bienestar que solo pueden apreciar los que han estado privados de ella durante mucho tiempo, me pregunté cuándo podría yo de nuevo gozar de aquel placer; porque todo el mundo estuvo de acuerdo en que después de abandonar la parte bien poblada de Nicaragua, podría decirles adiós a las más elementales comodidades de la vida. Eventualmente pude comprobar, sin embargo, que los centroamericanos son totalmente ignorantes en cuanto al país más allá de sus fronteras. Apenas me aprestaba a dormir, después de apagar mi vela, cuando el estruendo de un rayo distante y el resplandor azulino por entre las hendiduras de la puerta anunciaron la proximidad de una de las tormentas súbitas y violentas que marcan el fin de la estación lluviosa. Pronto el golpear de las gotas anunciadoras era seguido por un diluvio, que producía un ruido ensordecedor en el techo, mientras los relámpagos, iluminando el cielo del horizonte al zenit, parecían lamer con fieras lenguas las ventanas enrejadas. El inesperado resplandor era seguido por la más negra obscuridad, y luego por los tremendos truenos que parecían ser el rebote, en nuestros oídos, de los volcanes circundantes. Estaba yo seguro de que un rayo había caído en una casa cercana, lo que al día siguiente pude confirmar, pero esto es aquí un hecho de todos los días.

Los nicaragüenses se acuestan y se levantan temprano, hábito que es de aplaudirse, ya que los capacita para gozar del frescor delicioso de la mañana, cuando se lleva a cabo la mayor parte del trabajo hogareño cotidiano. Al despertar vi a Mariano andar silenciosamente por mi cuarto y, notando él que yo estaba despierto, me sugirió tomásemos un baño en una quebrada cercana, que me dijo había usado desde su infancia. El canto de los gallos y el ladrido de los perros, agregados a la voz fuerte de la señora, debieron despertarme una hora antes; salté de la cama apenas me vestí, me uní a mi afable amigo, y juntos salimos de la casa. Nunca antes una mañana tan radiante ha embellecido al mundo. Las calles, perfectamente lavadas con el diluvio de la noche, parecían como si hubieran sido nítidamente barridas por la mano de una pulcra ama de casa. El follaje del jardín mostraba un lujuriante verdor sobre los altos muros, con millones de gotitas de rocío que resplandecían a los oblicuos rayos del sol. El aire era fresco y vigorizante, tan fresco que no podía yo creer que me hallaba en el trópico. Hacia el norte y aparentemente irguiéndose en silenciosa majestad sobre el llano tapizado de esmeralda, levantaba El

Viejo su cabeza arrogante, perfilado contra un cielo sin nubes y resplandeciendo con la variedad de todos los verdes agolpados en densas masas a lo largo de sus faldas empinadas. La ciudad estaba ya en movimiento. Después de una activa caminata llegamos al arroyo, lugar de baño de los chinandegos desde tiempo inmemorial.

Una dificultad, no obstante, se presentó y a la cual a mi mente ingenua parecía insuperable. El arroyo, desbordándose por una plataforma profunda y clara, de unas doce yardas de ancho, formaba más abajo una corriente propia para lavar en ella y allí estaba un grupo de lavanderas, viejas y jóvenes, que al parecer se habían apresurado a tomar posesión, temprano, del lugar. Le indiqué mis escrúpulos a Mariano, pero este, con una sonrisita tranquila, se desnudó y se zambulló, seguido de una media docena de recién llegados, tan tranquilos como si estuvieran en medio de un bosque. Tal proceder no despertó la menor sensación entre la congregación del jabón y agua de más abajo y, por último, llevado por la tentación de las linfas claras y frías, pronto estaba yo broceando en las pequeñas olas formadas por la corriente. El pudor en estos aspectos tiene poca apreciación en Centroamérica, aunque el rehusar un extranjero a bañarse como se acostumbra en el país, se toma generalmente como una moda extraña que se ha traído de afuera y la cual el tiempo se encargará gradualmente de borrar.

A nuestro regreso hallamos las mesas dispuestas para el desayuno en el gran corredor; el desayuno consistía en tortillas calientes, pan, mantequilla y queso, carne estofada, frijoles, chocolate y leche. Una india muy agraciada, de grandes ojos avellanados y de manos y brazos que podría envidiárselos a la dama más aristocrática, nos esperaba, y ágil cumplía las órdenes de Mariano, que según pude comprobar era el amo de la casa por ser el hijo mayor. Los pies desnudos de esta Hebe morena hacían un ruido acompasado en el piso enladrillado, y cuando el desayuno termino nos trajo una cesta llena con deliciosas frutas y un manojo de cigarros. Me eché en la gran hamaca con una sensación de absoluto regocijo, y mirando la perspectiva soñadora de la ondeante verdura, la vista limitada por el cono azul de un volcán distante y por los muros blancos de la hacienda, medio escondidos en su pródiga esmeralda, me entregué a la fascinación de la hora, contento de todo, menos de que mis seres queridos allá lejos no pudieran compartir conmigo las bellezas sin par de estos paisajes.

CAPÍTULO IV: LA PULPERÍA

Chinandega. – Iglesias. – Residencias. – La belleza femenina. – Vestuario. – Fumando cigarros. – Religión. – Ceremonias. – Diversiones. – Un paseo nocturno. – Noche. – La tienda. – Comercio. – Educación. – Salida hacia León. – El camino. – Chichigalpa. – El tiste. – El Sr. Manning. – Posoltega. – La posada. – Una beldad nicaragüense. – Nuevo método de mendigar. – El aguacero. – Hacienda de "El Paciente". – Soldados borrachos. – Las tortilleras. – Río Quezalguaque. – En las cercanías de León. – Campanas. – Ceremonias religiosas. – El Dr. Livingston. – Vísperas de independencia.

Se considera a Chinandega como la ciudad más próspera de Nicaragua, y aunque antes tenía una población mayor, cuando la visité contaba con más o menos doce mil habitantes, predominando el porcentaje de mujeres por las causas que antes expresé, en una proporción de cuatro a uno. La ciudad está construida con regularidad; sus calles están trazadas en ángulos rectos, muy bien pavimentadas y con una superficie cóncava, con las cunetas en el centro durante la estación de las lluvias se cubren de hierba por ser el tránsito muy escaso. Su primitiva importancia, al juzgar por la descripción que de ella hacen escritores centroamericanos, ha de haber sido considerable. Tiene ahora cinco iglesias: La Parroquia, el Calvario, San Antonio, San Lorenzo (inconclusa) y la Guadalupe. En otro tiempo estaban ricamente adornadas, y se dice que contaban con ornamentos muy valiosos; pero las incursiones de los bucaneros y las devastadoras revoluciones en el país desde 1821, hicieron que los quitaran, por la violencia o para su seguridad. Hoy las iglesias no cuentan sino con oropel y cuadros de personajes bíblicos rústicamente ejecutados. Estos edificios son de adobe, estucados y encalados al estilo español, y a menudo con la peculiar cúpula redonda que revela la arquitectura morisca. Los pisos están primorosamente enladrillados y sus interiores se conservan nítidamente pintados y limpios. Las imágenes de santos y ángeles, ricamente vestidos para impresionar la imaginación de los devotos se hallan colocadas en nichos. Creo que la quietud y la solemnidad de estos santuarios se hallan bien calculadas para inspirar pensamientos devotos. Por lo general son edificios obscuros y espaciosos que hacen resonar las pisadas; a todas horas del día pueden verse hombres y mujeres arrodillados, las últimas con la chillante mantilla que se colocan como capucha, y los primeros, por lo común limpiamente vestidos, sombrero en mano, sin zapatos e hincados sobre un pañuelo. Todas las diferencias de clase se borran dentro del templo y el arrugado y legañoso mendigo se arrodilla muy cerca de la pálida y aristocrática señorita de la mejor sangre de Chinandega. La ciudad parece haber sufrido menos con las frecuentes guerras que ninguna otra en el Estado. Las casas raramente son de más de una planta, no tanto por el miedo a los temblores como por su mayor frescura, así como por la incomodidad de vivir en un segundo piso, y finalmente – lo que creo es la razón principal – porque sus antepasados vivieron en construcciones de la misma arquitectura. Estas casas no se diferencian grandemente de las de Rivas, pero en general son de mejor condición, más amplias y de una construcción más acabada.

El interior está dotado de mobiliario de líneas rectas, incómodo, escaso y colocado de cualquier modo en la sala; de hecho, las mesas no son para otros propósitos que el de servir en ellas la comida familiar, y muy raramente como escritorio; las damas usan las sillas solamente cuando hay visitas, pues ordinariamente prefieren sentarse en el piso o echarse a descansar en la hamaca familiar, que se cuelga de parte a parte en la sala de las casas de habitación de todas las clases sociales. Completan el arreglo de cada cuarto cuadros religiosos, una cama – algunas veces de hierro y portátil – y comúnmente varios baúles mexicanos, laboriosamente ornamentados y con las iniciales de sus dueños marcadas con estoperoles de bronce. Las casas, sin embargo, se hallan admirablemente adaptadas al clima y el viandante entra a su obscuro y fresco abrigo con un íntimo: ¡Gracias a Dios! al librarse del sofocante calor de la calle, aumentado con el fiero resplandor de las paredes blancas que reflejan con hiriente intensidad los rayos del sol.

Las piezas forman dos o más lados de un cuadro abierto que se llama patio, por lo general comunicado con la calle por un portón pavimentado, capaz de dar paso a un hombre a caballo o a un carretón con todo y bueyes; y es aquí donde se colocan los productos de la hacienda o cualesquiera artículos o trastos de la casa. El corredor, que se extiende alrededor de la casa en su interior, está por lo común unos pocos pies más alto que el patio y se pavimenta con grandes baldosas. Las casas, muros y todo el conjunto de edificaciones anexas, están entejados y en todo aspecto mejor adaptados al clima que si se empleara tejamanil o pizarra. Una bodega y otros apartamentos de la casa se hallan más allá del corredor. Muchas casas tienen grandes jardines llenos de flores, separados de la calle por elevada tapias y atestados con el más verde arbolado, donde nunca faltan los mangos florecidos y cargados de fruta todo el año, con sus ramas arrastrándose por el peso de las hojas y racimos de estas deliciosas frutas, que se ofrecen pródigamente a los transeúntes.

Aunque en general me defraudó la belleza de las nicaragüenses, durante mi permanencia en Chinandega y en León encontré varias veces la gracia y la elegancia generalmente características de la señorita española. La costumbre de casarse las personas de distintas razas, práctica observada por blancos, indios, "mestizos" y hasta negros, ha contribuido en mucho a deteriorar la belleza de la mujer centroamericana y vi esto particularmente en Honduras; pero en toda esa república, como en Nicaragua, observé frecuentemente rostros y formas que hubieran hecho "sensación" en cualquiera reunión elegante. La amalgama no ha sido total; y mientras, con mucho, el mayor número se halla solo teñido con un pringue de sangre india o negra, el extranjero puede encontrarse a cada paso con bellezas castellanas puras, cuyas esbeltas figuras, sus maneras finas, sus ojos negros y lánguidos y expresivos rostros, confirman completamente el elogio que se les ha prodigado. Las facciones son, casi sin excepción, finas, donde no ha habido mezcla de razas en los antepasados, hasta clásicas, preservando mucho del orgullo y el aire distinguido de las castellanas. La tez, siempre pálida, es de aquel rico y clásico color generalmente atractivo de la juventud, cuando va acompañado de facciones finamente cinceladas, pero adquiere apariencia de cera en los años avanzados. En ningún país de los que yo he visitado, la edad sigue tan de cerca al sexo femenino y en ninguno los encantos juveniles se disipan tan pronto. El clima no deja ningún rastro de lozanía en la vejez adusta; y con pocas excepciones en las tierras bajas de Nicaragua, ser viejo es ser feo. Sin embargo, siempre observé en ambos sexos en todas las clases sociales, que la natural cortesía y gracia en los modales suplen la falta de encantos físicos. La cortesía en las clases educadas llega a la solemne, y en las más remotas secciones de Honduras esto se observa con tal grado de exageración que se vuelve hasta ridículo. Los jóvenes son, por lo común, reservados, indiferentes y de rostro pálido; casi todos tienen cuerpo delgado y visten a la moda americana o europea.

Se prefieren los colores vivos en los vestidos de las mujeres y en una fiesta o en una misa de domingo, la combinación de los colores del arcoíris, indiferente al gusto, provocaría una sonrisa en una bella del norte. Los chales son en particular llamativos. Pero el efecto no es desagradable en una gran congregación, viéndose el conjunto de rostros bonitos y ojos relucientes, en contraste con los colores alegres. Es una idea equivocada, no obstante, la de creer que la belleza española por lo general finge elegancia. Excepto en las reuniones públicas, viste de colores obscuros, como una compensación al color de su tez; y el estudiado arreglo de sus ornamentos de azabache en los brazos y alrededor del cuello, revela la preocupación por los efectos del contraste. Los dulces hechos con el azúcar del país [1] tienen gran demanda entre las damas, que los comen a toda hora del día; con estos, el infaltable abanico, el paseo a la caída de la tarde, y tal vez una cita por la noche alrededor de la plaza, constituyen la diversión, si no la ocupación, de la dama nicaragüense, al menos que con la de alguna función, se apresure a preparar algún aderezo extra. Debo agregar el enrollado de los cigarrillos de papel, llamado cigarro para diferenciarlo del puro, que es el nombre dado por excelencia al verdadero cigarro. El cigarro está en los labios del señor cura antes de entrar a su iglesia; es el símbolo amistoso que se da a las personas que se acaban de conocer; una dama, si desea ser amable con el extraño, le obsequia un cigarro; hace usted una visita al presidente de la República, y antes de entrar en los cumplidos del día, selecciona él un cigarro de su tabaquera, y cortésmente se lo obsequia; su sirviente en el camino, deliberadamente, enrolla un cigarro y, encendiéndolo con su eslabón, se lo presenta a usted en silencio estoico, como cosa corriente; y en una palabra, en todas las escalas sociales, en todo tiempo, en todo tiempo, en todo lugar, este pequeño emblema de solaz se ofrenda, y creo firmemente que por la fuerza de la costumbre, si una negociación se comienza con este preliminar, debe considerarse, desde luego, como cosa medio terminada.

La religión católica se impone totalmente en Nicaragua como en el resto de Centroamérica. Está tan profundamente arraigada, que el

---

[1] Panela, o "rapadura", como se le llama en el país.

poder de la iglesia y el clero forma el eje sobre el cual giran los movimientos políticos extraordinarios, en los cuales los curas siempre ejercen su influencia de alguna manera. Hay un artículo especial en todas las constituciones políticas de las repúblicas centroamericanas, que estatuye que la religión católica es la del pueblo, con exclusión de toda otra religión [1]; y los intentos hasta aquí hechos para que se permita en la costa erigir y asistir a iglesias distintas a la establecida, siempre han encontrado una compacta oposición de todos los partidos políticos. Esto se debe en parte a la veneración religiosa inculcada en las mentes del pueblo, pero principalmente al hecho de que las asambleas legislativas están integradas en su mayoría por abogados o licenciados, que se han educado en las universidades católicas de Guatemala y Costa Rica, o, como es frecuente el caso, con los mismos curas.

La forma exagerada con que los sacerdotes del siglo XVI introdujeron el catolicismo en Guatemala pueden todavía observarse, y ceremonias tales como "el ahorcamiento de Judas", la imposición de cruces en las frentes de los feligreses el miércoles de ceniza, el paseo de las imágenes de la Virgen y los santos por las calles en procesiones públicas, son cosa acostumbrada en todo el país. Las mujeres, de todos modos, son las más fieles al mandato de la iglesia, y pocas se aventuran a perder la misa o a faltar al servicio mañanero. Las fiestas públicas se combinan artísticamente con las ceremonias religiosas, siendo ambas inseparables; así a la celebración de ciertos días santos, a la observancia de ritos especiales de la iglesia se añaden peleas de gallos, corridas de toros, música, festejos, fuegos artificiales y bailes. Puede verse que las únicas diversiones del pueblo, al unirse con sumisión a la fe católica, son instrumento poderoso en manos del clero, que toma ventaja de la innata superstición de la raza y del monopolio de la educación en manos de los curas o de aquellos que se han formado bajo su influencia directa.

A las procesiones religiosas el pueblo acude con veneración respetuosa. El cura camina bajo un palio extendido sobre su cabeza y sostenido por cuatro asistentes, precedido por un campanillero y por la música de violines y violas, que acompaña el canto del padre y del coro. Los ornamentos y símbolos de la iglesia se llevan entre la

---

[1] La Constitución Federal de 1824 en su artículo 11 y la de Honduras de 1848 en el artículo 16: **El Digesto Constitucional de Honduras** por Augusto C. Cuello. Tegucigalpa, Nacional, 1923, pp. 14 y 100.

muchedumbre. El espectáculo, hasta para un incrédulo, es imponente y nunca dejé de manifestar mi respeto a las formas religiosas del país, descubriéndome mientras lentamente pasaba una procesión; pero ni las más abiertas insinuaciones de mis compañeros nativos me hicieron hincarme, aunque en todas direcciones, y a menudo en todas las calles adyacentes por donde quiera que el coro solemne de los cantores pudiera pasar, las gentes se hincaban y devotamente se persignaban mientras el estrépito de una docena de sonoras campanas combinaban su tañido con la escena.

Todo el espectáculo me parecía reliquia de una edad semi bárbara; y todavía encontramos aquí las mismas liturgias llevadas a cabo cuando los guerreros de Alvarado y Cortés, en sus cotas de malla, se quitaban sus yelmos emplumados. La observación de que Centroamérica ha estado estancada desde la conquista es correcta; pues, en verdad, muchos de los hábitos de los viejos conquistadores aún subsisten.

Chinandega, corrientemente una de las ciudades más alegres de Nicaragua, presentaba durante esta revolución un espectáculo triste. Toda alegría había cesado como por consenso general. Las reuniones, donde a veces el extraño puede formarse una idea de las características sociales y privadas de las personas, eran ahora desconocidas; el lugar estaba desierto porque sus principales habitantes se habían retirado a sus haciendas para escapar a las contribuciones forzosas, y los de las clases humildes que podían vivir aquí huían de la ciudad para evitar su reclutamiento para el ejército. Mis amistades a menudo se condolían de la triste condición en que vivían, y me aseguraban que yo había visto la ciudad en circunstancias desventajosas.

Sin embargo, aún en la época más aburrida, por la noche el observador podía formarse una idea de las costumbres al aire libre. A esa hora el chubasco había cesado, dejando en el horizonte un cúmulo de nubes purpúreas y doradas hacia el oeste. Los árboles y las calles estaban todavía húmedos por la lluvia y millones de relucientes gotas caían de los cocoteros y los plátanos. Las casas, rivalizando con sus colores rojo, azul y amarillo de acuerdo con el gusto de sus dueños, daban un carácter vívido a la escena. Las calles monopolizadas a la hora del calor por las mulas cargadas o por los chicos desnudos, presentaban ahora un cuadro más animado. En la esquina de más allá, un jinete cabalgaba airosamente han parado en seco su caballo de cola larga y pesado bocado. Es el señor V. [1] bien conocido y reputado ciudadano, que está ahora siguiendo su costumbre inmemorial de pasear a caballo al fresco de la tarde. La silla recamada de plata lo mismo que la cabezada, las riendas primorosamente labradas y las tintineantes espuelas, el espléndido sarape tirado negligentemente sobre el hombro izquierdo, revelan al hombre de buen gusto. Tiene el orgullo español de poseer preciosos avíos de montar. Ve que lo observamos y cortés se quita su sombrero de castor, al mismo tiempo que "accidentalmente" espolea su bien entrenado corcel, que caracolea con evidente satisfacción de su amo; pero habiendo yo recientemente dejado California, donde en cinco años de residencia había visto la más perfecta equitación del mundo, el espectáculo de ahora me pareció más bien anticuado.

Luego se le unen otros, igualmente bien montados y equipados, y todos se quitan el sombrero ante una bella de rostro pálido, demostrando que no son parcos en la galantería. Después de un minuto de conversación seria, el grupo sale a paso rápido soltando sus cabalgaduras con aquel paso peculiar por el cual se las llama andadoras. Muchas personas se aventuran ahora a salir de sus casas y vagar sin rumbo por las calles con el paso típico que no se ve sino en las regiones de españoles e italianos o en las de sus descendientes, deteniéndose a conversar un momento con un conocido dispuesto como ellos a comentar el chisme del día o a cambiar noticias sobre la revolución, o con algún viejo decrépito, a través de los barrotes de la ventana de la calle. Grupos de chicos panzones, algunos con solo la camisa y otros en estado de completa desnudez, de piel brillante como lustrosa caoba, saltan en la calle, mientras un grupo de espigadas y bien formadas mujeres encienden sus cigarros y, pausadamente, murmuran con la señora de la posada. De pronto, la hora de la oración suena en la campana de la torre de la parroquia. Al instante se acalla toda voz; los niños cesan en sus juegos como por instinto; un súbito silencio se impone y el movimiento de los labios con el murmullo rápido y mecánico de las formas acostumbradas para orar, se oye entre el grupo de las personas descubiertas. Una corta pausa y las campanas resuenan de nuevo en un alegre repicar; las conversaciones y juegos

---

[1] Es posible que el autor se refiera a D. Bernardo Venerio, uno de los vecinos principales de Chinandega en la época de la visita de Wells. Fue casado con Dña. Ignacia Gasteazoro; de este matrimonio nació Dña. Carmen Venerio Gasteazoro, esposa de don Francisco Morazán Moncada.

se reanudan donde habían cesado; la noche avanza; una tras otra las puertas y ventanas se cierran y se atrancan; las calles se tornan desiertas y el vigilante, con linterna y mosquete, marcha al compás del tambor; y a las nueve, el silencio reina por la ciudad, salvo cuando, a intervalos, el agudo grito de "¡alerta!" de los centinelas nos hace recordar que, en medio de todo el esplendor rural con que la naturaleza ha adornado a Nicaragua, sus hijos parecieran trabajar para anular las bendiciones que les dispensó la provincia. Los solemnes campanazos del reloj de la iglesia señalan la hora de las diez y, como los relámpagos que de cuando en cuando juegan con caprichosos destellos, en rededor del pico del volcán confundidos con el sordo retumbo de los truenos distantes, anuncian la proximidad de la tormenta nocturna, como de costumbre yo aseguro mi puerta y pronto me entrego en los brazos de Morfeo.

Una costumbre muy encomiable en Nicaragua, y en todo Centroamérica, es la de tener un pequeño almacén en la casa de habitación: la pulpería [1] que maneja la señora de la casa. De esta manera muchas familias, empobrecidas por las revoluciones, se sostienen parcialmente. Esto se ha puesto de moda por la necesidad y a las muchachas más bonitas del país puede frecuentemente vérselas detrás de los mostradores de estos pequeños establecimientos, vendiendo toda clase de artículos domésticos. La pulpería es frecuentemente el escenario de un coloquio amoroso y aquí, se dice, se venden al menudeo más escándalos y noticias que en ninguna otra parte. La pulpería es en realidad la "bolsa" de todas las clases sociales para el cambio de noticias, como lo es el almacén de abarrotes en los Estados Unidos para la discusión de los sucesos políticos del día. Por las razones antes expuestas, sucede que los tenderos son en su mayoría mujeres o ancianos, aunque hay numerosos casos donde el negocio al menudeo lo hacen firmas importadoras.

Hasta 1840, la mayor parte de los artículos manufacturados que se consumían en Nicaragua se importaban de Inglaterra, que por treinta años gozó del monopolio de este comercio lucrativo. Pero con la aparición de los alemanes e italianos que recientemente resultaron poderosos rivales en este negocio, el comercio de California creció en importancia, y considerables cantidades de artículos manufacturados

---

[1] Tienda pequeña donde se expenden artículos de consumo diario

y provisiones se transportan a Centroamérica en los barcos empleados en el tráfico.

Como tenía varias cartas de presentación para personas de León, aproveché el ofrecimiento que me hiciera mi anfitrión de usar su macho favorito, recientemente traído de una de sus haciendas cercanas. La señora, con la ayuda de dos o tres hermosas muchachas, se afanó la mañana de mi partida en prepararme golosinas para el camino y, como un gran favor, le ordenó a su sirviente Pablo que me acompañara montando una vigorosa mulita. Mis dos amigos, que ya habían llegado de El Realejo y se hallaban instalados en la casa, prefirieron quedarse. En una mañana fresca y radiante, con mi nuevo sirviente, monté a la puerta y a los pocos minutos habíamos salido de los barrios de la ciudad, teniendo el camino hacia León frente a nosotros. La distancia es de unas veinte millas, sobre un llano casi perfecto, aunque algo ondulado cuando uno se aproxima a la capital. Cuando se viaja en Centroamérica, en la sierra como en el terreno plano, debe hacerse con el frescor de la mañana. La señora me apuró a que saliera a las ocho, afirmando desde entonces, que me vería obligado a quedarme en el camino para evitar el aguacero o para escapar de los ardientes rayos del sol. Mi sirviente era nativo de León y adoraba su lugar natal.

"No hay cosa", me dijo, "que no se encuentre en León, señor". "Es una ciudad hermosa, aunque en el día muy triste".

La vieja rivalidad entre León y Granada existía todavía en la mente de mi acompañante, quien se burlaba de la idea de que los granadinos pudieran retener la ciudad un mes más ante los asaltos de los leoneses, que estaban sitiándola. Como a una milla de la ciudad m rogó que le permitiera detenerse en una pequeña hacienda en donde él había hecho recientemente una compra de importancia; así, al dar vuelta por un pintoresco pasaje emparrado que sale del camino real, dimos con una casa pequeña donde Pablo parecía tener un poco de influencia. Su importante compra resultó ser un vigoroso gallo de pelea, al que preparaba para jugarlo en una próxima festividad. Después de examinar afectuosamente a su campeón, a su pesar reanudó el viaje. El camino entre Chinandega y León es como el ya descrito de El Realejo. Una jornada de más o menos nueve millas nos condujo a la pequeña población de Chichigalpa, pueblo de unos dos mil habitantes. Aquí se halla una de las más antiguas iglesias del país. El lugar mostraba el mismo silencio, el mismo aspecto desértico de los otros pueblos, y con la excepción de unos pocos chiquillos que nos miraban fijamente, desnudos e inmóviles, no había más signo de vida cuando entramos. Las casas son de adobe, sin repello, construidas desordenadamente, sin el menor asomo de simetría.

Proseguimos por la calle principal hasta la casa de mejor aspecto donde desmontamos, y al entrar nos encontramos con varias mujeres que estaban haciendo cigarros. Fácilmente entraron en conversación con nosotros y me preguntaron si yo era el ministro. El Gobierno de los Estados Unidos había enviado tantos de estos honorables emisarios a Nicaragua que todo norteamericano era considerado como si llegara en el desempeño de un cargo diplomático. Se me preparó una jícara de tiste inmediatamente, y meciéndome en una hamaca confortable empezaba a olvidar la advertencia que me hiciera la señora Montealegre cuando Pablo me recordó que todavía teníamos varias leguas por delante; así que respondiendo al formal adiós de las comadres de Chichigalpa, continuamos nuestro viaje hacia el este. El camino – uno de los mejores de Nicaragua – es ancho, parejo y bordeado de señoriales árboles, bajo cuya grata sombra pasa el viajero la mayor parte de la ruta. En esta estación, sin embargo, se habían formado grandes charcos de agua, haciendo que las carretas se desviaran del camino principal para penetrar por los matorrales adyacentes.

Media milla adelante del pueblo, divisé un caballero fornido, de aspecto jovial, que se aproximaba montando una hermosa mula. Juzgué bien, por la descripción que se me había dado de él, que era el cónsul inglés, Sr. Thomas Manning, para quien yo tenía una carta de presentación. Por lo tanto, me dirigí hacia él y pronto estábamos haciendo un intercambio de noticias. Iba "en ruta" hacia El Realejo y, en pocas palabras, me dio detalles de la guerra y de los probables resultados de la lucha. El Sr. Manning era residente en Nicaragua desde hacía muchos años y se había hecho rico mediante las ventajosas concesiones comerciales otorgadas por el Estado, mientras sus paisanos monopolizaron el comercio. Señaló hacia el horizonte obscuro de nubes por el sur, y me aconsejó que pasara la noche en la aldea de Posoltega, unas pocas millas más adelante; y luego, poniendo a mis órdenes su casa en León, prosiguió su camino. Media hora después llegamos a la aldea y Pablo me condujo a una posada donde desmontamos, ordenando más tiste, única bebida que, aparte del aguardiente, se podía obtener en el camino.

Después que desmontamos, Pablo recalcó que la muchacha más bonita de Posoltega vivía en la posada y, al entrar, vi a tres jóvenes bien vestidas, una de ellas meciéndose en una hamaca, cuya ocupación no cesó cuando entramos excepto cuando volvió su rostro hacia nosotros para decirme: "¿Cómo está, caballero?"; las otras dos se hallaban sentadas en la puerta trasera examinándose mutuamente las manos. La madre, una anciana marchita y parlanchina, miró apresuradamente a su progenie y satisfecha de su apariencia, me dio la bienvenida, inquiriendo noticias de Chinandega. Pronto vi que la bella aludida por Pablo era la de la hamaca, y tanto como podía juzgarla a través de la obscuridad, se acercaba lo más íntimamente a la verdadera beldad que yo había visto en el país: dientes finos, morena de color, cabellos en bucles arreglados con buen gusto, tez aceitunada, formas perfectas, grandes y brillantes ojos y manos y pies bonitos. Pablo la miraba embelesado, y pronto descubrí que este joven leonés era uno de la media docena de pretendientes de su mano. La vieja notó mi admiración por la muchacha y con aire de orgullo me preguntó:

"¿Qué tal le parece a usted mi niña?"

Yo, desde luego, no escatimé encomios, y al contestar las preguntas de las muchachas intenté darles una idea sobre las mujeres bellas de mi patria. Para estas legítimas beldades las artes del tocador y los adminículos de la moda eran desconocidos y escuchaban con verdadera sorpresa mis relatos sobre las torturas del corsé y de los botines apretados que se usaban en el alegre Nueva York.

Antes de mi partida, se unió al grupo un viejo canoso, que se ofreció para acompañarme en el camino, y al declinar sus servicios, me pidió en compensación un real por sus buenos deseos. Me pareció esto un método modelo de mendigar, mas siendo novato en el país, preferí darle al viejo la moneda, que él recibió con una plegaria audible de: "Dios le proteja a usted siempre". No tengo la menor duda de que después de mi partida se rio de mí, por ser yo un hereje americano; sin embargo, me sentí complacido al haber terminado el incidente por el bajo precio de un real. Al montar a la puerta, la anciana me dijo que su nombre era Benita Ramírez y que desde hacía tiempos había aprendido a querer a los americanos. Deduje la educación que la familia había recibido en su contacto con los pasajeros en 1851. Nadie en el mundo aprende más pronto que los nicaragüenses a conocer el valor de un dólar y pasan de inmediato de la hospitalidad más franca a la mezquindad más ruin, pero esto se aplica en especial a la clase de personas que se hicieron familiares con los norteamericanos en las vecindades de las rutas del tránsito. Luisa, la de los ojos negros, me acompañó hasta la puerta, y sin duda alguna quedó con el convencimiento íntimo de que en mí había hecho una nueva conquista. En Posoltega está una de las iglesias más antiguas de Nicaragua (La Quesalqueca), ahora en ruinas.

Pocos minutos después de haber salido de Posoltega, la tormenta, que en las dos últimas horas había estado amenazante, se descargó sobre nosotros. Pablo dijo que no había más casas en un trecho de dos leguas, pero que conocía una pequeña finca hacia el sur, a la que se llegaba por un desvío que inmediatamente seguimos, más no escapamos de empaparnos con aquella lluvia inmisericorde. Durante el tiempo que tomamos para llegar a la finca de "El Paciente", el aire era toda una cortina de agua. Nos apresuramos a entrar en el patio, y bajo una especie de cobertizo había tres o cuatro mujeres echando tortillas y moliendo maíz. Nos dieron una bienvenida cordial a su fogata. Durante una hora parecía que la lluvia nunca pararía y, como siempre, venía acompañada de fuertes truenos y de vivos relámpagos. Las lluvias más fuertes y más frecuentes caen en Nicaragua durante los meses de agosto y septiembre.

Poco después de nuestra llegada, una escolta al mando de un capitán gordo se detuvo en la hacienda. Integraban el pelotón unas veinte personas y llevaban el uniforme característico, blanco con franjas rojas en el pantalón. Borrachos, empapados, insolentes y con el traje sucio, ofrecían un cuadro triste. El capitán cuchicheó con una de las mujeres, y un momento después se me acercó y me pidió la hora. Sin molestarme en sacar mi reloj en la presencia del grupo, repuse tan brevemente cómo fue posible, pero insistió él en su petición. Eché hacia atrás mi poncho lo suficiente para que viera mi revolver, calibre largo, prendido en mi cintura y que yo usualmente trataba de ocultar. El sujeto, que estaba medio ebrio, lo miró fijamente un momento y luego dijo: "¿Tienes pasaporte?". Le mostré un papel que me dio el comandante de Chinandega, que pareció satisfacerle, porque después de pedirme braza de mi cigarro, montó, y toda la escolta prosiguió su camino en la lluvia, gritando mientras daba vueltas alrededor de la casa y riendo con frenesí alcohólico. Pablo cambió miradas con las mujeres y me aseguró que de no haber visto mi revolver me hubieran robado. Los soldados iban en camino hacia el cuartel de El Realejo. Varios robos se habían cometido en el camino recientemente. Después supe que el capitán creyó que yo era un espía guatemalteco.

Las mujeres prosiguieron en su tarea de echar tortillas que, en verdad, es una tarea interesante. El maíz crudo se mezcla con una cantidad de lejía y se hierve a fuego lento. Luego se lava y se coloca en montones en una piedra ahuecada que se parece a un pequeño banco de estilo viejo. El maíz amontonado en un extremo de la piedra tiene la consistencia del grano hervido. Se echa un puñado poco a poco en la piedra y se muele con una especie de almirez, que también es de piedra. La operación de la molida es algo así como la de hacer hojaldre para pasteles. La masa se adelgaza luego dándole palmaditas y se cuece en un comal de hierro o de barro. Las tortillas cuando están calientes son muy sabrosas, y al viajar en el país invariablemente las preferí siempre al pan de trigo, que se fabrica muy mal y es masoso. La tortilla – pan del país – se halla en toda mesa, en todas las clases sociales, y constituye con los frijoles el principal alimento de la pobrería en todo Centroamérica. El lento proceso de moler el maíz, como lo practican las mujeres, hizo que varios extranjeros introdujeran la harina de maíz, particularmente para las haciendas en época de cosechas cuando se les obliga a los trabajadores a esperar la preparación de las tortillas. Pero sea por prejuicio, o por renuncia a desviarse de la costumbre establecida, lo cierto es que dicha harina no fue aceptada y las mujeres afirman abiertamente que es imposible hacer tortillas de otra manera que por el viejo método. No deja de ser interesante ver a una muchacha bien formada, con sus brazos desnudos, su pelo frondoso echado indolentemente atrás de su rostro, inclinada en su labor y a intervalos descansando para cuchichear con sus alegres compañeras, o reír con aquella risa sincera que distingue a las mozas centroamericanas, por su jocosidad y buen carácter.

El panorama alrededor de "El Paciente" es igual al de todas las haciendas de la gran llanura de León: la vista inmediata cerrada por muros con el follaje más verde, el trino de los pájaros, y salpicado con polícromas flores. Es solamente cuando se contemplan estas exquisitas bellezas de la naturaleza que el viajero puede olvidarse de la crasa ignorancia que le rodea; una raza rebajada y decadente presenta el más vivo contraste con el despliegue lujuriante de su paisaje, en donde pareciera que se concentran los regalos más preciados de la providencia. La lluvia todavía caía y el monótono vaivén de la piedra de moler se unía a su ruido. El patio se había convertido en una laguna siseante en la que las muchachas chapoteaban yendo de la casa al cobertizo, levantándose las faldas y mostrando un sorprendente desprecio hacia el lodo y la humedad. Por último, cansado ya de la monotonía del espectáculo, y sin que el pesado y plomizo cielo ofreciera una promesa razonable de mostrar su azul, ordené a Pablo que ensillara los animales y, a pesar de sus advertencias del peligro de una fiebre, salimos del fangoso patio.

Envuelto en mi poncho, seguí a Pablo por el camino, ahora casi intransitable por el lodo. Luego llegamos a un lugar donde vi tres cruces de madera que me señaló mi acompañante diciéndome que marcaban las tumbas de tres ladrones que habían sido muertos hacía pocos años por un grupo de leoneses, encabezados por don Francisco Díaz Zapata, mejor conocido por "Chico Díaz". Al bajar por una empinada cuesta, llegamos al río Quezalguaque, que corre un poco arriba de la población de Telica, cerca de ocho millas al norte de León. Estaba ahora crecido y turbio, y violentamente corría entre las rocas de su lecho. Lo vadeamos a poco más o menos doscientas yardas debajo de donde llegamos y, al alcanzar la orilla opuesta, vimos a un muchacho, al parecer no mayor de seis años, con un haz de leña sobre la cabeza, que puso en tierra para hacerme una reverencia cuando yo pasaba. Su vestido consistía en una camisa hecha andrajos y una sarta de cuentas de vidrio alrededor del cuello. Se paró, me clavó su mirada, y al ver que yo también lo miraba, me gritó: "¡Deme un 'dime'"! a cambio, seguramente, de su cortesía.

Empezamos ahora a acercarnos a León, cuya proximidad se anunciaba por la gente campesina que encontramos caminando afanosamente hacia la ciudad. El camino, en un trayecto de una legua estaba bordeado de cercas bien cuidadas de cactus y, a menudo, de madera que circundaban campos de caña y otras plantaciones, entremezcladas con el más brillante follaje. Bandadas de pericos se agitaban entre los árboles mientras, a intervalos, a lo largo del camino se veía la solitaria garza blanca en la espera de la aproximación de su reptante presa. La lluvia por fin cesó y, con los rayos del sol que se hundía, el terreno por millas alrededor brillaba como aquellas escenas recargadas de color que vemos pintadas en los cuadros de fantasía en los estudios de artistas. En ninguna parte del mundo que yo haya visitado he presenciado las puestas de sol más esplendorosas que las de la América Central. Parece que hubiera una calidad especial en la atmósfera que imparte un claro y brillante tono al paisaje vespertino, algunas veces visto en las montañas de California, pero a mi entender, en ninguna otra parte. El gran llano por el cual viajábamos desde la montaña es considerado como la tierra más fértil del estado. Ni una vigésima parte está cultivada, y sus capacidades para dar todos los productos tropicales pueden escasamente ser ponderadas, mientras para sus dueños actuales pareciera ser solamente campo para las luchas sin fin y para el consiguiente derramamiento de sangre. Cuando ascendimos a una pequeña colina de la ruta, las torres de la iglesia de Sutiaba [1] y las de la catedral de León, dominaban desde lo alto los bosques circunvecinos, reflejando los rayos del sol poniente. Descendimos de nuevo y vimos de pronto a varias muchachas zambulléndose en un arroyo y hundiéndose como tortugas cuando nos acercamos, dejando la cabeza fuera del agua. El río tuerce hacia la izquierda, y después de cruzarlo alcanzamos a un grupo de aguadoras que entraban a la ciudad con la provisión de la noche. Cansado de mi jira, aprontè mi cabalgadura y entramos a través de los barrios en la calle larga y pavimentada que conduce al este de la plaza. Un señor ya de edad, de cabellos canos, quien evidentemente acababa de levantarse de su siesta, me indicó la casa del doctor Livington [2]. Cuando entramos a la plaza, el tañido de las campanas con el peculiar todo español trajo como relámpago a mi memoria las escenas de la vieja España y La Habana.

El sonido de las campanas españolas difiere enteramente del de otras. Evoca, requiriendo apenas una pequeña dosis de romance, a los orgullosos caballeros del siglo XVI, con sus cotas de malla y con cuya energía y valor estas regiones fueron conquistadas y pobladas. Entre estas evidencias de su raza, aparentemente descoloridas ante el avance de la civilización, el recuerdo de la legendaria erudición de los viejos libros de caballería, devorados hace años con la ansiedad propia de un niño de escuela, vuelve más vivo ante estas torres gastadas por el tiempo que alzan su exquisito arcaísmo y su mohosa arquitectura por sobre las iglesias.

---

[1] Quezalguaque, pueblo del Corregimiento de Sutiaba. Tenía iglesias de tres naves de cal y piedra cuando el Sr. Obispo Pedro Agustín Morel de Santa Cruz la visitó a mediados del siglo XVIII: V. Salvatierra, **Contribución a la Historia**, t. I., p. 380.

[2] El Dr. Joseph W. Livington, ciudadano americano establecido en Nicaragua desde hacía mucho tiempo: V. Walker, **La Guerra de Nicaragua**, pp. 210 y 211.

Al volver una esquina, se ofreció a mi vista la gran plaza con la gran catedral de San Pedro, cuya primera piedra fue colocada en 1706. [1] Tomó treinta y siete años para construirse y con justicia está considerada como uno de los edificios más sólidos y espléndidos de América. Se llevaba a cabo una ceremonia religiosa con acompañamiento de música y con el acostumbrado número de sacerdotes, frente a una de las iglesias, y aún en las más distantes aceras y umbrales había gentes hincadas respondiendo fervorosamente al canto monótono de los curas. Pablo se descubrió y, desmontando de su mula, se arrodilló un momento; de nuevo volvió a montar, enteramente satisfecho de haber cumplido con esta pasajera devoción. Siguiendo la costumbre general, yo me descubrí cuando pasé frente a la procesión. Sonoros acordes de música sagrada llenaban el ambiente, mezclados con las voces de los coros y de los sacerdotes. Mientras observaba la escena, ahora confusa en el ocaso parpadeante, a pesar de mi herejía no pude evitar un estremecimiento de entusiasta devoción. En tres de las calles adyacentes y formando un vasto círculo de adoradores alrededor de la plaza, se hincaban la envelada señorita, la legañosa beata, el soldado rudo y el delicado niño, cada quien respondiendo con devoción al rezo cantado en alta voz, y solemnemente haciendo la señal de la cruz. Tiene que ser en verdad un espectador impasible quien pueda presenciar sin conmoverse los ritos imponentes de la iglesia católica, revestida como está de oropeles y otros medios con los que el clero gusta de atraer la mirada de las multitudes.

Estaba demasiado cansado de mi incómodo viaje para pensar en otra cosa que no fuera llegar a la casa del doctor Livington, a la cual arribamos después de atravesar varias calles silenciosas y cubiertas de hierba, dándoseme una cordial bienvenida. Los viajeros norteamericanos se referían tan a menudo al doctor que sentía yo una creciente curiosidad por conocerle. Apenas habíamos llegado a su

---

[1] La actual catedral de León, la misma que Wells conoció, comenzó a construirse a mediados del siglo XVIII, siendo obispo el Dr. Isidoro Marín Bullón y Figueroa; pero el propulsor de la monumental obra fue el Dean, después elevado a la dignidad episcopal, Lic. Juan Carlos Vilches y Cabrera, natural de la Nueva Segovia y pariente consanguíneo del sabio José Cecilio del Valle. El Sr. Obispo Esteban Lorenzo de Tristán la bendijo en 1775 sin estar terminada. La consagró el obispo Fr. Bernardo Piñol y Aycinena el 28 de noviembre de 1860: V. Salvatierra, op. cit., II, pp. 80 y 81; y **Corinto a través de la Historia** por "du Lamercier". Corinto, (s. i. n. a.), p. 35.

puerta cuando ya él se aproximaba y ante mi asombro, me saludó con mi propio nombre. Al parecer, un señor que salió de Chinandega el día anterior le había informado de mi llegada. Decir que fui sincera y generosamente acogido durante mi permanencia en León sería mucho menos de lo que yo quisiera rendir y merecer mi hospitalario y varonil anfitrión. Un paquete de cartas y los últimos periódicos de Nueva York y California absorbieron su atención por un momento, siendo estas las primeras noticias de fuera de Centroamérica que él recibía en los últimos tres meses. Mientras observaba su rostro inteligente y sus vivos y penetrantes ojos, no podía sino notar que su permanencia por cinco años en Nicaragua no había producido en él ninguno de aquellos hábitos de languidez y enervación característicos del extranjero que vive en las tierras bajas de Centroamérica. En medio de las muchas revoluciones y sus rivalidades consiguientes, él había escapado hasta aquí de ser objeto del resentimiento tan frecuentemente manifestado hacia los norteamericanos; después averigüé que tenía más amigos y poseía más influencia social y política aquí que cualquier otro de nuestros coterráneos. En pocos minutos una cena espléndida estaba servida en el corredor, haciendo notar el doctor que, a pesar de la vieja costumbre que le había hecho adoptar las horas y el estilo del país, estaba seguro de que un californiano no podía todavía haber olvidado cómo hacer honor a una comida fuerte. Luego supe que la ceremonia religiosa que acababa de presenciar era propiciatoria al vuelo de las almas hacia la Eternidad, que se esperaba la mañana siguiente, día señalado para el asalto final a Granada por las tropas de Castellón. La circunstancia de ser el trigésimo tercer aniversario de la independencia de Centroamérica se esperaba que inyectara animación extraordinaria a las tropas. Mientras conversábamos, las explosiones de las "bombas" y el sonoro repique de las campanas de todas las iglesias de la ciudad anunciaron que las ceremonias habían concluido.

CAPÍTULO V: CERCA DE HONDURAS

Aniversario de la independencia. – León. – Revolución de 1854. – Los métodos de un texano para retener sus hombres. – León y Granada hace siglo y medio. – La Catedral. – Iglesias. – Una visita al presidente Castellón. – Aspecto de los oficiales del Gobierno. – El expresidente Ramírez. – "Chico Díaz". – La sociedad. – La Casa de Gobierno. – Una propuesta. – Patriotismo. – Sillas de montar. – Lluvia en Nicaragua. – Salida de León. – Galope mañanero. – Paisaje soberbio. – Chinandega. – Tiste. – Frutas. – Más contribuciones. – Una alarma. – "Cacherula". – Mujeres nicaragüenses. – Preparativos para la partida. – Separación del grupo. – Partida. – El viejo. – Muerte de un mono. – Embarque. – El Estero Real. – Paisaje. – Comodidad. – Playa Grande. – Una aventura. – La Bahía de Fonseca.

La mañana siguiente desperté al oír varias salvas de artillería, que hacían temblar la casa de adobe hasta sus cimientos. Era el aniversario de la independencia de los estados centroamericanos de la madre patria. Uno siente curiosidad en estas pequeñas repúblicas por observar la manera como celebran su "Día de Independencia". Aquí no había el entusiasmo ni el general regocijo que se observa en los Estados Unidos. En lugar de ver las vías públicas apiñadas con alegres chiquillos, los edificios decorados con banderas, y las mil demostraciones que proclaman la llegada "del cuatro", apenas vi una procesión religiosa marchando solemnemente entre gentes contemplativas, de rodillas, y un único despliegue militar: una docena, o algo así, de soldados cuidándola.

Después del desayuno, fuimos a la gran plaza, en donde un grupo de hombres bulliciosos, en uniforme blanco, estaban disparando un cañón que, una y otra vez, resonaba en las angostas calles. Habíamos olvidado completamente nuestra proximidad al cañón, y enfrascados en la conversación nos acercamos a unos pocos pasos de su boca, cuando un pillastre le aplicó fuego, envolviendo a nuestro pequeño grupo en una nube de humo y dejándonos sordos por el estallido. El doctor les echó una mirada iracunda, a la que la multitud respondió con un fuerte: "¡Viva!".

León en 1854, como las demás ciudades de Nicaragua, presentaba un aspecto lamentable. En realidad, la ciudad decae rápidamente, y desde hace tiempo ya ha cesado todo progreso. Con las revoluciones frenéticas que sucesivamente han barrido el país, las mejores residencias de las viejas familias españolas han sido quemadas o destruidas al grado que, siendo la primera ciudad de la república, no es sino una sombra de lo que fue ayer. Pasé por una calle flanqueada por arcadas y muros derruidos, enteramente cubiertos de maleza y dando el aspecto de unas ruinas precolombinas. En 1823 esta parte de la ciudad tenía cerca de dos mil casas, que fueron destruidas por el fuego. Los jardines que otrora llegaban hasta el fondo de los solares, están ahora invadidos por hierbas y escombros. No conozco nada más triste que el aparente convencimiento con que estas gentes parecieran precipitarse por sí mismas a la ruina política. Sin hacer el recuerdo de la maraña de revoluciones que desde la declaración de la independencia en 1821 han tenido lugar en el país, brevemente retrocederé a las causas y principales incidentes de la presente.

En noviembre de 1853 se llevó a cabo una elección presidencial en Nicaragua, siendo candidatos los señores Fruto Chamorro, en otros tiempos ministro de la guerra y perteneciente a la facción de Granada; y Francisco Castellón, un licenciado de León, sucesivamente ministro de nicaragua en Inglaterra y en Francia. Una vieja enemistad ha existido entre estas ciudades rivales, la cual ha distanciado a familias vinculadas por matrimonio; y amargos celos han dado origen a guerras continuas. La elección a que me he referido resultó favorable a Chamorro, aunque, como afirman los leoneses, debido a fraudes. Al reunirse las Cámaras, Chamorro intentó llevar a cabo varias reformas parciales de la Constitución, de tal naturaleza que provocaron las sospechas del pueblo. Se aseguraba que había pruebas de una conspiración de parte de Castellón y sus amigos. Esto fue vehementemente negado por los demócratas. [1] Las circunstancias, sin embargo, eran propicias para dictar medidas rigurosas, así que Castellón y la mayor parte de sus amigos de influencia fueron expulsados del Estado [2]. Se marcharon a Honduras en donde, a los

---

[1] El partido demócrata era predominante en León. N. del E.

[2] Sobre estos hechos pueden consultarse las **Memorias para la Historia de la Revolución de Nicaragua y de la Guerra Nacional contra los Filibusteros. 1854 a 1857**, por el Lic. Jerónimo Pérez. Managua, 1865, pp. 9 y 10; y la **Reseña Histórica** del Dr. Lorenzo Montúfar, t. VII, p. 8.

pocos meses, con la ayuda del presidente Cabañas de aquella república, formaron un pequeño ejército invasor, y en mayo del mismo año, el general Jerez desembarcó en El Realejo y proclamó a Castellón en ese lugar y en Chinandega, en donde, como también en León, el pueblo se declaró a su favor.

Chamorro salió al campo inmediatamente, pero fue derrotado en dos combates y rechazado a su nativa Granada, perseguido por las huestes victoriosas de Castellón, en donde se fortificó reteniendo sus posiciones a despecho de los vigorosos ataques de los sitiadores. El estado entero, con la sola excepción de Granada, estaba al tiempo de mi arribo a León en manos de los demócratas que tenían esperanzas de que Granada sería tomada durante el mes de septiembre. El ideal envuelto en esta lucha, que duró todo el año de 1854, no era el éxito entre los líderes rivales, sino el predominio de los principios liberales o democráticos en Nicaragua; Chamorro, siendo uno de los hacendados más ricos del país, tenía como partidarios suyos a las familias aristocráticas y al clero. Castellón siempre fue considerado como hombre del pueblo, pero en caso de haber triunfado no se hubiera sostenido por mucho tiempo en el poder porque era débil y vacilante, aunque uno de los políticos más capacitados de la república. Los subsiguientes acontecimientos al arribo de Walker, han dado a las cosas un cariz no previsto por ambos partidos en los primeros días de la revolución. En esta lucha Honduras abogaba por la causa de los liberales, siendo el presidente Cabañas uno de los más distinguidos dirigentes de ese partido. Costa Rica y El Salvador se constituyeron en espectadores inactivos; la primera, embozadamente al lado de los conservadores a través de su órgano La Gaceta; mientras Guatemala, francamente en favor de Chamorro, no tomó parte activa, excepto para desplazar sus agentes secretos en el teatro de la guerra. Más tarde, sin embargo, el general Guardiola [1], con un considerable contingente de guatemaltecos, abrazó la causa de Chamorro y se enfrascó activamente en la lucha. Tal era la posición relativa de los estados centroamericanos en 1854.

Durante esta revolución, el comercio de la república se paralizó por completo. Los pocos barcos que entraban a El Realejo y a San Juan del sur apenas podían operar, mientras la vigilancia de la flota demócrata cortaba en el lago todo tráfico activo con Granada. Con

---

[1] El general hondureño Santos Guardiola, más tarde presidente de Honduras.

este panorama no sorprende que un estancamiento general prevaleciera en todo el país. Hasta los pocos esfuerzos agrícolas se desalentaban por el inevitable reclutamiento de cualquier grupo de seis o más campesinos que se encontrara en una hacienda. Los ricos se retiraban a sus fundos para evitar contribuciones forzosas y los pobres sufrían perennemente la amenaza de ser enganchados en el ejército. Ninguna consideración se tenía a la propiedad. Al arriero que era sorprendido por las tropas de cualquiera de los partidos se le privaba de sus animales y él mismo era reclutado a la fuerza y llevado al cuartel más cercano. Pocos días antes de mi arribo a León se había enviado una escolta a la hacienda de un norteamericano de Texas, con el propósito de prender a un grupo de nativos allí congregados para moler caña. Al saber el objeto de la visita, Sam reunió a toda la peonada en su casa de adobe y, tomando su rifle, se colocó al frente de la puerta. El jefe llegó y le exigió la entrega de los hombres. Sam le advirtió que al primero que traspasara el patio lo mataría. El oficial reconvino; Sam permaneció firme y con tal mirada de resolución, que la escolta, finalmente, se retiró; y el capitán, al informar a Castellón, le dijo: "¡Con estos americanos no se bromea!" Y estaba seguro de que Sam hubiera hecho fuego. "En ese caso", dijo gravemente al presidente, "Ud. hizo bien en retirarse. Son hombres muy violentos estos americanos".

Poco más o menos veinte norteamericanos estaban participando en los dos ejércitos contendientes. A los de la causa de Castellón nunca se les permitió colaborar en una carga o en un ataque; su pericia era tenida tan en alto, y su estimación como rifleros era tanta que no se les exponía en campo abierto. La puntería de tiro adquirida por algunos de estos auxiliares se convirtió en objeto de gran admiración y hubo sobornos en ambos bandos para asegurar sus servicios. Había también italianos y franceses empleados como artilleros y rifleros. La región allende Granda y la parte norte de León estaban infestadas de guerrillas y de cuerpos de exploradores que mantenían a los habitantes en constante estado de alarma. Jamás había sufrido Nicaragua tantas desdichas como en este tiempo.

Los cimientos de la presente ciudad de León fueron colocados unos ochenta años después de que se abandonó la vieja capital fundada por Francisco Hernández de Córdoba en 1523. Las ruinas de la vieja ciudad compitiendo en antigüedad con Granada, aún pueden verse cerca del lago de Managua. La obra de Thomas Gage [1], un fraile inglés, escrita en 1699, en la página 419, dice: "Esta ciudad de León se halla curiosamente construida, porque la satisfacción mayor de los habitantes consiste en sus casas, en el placer de sus tierras adjuntas y la abundancia de todas cosas para la vida del hombre, más que en la riqueza extraordinaria, la que no importa tanto como en otras partes de América. Se contestan con bellos jardines, con una variedad de pájaros cantores y loros, con abundancia de pescado y de carne, que son baratos, y con briosos caballos, y así llevan una vida fácil, ociosa y holgada; no ambicionan mucho el comercio y el transporte, aunque tenga cerca de ellos el lago por el que cada año surcan algunas fragatas para La Habana por el mar del norte, y de El Realejo por el mar del sur, lo que podría ser muy cómodo para un rico comercio con el Perú y con México si su espíritu los llevara tan lejos; los caballeros de esta ciudad son casi tan vanos y estrambóticos como los de Chiapas; especialmente el placer de esta ciudad es aquel por el cual la provincia de Nicaragua era llamada por los españoles "El Paraíso de Mahoma".

Hablando de la opulencia y del comercio de Granada, el mismo autor dice en la página 421 de su obra: "En aquel año yo estuve allá, antes que acudiera a una ciudad india, en un solo día entraron seis recuas (las cuales eran por lo menos de trescientas mulas) de San Salvador y Comayagua solamente, cargadas con añil, cochinilla y pieles; y dos días después llegaron tres más de Guatemala, una cargada con plata (que era el tributo para el rey), otra con azúcar y la otra con añil".

León tiene ahora cerca de 15,000 habitantes, entre los cuales se hallan muchas de las familias más ilustres de Centroamérica. La ciudad está ubicada en una gran planicie, pero arquitectónicamente no difiere gran cosa de Chinandega. Hay varios edificios públicos con alguna pretensión de elegancia. Sus iglesias son más numerosas y más grandes que las de las demás ciudades centroamericanas, excepto Guatemala; entre ellas la catedral de San Pedro, a que antes me referí. Su techo ha servido de fortaleza en tiempos de sitio y no hay mejor

---

[1] Dominico irlandés; en la última época de su vida apostató del catolicismo. Residió durante doce años en Nueva España y Guatemala. Escribió la **Nueva Relación que contiene los viajes de Tomás Gage en la Nueva España**, la obra a que se refiere Wells, cuya primera edición debe de haber salido en 1648: V. el prólogo escrito por Sinforoso Aguilar para la edición de este libro incluido en la "Biblioteca Goathemala", vol. XVIII. Guatemala, 1946.

evidencia que revele las luchas horrendas que han tenido lugar a su alrededor, que los cientos de impactos que cicatrizan en sus muros venerables. Son estos de una anchura inmensa y ningún terremoto ha sido capaz de ocasionarle la más pequeña grieta. Una de sus torres fue alcanzada por un rayo hace algunos años, que le destruyó la parte superior. El interior tiene la magnificencia impresionante de las catedrales europeas. Antiguamente era muy rica en ornamentos, pero hace tiempo que estos han desaparecido. Numerosas imágenes barrocas de la virgen y de santos se custodian en los grandes y viejos nichos, y aquí y allá se van mamarrachadas de cuadros, como una burla a su antiguo esplendor. Arriba, en una pequeña galería de piedra, está colocado un órgano desvencijado, cuyos resuellos y desarticulados acordes llenan el templo de inarmónicos ecos. El piso estaba ocupado por figuras inmóviles, de rodillas, con sus rostros viendo hacia el altar, en donde dos sacerdotes se hallaban leyendo algún libro ritual. Las grandes campanas de la iglesia repicaban a intervalos, y sus notas graves, con un tono apagado y sordo, resonaban en las gruesas paredes. La iglesia de la Merced es otra construcción imponente, pero en modo alguno comparable con la de San Pedro. Aquí nos encontramos con cerca de cincuenta feligreses cuyas plegarias, apenas murmuradas, se oían como el ronroneo de miles de insectos zumbando entre las arcadas. Las iglesias de El Calvario, San Juan de Dios, San Francisco y la de la Guadalupe son, entre otras, dignas de verse. En Sutiaba, aldea indígena aledaña a la ciudad, hay también una iglesia bien construida, y esto comprende todo lo que en la capital y alrededores pueda llamar la atención.

Entre mis cartas de presentación había varias para Castellón, el director provisional del Estado. A la mañana siguiente a mi arribo le hice una visita. La Casa de Gobierno estaba situada en una calle angosta, que arranca de la plaza de la Merced. Un guardia presentó armas cuando yo entré, y un edecán bien vestido, respondiendo a mi pregunta, me dijo que el presidente se hallaba desayunando, y me invitó a que tomara asiento en el corredor. El cuarto estaba obscuro y frío, era de piso de piedra, sin ornamentos y en perfecto silencio. A los diez minutos se abrió una puerta en el lado opuesto del cuarto y se me invitó a que entrara al apartamento contiguo, en donde, habiéndome sentado, a los pocos momentos llegó el presidente. Me presenté yo mismo y le entregué mis cartas, y luego sacó de su tabaquera un cigarro ofreciéndomelo. Castellón parecía tener más o menos unos cuarenta años; de baja estatura, cuerpo con tendencia a la gordura, cara fina, franca y expresiva, cualidades agradables que se aumentaban con una constante sonrisa, casi femenina por su dulzura. Como una sorpresa, tenía los cabellos rubios y lisos, rostro terso y ojos azules. Vestía pantalones blancos como la nieve, saco azul y botonadura de metal y llevaba pedrería en profusión. Después de media hora de entrevista, lo juzgué como el más cumplido caballero que había encontrado en el país. Como orador no había quien le excediera, y como diplomático, su actuación defendiendo los derechos de Nicaragua frente a las pretensiones de Inglaterra, cuando era ministro de aquel país, lo había hecho prominente. Gentilmente me ofreció cartas de presentación para el presidente Cabañas, de Honduras, y para otras distinguidas familias de aquella república. El despacho en que nos hallábamos sentados era el cuartel general del actual Gobierno. Había dos mesas cubiertas con damasco rojo, varias sillas y, como es común, una hamaca. Esto constituía todo el mobiliario.

Cuando dejé la sala, el presidente me expresó su simpatía particular y me insinuó que antes de que yo dejara el país podía serle útil. Desde luego, yo me puse "a su disposición". En la sala, conocí al señor Jesús Baca, recién nombrado ministro de relaciones exteriores, a quien entregué mis despachos y cartas. Era un caballero bajo, activo, con la piel apergaminadamente seca y con los ojos más negros y penetrantes que había visto en esta raza de ojos negros. Me prometió un salvoconducto especial, que dijo me serviría día y noche en cualquier parte de la república. Mientras conversábamos se nos reunió otro funcionario del Gobierno, el señor Pablo Carvajal, ministro de la guerra y hacienda [1]. Fue tan pródigo en atenciones como mis otros nuevos amigos y se me puso a disposición, ofreciéndome al mismo tiempo su casa.

Esto último es cuestión de costumbre en toda Hispano América. Una elogiosa ponderación de un caballo, una silla de montar, una casa o una joya, generalmente obtiene esta respuesta: "¡Es de usted, señor!".

Los extranjeros algunas veces interpretan literalmente esta cortesía delicada, con la consiguiente mortificación de quien la dice.

---

[1] Como ministro del supremo director D. Francisco Castellón refrendó la primera contrata celebrada por este con Byron Cole para traer soldados mercenarios a Nicaragua: Walker, op. cit., p. 151.

Los miembros del nuevo Gobierno a quienes fui presentado, en su mayoría, parecían macilentos y agotados por el trabajo. Ellos, al menos, no estaban incluidos en la lista de perezosos que, comúnmente, comprende a los centroamericanos. Esta expresión de agobio me impresionó como rasgo característico de los hombres públicos del país. La cantidad de trabajo y correspondencia, añadida a los efectos debilitantes del clima, parece estereotiparse tanto en los nativos como en los extraños.

Antes de dejar California había recibido de un amigo una bondadosa carta de presentación para el obispo de León, don Jorge Viteri. Al llegar al país supe que había fallecido hacía algunos meses. Deseando estar en paz con el jefe de la iglesia, decidí hacerle una visita a su sucesor [1].

Una muchachita gorda, descalza y medio asustada al ver un extranjero, me invitó a que pasara a la sala del "padre". Después de unos pocos minutos de espera regresó y dijo que el "padre" estaba dormido, pidiéndome que dejara la carta y que volviera. A mi regreso, dos horas después, puso en mis manos la carta sin haber sido abierta, diciéndome que su amo nunca abría la correspondencia dirigida a una persona muerta, y que estaba extrañado de que yo no me hubiera enterado en el norte del deceso del señor obispo. Comprendí que con mi ignorancia había ofendido las fórmulas eclesiásticas, y salí de ahí más avisado, pero sin haber logrado ver al jefe de la iglesia. Uno o dos días más tarde, encontré al anciano yendo de la catedral a su casa, y para mi sorpresa, avanzó y se dirigió a mí ofreciéndome un cigarro como paso preliminar para romper el hielo. Me pareció ver una persona agradable, bien educada y muy lejos del sacerdote fanático que yo me imaginaba. Mi falla consistió en no saber que el dignatario difunto había sido sucedido por personaje tan prominente.

Mientras estuve en León, recibí varias invitaciones y conocí lo más granado de la ciudad. Parece que hay poca diferencia entre la manera de vivir de aquí a la de México. En el hogar del señor Norberto Ramírez ex presidente del Estado [2], supe que este caballero vivía

---

[1] El Sr. Obispo Viteri y Ungo falleció el 25 de julio de 1853 de un ataque de apoplejía fulminante, aunque corrió el rumor de que había sido envenenado. Quedó gobernando en sede vacante el vicario general D. Hilario Herdocla, el prelado a quien Wells no pudo visitar: V. Levy. **Notas geográficas**, p. 66.

[2] En aquella época, el jefe del Poder Ejecutivo de Nicaragua se llamaba director supremo. La Constitución Política de Nicaragua de 1858, que derogó la emitida en

retirado de las inquietudes de la vida pública. Me hizo preguntas particulares en relación con los asuntos políticos de California y mostró tal grado de interés en el progreso del nuevo Estado y una información tan minuciosa, que yo no estaba preparado para satisfacerle. Predijo la separación eventual de California de la Unión, y estaba tan ducho en el tema, que tuve que desistir del argumento. Se mostró extremadamente cauteloso al referirse a los asuntos internos de Nicaragua. Tiene la reputación de haber consagrado toda su vida al arreglo de los disturbios políticos del Estado, y nunca se le ha conocido otras miras que las más liberales y patrióticas a favor de su país. Era alto e imponente, de facciones fuertemente marcadas, de grave aspecto, pensativo y tenía una natural elegancia cuando dirigía la palabra, que no falta sino en muy pocos de los hombres dirigentes de Centroamérica. La administración de Ramírez, se me dijo, fue la más pacífica desde la independencia. De haber tenido éxito la causa de Castellón indudablemente que Ramírez hubiera reasumido la presidencia al restablecerse la paz.

Entre los amigos más cordiales que hice en León, estaba don Francisco Díaz Zapata, cuya franqueza de carácter le aseguraba la simpatía de todo el mundo a la primera entrevista. Gracias a su gentileza se me dedicó un párrafo en la Nueva Era, el democrático órgano de publicación del Estado, exponiendo los objetivos de mi viaje, periódico que, como después comprobé, me había precedido a Honduras. En su residencia fui presentado a varias señoritas cuyas prendas y gracia me hicieron recordar el ambiente social de mi patria nativa; de ellas ejecutó varios valses y aires operáticos al piano, con una brillantez y buen gusto no superados, pues en Nicaragua los medios para adquirir una buena instrucción musical son muy escasos.

El tema principal en sociedad parecía ser el resultado probable del sitio de Granada, y en general la revolución. En estas conversaciones, las damas casi siempre tomaban parte. Era obvio que les afligía el temor de que las escenas de terror de la vieja guerra pudieran repetirse de un momento a otro, temor no enteramente injustificado de ocurrir un cambio en contrario a la causa de Castellón. Tanto prevalecía esta idea, que la casa del doctor Livingston fue convertida en depósito de arcas con valores, las que se almacenaban ahí en la creencia de que bajo la bandera norteamericana estarían seguras. Estando sentados en

noviembre de 1838, establece que el Poder Ejecutivo lo ejerce el presidente de la República: V. Levy, op. cit., p. 319

casa del señor Díaz Zapata, llegó la noticia de que una de las principales iglesias de Granda había perdido sus torres en el bombardeo.

Un día, al regresar al alojamiento, me encontré con una nota conteniendo una invitación de Castellón para que fuera a verle a la Casa de Gobierno, a fin de tratar importantes asuntos. Llegué allá y encontré a un licenciado de San Salvador, que me fue presentado como sobresaliente miembro del partido liberal. Varias personas, civiles y militares, se hallaban sentadas alrededor de la mesa, en donde estaban dispersos libros, plumas y papel, mientras uno de los presentes se empeñaba en explicar a los demás algunas cuestiones intrincadas sobre la ciencia de la artillería. Deseaban una estimación del costo en California, de dos morteros, doscientas bombas y los equipos necesarios. Aunque no perfectamente "al corriente" en tales materias, hice el cálculo, y en el curso de la conversación, me sorprendí al saber que nadie en el ejército estaba familiarizado con la técnica del disparo de morteros o con las cuestiones más baladíes en relación con su uso, y ahora veía por qué los servicios de los extranjeros se tenían en tan alta estima. Antes de dejar el salón, se me hizo la oferta de que abandonara mi empresa y me uniera al ejército demócrata. Yo había resuelto, sin embargo, desde hacía tiempo, esquivar cualquier participación en las disensiones del país, al menos hasta que llegara a Tegucigalpa.

Mi permanencia en León fue lo suficientemente larga para poder ver sus aspectos más interesantes y obtener una apreciación correcta de las características de sus habitantes. Los encontré imbuidos en aquella formalidad y cortesía que siempre caracterizan al español, sociales y serviciales, y aunque sensibles a la condición desgraciada de su patria, extremadamente impresionables ante la opinión de los extranjeros. Se me preguntó una docena de veces si me gustaba Nicaragua, y como desde que desembarqué en Centroamérica decidí conservar mi sangre fría y no encontrar defectos en las gentes, a menudo gratificaba a mi audiencia con alguna alabanza, que parecía no por ser del todo merecido, no menos aceptable. Al juzgar por los numerosos artículos que salían en el periódico y por los varios folletos y hojas sueltas publicados y dejados en las puertas, no faltaba patriotismo. Desde el presidente, al más pobre vagabundo, todo el mundo podía expresar sus ideas sobre la situación del país, y todo el que podía leía lo que se publicaba. La prensa hace sentir su influencia en Centroamérica.

En casa de un amigo observé que los barrotes de hierro de las ventanas que daban hacia la calle habían sido removidos. Averigüé que esto lo hizo el ejército democrático, que convirtió las rejas en postas y enviadas a Jalteva se dispararon contra Granada. Las municiones estaban ahora escasas, y entre las varias propuestas que se me hizo, se hallaba la de que yo regresara a California a comprar varias toneladas de pólvora para el Gobierno. Si hubiera estado dispuesto a convertirme en agente comisionista, mi remuneración probablemente hubiera consistido en las "gracias", juzgando el caso del capitán Morton, un norteamericano que capitaneaba una goleta al servicio público, que en vano había estado esperando muchos meses por su pago; y también los de otros extranjeros que, aventurándose a poner en peligro su propiedad y servicios, se hallaban cansados y disgustados con la sempiterna contestación de: ¡Vuelva mañana!

Por consejo de mi amigo el doctor, decidí comprar en León los artículos necesarios para mi viaje a través de las montañas de Honduras. En California, un amigo mío que había estado en Nicaragua en 1851, me desalentó para llevar conmigo mi excelente "montura" mexicana, asegurándome que todos los arreos para caballo podrían obtenerse en Nicaragua sin inconveniente. Apenas había arribado a San Juan del Sur, cuando descubrí la falacia de tal consejo y hube de arrepentirme durante ocho meses de no haberme proveído de este artículo tan esencial. No se pueden adquirir en el interior de Centroamérica buenas sillas de montar. Un remedio de este artículo: la albarda, puede ser habida por seis u ocho dólares, pero en forma, material y comodidad es distinta a la famosa silla de montar mexicana, y para viajar por las sierras es todavía menos conveniente que los modelos inglés o americano. Todo ciudadano en el país tiene su silla de montar, considerando casi una descortesía el intento de pedírsela prestada, aun cuando pocas se tienen para la venta. En Nicaragua, la autorización (por no llamarlo con una palabra dura) para requisar mulas y caballos donde quiera que se encuentren, comprende también las sillas de montar y las albardas; consecuentemente, era con la mayor dificultad que uno podía obtenerlas. Todo un día empleé en conseguir, con la ayuda de los sirvientes del doctor, los arreos para un caballo. El forraje era igualmente escaso, y asimismo era peligroso poner los animales en potreros; necesario era darles el forraje en casa, a cuyo efecto había que comprar manojos de zacate a razón de medio el manojo. Entro en tales detalles a fin de que el futuro viajero sepa lo que le espera en Nicaragua.

La víspera de mi partida, una de las más fuertes tormentas que ya haya visto cayó en León. Las casas al otro lado de la calle apenas si podían verse a través de la espesa cortina de agua, y las calles se convirtieron en verdaderos arroyos. Fue considerada como la más copiosa del año. La cantidad de lluvia que cae en una estación lluviosa es muy grande. En la hacienda "Polvón" del doctor Livingston, donde él tenía un hidrómetro, cayeron en 1853, del 9 de septiembre al 19 de noviembre, ochenta pulgadas de agua; en un día cayeron dieciocho pulgadas. Se me dijo que en Chinandega habían caído en siete días tres pies; y el doctor calculaba que ciento cincuenta pulgadas no era exageración para un periodo de seis meses. En las regiones montañosas del país algunas veces lluvias repentinas hacían crecer los ríos tanto que por muchas horas impedían el paso a los correos peatones del Gobierno. Con el cese de la tormenta los ríos usualmente bajan de nivel.

En la misma tarde, el señor Baca me visitó con un salvoconducto especial. Apenas se había marchado cuando Chico, el muchacho, entró con su rostro pálido diciendo que mientras él llevaba a abrevar los caballos, los habían agarrado y que pudo él escapar de que lo engancharan ocultándose y corriendo luego hacia la casa. Yo casi daba por perdidas las bestias, cuando el doctor, al saber lo ocurrido, se llevó a Chico consigo y, después de un largo y serio reclamo al oficial de turno, pudo recobrarlas.

A la madrugada siguiente, me despertó alguien que me tomaba de la manga, y al abrir mis ojos vi a Pablo junto a mi hamaca con una vela encendida y una taza de café caliente. A los pocos minutos toda la casa estaba en movimiento; las mulas fueron ensilladas, dije adiós, y en compañía del doctor y de otro residente de León, salimos a la calle silenciosa, justamente cuando una faja de luz anunciaba el alba. Los únicos sonidos que oíamos cuando despacio salíamos de la ciudad eran las distantes notas de la campana grave y el lánguido grito de "¡Alerta!" del centinela. El aire estaba suave y delicioso. El zumbido de miles de insectos levantándose entre los obscuros montes por los que pasábamos producían una música somnolienta, de acuerdo con la quietud de la hora. Cuando el oriente se tiñó con los rayos de la aurora se nos reveló un paisaje como jamás lo había presenciado.

Lentamente fuimos subiendo una cuesta en el camino desde donde se podía mirar la extensión del llano, cubierto con innúmera variedad de árboles presentando todavía a la luz mortecina de la mañana una masa de frondas. Hacia el poniente contamos cinco volcanes imponentes irguiendo su majestuosa belleza, con sus picos espesamente cubiertos de nubes grises. Sus formas cónicas, perfectamente definidas, parecían de un azul intenso, que ya por el resplandor centelleante del cielo al este o por los tintes rosados de la humedad del follaje que cubría sus faldas chisporroteaban y pestañeaban a la luz matinal como grandes mantos de un azul purpúreo, salpicados de brillantes. Este efecto opalescente no duró sino pocos minutos, pues cuando el sol empezó a iluminar el paisaje allá abajo, el vacilante azul de las montañas dio paso a un verde intenso y todos los picos se destacaron nítidamente en el horizonte. Los ojos no se cansaban de contemplar tanta belleza en el paisaje. La escena entera tenía una suavidad y una delicadeza de perfiles, una rotunda y variante belleza que ninguna descripción sería capaz de pintar. Inadvertidamente nos detuvimos y la contemplamos, como si fuera la transición de una vista que se disipa. La mañana, echando a un lado su manto de aljófar, se confundió con la llamarada de zafiro del día.

Pájaros raros volaban a lo largo del camino; una manada de loros reales de cresta amarilla, sorprendida por la súbita aparición de nuestra cabalgata, se agitaba ruidosamente entre los árboles más altos o nos espiaba a hurtadillas desde las exuberantes hojas con cuyo color esmeraldino se confundían. Las primeras cuatro horas de mi viaje fueron las más deliciosas de mi vida. No podía evitar el sentirme encantado. Hasta mis compañeros, acostumbrados a estas escenas, admitían que muy pocas veces habían respirado un aire más puro o viajado en una mañana más deliciosa. A las ocho llegamos a Posoltega, donde desayunamos en casa de la señora Ramírez y, de nuevo, cruzamos el pequeño río de Quezalguaque, pasamos por Chichigalpa a vivo galope y volvimos a Chinandega habiendo encontrado solo cuatro personas en todo nuestro camino. Mis acompañantes siguieron para la casa de un amigo, mientras Pablo y yo desmontamos a la puerta de la mansión acogedora del señor Montealegre, donde como antes toda la familia salió a recibirme.

Al entrar en la casa, estaba quitándome el sombrero para disfrutar del grato frescor del balcón cuando las damas me dijeron al unísono que un ataque de calentura podía seguir a tamaña imprudencia, así como por mi intento de usar agua fría para lavarme las manos mientras estuvieran calientes por el viaje. Una jícara de tiste delicioso, con la frescura del recipiente de barro donde se guarda, y un estirón en la hamaca fueron suficientes para sentirme totalmente remozado. El tiste se toma en todo Nicaragua y en algunas partes de Honduras. Se prepara en una especie de calabaza alargada, fruto de un árbol que abunda en esta región y cuyo nombre he olvidado [1]. Un poco de cacao se mezcla cuidadosamente con azúcar y maíz tostado y molido, llenándose el recipiente hasta los bordes con agua fría. Con un molinillo, curiosa y finamente labrado, se revuelve todo y la jícara, derramando pequeñas gotas frescas, se coloca sobre una servilleta enrollada de tal modo que pueda mantenerla vertical, y así se brinda al visitante [2]. Mientras duró mi viaje nunca me faltó una jícara de tiste. Su delicado sabor y sus cualidades refrescantes son reconocidos por quien lo ha probado.

Las naranjas de Chinandega son famosas en todo Centroamérica. Tienen un dulzor peculiar que no poseen otras. Las piñas blancas de esta vecindad son, asimismo, famosas; provienen de las piñas de Guayaquil, que fueron introducidas en Nicaragua hace algunos años, pero son superiores a las de aquel país. Las frutas se hallan en la mayor parte de los lugares intertropicales y son universalmente conocidas; pero para un sabor delicioso y una calidad que no ofenda aun en la sociedad, me encomiendo a la naranja de Chinandega (la roja), al níspero, al guineo, a la guayaba y al zapote. La buena señora, conociendo mis gustos, se esmera a fin de que una generosa provisión de estas deliciosas frutas estuviera siempre a mi disposición. En realidad, me pareció que mis bondadosos anfitriones no omitían nada que pudiera contribuir a mi bienestar. Si deseaba yo andar a caballo, no tenía sino que escoger entre varios, los más andadores. Si daba algún paseo bajo los ardientes rayos del sol del mediodía, ahí estaba Pablo siguiéndome con una sombrilla, así como con el consejo de la señora de que el paseo era mejor al fresco de la tarde. El mismo cuidadoso ayudante, por orden de don Mariano, me seguía al baño con toallas limpias y otras comodidades. Durante mi ausencia se había exigido al Sr. Montealegre otra entrega de $5000.00. Lo encontré muy

---

[1] El árbol también es llamado jícaro. N. del E.
[2] Banco llaman en Nicaragua al trasto para sostener verticalmente la jícara. Mancerina lo llama la Academia.

acongojado y considerando seriamente abandonar el país con los bienes que le quedaban. La firme adhesión que siempre dio a la causa democrática, diariamente se debilitaba frente a los infames atracos de que era víctima. Otras familias sufrían casi lo mismo. Bajo el título y apariencia de una república, en Nicaragua hay actualmente tan pocas garantías para la vida y la propiedad como en la misma Rusia.

Una tranquila y amodorrada tarde descansaba en mi hamaca cuando desperté por una sorprendente conmoción y gritos de: ¡El enemigo!, seguidos del violento cerrar de puertas y ventanas a lo largo de la calle y las carreras de las mujeres. A los pocos minutos la casa estaba a obscuras y fuertemente amurallada. Nuestro grupo salió a la calle, donde fuimos rodeados de varios amigos, unos proponiendo una pronta retirada de la ciudad y otros corriendo sin objetivo aparente. La alarma vino de dos asustados jinetes que entraron a la ciudad con la noticia de que "Cacherula", famoso jefe de guerrillas, partidario de Chamorro, estaba por atacar la ciudad con trescientos hombres. A los diez minutos toda casa y toda tienda estaban atrancadas. Las mujeres permanecían con sus puertas entreabiertas y se hacían señas unas a otras con palmoteos. Las calles quedaron desiertas, solo se veían unos pocos hombres montados, quienes, por estar fuertemente comprometidos con Castellón, estaban listos para escapar al solo confirmarse la noticia. Las respectivas banderas se izaron en cada residencia consular, y desde la plaza venía el rápido redoble del tambor llamando a las armas. Creyéndose protegidos por nuestra apariencia de extranjeros neutrales, pero con el agregado de un formidable despliegue de Colts, nos encaminamos hacia el sitio en que el doctor Livingston y varios amigos, también extranjeros, habían izado la bandera norteamericana. Una igual, de mi propiedad, flameaba ya a la puerta del hogar de mi anfitrión quien, con las mujeres de la casa, consideraba sus ondeantes pliegues como un escudo protector. Mis amigos rieron de nuestro armamento y dijeron que esta era la alarma número 20 desde el comienzo de la revolución. Mientras hablábamos, un pelotón de soldados, evidentemente con ganas de pelear, pasó ligero al mando de un oficial de aspecto resuelto, que parecía pegado a su caballo. Todo el mundo esperaba un combate, pero después de una hora de incertidumbre, regresaron y las banderas se arriaron, las casas y las tiendas se volvieron a abrir y las calles por la tarde estaban llenas por grupos de políticos conocedores, comentando los sucesos del día. Como en anteriores ocasiones, una gran cantidad de valores había sido transportada a toda velocidad a las casas de los cónsules norteamericano e inglés, pero fueron devueltos la misma noche. La vida en Nicaragua en tiempos de revolución es, en el mejor de los casos, una sucesión de alarmas.

Las visitas en Chinandega se hacen comúnmente después de la caída del sol, cuando se supone que los quehaceres diarios del hogar han terminado. A esas horas la señorita sale de su casa con su negro y lustroso pelo trenzado y elegantemente recogido detrás de la cabeza (los españoles son impecables en la manera de arreglar su cabellera). Sobre sus hombros llevan un ligero y vistoso chal con el que alcanzan a envolver su cintura. Las manos y los pies pequeños no son una excepción aún entre las trabajadoras humiles, y es raro encontrar una centroamericana de andar desgarbado. Quien haya viajado por el país no puede haber dejado de observar su porte erecto y su paso fácil y gracioso. En cuanto a las clases humildes esto se debe a la perenne tarea de llevar tinajas de agua sobre la cabeza, postura erguida que les permite mejor equilibrio en el peso. Se adquiere también elasticidad, al andar sobre el pavimento de las calles, que requiere del viandante ejercitar los músculos de pantorrilla y dedos.

Al visitarse, las damas llevan a cabo una pequeña y bonita pantomima, algo así como un abrazo que termina con palmaditas suaves en la espalda. Hecho esto, las visitantes se sientan alrededor de la sala y comienza la charla inmediatamente y sin ninguna limitación. Se fuman cigarros generalmente como una especie de estímulo para la sociabilidad. Hay, no obstante, una tendencia hacia la formalidad y una manera seria y estirada de sentarse en la sala para no perder el estilo de la dama realmente elegante y delicada. Entre las damas hay una muda sinceridad. Uno rara vez es engañado por ellas y la infidelidad es más rara aun que lo que pretenden los difamadores habituales de las mujeres de Centroamérica. En una ocasión, al llevarse a cabo una reunión en la sala del señor Montealegre, fui presentado a don Francisco Morazán, hijo natural del general. Tenía varios de los rasgos del prominente hombre de quien descendía, pero en carácter era tan diferente como la noche del día [1].El general

---

[1] Don Francisco Morazán, hijo de Da. Francisca Moncada, soltera, nació en Tegucigalpa. Acompañó a su padre en Costa Rica; a él le dictó su testamento el general Morazán. Contrajo matrimonio en El Viejo con Da. Carmen Venerio. Se radicó en Chinandega, donde fue vicecónsul de Bélgica. Falleció en 1903: V. la nota fol. 75 y Montero Barrantes, Elementos de Historia, t. I, p266

Morazán dejó otro hijo, el general Ruiz [1], que reside en Tegucigalpa. Se parece a su padre de acuerdo con los retratos que he visto, pero ahí termina todo parecido. Muy raramente sucede que los descendientes de los grandes hombres heredan las mejores cualidades de estos.

Mientras llegaba un paquete con cartas de presentación, recorrimos los campos vecinos hasta muchas millas fuera de Chinandega para visitar las haciendas y pueblecitos; y en una ocasión principiamos con un guía a hacer un ascenso a El Viejo, lo que, según varios amigos residentes aseguraban, nunca se había logrado. Circunstancias especiales, sin embargo, nos obligaron a desistir del intento. Al fin llegaron las cartas esperadas, lo que nos permitió proseguir nuestro viaje y, después de dos días de consultas, se llegó a un arreglo final con mis compañeros [2], decidiéndose que yo proseguiría solo hacia Honduras ya que las exploraciones y contratos a efectuarse allá solo requerían los servicios de una persona. No me separé de mis amigos sin experimentar el más profundo pesar. Juntos salimos de California y hasta aquí habíamos compartido penas y alegrías. A las atracciones de su agradable compañía se agregaba la amistad cálida que nos unía y un íntimo trato desde los viejos días en

---

[1] El general José Antonio Ruiz nació en Tegucigalpa como hijo del matrimonio del procurador D. Eusebio Ruiz con Da. Rita Zelayandía.

[2] Byron Cole, uno de ellos, expropietario del periódico en que Walker trabajó como editor, antes y después de su expedición a Sonora. La primera vez que vino Nicaragua se embarcó en San Francisco de California el 15 de agosto de 1854, "acompañado de Mr. William V. Wells, el cual tenía puestos los ojos en Honduras", haciendo juntos el viaje hasta León. Obtuvo de D. Francisco Castellón, director supremo de Nicaragua, una contrata "para enganchar trescientos hombres destinados a prestar servicio militar en Nicaragua, debiendo los oficiales y soldados recibir un sueldo mensual especificado y cierto número de acres de tierra terminada la campaña. Con este contrato regresó Cole a California en los primeros días de noviembre y en el acto fue a ver a Walker para interesarlo en la empresa". Por consejo de este y para no infringir la llamada ley de neutralidad, Cole obtuvo una nueva contrata de Castellón para colonizar, en virtud de la cual debían introducirse trescientos americanos a Nicaragua. Antes de la llegada a Nicaragua del primer contingente de filibusteros, Cole estuvo en Olancho, atraído por la fama de aquella rica región aurífera. Walker le dio el grado de coronel, pero su bautismo de fuego tuvo resultados desastrosos para los filibusteros: comandando ciento veinte hombres, fue completamente deshecho por el coronel nicaragüense José Dolores Estrada, en la memorable jornada de San Jacinto el 14 de septiembre de 1856, y muerto dos días después por unos campesinos que lo sorprendieron fugitivo; aunque Walker le atribuye una muerte menos deshonrosa, afirmando que murió en el combate mismo: V. Walker, op. cit., pp. 15, 16, 55, 254 y 255.

California. No obstante, para mí había encanto en aventurar solo en una región aislada e inexplorada como la que iba a visitar. Reforzado con lisonjeras cartas para los ciudadanos principales de Honduras, bien provisto de doblones y seguro de que mi empresa, de tener éxito, abriría posiblemente un rico distrito mineral a la industria norteamericana, esperé con placer e impaciencia el día de continuar mi viaje.

Los Montealegre se encargaron del manejo de mi equipaje. Hasta la última hora de mi permanencia con esta familia verdaderamente buena, se mostró una solicitud por mi bienestar que nunca creí recibir fuera de mi propio hogar. Consiguieron para mí un centenar de cosas, cuya necesidad nunca hubiera sospechado. Temprano de la mañana siguiente, acompañado de los hijos de don Carlos Dárdano, que ahora regresaban a su hogar en la isla del Tigre después de una ausencia de cuatro años, dejé la casa donde había sido objeto de tanta hospitalidad y, precedido por abrumadores buenos deseos de la familia, tomé el camino hacia el embarcadero de El Tempisque, situado en la boca de una pequeña ensenada que conecta con el Estero Real. Después de andar cuatro millas, llegamos a la antigua ciudad de El Viejo, cuartel general de los lancheros y adonde la noche anterior mi atento anfitrión de Chinandega había despachado un muchacho con el fin de conseguirme un bongo para hacer mi viaje a la isla del Tigre. La ciudad, que es una de las más viejas del país, tiene unos tres mil habitantes. Sus casas están construidas mejor que las de cualquier otro lugar de igual tamaño en Nicaragua y es sede de muchas familias antiguas y ricas. Don Mariano aseguraba que los hombres más acaudalados de Centroamérica residen allí. La iglesia de la Concepción es el edificio principal y hay una más pequeña, el Calvario.

El camino entre Chinandega y esta ciudad está bordeado de setos de los comunes y compactos cactus, que separan las plantaciones de maíz y frijoles, todas lozanas a la luz tempranera y verdes como una pradera de Nueva Inglaterra en junio. Desde aquí hasta El Tempisque, en una distancia de catorce millas, vimos tan solo una casa; el camino rápidamente se angosta hasta convertirse en una vereda de mulas, que se dirige a una espesa montaña con árboles hasta de seis pies de diámetro. La selva parecía haber sido quemada recientemente y muchas de las plantas más pequeñas estaba sin hojas y secas. Las más grandes formaban una densa sombra sobre nuestras cabezas y en ellas varios monos colorados se balanceaban colgando de sus colas, y nos hacían horribles muecas. No pude resistir la tentación de examinarlos de cerca y al disparo certero de mi rifle cayó uno en tierra, mientras resonaba el bosque con el aullido de sus compañeros. Una de sus piernas estaba rota y, además de sus lamentos – casi humanos – y de sus lágrimas verdaderas, su mirada era suplicante como reprochando mi crueldad, lo que me hizo tomar la resolución de que nunca más repetiría esta innecesaria tragedia. Sus acentos trémulos y la manera tragicómica con que ponía sus dedos en la sangrante herida, levantándolos después piadosamente como para que yo los viera, me persiguieron por el resto del día. Pablo, que había venido con nosotros para regresar con los caballos, lo despeñó. No tuve corazón para rematar mi propia obra. Toda la costa norte de Nicaragua que bordea la bahía de Fonseca es un terreno desperdiciado, con algunas maderas y como lo he descrito antes, con la excepción de los pantanos por los cuales se abren los esteros menores, cultivándola es capaz de producir lo suficiente para suplir todo Centroamérica con productos alimenticios. Con la excepción del gran cabo que forma la "Columna Sur de Hércules" de la bahía de Fonseca y sobre el cual se halla el gran volcán Cosigüina, esta porción del país se hallaba escasamente habitada y nada produce. En la región arriba exceptuada hay varias fincas grandes y se han hecho con éxito varios intentos para cultivarla. Antes del mediodía llegamos a una choza solitaria hecha de varas y paja, montada a poco más o menos veinte pies encima de un lodazal, en el limo negro y rico en el cual, estando la marea baja, varios bongos con la quilla hacia arriba brillaban bajo el sol. Habíamos llegado a El Tempisque. Un negro, tiritando de fiebre, sacó la cabeza fuera de su andrajosa cobija, en la puerta de la choza, y débilmente exclamó: "¡Adiós, caballeros!". Sus ojos rojos y legañosos y rasgos extenuados eran casi fantasmales en su fealdad. A nuestras preguntas repuso que teníamos todavía que esperar cuatro horas para que subiera la marea. No puedo traer a mi memoria un cuadro de miseria más sórdida que el que estaba presenciando. Los cerrados manglares en los que el zopilote cavilaba como el genio maligno del lugar, parecían grandes esqueletos desplegando sus brazos flacos, sus deshojadas ramas y retorcidas raíces, como reptantes víboras. Esta idea estaba acompañada de un incesante e indescriptible ruido, causado por el movimiento de miríadas de cangrejos escarbando en el negro limo. Ya por haber justamente roto el último eslabón que me asociaba con mi hogar y en parte por el recuerdo de los lamentos de agonía del mono que maté y la desolación de este espantoso lugar, ahora experimentaba el primer tormento de una genuina congoja. Para completar las incomodidades, el mayor de los Dárdano cayó con fiebre y lo habíamos apenas extendido en la cabaña inmunda, cuando el chubasco llegó con sus bifurcados relámpagos y sus truenos retumbantes. La lúgubre soledad del sitio, la furia de la lluvia, las quejas del enfermo y el presentimiento de que mis papeles y artículos de viaje, que no habían llegado en el carretón, estaban ya empapados, se combinaron para hacer de El Tempisque un punto de horrores y un objeto de maldiciones.

La lluvia cesó y en su lugar se levantaron, como por arte de magia, nubes de mosquitos y de microscópicos jejenes, en cantidad tal que los recursos del río Grande, del Mississippi o del Sacramento se quedaban pálidos. La rechinante carreta llegó por fin y en ella media docena de marineros de El Viejo, quienes se quitaron las camisas y los pantalones y, vadeando en el légamo, subieron a bordo del bongo más grande y empezaron a achicarlo. En tanto esto ocurría, se formó un pequeño charco de agua en la parte más baja del lodo, anunciando la proximidad de la marea. Mientras el agua subía, el bongo, que era un guanacaste ahuecado, fue puesto a flote y nuestro equipaje colocado dentro. Pregunté por el nombre del patrón y un mulato pequeño y hosco, de ojos porcinos, se presentó a sí mismo con aire de gran importancia, haciéndonos ver que él no era "marinero de lago", como burlonamente llamaba a los tripulantes del lago de Nicaragua, sino que un verdadero piloto. Presumí que había recibido parte de su sueldo en Chinandega, porque traía consigo dos botellas de aguardiente, que con cuidado colocó en las cámaras del bongo. Dijo llamarse Antonio, nombre desde tiempo inmemorial, de marineros españoles.

En el fondo era un individuo bueno y de fiar y, al parecer, ejercía autoridad sobre el resto de sus compañeros. Poco más o menos dos horas antes de la puesta del sol, el "Almirante" fue arrastrado hacia las orillas y todos los tripulantes se embarcaron. Era por lo menos de treinta pies de largo por cerca de cuatro de calado. Sobre la popa se habían colocado unos aros de madera inclinados en forma semicircular, que servía como marco de una suerte de toldo que, como

"Tonney" [1] dijo con aire no exento de orgullo, lo había hecho por especial consideración para la comodidad de los pasajeros. Esta era la cabina. Al fondo del bongo había un piso hecho de toscas planchas colocadas sobre traviesas para proteger a los pasajeros del agua que pudiera entrar por los costados o caer por la lluvia.

Así las cosas, nuestro bajel era un triunfo de los armadores de Centroamérica, y luego que empujamos hacia afuera del pequeño embarcadero bajo los árboles cuyo follaje casi rozaba el agua, todos dieron un grito de regocijo. Hechos a la mar, Rafael, mi muchacho (olanchano que estaba ansioso por regresar a su hogar bajo mi protección y que me ofreció sus servicios por el privilegio de acompañarme) sacó un par de alforjas, dentro de las cuales la mano generosa de la señora de Montealegre había puesto toda clase de comestibles. Las viandas fueron desplegadas en el fondo del bongo y todo estaba completo, faltando solamente el café. Miré a Rafael y le pregunté:

"¿Café?".

"Hay suficiente", me repuso, "pero no se puede preparar a bordo".

"¿Por qué no?"

"Porque no hay cocina". En vano me empeciné en explicarle que un fuego bien podía hacerse sobre el lastre, y por último acabé por hacerlo yo mismo, calentando el agua en una vieja lata que servía para achicar. La tripulación me miró sorprendida.

"Ocho años tengo de ser marinero", dijo Antonio, "y no es sino hasta ahora que he aprendido de don Guillermo cómo darnos este gran lujo".

Resolvieron no olvidar la lección, y no dudo que se ha hecho café en el lastre del "Almirante" desde entonces, a no ser que se haya ido a pique y perdido para siempre.

Igualmente ignorantes eran Antonio y sus compañeros de agua salada acerca de las fluctuaciones de las mareas en el estero. ¿De qué utilidad pudiera haber sido meterse en el meollo tales estadísticas insulsas? Así, en ocho años, nunca se había tomado la molestia de observar. Por las marcas del agua en los árboles juzgué que era de ocho pies. Seguimos la ensenada por cerca de cinco millas, teniendo en aquella distancia una anchura de poco más o menos cuarenta pies y, como me aseguró Antonio, era de suficiente profundidad para que

---

[1] Diminutivo de Antonio – nombre del patrón – en inglés.

navegara en ella un gran barco, aunque me pareció que la idea de mi patrón sobre dimensiones en la arquitectura naval estaba limitada a la de las diferentes clases de bongos. Las aguas, no obstante, parecían profundas y quietas y fracasé al querer alcanzar fondo con una pértiga de dieciséis pies. Dice la leyenda que, hace como diez años, una idea brillante se le ocurrió a un comerciante de Chinandega, y fue la de ampliar la entrada al Estero Real, hasta una anchura como para admitir barcos grandes y así contar con una comunicación fácil con la Bahía de Fonseca y mejorar con ello las facilidades comerciales de todo el norte de Nicaragua. La obra resultaría de un gran beneficio. Reflexionan acerca del asunto por un año, y entonces, lo comunicaron bajo estricto secreto a varios vecinos y a través de estos gradualmente se esparció la noticia hasta el extranjero. Hubo una reunión y se nombró una comisión para que examinara las facilidades del lugar, comisión que, después de seis meses de paciente deliberación, emitió dictamen favorable. Los curas decidieron que sería una gran cosa, y desde entonces todos los años tiene lugar una reunión similar para determinar cuándo comenzarán los trabajos. Sin el establecimiento de un nuevo orden de cosas, los tataranietos de los miembros originales seguirán reuniéndose en comisiones para deliberar sobre si se lleva a cabo el proyecto en el próximo siglo.

Una densa maraña de árboles de mangle bordea la ensenada por la cual una goleta de cincuenta toneladas no podría pasar sin recoger los mástiles. Estos árboles se hallan revestidos de largos zarcillos, que cuelgan graciosamente del follaje. Dos horas de remo nos llevaron, exactamente al ponerse el sol, a las aguas del gran estero, que aquí corre de norte a sur. Salimos de la tortuosa ensenada por cuyos laberintos habíamos estado zigzagueando y entramos a una zona aparentemente de doscientas yardas de anchura y de suficiente profundidad para admitir el paso de barcos de gran tonelaje. Hacia el sur, el estero, sin disminuir de anchura, se perdía entre una sólida espesura de verde frondosidad, sobre cuya cresta las azules alturas de El Viejo, aunque a muchas leguas, se destacaban contra el cielo crepuscular. Cuando se puso el sol, un enjambre de mosquitos salió del bosque y nos impidió dormir. La fiebre del señor Dárdano se hizo violenta, y como último recurso, le administré píldoras y polvos que me diera mi amigo el Dr. S., una hora antes de salir de Chinandega. Hecho esto, lo acosté en el fondo del bongo y, encendiendo un cigarro, me tendí en una especie de tarima, y entre los ataques de los mosquitos, traté de gozar de la quieta belleza del panorama. La vegetación lujuriante colgaba en festones umbrosos a lo largo de ambas orillas del estero, expandiéndose en cortinajes verde obscuro sobre los árboles, impenetrable valla de cuyas hojas las más bajas besaban la superficie de las aguas y las más altas graciosamente enroscadas colgaban a cien pies de altura. A veces, mientras nos deslizábamos silenciosos con la marea, se abrían ante nosotros pequeños claros, revelando emparrados frondosos, ahora obscureciéndose con la proximidad de la noche. Plantas parásitos, orladas de vistosas flores, prendían en las ramas, las que asumían formas fantásticas, ora pareciendo arcos sólidos de algún almenado castillo, ora simulando antros y cavernas.

La noche llegó lentamente anunciada por la amenaza, todavía lejana, de un chubasco. Antonio ajustó más el toldo sobre la cabina y se preparó para el diluvio, fortaleciéndose mientras tanto con un gran sorbo de la botella de aguardiente, tónico que él guardaba cuidadosamente envuelto en una vieja camisa, debajo de una de las tablas del piso. Una tras otra, las brillantes constelaciones en lo alto se obscurecieron por las nubes negras que se acumulaban en el horizonte, de tal modo que, al acentuarse la negrura, nuestro bongo parecía hallarse en medio de un lago interior, del cual no había salida. Una racha de viento precedió a los truenos terribles y a los cegadores relámpagos, y el drama se abrió con la caída de cortinas de agua haciendo del estero una extensión de siseantes burbujas. La tripulación recogió los remos y se acurrucó temblorosa bajo la choza; el viento fiero echaba la lluvia por entre los intersticios de su calamitoso techo como si fuera a través de una delgada tela. Pronto estábamos empapados, y el enfermo, cubriéndose de una miserable capa, gemía lastimeramente en la obscuridad. En cuanto al equipaje, ya había yo abandonado toda esperanza de impedir que se mojara y solo confiaba en la fuerte envoltura de lona que tuve la precaución deponer a mis baúles. Nadie que intente viajar por Centroamérica debe descuidar esto, porque prueba ser durante muchos días la única protección para sus ropas y papeles. Como la marea estaba todavía en menguante, llevados por la corriente continuamos pasando por los esteros de Nacascolo y Palo Blanco hasta que a las nueve de la noche nos hallábamos frente a una pequeña y lúgubre estación militar conocida con el nombre de Playa Grande, el puerto más al norte de Nicaragua. Antonio tenía la esperanza de que podría escabullirse en la obscuridad y escapar de la molestia de ser interrogados y hasta de ser registrados. Cómo pudieron ellos divisarnos, a no ser por la luz de los relámpagos, no podía yo imaginármelo, pero al estar frente al embarcadero oímos una voz fuerte que nos ordenó anclar, por no permitirse el paso de ningún bote durante la noche. Antonio gritó contestando que "un comisionado americano, con despachos de Castellón para el Gobierno de Honduras" se hallaba a bordo. Aunque empapado y temblando de frío, no pude reprimir la risa ante la agudeza de Antonio; más el embuste de nada sirvió, y un momento después llegó la orden que ancláramos. No había remedio; así que el patrón echó fuera de borda el hierro, remedo de ancla, y obediente a la voz cuyo dueño todavía no habíamos visto, subí al bote que Antonio acercó hasta nosotros desde el extremo del embarcadero, llevando conmigo una botella de excelente coñac, que creí serviría para evitar molestas demoras. La lluvia todavía caía con un encono y violencia verdaderamente tropicales. Un muelle desvencijado, hecho de varas de caña, se extendía a la orilla y, buscando mi camino en la obscuridad, había exactamente ganado apoyo en los palos resbaladizos y me inclinaba para alcanzar la mano de un guardia que, con el mosquete brillante por la lluvia y una linterna, me había extendido para ayudarme, cuando mi pierna falseó y en un instante estaba yo a diez pies bajo de agua.

Este fue el único intento que hice para sondear el Estero Real, y estoy seguro que no llegué a fondo. Un apagado gorgoteo y una sensación sofocante de obscuridad y frío es todo lo que recuerdo, hasta que entre las fuertes voces del marino y el chapoteo de la lluvia me hallé agarrado al extremo de un palo resbaloso que me tendió el guarda. Un pequeño esfuerzo y heme aquí de nuevo en el muelle, calado hasta los huesos y maldiciendo en alta voz a todos los oficiales nicaragüenses. El soldado profirió un lacónico: "¡Caramba!", y me condujo por cerca de veinte yardas hasta una pequeña cabaña de adobes rodeada de charcos de agua y con una flamante hoguera en el suelo. Un cuero extendido de través por el lado del viento servía de puertas a esta vivienda miserable, en donde se hallaban de cuclillas media docena de criaturas semidesnudas, lívidas por las calenturas y amontonadas en derredor de la llama, que brillaba en sus rostros escuálidos dándoles la apariencia de espectros. Contestaron a mi saludo universal con: "¿Cómo está, señor?", mientras de un cuarto adyacente apareció un oficial sucio y de aspecto somnoliento, quien se anunció como el comandante. Primero examinó mi empapado pasaporte del ministro y luego, tomando la linterna, detenidamente me inspeccionó de pies a cabeza, profiriendo un gruñido satisfactorio en conclusión.

Bajo otras circunstancias hubiera yo guardado mi coñac escondido, pero necesitándolo por hallarme empapado, lo pasé después de echarme un sorbo al comandante, quien, colocando la botella en su boca, ingirió cerca de la mitad de un solo trago, devolviéndomela con un suspiro de satisfacción y al mismo tiempo de pesar. Me obsequió un cigarrillo de papel y ordenó al soldado que me escoltara de regreso hasta el bote. Le pregunté su nombre, que él me dio con una sonrisa de agradecimiento, pero como no tenía yo donde escribirlo, se me ha olvidado. Innecesario era que me cambiara de ropa mientras lloviera, de manera que, envolviéndome en el poncho, me deslicé en la cabina, mientras los nativos en silencio levantaron el ancla y el bongo continuó su deriva hacia el golfo.

A las once de la noche cambió la marea y anclamos de nuevo. La tripulación se entró a la cabina, tomó un trago de aguardiente, y a los cinco minutos, todos, excepto el enfermo y yo, estaban profundamente dormidos, a pesar del ruido de la lluvia en el techo, del retumbo de los truenos y de la atmósfera sofocante del pequeño albergue. Cuando desperté era ya pleno día y nuestra vieja chalupa se deslizaba perezosamente con el naciente reflujo. Una brisa suave soplaba del suroeste y Antonio prometió subir la vela cuando hubiéramos adelantado una milla más. En este punto, el Estero Real se bifurca y descarga en la bahía de Fonseca por dos bocas, siendo la occidental la más utilizada por segura. El aspecto de la región había cambiado al aproximarnos a la bahía. Los densos bosques que habíamos pasado el día anterior eran ahora terrenos bajos de aluvión, formados de pantanos y cortados en numerosas islitas. A lo largo de las márgenes crecían altos y exuberantes pastos; las aguas estaban agitadas por los brincos de los peces que nuestros compañeros dijeron podían cogerse en variedad infinita. Hacia el este, las distantes montañas de Chontales, envueltas en la neblina mañanera, espiaban arriba del horizonte; y una larga y baja extensión de tierra, cubriendo gradualmente hacia el oeste, se me indicó era el gran volcán de

Cosigüina, que en su última erupción de 1836 [1] se despedazó [2] y se extinguió después de sembrar el terror en todo Centroamérica y parte de México. La brisa matinal soplaba fresca y grata llevándose consigo a los mosquitos y jejenes. Aquí y allá un cocodrilo movía los junquillos de la orilla y el canto de las aves acuáticas se elevaba claro en el aire, haciéndome recordar las animadas mañanas otoñales de Nueva Inglaterra cuando, rifle en mano, pacientemente recorríamos las ciénegas escuchando este mismo y agudo canto con una euforia que el más dulce trovador sería capaz de despertar.

Llegamos "al punto propuesto"; el patrón timoneó hacia una orilla cubierta de yerba donde amarrón, y procedió a elevar el mástil, que era una vara que ocupaba todo el largo del bongo. Los obenques fueron fijados y una inmensa vela enarbolada a lo "pierna de jamón" en las poleas. Tan pronto como fue asegurada la vela, la vieja piragua, como si estuviera avergonzada de su pachorra del día anterior, empezó a cabecear y tirar de sus amarras. Antonio se precipitó a la proa, pateando todo lo que encontraba y, en su apresuramiento, puso su pie sobre el estómago del enfermo; la tripulación corría de un lado a otro, saltando como monos; la vela dio un tremendo tirón; se zafaron las estacas de amarre y con un grito de todos los de la tripulación al cual uní el mío, que no era débil, el viejo "Almirante" se deslizó hacia las aguas revueltas del ancho golfo, como si fuera a remolque de una locomotora. Me quedé asombrado de su velocidad. Animado brevemente por el bullicio, el enfermo asomó su rostro por sobre la borda y vio con desmayo hacia el horizonte de agitadas olas, hacia el cual nos dirigíamos como una flecha. El "Almirante", con viento fresco gobernaba mal, y Antonio lanzó miradas recelosas hacia el mar, afirmando hallarse arrepentido por no haber seguido en El Tempisque mis consejos de agregar una o dos toneladas de lastre.

Rafael, el olanchano, nunca había visto antes de ahora agua salada. El pobre muchacho se pegó convulsivamente a la borda y

---

[1] Sobre la erupción del Cosigüina que principió el 20 de enero de 1835 y no en 1836, como dice el autor, puede consultarse; varios partes oficiales dados al Gobierno de Honduras, publicados en la **Revista del Archivo y de la Biblioteca Nacional de Honduras**, t. IV, pp. 242 a 254. La obra de Víctor Miguel Díaz, titulada **Conmociones terrestres en la América Central**. Guatemala, s. a., pp. 131 a 160; y la **Biografía de José Trinidad Reyes** por Ramón Rosa. Tegucigalpa, 1905, pp. 17 y 18.

[2] La erupción de tipo convulsivo solo comparable a la del Cracatoa, dio origen a los actuales farallones del Golfo. N. del E.

clavaba su mirada inquisitiva en mí y en el bongo alternativamente. Yo, ciertamente, me pregunté cómo se comportaría tal despliegue de lonas durante una tempestad; pero el aire confiado de Antonio disipó mis dudas y, satisfecho de que todo estaba correcto, me acosté, pero con el sordo presentimiento de que dormir no sería tan fácil en el golfo si la brisa continuaba. Nos precipitamos hacia adelante y a la media hora nos hallábamos fuera del estero y surcando firmemente la grande y verde expansión de aguas de la Bahía de Fonseca.

CAPÍTULO VI: EL SOL SOBRE LAS MONTAÑAS DE CHOLUTECA

Bahía de Fonseca. – Partida en bongo. – El agua dulce. – Volcán de Cosigüina. – Erupción de 1835. – Aspecto presente. – Un "chubasco". – Noche en la bahía. – La mañana. – Isla del Tigre. – Puerto de Amapala. – Ventajas comerciales. – Recepción. – "La calentura". – Perspectivas futuras de la isla. – Ferrocarril interoceánico de Honduras. – La caza. – Excursión cinegética. – En el cerro. – Los bucaneros. – Agresiones británicas. – Un venado. – Playa Brava. – Huevos de tortuga. – Las urracas. – Las guacamayas. – Sinsontes. – Productos. – El aserradero. – El presidente Cabañas. – Clima. – Comercio de Amapala.

El sol surgió sobre las lejanas montañas de Choluteca, y mientras bogábamos las nubes mañaneras se disiparon rápidamente con el calor creciente. El patrón, en vez de encaminarse directamente a la isla del Tigre, viró hacia el oeste y bordeó las playas de Cosigüina. Años antes, al examinar el mapa de Centroamérica, había yo tomado esta bahía (y la mitad de quienes habían oído de ella han hecho lo mismo) como una insignificante entrada de la costa, con unas pocas islitas en su boca. Más tarde, al leer las descripciones hechas por visitantes recientes, y después de examinar el mapa admirable que se hizo bajo la dirección de Sir Edward Belcher, llegué a considerarla como una masa extensa de agua con un buen establecimiento de puerto; más no es sino ahora, con sus proporciones magníficas ante mí, que me he formado un concepto exacto de su vasta capacidad, de los numerosos lugares de anclaje que presenta, de su navegabilidad, de su ventajosa posición y del interesante escenario que la bordea por todas sus costas. La península de Cosigüina se proyecta muy adentro de la bahía por la izquierda, y el cabo, aunque forma uno de los promontorios de la entrada, se extiende al noroeste más allá de nuestra vista. A la derecha, la costa, que comienza en Nicaragua, es un mero listón de tierra que se pierde en el norte, y las montañas de Honduras parecen levantarse del borde de las aguas más bien que de un llano, muchas leguas tierra adentro. Antonio me mostró las islas del Tigre y Zacate Grande, dos montañas que surgen del seno de la bahía, que apenas parecían azules montículos en la distancia y más allá de las cuales uno puede navegar en bongo todo el día. Puede decirse con seguridad, que toda la flota mercante de América podría guarecerse en esta gran bahía del sur, en ningún aspecto inferior a la de San Francisco, y rodeada por tres repúblicas poseedoras de los mayores recursos naturales dentro del trópico, cuyas montañas contienen los más ricos depósitos minerales de Hispanoamérica.

Impulsados por la fresca brisa, la tripulación diseminada en el bongo y abandonada a la libertad de la hora cantaba algunas tonadas típicas del país, en las cuales, además de los aires peculiares españoles, a menudo hallaba yo un parecido a las salvajes e inarmónicas baladas de los indios. Perseguidos por las largas ondas, Antonio daba un grito estridente, algo así como el hiyah de los muchachos del Bowery; y echando un vistazo de confianza al inclinado mástil le pedía a su santo patrono soplar, agregando una irreverencia, que a mi modo de pensar no era la indicada para implorar la protección del celestial personaje. Abrimos una caja que yo traía de Chinandega y de ella sacamos un exquisito surtido de comestibles, gran parte del cual desapareció rápidamente ante el apetito voraz de la tripulación. Gané popularidad al hacer un equitativo reparto de estas viviendas. Había nacatamales envueltos en hojas de plátano, salchichas, frijoles y frutas en tal cantidad que nos hubiera bastado para una docena de viajes. Al mediodía nos abandonó la brisa, se recogieron las velas y se sacaron los remos; después de una hora de remar el bongo ancló frente al volcán de Cosigüina.

Como la marea no nos favorecía en varias horas, tomé mi rifle y escogiendo a dos de los hombres más activos de la tripulación vadeamos hacia la playa y avanzamos rumbo al interior. La costa se dirige hacia el noroeste presentando una larga extensión de márgenes arenosas por las que seguimos hasta que detuvimos la marcha al llegar a un arroyo fresco llamado El Agua Dulce, cuyas aguas termales se hallan impregnadas de sustancias volcánicas [1]. Continuamos por el

---

[1] Indudablemente este arroyo es el mencionado por Master Wafer, quien navegó algún tiempo con Dampier y se separó de él en Realejo, en 1685, de donde se dirigió al Golfo de Fonseca a borda del **Bachelor's Delight.** Él dice: "Estando extremadamente escaso de provisiones mientras anclamos allí, desembarcamos para suplir nuestras necesidades en un rancho ganadero en el continente, al sur del cabo de la bahía, el cual se encontraba como a tres millas del lugar de desembarco. En nuestra ruta tuvimos que cruzar un río caliente en una sábana abierta, lo cual hicimos con dificultad a causa de cánico, aunque en la costa había varios de este

curso de este arroyo entre zarzas y arbustos, la mayor parte desnudos de hojas, hasta alcanzar una eminencia que se encuentra al sur de su orilla, la que subimos y allí examinamos los efectos terribles de la gran erupción de 1835, que rompió en pedazos al volcán y por varios días cubrió de humo y cenizas a toda Centroamérica y países vecinos. Esta erupción se describe como la más violenta y destructora que se conoce en estas regiones.

En Tegucigalpa, muchas leguas adentro, y a millas de pies sobre el nivel del mar, la ciudad se obscureció con la lluvia de cenizas. El rugido del volcán se oyó en Guatemala y la tierra tembló hasta en México. Fue tan extraordinaria esta erupción que los habitantes la usan como referencia cronológica; frecuentemente oí que un hecho, nacimiento muerte, se calculaba haber sucedido tantos años antes o después de la erupción del Cosigüina [1]. Antes de aquel suceso su pico era altivo y cónico como el de los otros volcanes de la parte central de Nicaragua. Ahora da la impresión de haber sido violentamente despedazado. El volcán se halla equidistante entre la bahía y el océano sobre una península de poco más o menos doce millas de ancho. Un panorama de desolada grandeza aparece a los ojos del espectador que levanta su mirada hacia el cráter, del cual no hay descripción fidedigna desde la erupción. La altura se estima en dos mil pies sobre el nivel del mar [2]; la pendiente gradual de su cima a la bahía está revestida de una espesura impenetrable, interceptada por hondonadas espantosas. Estas soledades muy raramente son visitadas y en ellas abundan los animales salvajes. Mis dos acompañantes atravesaron el sitio contra su gusto y parecían considerar toda la región como peligrosa y maldita. Se encuentran grandes depósitos de lava y cenizas, lanzadas del cráter hasta las mismas orillas del agua.

---

tipo. Tuve la curiosidad de adentrarme en la fuente hasta donde me alcanzó la luz del día. El agua era clara y poco profunda, pero los vapores que despedía dentro de la caverna eran como los de un caldero hirviente, habiéndome mojado el cabello. Al salir al exterior, el agua humeaba en un gran trecho". A New Voyage and Description of the Isthmus of America, p. 190. N. del A.

[1] En Honduras, ser una cosa del **año del polvo** significa que es de tiempo inmemorial o muy antiguo. Todavía llamamos **año del polvo** al de 1835, refiriéndolo a la gran erupción del Cosigüina, que disparó cenizas en un círculo de 1,500 millas de diámetro: V. Levy, **Notas geográficas**, p. 84.

[2] Levy dice que el cono truncado del Cosigüina mide 3,835 pies, ib. Según mapa de la Fuerza Aérea de los E. U. A. la altura es de 2,776 pies.

Un año después, al navegar por esta bahía hacia San Juan del Sur, aproximé mi bote a la orilla oeste, frente a punta Cosigüina, que aquí presenta una superficie rocosa, escarpada y blanca hasta el mar, y comprobé que los depósitos de lava llegan hasta el océano. El Cosigüina no se halla totalmente extinguido, aunque no ha habido otra erupción desde 1835. En diciembre de 1852, una nube de humo salió del cráter, acompañada de leves trepidaciones. Un polvo rojo impalpable cayó en Amapala y a lo largo de las costas de Honduras en el Pacífico; pero los moradores no sintieron temor alguno de nuevas erupciones.

Unas pocas garzas blancas permanecían tranquilamente en la playa, casi entre los rizos del agua, y vistas desde nuestro punto eran una nota blanca en el azul de la lejanía. Nuestro bongo se hallaba quieto a pocas brazadas de la orilla y de su proa salía un festón de humo, lo que indicaba que Rafael había aprendido, el fin, a hacer café a la California. Un monótono bramido desde un vecino valle nos indicó la presencia de algún toro padrón vagando en un silencio imperturbado en las montañas y los llanos, pero aparte de esto, el lugar aparecía desierto de todo ser viviente. El panorama comprendía las montañas de Honduras, el brazo meridional de la bahía de Fonseca, tranquila como una alberca, la verde faja de manglares y sauces que bordean la ribera opuesta y los grandes montes pantanosos del Estero Real, de donde acabábamos de salir. Extendiéndose se veía una planicie inclinada hacia el interior, escasamente cubierta con yerba tierna, y más lejos parches de lava y escorias volcánicas, grupos de pequeños montes y lugares desolados y desnudos en las faldas de la montaña distante. Mis compañeros tenían miedo de los tigres que, según decían, abundaban aquí, y aunque no me faltaban deseos de perder todo el día para hacer el ascenso al volcán, toda la tripulación se opuso citando las más fidedignas autoridades locales sobre el tema de la existencia de culebras venenosas y animales salvajes.

Al volver a la playa, hallamos la marea todavía baja, los miembros de la tripulación se quitaron sus ropas y "arrastraron" el bongo a lo largo de la ribera, algunas veces hundiéndose hasta el cuello al cruzar las pequeñas ensenadas que se forman dentro de la bahía. Sabiendo que los cocodrilos abundan en estas aguas, estaba yo preparado para ver uno de estos monstruos al emerger del lodo, pero el ruido y el chapoteo que hacían los hombres seguramente los ahuyentó. Una bandada de chorlitos cuyo plumaje era igual, voló sobre nuestras cabezas emitiendo sus notas agudas tan peculiares. Estos se encuentran en la costa del mar en todo Centroamérica, según creo. En la bahía de Fonseca también abundan, especialmente en los bajíos de Zacate Grande. El augusto pelícano, con su gran pico de bolsa y sus inmensas alas, volaba despaciosamente por la costa; una y otra vez caía pesadamente dentro del agua para atrapar su presa de entre el enjambre de saltones peces. Yo eché mi anzuelo, mas, a pesar de haber probado por espacio de una hora no tuve éxito. Al caer la tarde se levantó una brisa desde el este, trayendo consigo la usual advertencia de tormenta. Se metieron los remos, la tripulación saltó a bordo, se izó de nuevo la gran vela, y proseguimos nuestro viaje. Navegamos por la costa de Cosigüina hasta que la marea empezó a bajar; alejándonos de la costa salimos a plena bahía. Una vez pasado el cabo Rosario, estábamos prácticamente en mar abierto. A sotavento ondeaba el inmenso Pacífico, negro con nubes de tormenta, mientras que a barlovento y enfrente, cerrado el horizonte por la lluvia y niebla, no se veía más que una masa de agua embravecida.

El viento arreció hasta que a la caída del sol una fuerte turbonada apareció amenazante. La vela se amarró y aseguró con nudos al parecer inextricables alrededor de un cepo de bambú. La obscuridad y los fuertes truenos aumentaron; Antonio estaba doblado en la popa como un mandril y no hacía el menor movimiento para acortar la vela. Me había hecho el propósito de no intervenir en su náutica, pero cuando el viento nos agarró con una ráfaga de lluvia y espuma, seguí el ejemplo de todos y me escabullí bajo la batayola, sabiendo que en Centroamérica el mojarse sin haber hecho ejercicio es agarrar la calentura. La lluvia caía a cántaros, el trueno retumbaba, el bongo se bamboleaba ahogada por la espuma y aun así nuestro patrón desdeñaba reducir una sola puntada de la lona hasta que, con un tremendo bardazo, el agua empezó a meterse por la borda, en pequeñas cascadas. La tripulación y los pasajeros se acuclillaron en silencio en el fondo del bongo, temblando por la humedad. A cada oleada Antonio lo enfilaba al viento y con un grito sonoro respondía a mi reiterado: ¡Cuidado! La tormenta se desató con furia creciente; la lluvia no nos dejaba ver a más de treinta yardas. Al enfilar, Antonio ordenó apresuradamente a uno de los hombres que arriaran la vela, mas, antes de que la orden pudiera ser cumplida, casi zozobramos. El bongo estaba ya medio lleno de agua, y viendo yo que mi equipaje nadaba en medio del resto de los arreos del bote, creí que era tiempo de ejercer alguna autoridad, sobre todo porque yo tenía la mayor parte que perder. Estaba a punto de tomar el timón para que el patrón pudiera atender la escota, cuando esta saltó lanzándolo fuera de borda y hacia atrás. Intenté agarrarlo, pero desapareció en un instante; ante mi sorpresa, un momento después salió a flote, asido con los dientes y las uñas a un pedazo de cuerda, y el bongo remolcándolo como si fuera un enganchado delfín. Después de un rato, lo llevamos a bordo y luego de vomitar se fortaleció con un buen trago de aguardiente. Para entonces la vela había sido arriada ya; habiendo cesado la tempestad, nuestro bote fue achicado. Todo estaba empapado y casi en ruinas.

Cuando aclaró el tiempo, observé que habíamos avanzado bastante lejos dentro de la bahía. Hacia el noroeste estaba la isla de Meanguera apenas visible en la obscuridad, y sus altas orillas escarpadas, cubiertas de espesas frondas, semejaban los contornos de un viejo castillo desvencijado. Directamente hacia el frente, la isla del Tigre levantaba sus elevadas proporciones apareciendo como una mera sombra más. Unas pocas estrellas aparecieron entre las nubes que corrían hacia el mar, presagiando, como Antonio hizo notar, mucho viento en la noche. Poco a poco amainó el viento hasta que nuevamente se restableció la calma frente a Meanguera. Como la marea se hallaba en contra nuestra, se echó el ancla fuera de cubierta y se hicieron los preparativos para poder dormir unas pocas horas. Anclamos entre Meanguera y la isla del Tigre durante la noche, pero como soplaba un fuerte viento del noroeste el bongo se movía continuamente en las olas. Varias veces desperté e inspeccioné el panorama, que era de especial interés. La bahía abunda en enormes bancos de sardinas y estas al pasar velozmente por nuestro lado producían una luz fosforescente perceptible cuando el mar estaba en calma. Las grandes líneas iluminadas atravesaban rápidamente en todas direcciones brillando fulgurantes cuando se aproximaban a la superficie y desvaneciéndose en un color verdoso indistinto cuando bajaban hacia mayor profundidad. A veces una marsopa exploraba su camino solitario a contra marea, o el grito lejano de alguna ave acuática venía débil entre la obscuridad.

Hacia el oeste, a lo largo de la costa Conchagüita y Meanguerita, la marejada se mantenía en incesante movimiento. Allá a lo lejos, hacia Nicaragua, el horizonte se veía iluminado con las intermitentes señales de los relámpagos que dibujaban con líneas imprecisas todo el ámbito del cielo, denotando el paso de una tempestad de medianoche por los pinares de Chontales.

La conmoción del día anterior, agregada a la humedad y al apiñamiento en el bongo, no me dejaba otra alternativa que la de envolverme en mi poncho, encender mi pipa y pasar así la noche contemplando el paisaje a través de la brumosa obscuridad, y escuchar la pesada respiración de los durmientes. La mañana poco a poco clareó las aguas; las nubes grises que coronaban las colinas del este se volvieron matizados con la aproximación de la aurora. Desperté a todos los tripulantes; levada el ancla aprovechamos la marea favorable y de nuevo tomamos rumbo hacia la isla del Tigre. Un viento terso que luego se convirtió en brisa llegó sobre la espejeante superficie del mar. Antonio tomó el timón; de nuevo se hizo circular la botella de aguardiente. Rafael repitió su operación de hacer café, las velas se hincharon con el fresco viento, y los jóvenes Dárdano oteaban curiosamente hacia su isla nativa, que no habían visto desde hacía años. Todo era un glorioso contraste con la noche anterior. El grande y peligroso mar se había calmado y trocado en una extensión de aguas azules brillando en la luz solar de la mañana; nuestro viejo y lento bongo se deslizaba sobre las rizadas aguas con la velocidad de un caballo de carrera.

Entre sorbos de café y chupadas de pipa, tuve la excelente oportunidad de apreciar la maravillosa cabida de esta gran bahía. Habíamos dejado el océano más allá de las islas y ahora estábamos cruzando una extensión de aguas tranquilas como las de un lago de truchas, pero suficientemente profundas para permitir la navegación de los más grandes barcos del mundo; no hay una roca oculta ni un banco de arena en dirección alguna; las playas son accesibles por vapores de cualquier calado a la distancia de un tiro de pistola desde las rocas, y hay suficiente espacio para el amarre de mil bajeles, aún en el pequeño rincón que las cuatro islas encierran y en el cual la canoa más frágil puede navegar con toda seguridad.

Navegábamos tan rápidamente que apenas si teníamos tiempo para notar la fugaz sucesión de vistas magníficas y escenas pintorescas, que en cada vuelta nos daban su prístina belleza. Mis acompañantes, entregados a los cigarros y al aguardiente, miraban con indiferencia el panorama y nada decían, circunstancia que me encantaba porque cuando no se tiene con quien compartir estos esplendores de la naturaleza nada hay mejor que el silencio. Pronto estábamos al amparo de las sombras del Tigre, que se elevaba a tres mil pies sobre nosotros, con sus empinadas laderas cubiertas de espesa vegetación, en las cuales bien podrían seleccionarse cincuenta variedades de plantas y maderas preciosas, silvestres y sin dueño. Lo mismo podría decirse no solo de las demás islas del archipiélago sino también de toda la costa de tierra firme.

No fue sino hasta que pasamos cerca de las gigantescas masas de lava, que festonan la isla en toda su circunferencia como un muro de azabache, que pude tener idea de su extensión, mientras la cumbre, perdida en un gorro de nubes, desde la base parecía aún más enhiesta. El volcán se eleva en un cono perfecto tan bellamente formado como si fuera una obra de arte. La circunvalé varias veces por tierra y por mar, y ni en la playa, ni en la cúspide, a la cual ascendí meses más tarde, pude encontrar piedra o roca de clase alguna; la isla, el volcán, todo es de formación ígnea; hasta los cimientos de las casas, las cercas y los remedos de muelles son del mismo material.

Rebasamos uno tras otro los promontorios que forman las numerosas playas de la isla, hasta que entramos al puerto de Amapala, que es una bahía dentro de una bahía, el más encerrado, accesible, abrigado y en todos aspectos el más excelente en las costas del Pacífico. Amapala está a treinta y cinco millas de la boca del Estero Real y a ocho del punto más cercano de la tierra firme. Se halla en una entrada al lado norte de la isla, habiendo de tres a seis brazadas en una distancia de dos millas, en el espacio que rodean las islas de Exposición, Zacate Grande y El Tigre. Cada una de estas tiene buenos fondeaderos en numerosos lugares, aunque por estar abiertos al oeste son inseguros cuando soplan vientos fuertes de ese rumbo, mientras que a Amapala, que da frente a la tierra firme, puede llegarse en canoa aun con el mal tiempo. Las estaciones en esta región son tan regulares y suaves que no se experimentan grandes galernas, como las del norte; además cualquier marejada levantada por un fuerte viento se aplaca al solo terminar la tormenta.

Al aproximarnos a la pequeña ciudad, mis amigos los Dárdano se pusieron muy animados con la perspectiva de reunirse de nuevo con su madre y su hermana, quienes estaban a la puerta de su limpia quinta, estilo americano, saludándonos con sus pañuelos. Los hombres de la tripulación se acicalaron con sus vestidos de presumir, consistentes en una limpia camisa de algodón y pantalones; la banderita blanca fue izada y los rifles se unieron en una gran descarga en honor de las damas. Las banderas de los Estados Unidos y de Cerdeña se izaron en la asta del cuartel y el cañoncito montado al frente hizo retumbar su bienvenida. Estando ya próxima la marea alta, el bongo echó anclas; a horcajadas sobre las espaldas de dos hombres que vinieron para ayudarnos bajamos a tierra, siendo calurosamente saludados en buen inglés por varios caballeros, entre quienes había italianos, francesas, alemanes y norteamericanos, todos empleados en la isla, unos como tenderos, otros como dependientes de la Casa Dárdano & Müller, y los norteamericanos, dueños de un aserradero en la parte oriental de la ciudad, el que, correspondiendo a una amable invitación de sus propietarios, prometí visitar al día siguiente.

La primera impresión al desembarcar en la isla de El Tigre es ver en ella espléndidas facilidades para una fortificación y para el establecimiento de un depósito de un depósito central de comercio, desde el cual se podría dominar el comercio de los tres Estados que rodean la bahía de Fonseca. Con sus recursos naturales debidamente desarrollados, Amapala podría ser el más importante puerto al sur de San Francisco. En 1850 el Sr. E. G. Squier, durante su gestión diplomática, envió una serie de despachos al Gobierno de los Estados Unidos, en los cuales abogaba por las ventajas de negociar con Honduras para el establecimiento de una base naval en Amapala [1]. Si se hubiera adoptado este plan, los cada vez más avanzados medios de comunicación entre California y los Estados del este, pronto hubieran puesto una escuadra del Pacífico de los Estados a solo siete días de Washington. Con la construcción del proyectado ferrocarril interoceánico de Honduras y el uso del telégrafo y de los vapores, las órdenes del Gobierno de la más vital importancia para la nación, podrían ser transmitidas a la escuadra del Pacífico en tres días y medio. Amapala es hoy el principal, o mejor dicho, el único puerto verdadero en donde las grandes naves pueden anclar y descargar en la costa del Pacífico de las repúblicas de Honduras, El Salvador y Nicaragua.

---

[1] Con violación de los derechos de Honduras y El Salvador, el Gobierno de Nicaragua concedió al de los Estados Unidos, por el tratado Bryan–Chamorro suscrito el 5 de agosto de 1914, el derecho de establecer, explotar y mantener una base naval en el Golfo de Fonseca por el término de noventa y nueve años; V. **El Golfo de Fonseca y el Tratado Bryan–Chamorro**. San Salvador, 1917, pp. 61 a 64. Afortunadamente el tratado fue rechazado por el Senado de los E. U. A.

A poco caminar entre un grupo de casas semi americanos, llegamos a la residencia del señor Dárdano, en donde hallamos a las damas y a nuestros acompañantes cambiando noticias. Después de una cordial recepción se me destinaron habitaciones cómodas en la casa de Mr. Müller, ahí cerca. Se esperaba a don Carlos y a dos de sus hijas de Tegucigalpa en un viaje de regreso de los Estados Unidos por la vía de Omoa y Comayagua. Como yo tenía cartas de presentación para él, decidí no continuar mi viaje al interior de Honduras hasta tanto no obtuviera información de este caballero, cuyos treinta años de residencia en el país lo capacitaban para darme valiosos consejos, informes políticos y sobre otros asuntos.

La noche de mi llegada, una sensación de desvanecimiento, pulsaciones rápidas e intenso dolor de cabeza me advirtieron que mis frecuentes mojadas en la bahía de Fonseca a causa de las tormentas y de la marea, no me perdonarían el consabido castigo de la calentura, la que mi buena constitución física había desafiado hasta entonces. Pocos son los que escapan de este flagelo que, en las regiones intertropicales, especialmente en las costas bajas, es casi seguro que pilla a todo extraño. Yo estaba provisto de quinina y de otras medicinas que en Chinandega me entregó mi buen amigo el doctor, y gracias a ellas y a las finas atenciones de mis anfitriones y de su familia, pronto cesó la enfermedad, dejándome pálido y exhausto con el aspecto cadavérico característico. El ataque es comúnmente de un mismo tipo en todas las costas centroamericanas, pero todos consideran que es mucho menos peligroso y virulento en el Pacífico que en el Atlántico. La fiebre terciana es la que prevalece; sus efectos son en extremo demoledores, y la convalecencia es tal que durante algún tiempo persiste una sensación de aturdimiento y languidez como si uno acabara de salir de un desmayo.

Los remedios son sencillos, consisten en quinina y purgantes que se obtienen fácilmente. Según varias supersticiones del país, la violencia de la fiebre depende de las fases de la luna, de la altura de la marea, de la dirección de los vientos y de la época del ataque. Por lo general se siguen ciertas reglas, como la de abstenerse durante la fiebre de lavarse las manos o la cara, y se replica a los incrédulos con la máxima que "es mejor tierra en cuerpo, que cuerpo en tierra", hecho este que pocos están dispuestos a discutir; asimismo, las viejas nanas del país siempre repiten que al enfermo debe negársele el uso del agua si no es para que la beba, pero sobriamente. Durante esta, mi primera enfermedad en Centroamérica, recibí tantas atenciones de mis anfitriones como nunca lo esperé cuando salí de mi hogar para emprender un viaje entre extraños, y de aquellos semejantes que yo había juzgado con ligereza como gentes semi civilizadas e ignorantes. No tuve ningún médico; y una experiencia postrera me enseñó que cuando menos tenga un extraño que ver con un médico local, más se le prolongará la vida. Tuve a menudo la ocasión de ver el ciego desatino y la absurda práctica del médico centroamericano, cuya charlatanería es comparable con la del mismísimo empírico norteamericano, suministrando todo lo más peligroso, por carecer del ejemplo de los practicantes mejor capacitados y de la inteligencia que se beneficia de la experiencia.

Una vez fuera de mi lecho de enfermo, donde tuve amplia oportunidad en el silencio de los días para meditar sobre mis futuros planes, salí al pequeño mundo activo de la isla con ansias de saborear la belleza escénica por la cual es célebre. Podría escribirse un libro sobre la situación ventajosa de la isla; sus importantes recursos agrícolas y comerciales; los muchos acres de maderas preciosas y plantas de valor, raíces y arbustos que crecen por toda su gran extensión. La misma isla es suficiente para sostener una población de veinte mil habitantes en las tierras planas que hay entre las playas y la base del volcán que se levanta en su centro. La ciudad de Amapala, situada en la playa oriental, se extiende sobre un llano quebrado que asciende gradualmente las faldas del volcán y se alarga tres cuartos de milla a lo largo del puerto. Su dominante posición militar, la bondad de su clima y las futuras posibilidades que ofrece, señalan a este lugar como punto clave destinado a convertirse en un emporio.

Las costas adyacentes prestan facilidades para el cultivo de una infinidad de productos de todos los climas, desde los cereales del norte hasta el cacao, la caña de azúcar y el añil de los trópicos. Es tal la diversidad de tierras, que en un día se puede descender en algunas partes de El Salvador y Honduras de las zonas frías productoras de granos, a las cálidas regiones rebosantes de flora tropical. Castellón se refería, con celo de un entusiasta republicano, a su plan de construir un ferrocarril desde un punto en la costa occidental del lago de Nicaragua, a una cabeza de playa en el Estero Real para conectar con vapores de gran calado con el magnífico puerto de Amapala; proyecto que, aunque menos factible que otras rutas, no es impracticable, y que después que conversé con Castellón sobre el particular, ha sido seriamente meditado por posteriores gobernantes.

Las repúblicas que rodean la bahía de Fonseca integran también uno de los distritos mineros más ricos del mundo, cuyos recursos, salvo exportaciones que se hacen por la costa del Atlántico, vía Trujillo, Omoa y Belice, hasta el descubrimiento de California y la apertura subsiguiente de las varias rutas de viaje estuvieron casi escondidos del mundo. Los productos agrícolas de estas repúblicas son todavía desconocidos salvo para unos pocos extranjeros que han cruzado el continente en estos puntos y para aquellos a quienes el amor de las aventuras los ha traído a Centroamérica en los últimos doce meses [1]. Aquellos son tales que bien podrían servir de base a un gran centro comercial en Amapala, el cual podría abastecer gran parte de la población del interior. Amapala es el único puerto donde pueden, con seguridad y ventaja, anclar vapores de gran calado. Las otras islas del archipiélago son inhabitables, se hallan rodeadas de tantos arrecifes y rocas que son impropias para fines comerciales. Esta superioridad la vio temprano don Carlos Dárdano, comerciante italiano que, al casarse con una dama de Tegucigalpa, obtuvo todos los privilegios de la ciudadanía [2], y en 1846 el Gobierno de Honduras le dio una concesión de varias "caballerías" de tierra con la condición de que debía desmontar cierta extensión de terreno, establecer un puesto comercial y fijar allí su residencia. Así comenzó Amapala y el Gobierno lo declaró puerto libre por diez años [3]. Gracias a los

---

[1] Los filibusteros de William Walker. N. del E.

[2] En enero de 1834, cuando el Sr. Dárdano contrajo matrimonio (V. nota p-8), regía la Constitución Federal de 1824, que concedía carta de naturaleza a los extranjeros que contrajeran matrimonio en la República, teniendo tres años de vecindad en ella (Art. 15, 4). La Constitución hondureña de 1848, vigente en la época de la visita de Wells, dispuso que los extranjeros podían naturalizarse "por contraer matrimonio con hondureña y vecindario de un año". (Art. 10, 3): V. **El Digesto Constitucional de Honduras**, por Augusto C. Coello. Tegucigalpa, 1923, pp. 14 y 118.

[3] Durante la administración del vicejefe general Francisco Ferrera, el 17 de octubre de 1833, se creó el "Puerto del Tigre", nombre que conservó hasta 1844, llamándolo entonces "Puerto de depósito de la isla del Tigre"; sustituido este, a su vez, por el de "Puerto franco de depósitos de la isla del Tigre", hasta el año de 1848 en que se le dio el nombre de "Puerto franco de Amapala en la isla del Tigre". Este puerto había sido declarado franco, sin pagarse derechos marítimos de ninguna especie durante diez años, por decreto de 10 de noviembre de 1847: V. P. Rivas, **Monografía de la isla del Tigre**, pp. 106, 113 y 116.

enérgicos esfuerzos del señor Dárdano, la ciudad se convirtió en rival de La Unión, principal puerto de El Salvador a orillas de la bahía, que ahora es asiento de un tráfico local de consideración, a menudo aumentado con el arribo de barcos extranjeros que descargan en este punto las mercaderías que traen para el comercio del interior. En consecuencia, se han despertado celos considerables entre los comerciantes de El Salvador y los de la isla de El Tigre, pero las ventajas de Amapala sobre La Unión, puerto encerrado y de poca profundidad, son tan potentes que no necesitan repetirse.

Aquí, también, entre otros lugares, puede ubicarse la terminal del ferrocarril interoceánico de Honduras que, comenzando en el mar Caribe, está diseñado para que cruce por el valle de Comayagua, en una distancia de ciento cuarenta y ocho millas y con una pendiente promedio de solo veintiocho pies por milla, como lo expresa la exploración hecha por el Sr. E. G. Squier [1]. A pesar de que la iniciativa americana comenzó por fijarse en Panamá y Nicaragua, para el establecimiento de una comunicación interoceánica, es algo curioso que no haya prestado mayor atención a esta ruta hacia el Pacífico, que es más corta que cualquiera otra, sin exceptuar la de Tehuantepec, y que ofrece facilidades para la construcción de un ferrocarril interoceánico no superadas ni igualadas por cualquiera otra.

Los términos de la concesión obtenida por el Sr. Squier son la mejor prueba de la liberalidad de Honduras a este respecto y del deseo más ferviente que tiene para que sean explotados sus recursos naturales. Se ofrecen extraordinarios alicientes para llevar adelante esta gran empresa, siendo uno de los principales la existencia de puertos seguros y amplios en ambas terminales (ventaja que no posee la ruta de Tehuantepec), las relativamente pocas pendientes, y construcción de puentes requeridos. No solo estos hechos, sino hasta la mera existencia de la ruta ha permanecido, hasta recientemente, desconocida en el extranjero, salvo para aquellos interesados en el proyecto. Los más virulentos opositores a la influencia de Norteamérica en Honduras y aquellos cuyos prejuicios políticos los ha instigado a atacar el proyecto arriesgando el progreso del país, admiten que la terminación del proyectado ferrocarril colocaría inmediatamente a la república en un lugar avanzado frente a los demás estados hispanoamericanos. La vía podría extenderse a través

[1] V. Squier, Honduras, p. 303.

del extremo sur de Zacate Grande, y cruzando un arrecife estrecho y poco profundo que hay entre las dos islas hacer que terminara en la isla de El Tigre, donde abunda material para la construcción de muelles, y donde los más grandes vapores del mundo podrían atracar en perfectas condiciones. La atención que ahora se enfoca hacia Centroamérica ha infundido al pueblo de Honduras renovadas esperanzas y la terminación del ferrocarril es ansiada. Sus efectos para la prosperidad del país serían incalculables, mientras Amapala saltaría a una posición de importancia comercial que no tendría rival en ningún otro puerto al sur de San Francisco.

La isla, con la excepción de los pocos espacios limpios y nivelados cercanos a la costa, está densamente poblada de bosques donde abunda la caza. Con frecuencia se matan venados y otros animales, y los primeros pobladores del puerto a menudo vieron tigres que huían del intruso y se refugiaban en la selva. Estos han sido casi totalmente exterminados, pero en algunas de las playas del este aún se les encuentra, y muy de cuando en cuando los restos de una vaca destrozada prueban que estos animales no han desaparecido completamente. Cuando el señor Dárdano se instaló en la isla, dice, los venados a menudo se acercaban a solo una distancia de tiro de revólver desde su casa.

Al oír hablar tanto sobre caza, y deseando inspeccionar la parte occidental de la isla, contraté a un nativo de aspecto vivaz y que gozaba de la reputación de ser un cazador afortunado, para que me acompañara en una excursión. Mi objetivo principal era contemplar el panorama y determinar el área de tierra aprovechable que se extiende al pie del volcán. El día anterior a mi partida conseguí una excelente escopeta con un amigo alemán, que entregué a Norberto para que la llevara, reservando mi rifle para mi propio uso. El alba rayaba débilmente el horizonte tiñendo las montañas de Choluteca, cuando sentí que alguien me tocaba el brazo; era Rafael que en voz baja me advirtió que ya el guía se hallaba esperándome. Invariablemente dormía en hamaca, tanto por lo fresco de esta clase de lecho, como para esquivar los regimientos de pulgas, que al parecer persiguen a la raza hispana. Abrí los ojos y vi a mi fiel sirviente esperándome al lado de la hamaca con una taza de café caliente con leche y con mi pipa de espuma de mar. Así que los saboreé, nos pusimos el equipo de caza y salimos en un silencio solo interrumpido por el graznido de los animales nocturnos y por el zumbido de incontables insectos. Desde las lejanas playas nos llegaba el apagado ladrido del perro vigilante, y a través del aire matinal, oíamos a intervalos el pequeño murmullo del flujo de la marea rompiéndose suavemente en las orillas. Norberto encendió un cigarro y tomó la delantera; luego estuvimos fuera del recinto de la ciudad, metidos en un laberinto de retorcidas sendas abiertas entre las malezas, poniendo el mayor cuidado para no tropezar en las semi sepultadas masas de lava que, al rodar por las faldas del volcán, habían terminado por enterrarse en el suelo. Para complacerme, el guía dirigió primeramente sus pasos hacia una colina situada poco más o menos a una milla de la ciudad y que se erguía a una altura de cerca de seiscientos pies arriba del llano circunvecino.

Anduvimos media hora entre intrincadas veredas de ganado hasta alcanzar el pie de la colina, y esforzándonos, ganamos la cima exactamente cuando el sol salía de un mar de nubes doradas sobre las montañas del oriente. La vista desde este punto es forzosamente limitada, pues abarca solamente las porciones de norte y oeste de la bahía. La que se contempla desde la cumbre del volcán, que alzaba su testa dos mil pies arriba de nosotros, es una de las más espléndidas en el mundo occidental. Meses después, cuando ascendí en compañía de varios amigos, todo el grupo estuvo unánimemente de acuerdo en que este panorama era el más extenso y espléndido que ellos habían visto. No obstante, desde nuestra actual ubicación la escena era interesante y sorprendente, permitiéndonos vislumbrar el paisaje montañoso de El Salvador y Honduras, y hacia el mar, un horizonte de aguas azules confundidas en la distancia con la neblina mañanera, rompiéndose en copos de espumas en los arrecifes allá abajo. A nuestros pies se hallaba una pequeña laguna que ocupaba un espacio de unos pocos acres, cubierta con una espesa capa de musgos y otras parásitas, algunas de las cuales arraigadas en el fondo del lago prendían de los árboles circundantes.

En el pequeño espacio de la planicie formada en la cumbre de la colina hay vestigios de fortificaciones que levantaron los bucaneros del siglo XVIII [1]. No podían estos haber escogido refugio más

---

[1] Es muy probable que los piratas hayan permanecido en la isla del Tigre por largo tiempo, al grado de hacer fortificaciones cuyos vestigios durasen tantos años.
En los primeros meses de 1683, los capitanes Ambrosio Cowley, Juan Eaton y Eduardo Davis, que hacían incursiones en el Pacífico, intentaron saquear a León de Nicaragua; no pudieron cumplir su propósito porque encontraron el puerto de El

propicio: el puerto ofreciendo abrigo a sus bajeles, que así quedaban vigilados y protegidos desde el fuerte. Sin duda aquí, en los viejos días de los filibusteros, los piratas del Pacífico tenían sus reuniones, y desde este lugar planeaban muchas de sus invasiones merodeadoras a las costas vecinas. También se dice que los ingleses emplazaron aquí una batería; desde estas alturas su bandera flameó en 1849, cuando tomaron posesión y pretendieron derechos sobre la isla de El Tigre. Don Carlos Dárdano me dio detallada cuenta de las operaciones de los británicos en Amapala, en las cuales aparecía que en mala hora él había aceptado el gobierno de la isla bajo los usurpadores y, en consecuencia, perdió el apoyo del Gobierno de Honduras, al hacer valer este sus legítimos derechos.

Una considerable extensión de tierra plana se encuentra debajo de la colina, y un hermoso y fértil valle se forma entre esta elevación y la falda del volcán. En medio del follaje encontramos bajas chozas de adobe o ramas, habitaciones de los isleños que en su mayor parte ganan un escaso sustento cultivando pequeñas parcelas de terreno o como jornaleros en las diversas ocupaciones en el vecino poblado. Después de habernos embelesado con el paisaje romántico que se extendía a nuestros pies, reanudamos nuestra marcha hacia una parte aislada de la montaña en la costa occidental de la isla, donde se nos dijo abundan los venados. Nos abríamos paso a través de las cañadas umbrosas; las lluvias del día anterior daban una saludable frescura a la atmósfera que parecía tener las cualidades vigorizantes de una mañana de primavera en Nueva Inglaterra. El camino nos condujo cerca de la punta oeste de la isla; después de andar media hora, llegamos a un bosque espeso de ceibas, guapinoles y palmeras, tan tupido que solo pudimos avanzar apartando la maleza fétida y densa. Llegamos luego a un espacio abierto y plano; Norberto nos dijo que aquí podríamos encontrar algo que cazar; nos deslizamos cautelosamente hacia el borde de un barranco por el cual fluía quietamente un riachuelo hacia el mar.

Las huellas impresas recientemente en el suelo húmedo nos indicaron que había un venado en la proximidad. Nos sentamos en una roca y, como el sol se filtraba en los bosques que nos rodeaban,

---

Realejo en pie de guerra, además de que el estado ruinoso de sus embarcaciones los obligó a entrar en el "Golfo o Bahía de Amapala" para repararlas. Anclaron en la isla del Tigre, pero no cometieron tantos males atroces como solían: V. **Piraterías en Honduras**, por Conrado Bonilla. San Pedro Sula, 1955, pp. 465 y s.

mis compañeros sacaron un atado con comestibles y empezaron a tenderlo. Al volverme hacia un matorral, como a veinte yardas de distancia, mis ojos se encontraron con los de una preciosa venada, que erguida nos contemplaba con sorpresa. Sin decir palabra alguna a mis acompañantes, que no habían advertido la presencia del animal, apunté y les sorprendí con el disparo, desapareciendo el venado en el mismo instante. Olvidando los preparativos de la comida, los hombres corrieron en pos de él y a los pocos momentos sus gritos me anunciaron que la bala había cumplido su misión. Rafael fue a la ciudad por un caballo, mientras nosotros destazamos y alistábamos la pieza; mandándole de vuelta con su carga, Norberto y yo continuamos la cacería.

Como entramos en los pantanos aumentó caza; tuvimos varias buenas oportunidades, pero nuestra suerte nos había abandonado. Los venados de la isla del Tigre, parecidos a los de tierra firme, son de la especie pequeña de los corzos. En el interior del país se les ve en manadas; son tantos en algunas regiones que los trabajadores prestan sus servicios bajo el especial convenio con el propietario de la hacienda de que la comida deberá ser carne de res y no de venado.

Se dice que hay abundancia de antílopes, pero su existencia la ponen en duda varios escritores. Lo que llaman antílope de montaña es común en el interior, pero a este animal, sin duda alguna, se le confunde a menudo con el corzo. Un repentino movimiento en una arboleda solitaria del camino cuando se viaja en las montañas es signo de su proximidad. Henderson menciona la gacela como habitante de los montes de Belice, que dice ha sido considerada como la Dorcas o antílope bárbaro de Linneo. Es más o menos de la mitad del tamaño de un venado.

Después de una hora de andar, rodeamos la falda espesamente arbolada del volcán y salimos a un espacio abierto alfombrado por la hierba y de muchas lianas bajas; a través de los montes se percibía débilmente el rugido del mar que se estrellaba en la playa sur. A la media hora de caminar entre breñales y obscuros matorrales llegamos a la rompiente que se volcaba en largos y constantes tumbos. Desde aquí descubrimos el perfil lejano del volcán de Cosigüina, con sus faldas escabrosas contrastando con el cielo, mientras que, en el lado opuesto, hacia el norte, el gran promontorio del Conchagua, en El Salvador, se erguía, pareciéndose ambos a las dos Columnas de Hércules o, más propiamente aún, a la Puerta de Oro. Desde esta posición uno encuentra inmediatamente la semejanza de panoramas y formación, entre las bahías de Fonseca y San Francisco. Solo falta el espumoso salpicar de los vapores abriéndose paso por entre las aguas para que el símil sea completo.

Cuando nos hallábamos en la playa me llamaron la atención muchos hoyos en la arena, que al ser examinados resultaron ser nidos de tortugas. Le pusimos sitio a uno de estos y después de escarbar cerca de media tonelada de arena, empezó a aparecer el tesoro cuidadosamente guardado. Los huevos eran más o menos del mismo tamaño que los de gallina, pero de consistencia blanda. Estaban depositados con gran esmero, cada huevo rodeado de una capita de arena tan bien colocada que ninguno de ellos se hallaba en contacto directo con los otros. Después de haber sacado treinta o cuarenta, Norberto tomó mi lugar; arremangándose la camisa los extrajo uno por uno hasta contar ciento diecinueve, que expuso a nuestra vista. Me dijo que nunca se comían en la isla; humanitariamente me rogó que le permitiera colocarlos nuevamente y cubrirlos, tarea que hizo con el mayor cuidado. Sin embargo, al día siguiente, según supe, el grandísimo bribón regresó al sitio y se robó hasta el último huevo del nido. En realidad son excelentes, como lo pude comprobar después por propia experiencia. El nombre de la playa donde estuvimos es Playa Brava, inaccesible a los botes.

Encontramos huellas de ganado salvaje y de venados que se extendían bastante abajo hacia la bahía, y seguimos las márgenes de un riachuelo por un lugar desolado. Hicimos nuestro regreso por otro camino, rodeando la base del volcán, que siempre nos mostraba su orgullosa testa en medio de las nubes, mientras caminábamos por entre los arbustos. En nuestra marcha fuimos seguidos por una bandada de urracas, de una especie con pico y lengua algo parecidos a los del papagayo. Una de ellas, que yo había herido, emitía un continuo graznido llamando a sus compañeras, que inmediatamente acudieron y nos rodearon. A veces descendían velozmente hacia nosotros a una distancia casi del brazo, nos miraban fieramente por un momento y luego giraban para posarse en la rama más próxima, se sentaban agitando sus alas y con los picos abiertos respondían a los gritos de su compañera herida. No vi este pájaro en las tierras altas del país y presumo por ello que se hallan confinados a la costa. En las montañas de la isla del Tigre pueden verse: guacamaya con su atavío de plumas polícromas; los loros de diferentes variedades; la oropéndola, insolente con su plumaje alegre y bailando en el aire; la garza azul; la paloma gemidora pecho morado; el sinsonte y el ruiseñor.

La guacamaya, especie de macao, es el galán de los bosques de Centroamérica; su librea de oropel siempre se destaca; también es notable por su grito áspero; puede verse desde lejos entre las ramas más altas de los grandes árboles, donde se posa coquetamente a arreglarse las plumas, o entregando a su pasatiempo favorito de colgarse cabeza debajo de alguna rama frágil, gritando a alguna distante conocida, o inspeccionando hacia abajo para ver qué encuentra. El sinsonte es nuestro arrendajo. Nada puede superar sus delicadas notas. En su forma, plumaje, hábitos y aspecto general no puede distinguírsele del pájaro del norte. El pico es un poquitín más largo y la garganta un poco más llena. Uno que tengo en mi cuarto, donde escribo, me lo obsequiaron con otros dos en Amapala durante mi primera visita a ese puerto. Dos no pudieron sobrevivir al viaje a California. Este que me quedó ha alcanzado la plenitud de voz y plumaje, posee todas las notas del arrendajo americano amén de aires extraños nunca oídos fuera de los trópicos. Entre todos los cantores de pluma déseme el sinsonte de Centroamérica, por su riqueza y variedad de trinos. A menudo observé estas graciosas criaturas bañándose en algún quieto arroyuelo en Olancho, en donde particularmente abundan. Se posan delicadamente sobre limpios guijarros y se turnan para descender en picada hacia las aguas, salpicando, atrevidamente las mismas con el agitar rápido de sus alas y expresando su deleite con chillidos. En un sitio donde yo solía acudir cada mañana a tomar el baño, siempre estaba seguro de tener, sin costo alguno, delicioso concierto de sinsontes entre los follajes vecinos.

No fue sino hasta que recorrí la isla cuando la oportunidad de ver los panoramas desde las varias elevaciones y de comprobar adecuadamente la extensión del amplio y ondulante suelo que contiene, y que se desliza desde la base del volcán para formar llanos fértiles, capaces de proveer el sustento de muchos miles de habitantes. El suelo es extremadamente rico y se halla cubierto durante la mayor parte del año con cientos de variadas hiervas y arbustos. Allí florecen la goma del Perú y otras especies de acacias. Pueden verse en los bosques abandonados y sin dueño: la uva silvestre, la papaya, la lima, el mamey, la lobelia, el fustete, el mango, las palmeras de muchas variedades, el guapinol, la caoba, el ron-ron y otros más. Ni una centésima parte de la tierra arable de la isla se halla cultivada. Con una raza enérgica como nuestros hombres serios y progresistas, podría ser habitada y mejorar las tres repúblicas que la rodean en la bahía de Fonseca, haciendo de la isla del Tigre, el puerto más importante del Pacífico en más de un aspecto.

Amapala difiere de cualquiera otra ciudad centroamericana por la laboriosidad que muestran sus moradores, y en este respecto tiene un parecido más fuerte a un establecimiento norteamericano que cualquiera otra que he visitado. Aquí se halla el único aserradero de la costa del Pacífico de Honduras; sus dueños son dos americanos de empresa que importaron la maquinaria de Nueva York, originalmente con el propósito de establecer una fábrica de hilados en San Miguel, El Salvador. La empresa fracasó por falta de capital y mano de obra, después de lo cual se trasladó a Amapala, donde durante dos años ha hecho un buen servicio al convertir en tablas la madera de construcción que llega de las costas vecinas. El principal mercado es El Callao. Un bergantín peruano estaba cargando en el puerto cuando hice mi primera visita. La madera, cuya mayor parte es de cedro de magnífica calidad, vale de $35.00 a $45.00 el millar de pies.

También hay un mercado seguro en los pueblos cercanos a la bahía y en los del interior del país. Un turno del aserrío estaba operando, el cual era suficiente para atender la demanda, según los propietarios. Las trozas se cortan con sierras largas en las desembocaduras de los ríos Choluteca y Goascorán, y de allá se arrastran por medio de bongos hasta el aserradero, que tiene suficiente profundidad de aguas para recibirlas en las propias plataformas. De aquí, las cadenas de arrastre llevan las trozas hasta el plantel. La principal distracción de los amapalinos es ir a ver la máquina y contemplar la potencia titánica de la energía a vapor.

Los propietarios de esta empresa encontraron al principio muchas dificultades: restricciones gubernamentales, prohibiciones, atrasos, sospechas y celos. Cuando recibió la presidencia el general Cabañas inmediatamente fueron aprobados los documentos necesarios. Durante esta visita a Amapala, el termómetro nunca indicaba más de 99° en la sombra y temprano de la mañana bajaba a 78°. La temperatura media durante el día era de 92° F. La ciudad está situada de tal modo que la brisa del mar que comienza a las diez de la mañana y continúa casi hasta el atardecer, cuando la brisa viene de tierra al principio apenas perceptible, aumenta y se convierte antes del anochecer en el infalible chubasco. A esta hora, nubes muy espesas soplan rápidamente desde el sur, y la lluvia cae generalmente con gran violencia. El clima de la isla está considerado como saludable, siendo las fiebres de la región menos virulentas que las de las costas vecinas. Sin embargo, ningún extraño escapa de la fiebre en Centroamérica, aunque tome las mayores precauciones.

Con la excepción de unas dos o tres casas que tiene madera y teja, las casas de Amapala son iguales a las de otros pueblos centroamericanos. Varias son de adobe, pero la mayoría está hecha de cañas y ramas. El comercio del lugar, cuando yo lo visité, estaba confinado al pequeño negocio de la casa Dárdano & Müller. Consistía en driles, ferretería, ropa y artículos generales de manufactura europea, que se recibían a cambio de cueros de res, pieles de venado, cacao, azúcar, vainilla, añil y otros pocos productos de la costa vecina, pero en muy pequeñas cantidades. El tráfico era muy limitado y grande la rivalidad con el puerto adyacente de La Unión, El Salvador. No habrá una transformación notable en la isla del Tigre hasta tanto no haya en el país un Gobierno estable que ponga cese a las constantes revueltas.

CAPÍTULO VII: IGUANAS Y TIGRES EN HONDURAS

Caza de un tigre en Zacate Grande. – Isla de Exposición. – Ostras. – Peces. – Cocodrilos. – Baño frustrado. – La vida en Amapala. – Arribo de don Carlos y su familia. – Grandes festejos. – Preparativos para la partida. – Apurando a un botero. – Otra noche en la bahía. – La Brea. – Visitantes nocturnos. – Un paseo por la noche. – Resoluciones para el futuro. – El camino hacia Nacaome – Agua Caliente. – Iguanas. – Nacaome. – La señora Caret. – Visitas. – Una revista. – Clima. – Un viejo especulador. – Minas de carbón en Honduras. – Pasatiempos. – Nuevo método para expulsar perros. – Demanda de servicios médicos. – Un médico extranjero. – Una serenata.

Zacate Grande es el nombre de una isla montañosa que se encuentra a pocas millas al norte de la del Tigre y separada de tierra firme por un canal, que supongo estará totalmente seco cuando las mareas son bajas en extremo. Una mañana clara y apacible, mi amigo don Julio tocó a la puerta de mi habitación para invitarme a que me uniera a la cacería de un tigre, que se llevaría a cabo ese día. Fue suficiente para hacerme saltar de mi hamaca el convite tentador, que unía a la revolución de un deporte excitante un poquitín de romántica aventura. Me vestí rápidamente; apenas tuve tiempo para tomar el café que Rafael me tenía listo porque una voz de mi acompañante me advirtió que el usual poco a poco del español de Centroamérica tenía que descartarse. Cogiendo mi rifle y avíos solo tuve tiempo para meterme en el bongo con las cinco personas que integraban la comitiva; se levó el ancla y, tendida la enorme vela, salimos a toda prisa hacia los verdes bosques que forman las laderas de la isla, en donde los tigres eran feroces y abundantes. En el camino tuve tiempo para fijarme en mis compañeros.

Don Julio era un alemán de cara rubicunda, un Nemrod entusiasta que hablaba el inglés como un nativo; el otro era mi incansable guía en la expedición que hiciera a Playa Brava; dos tigreros de las tierras montañosas de Nicaragua completaban el grupo. Desde hacía días

135

habían estado preparando una cacería y estaban entregados a una actividad febril, no acostumbrada, con la noticia recibida la noche anterior de un joven residente de la isla que, acuclillado en los arcos del bongo, observaba con ojos atentos los preparativos. Este joven habitaba una pequeña choza en una cañada cercana a la playa oeste de Zacate Grande, donde prestaba sus servicios a una familia salvadoreña cuidándole el ganado que pastaba libremente en la isla. La noche anterior había sido destrozada una vaquilla y él había seguido las huellas del tigre matador hasta un denso matorral situado a orillas de un riachuelo que desembocaba en la bahía. Todo esto me lo dijo el voluble Norberto, pensando en la caza por venir. Tres perros, feos pero de aspecto inteligente, esperaban la lucha venidera.

Al bordear el extremo occidental de la isla hay una pequeña bahía de poco fondo, a la cual se enfiló la quilla; con la ayuda de los remos pronto llegamos a tierra; seguimos la dirección de nuestro guía, entramos a su rústica choza, en donde nos explicó los detalles de la muerte de la vaquilla y se ofreció para conducirnos al lugar hasta donde él había podido seguir las huellas. El tigre de Centroamérica es un animal de los más formidables del continente y a menudo mide siete pies de longitud. El vigor de esta criatura es tal, que de un solo salto bien dirigido es capaz de derribar una vaca; si falla en su primero intento, salta sobre el lomo de la víctima, se aferra con los colmillos en su garganta y le chupa la sangre. En Nicaragua las haciendas de ganado sufren mucho a causa de ellos, y en Olancho y Yoro, en Honduras, el gobierno local otorga recompensas para su exterminio. Los cazadores y los vaqueros, a veces son despedazados y muertos por los tigres, por lo que parece que se ha creado una animosidad entre ambos.

Estos relatos, que ya había oído de fuentes más serias, podía creerlos ahora exagerados a causa de la excitación del grupo, y ya se puede imaginar cómo uno, cuyo único deporte se había concretado principalmente al tiro de la codorniz o del becardón, y ocasionalmente al disparo a un coyote o a un antílope en California, estaría temblando frente a la peligrosa empresa que íbamos a acometer. El único rifle en la comitiva era el mío; el resto iba armado de escopetas inglesas, y con excepción de la del alemán eran malas armas para tal menester. Hechos los arreglos, cada quien se terció su arma al hombro y, tomando una lodosa vereda de ganada entre arbustos raquíticos, proseguimos en fila india hacia un punto que el guía indicó en una hondonada con arboledas, en un terreno que se elevaba frente a nosotros. Después de andar unos pocos minutos, el muchacho se paró y nos mostró las huellas de la fiera, y pronto llegamos a un claro del bosque, en donde, después de haber matado la vaquilla el tigre había arrastrado su cuerpo dentro de la espesura. Las huellas eran de tan formidables dimensiones que, al unir mi propia inexperiencia con la falta de fe en la pericia de mis compañeros, sentí que mi afición por la caza de tigres disminuía aceleradamente, más y más a medida que la probabilidad de su aparición aumentaba.

Fueron enviados los dos muchachos por la cañada con instrucciones de rastrear las huellas y averiguar si su señoría, el tigre, había subido por la colina de enfrente, hecho que podrían descubrir inmediatamente por la naturaleza esponjosa de la hondonada. A los pocos minutos regresaron diciéndonos que no había pasado por aquel camino desde la noche anterior; y como las huellas que habíamos visto hasta allí demostraban que se hallaba dentro de la cañada, estábamos ahora seguros de su localización. Cómo sacarlo de allí era nuestro próximo paso. Los dos tigreros no mostraban deseos de entrar en el lugar en donde el suelo flojo y suave no ofrecía seguridad para poder escapar de un asalto del enemigo de afelpadas plantas. Hasta ese momento, los perros habían estado abozalados. Eran animales pequeños y peludos, sin el entusiasta ladrido canino peculiar cuando se hallan listos para atacar en compañía del hombre a un enemigo común. A una señal y un medio articulado s-s-s, toda su furia latente pareció concentrarse en sus ojos flameantes. Sabían que luego comenzaría su labor. La aparente apatía se tornó en aullidos salvajes y en un rechinar de dientes. Mi respeto para ellos empezó a crecer. Cuando se les quitó el bozal, los tres desaparecieron dentro del monte. Los tigreros esperaron el resultado con sus ojos fijos y en actitud inmóvil. La sensación de un peligro inminente me sobrecogió, a pesar de los esfuerzos que hacía para ocultarla, y aunque pregunté apresuradamente si el animal podría aparecer en nuestra dirección, la respuesta de mi vecino más cercano fue solo un murmullo ininteligible. El ladrido de los perros dentro del monte cesó por un momento, pero luego oímos un terrible grito de muerte, que nos advirtió claramente la suerte que había corrido uno de ellos; en seguida oímos un gruñido constante y un gemido, mezclados con el ladrido frenético del resto de los perros y el crujir de la maleza rota. Un momento después, los cercanos arbustos de la pequeña hondonada se agitaron. Dirigí mis ojos atentamente hacia aquel punto; instintivamente alarmado retrocedí cuando el monte se abrió y dio paso a la fiera que salió del matorral con salto ligero, como de gato, y se paró un momento en salvaje incertidumbre, no sabiendo si retraerse hacia el monte o si enfrentarse a los enemigos humanos que lo rodeaban. Los perros lo acosaban. Todo sucedió en un abrir y cerrar de ojos. Recuerdo sus bigotudas fauces, los ojos feroces y centellantes, la piel aterciopelada, la contracción nerviosa de su enroscada cola, el palpitar de su abdomen color castaño. La fiera, dirigiendo su mirada hacia el lugar en donde Norberto y yo estábamos parados, dio un salto rápido hacia nosotros. Mi primer impulso fue el de disparar, pero me lo estorbó una fascinación extraña que no pude explicar.

"¡Cuidado! ¡Cuidado, por Dios!", gritaron todos, a tiempo que tres disparos resonaron en mis oídos.

Al instante estaba yo echado de bruces, y el tigre tendido en el suelo como a cuatro pies de distancia, remolinando en la hierba y destruyendo el césped en su postrera lucha con la muerte. Cuando él saltó hacia adelante, yo me había apartado de su dirección porque tropecé, cayendo en el lugar a donde él habría llegado si no hubiera sido por las balas que terminaron con su carrera.

No tardé en levantarme y le metí una bala en la cabeza, que casi lo liquidó. Los tigreros se aproximaron y cuidadosamente le buscaron el corazón con sus relucientes cuchillos. Con un bostezo ahogado meneó convulsivamente la cola y todo estaba consumado. Limpiaron sus cuchillos en su piel lustrosa; uno de ellos, aventurándose dentro el matorral, sacó el cuerpo destrozado del perro. No se le encontró a este ni una sola marca de dientes, pero era evidente que un zarpazo lo había quebrado. El tigre medía seis pies cuatro pulgadas, y todos estuvieron de acuerdo en que era uno de los más grandes que se habían cogido en la isla. Los perros no mostraron el deseo natural de despedazar el cuerpo, o de ladrar a su alrededor, sino que olieron sus heridas, dieron vueltas en torno de la presa y miraron a los tigreros. Bastó una hora para despellejarlo; se colocó la piel dentro del bongo; gracias a la previsión de Norberto se sirvió luego un apetitoso almuerzo al cual todos hicimos honor. Esta fue mi primera cacería de un tigre, y aunque mis compañeros estaban seguros de que había una hembra con cachorros en la vecindad y nos propusieron volver al siguiente día, me contenté con hacer de aquella mi primera y última aventura de ese tipo en Zacate Grande.

Algunos de los mejores ganados de la región pacen aquí. La isla es de propiedad de dos familias salvadoreñas, que valoran la tierra y el ganado en $40,000.00 [1]. Hay un manantial medicinal al que algunos de los habitantes de los pueblos vecinos de la costa atribuyen propiedades milagrosas. Se dice que esta fuente apareció durante la gran erupción del Cosigüina en 1835. La isla de Zacate Grande se ha mencionado como terminal del proyectado ferrocarril interoceánico de Honduras, pero allí falta un fondeadero como el de Amapala y no servirá para tal propósito. Después de comer gallina usada, tortillas y café volvimos al bongo y remamos hasta la cercana isla de Exposición, en donde se encuentran ostras deliciosas en cantidades inagotables. Nuestros hombres comenzaron a sacarlas estando la marea baja, y a la media hora tenían el bongo colmado de estos sabrosos mariscos. El festín que después nos dimos en la isla del Tigre me quitó para siempre la idea de que las buenas ostras solo podían obtenerse fuera de los trópicos. De tal consistencia y riqueza de sabor nunca las había probado en los Estados Unidos.

Con un viento bonancible y hallándose el bongo carado de ostras, pusimos rumbo a Amapala; y cuando bajamos las velas y nos preparábamos para desembarcar, el infalible y despiadado chubasco nos mojaba hasta los huesos. La bahía de Fonseca no es solamente rica en mariscos de concha, sino que sus aguas literalmente bullen con una diversidad de peces para la cazuela; hay otras clases cuyos nombres ni siquiera son conocidos. Durante las dos visitas de varias semanas que en diferentes ocasiones hice a esta isla, no vi aficiones piscatorias en los amapalinos; los únicos pescados que pude comer cuando permanecí en la isla fueron producto de unas pocas horas con el anzuelo y la caña en una pequeña canoa, en compañía de mi sirviente, que no hacía otra cosa que desenganchar los peces de mi anzuelo y pasarme el cebo. Abundan los esturiones y los tiburones, pero hay, además, muchos peces comestibles: percas, papagayos (fuera de la bahía), eperlanos y, por lo menos, una docena de otros más, cuyos nombres no me fue dable aprender. Un barco provisto de equipo para la saladura podría realizar buenas ganancias en esta bahía.

---

[1] Honduras, antes y después de la independencia, siempre ha tenido el dominio eminente sobre la isla de Zacate Grande y demás del Golfo de Fonseca, cuyos derechos están respaldados por documentos expedidos durante el régimen colonial.

Las almejas y los cangrejos se obtienen con la única molestia de agacharse uno a recogerlos. Abundan las aves de caza en las playas y en los lechos lodosos de la tierra firme; no sé qué haya otro lugar más prometedor en América para la caza de becardones, patos, chorlitos y pájaros de toda clase, que el que ofrecen las muchas localidades de la bahía de Fonseca. Los cocodrilos abundan. Al ver de cuando en cuando ejemplares de ellos en las playas desiertas, me convencí de que estos son los mismísimos reptiles de ríos de agua dulce, cuyos ojos vigilantes y boca hórrida mostrando sempiternamente los dientes, han sido blanco de tantos miles de balas a todo lo largo del Mississippi.

En la bahía de Fonseca cruzan sin temor por entre los botes anclados en Amapala y, evidentemente, pasan sin dificultad del agua salada a las bocas de los ríos y a las costas pantanosas. No estaba seguro de que los cocodrilos frecuentaran la costa hasta un día en que, bañándonos con un amigo, llegamos nadando hasta una barcaza que se hallaba anclada como a unas cien yardas de la playa, y desde allí observé un tronco largo que flotaba cerca de la orilla. Llamé la atención a mi compañero y le propuse nadar hacia dicho tronco, cuando me hizo ver que no era tal tronco sino un cocodrilo. Pero no creí, y pronto desapareció de nuestra vista. Ganamos la playa, y al poco rato, lo que creí ser un tronco apareció y, habiendo pedido una escopeta, le dejé ir una andanada. Inmediatamente, las aguas se agitaron con violencia y el cocodrilo (pues tal era) se sumergió de un colazo, desvaneciendo toda duda acerca de su identidad. Desde entonces, nuestras actividades natatorias se circunscribieron a la orilla de la playa.

Ya estaba empezando a aburrirme en la isla del Tigre. Había recorrido su circunferencia, cazado a todo su largo y ancho, examinando sus curiosidades; con la calentura había adquirido mi ciudadanía, cuya certificación llevaba en el rostro amarillento y en mis ojos sin brillo. Ni Robinson Crusoe, una vez que vio todo en la isla de Juan Fernández, se sintió más aburrido que yo en la isla del Tigre. Oí hablar de una región alta y fresca a miles de pies de altura, adonde las fiebres de la costa no llegaban y cuyo clima ideal restauraba el color a las mejillas pálidas y revivía las energías quebrantadas por las miasmas y la malaria de las tierras húmedas y bajas. Esa era mi meta; por esa región yo había dejado California; y aunque me era muy importante esperar la llegada de don Carlos, me parecía que estaba desperdiciando mi tiempo mientras no pudiera llegar a Tegucigalpa, cuya fama era tan renombrada y por la cual suspiraba como suspira el aldeano al dar la primera ojeada a su propio lar nativo; ansiaba ver esa ciudad perdida entre montañas, cuyo nombre era para mí desconocido hasta hacía poco. Por fin hizo su aparición un bote del embarcadero de Choluteca, echó anclas en las afueras del pequeño puerto y desembarcó su pasaje, que no era otro que el señor Dárdano y sus tres hijas. Su viaje había sido difícil y peligroso. De Nueva Orleans tardaron veintidós días a vela hasta Omoa, en el mar Caribe, y de allí habían hecho el trayecto a lomo de mula, vía Comayagua y Tegucigalpa, cruzando todo el país. Me causó grata sorpresa ver a las tres jóvenes damitas con la gracia y las prendas que acompañan a una educación recibida en Nueva York y conversando en un inglés fluido, tan bien como en francés, italiano y castellano. Tan pronto como se había mitigado la fatiga del viaje con un apropiado descanso, con la formal presentación del caso hice entrega de mis cartas, y pronto llegué a un acuerdo con mi anfitrión.

A la mañana siguiente la isla estaba alborotada. El comandante de Amapala izó la bandera nacional y abrió de par en par su pequeño comercio de licores, de cuyo negocio tenía el monopolio en la isla del Tigre, pagando al Gobierno por la licencia un impuesto de treinta dólares mensuales. Se disparó una salva desde las puertas del cuartel y la bandera de Cerdeña se hizo también en la sede consular y residencia de don Carlos. Jóvenes y viejos todos acudieron al hogar de los recién llegados para darles la bienvenida y para tener noticias del interior. Fue destazado un novillo que había estado amarrado al poste del matadero desde hacía una semana en espera del arribo de la comitiva, y su carne se distribuyó entre los amigos de la familia; por la noche la pequeña ciudad se hallaba de punto para cantar o para entonces alabanzas a don Carlos. Hasta clarear el alba hubo fuegos artificiales y vivas, salvas de artillería, descorche de champaña, rasguear de guitarras y alegres contradanzas y valses. Pocas veces había tenido Amapala un día de tanta alegría desde que surgiera su existencia en 1846 [1] bajo los auspicios del patrón cuya fama la población estaba celebrando ahora. El holgorio terminó al fin, y después de varios días de negociaciones y arreglos, en los cuales el

---

[1] En 1846, año en que el autor dice que Amapala surgió a la existencia, doce años después desde su creación en 1833, ya debe haber habido un núcleo regular de casas y un vecindario más o menos numeroso. V. P. Rivas, Monografía, p. 116.

mal inglés de don Carlos solo era comparable al español de mis cartas de presentación para la élite de Tegucigalpa, inclusive para el presidente Cabañas y varios altos funcionarios del Gobierno. El bongo estaba ya listo salir hacia La Brea, puerto de Nacaome, y la tripulación escogida y pagada anticipadamente; con desgano dije adiós a las bellezas y expresé en la debida forma mis mejores deseos; y en esa tarde cálida y lluviosa, a las seis ordené que mi equipaje fuera conducido a la playa, donde estaba varado el bongo del famoso "Bachicha". Repetidamente había ordenado a Rafael, mi fiel olanchano, que no abandonara mis cosas en la obscuridad y que no quitara de encima el ojo a los hombres del bongo. El patrón me había prometido que estaría listo a las ocho, pero transcurrido el tiempo y desconfiando del infeliz, envié a Rafael a que averiguara la razón por qué no había venido por mis baúles. Su respuesta fue que "los hombres de los bongos nunca salen al mar cuando llueve". Era verdad que llovía con furia tropical y que la noche parecía la más impropia para salir, pero yo había dicho mi adiós final y todo estaba listo para la partida; había tomado la resolución de salir, aunque fuera por mero capricho, como se lo dije al patrón; pero él solo dio un chupetazo más fuerte a su cigarrillo y me dijo:

"Es imposible, señor. ¡Yo no puedo salir!".

Me miró, esperando a que me encogiera de hombros y contestara, preparando él para el argumento del caso. Pero apenas había proferido él sus palabras cuando lo agarré a paraguazos. El efecto fue sorprendente. La receta era hasta entonces desconocida en Amapala. Del ente más apático y haragán de la isla, mi patrón adquirió de súbito tal energía que él y yo quedamos asombrados, y en un santiamén ordenó a sus hombres que llevaran mi equipaje a bordo; se echó un trago final en el cuartel y aproximándose con aire servil me pidió que le hiciera el favor de subir sobre sus espaldas para transportarme por las aguas hasta el bongo. Al fin y al cabo nada es imposible; y viendo que las cosas marchaban bien ahora, me encogí en la pequeña cabina de la canoa y pronto estaba dormido, a despecho de la cortina de lluvia y de los cegadores relámpagos que fulminaban las montañas en la noche allá tierra adentro. Todavía estaba obscuro cuando un insólito batir de remos me despertó de mi sueño febril. Al ponerme de pie vi que nos hallábamos subiendo por un brazo de la bahía de Fonseca conocido como "Estero de la Brea". La marcha que había tomado el bongo lo lanzó hacia la orilla occidental que, en la oscuridad y la neblina, me pareció una segunda edición de "El Tempisque" y, posiblemente, aún más desolada. Saltamos a tierra todavía mojados por la lluvia de la noche anterior.

Una choza rústica, pero espaciosa, conocida aquí como la aduana, que se levanta muy cerca del agua y una docena de cabañas escuálidas diseminadas en un acre de tierra constituyen el poblado. Bajo los aleros de la aduana vimos unos pocos infelices semidesnudos, acurrucados, cuyo débil "¡Adiós, señor!" nos demostraba que aún estaban vivos. Mi equipaje fue sacado a tierra y luego el bongo se aprestó a regresar a la isla del Tigre. Perdido el ruido de los remos, el pequeño pueblo de nuevo quedó sumido en silencio inalterado, salvo por el grito de alguna lechuza o por la ronca voz del alcaraván en las espesuras circundantes. Rafael tomó mis frazadas y con ellas hizo un remedo de cama entre el grupo de personas que roncaban bajo el alero, pero esa delicada y pequeña atención resultó inútil porque el agudo olfato de millones de jejenes no tardó en descubrir la presencia de un norteamericano de piel delgada. Dormir, o siquiera permanecer quieto entre nubes de tal peste, era inconcebible; así que, tomé mi rifle y me fui por un sendero de ganado hacia una colina cercana y, medio inconscientemente, me hallé vagando en la obscura soledad donde el zumbido de los insectos y el monótono croar de los sapos eran los únicos sonidos. Solo y contemplando medio en sueños el "paisaje reluciente" que se perdía abajo más allá de las sombras de la noche, empecé a darme cuenta de la magnitud de la empresa que me había propuesto. Con la partida del bongo se rompió el último eslabón que me unía con Nicaragua y California.

Estaba ahora en tierra firme con el continente frente a mí; su anfractuosa cordillera, que divide la vertiente de los dos océanos, nebulosamente perfilada contra el amanecer gris y la cual tenía que cruzar para descender por ella hacia el Atlántico; y con importantes concesiones que conseguir, de las que dependían las esperanzas de mis amigos que estaban allá tan lejos. Entre mi persona y la meta perseguida, probablemente no habría cinco seres que pudieran entender una sola palabra de inglés; y aunque el interior de Honduras es la parte del país más poblada y más civilizada, me parecía que entraría a una tierra desconocida, cuyo ambiente misterioso aumentaría cuanto más profundamente penetrara en ella. La aurora teñía todo lo largo del horizonte con tintes color rosa. El bramido del ganado, el ladrido de los perros y la incesante increpación de los loros volando entre los montes, impartían un ambiente más vivo a la hasta aquí sombría perspectiva; y al bajar al riachuelo más próximo, llevé a cabo en él mis abluciones matinales, después de lo cual regresé a la choza miserable, alegre y satisfecho. Rafael me había echado de menos y me miró con estúpida sorpresa cuando, contestando a sus preguntas, le dije que había estado cazando. Mientras él ensillaba varias mulas que para el viaje a Nacaome yo había tenido la suerte de alquilar a razón de cuatro dólares cada una, me fui a la cabaña más cercana y con un real compré un jarro de leche recién ordeñada, que con los bizcochos que había traído de Amapala me sirvió de desayuno. A las siete de la mañana salimos a un terreno llano y en apariencia fértil, interceptado por varios arroyos que desaguan en la bahía. La frescura del aire de la mañana duró hasta cerca de las nueve, hora en que el calor se volvió casi intolerable. Hasta la tribu alada parecía haber huido hacia la arboleda espesa para evadirlo. Con tal temperatura en octubre, se me ocurrió pensar que, en los meses más calurosos, la costa del Pacífico de Honduras deberá ser una especie de averno impropio para ser habitado por seres humanos. A media jornada pasamos por la hacienda Agua Caliente, llamada así por haber en ella una fuente termal y sulfurosa. Es de propiedad del señor Mariano Valle, uno de los ganaderos más prósperos del departamento de Choluteca.

El camino estaba aquí bordeado por el primer cerco de piedras que había visto yo en el país y sobre el cual, echadas en las piedras planas, podía verse docenas de repugnantes iguanas mirándonos con sus ojos fijos mientras pasábamos. Estos animales, aunque feos, son inofensivos y las hembras se estiman por los nativos como alimento sabroso. Los bosques estaban poblados de robles, guanacastes, unas pocas caobas, guapinoles, mangles y una infinidad de acacias y de árboles con espinas y hojas lustrosas, cuya belleza la mirada no se cansaba de contemplar. Bajo las sombras de los más grandes, se hallaban los rebaños de ganado, gordo, todo marcado en igual forma que en California, y aparentemente con los mismos curiosos fierros. A las diez de la mañana llegamos a Nacaome, que es la principal ciudad del departamento. Mis amigos de Nicaragua y Amapala me habían dado gentilmente varias cartas de presentación para las personas más importantes de aquí, sin cuyas cartas mi recepción posiblemente pudo haber sido menos cordial. Nos fuimos hacia la plaza y llegamos a una casa de adobes de un francesito deforme llamado Caret, quien, en el colmo de la afabilidad, me había dado en Amapala una carta para su esposa recomendándome, según dijo, a su especial afabilidad. Yo había cuidado esta carta de manera especial y se la entregué a la puerta con todo el donaire que demandaba la ocasión. La acogida fue entusiasta y la señora me rogó que desmontara y que considerara su casa como la mía propia. Ocho días estuve hospedado en la casa de Monsieur Caret; siempre obsequié caramelos a sus bulliciosos chiquillos más, al partir hacia el interior, mi anfitriona me cobró un precio tres veces más que el corriente, tasando quizás mi riqueza en función de la profusa liberalidad que había mostrado. Al objetarle y referirme a la carta de su marido recomendándome que me hospedara en la casa, "Oh", me dijo, "aquí puede usted leer la carta si así lo desea".

En realidad, lo que Monsieur Caret hablaba en ella era de mi bolsa repleta ¡y de la magnanimidad de su dueño! Al tomar yo en cuenta que no había comido sino unas pocas galletas, que había dormido en mi propia hamaca y que, para colmo, me había visto obligado a alquilar una mula extra desde La Brea para poder transportar varias cajas que el ambicioso jorobado cortésmente me había confiado cuando salí de Amapala, dejé la casa de este llevándome la convicción de que esta era la primera vez en Centroamérica que se había tratado de defraudarme.

Mi llegada a Nacaome fue motivo para que media docena de desnudos rapaces se amontonaran a la puerta y comenzaran a hacer comentarios sobre mi persona. Meciéndome en la hamaca que Rafael había colgado en el corredor, gozaba de la fresca brisa que venía a través de los emparrados de la ciudad. Al mediodía el calor era insoportable, pero por la tarde salí llevando un paquete de cartas de presentación; visité varias familias, entre las que estaba la del señor Lino Matute [1], la del señor José María Rugama, ex ministro de economía del presidente Lindo [2], y la del general Manuel Escobar, a la sazón comandante militar del departamento de Choluteca. Este último caballero ya había recibido de Castellón cartas de León anunciándole mi llegada y pidiéndole que me otorgara toda la clase de facilidades para mi empresa. Me dio un paquete de cartas del presidente Castellón, que esperaban mi arribo, en las que me

---

[1] Como consejero, se hizo cargo del Poder Ejecutivo a fines de 1838. V. A. R. Vallejo, **Historia Social y Política de Honduras**, p. 406.

[2] Fue ministro general del presidente Lindo en 1849. Ibidem.

presentaba favorablemente al general Cabañas y a otros distinguidos hombres públicos de Honduras. Nacaome tiene poco más o menos tres mil habitantes, entre los cuales hay varias familias famosas – en este país de indiscriminadas amalgamas – por la pureza de su sangre castellana. Varias de las mujeres son bonitas y muy blancas, pero con ese aspecto descuidado, amarillento color de cera, que siempre caracteriza a los habitantes de las tierras bajas. En los meses de calor prevalecen las fiebres a menudo fatales, y la ubicación del lugar en relación con las montañas circundantes y de las estribaciones de las cordilleras hacen de él uno de los más calurosos y desagradables de la costa, más aún que la ciudad de Choluteca, que está más alta y más expuesta a los efectos de la brisa. Nacaome está en un anfiteatro de colinas, en atmósfera tan sofocante que para poderla respirar los extraños tienen que hacer un esfuerzo. Aquí se veía el pequeño y sucio cuartel y el puñado de soldados, víctimas de la fiebre, cuyo tambor negro recorría el círculo de la plaza tres veces al día, lo que demostraba que el lugar se hallaba en estado de sitio. El general Escobar me invitó para que pasara revista de las tropas, un día después de mi llegada. Él concedió mucha importancia a que un norteamericano le diera su opinión, con el deseo de que cuando yo regresara a mi patria, refiriera la perfección de las maniobras que había presenciado. La verdad es que todo fue una pobre farsa que me hizo recordar mis días de escuela cuando de chiquillos nos poníamos a "jugar a los soldados". Sin embargo, con jefes capacitados y con buenas armas estos hombres combaten con un valor que su apariencia externa no revela.

No había permanecido mucho tiempo en la ciudad cuando la noticia de que mi empresa trataba de "comprar el país" se había regado por todas partes. Entre mis muchos visitantes tuve a un viejo salvadoreño llamado don Lucas Rosales, que después de habérseme presentado me dijo que había sido expatriado por el partido servil en razón de la participación importante que tuvo en el partido liberal, después de la expulsión del general Morazán. Se mostró extraordinariamente interesado en saber cuál era el objeto de mi visita a Honduras, había leído el "elogio" que en "Nueva Era" de León había insertado mi amigo Chico Díaz; más, como mi relato no le satisficiera, me ofreció su cajita de rapé y me lisonjeó diciéndome cuán feliz debía sentirme al contarme entre los compatriotas de Washington. A la mañana siguiente fui levantado de mi hamaca por el sirviente de don

146

Lucas, y me entregó una invitación escrita de su amo para que le acompañara a desayunar. Y para colmo de la gentileza, trajo una mula ensillada que me esperaba a la puerta, de manera que por ningún punto podía excusarme. Resultado de mi visita fue el obsequio que el viejo me hizo de una colección completa de antiguos periódicos guatemaltecos y hondureños contentivos de artículos de Valle, Barrundia, Cacho y Marure sobre temas históricos de Centroamérica, que era lo mejor que podría conseguirme a este respecto desde la independencia.

En dos horas de conversación con este viejo político obtuve muchos datos de gran valor. Pero el principal objeto de sus atenciones para conmigo era obtener opinión sobre unas muestras de carbón de piedra –o de una substancia negruzca que se le parecía –y que dijo provenían de su mina cercana a la desembocadura del río Goascorán, que desagua en la bahía de Fonseca. Las muestras se parecían algo al carbón café inglés, pero sin su aspecto característico. Me hallé perplejo para dictaminar si las muestras eran piedra o carbón: si lo último, debía contener una considerable porción de materias extrañas. Vi que una muestra ardió, dejó una masa de escoria y emitió una llama pequeña y débil. Don Lucas ya había abierto un socavón de tres varas (como lo prescribían las leyes mineras del país para asegurar la posesión) y, aunque se reían de él sus vecinos menos industriosos, estaba completamente seguro de que con el tiempo haría una fortuna. No podía yo contener una sonrisa al ver la atención ansiosa que el viejo daba a mi opinión, emitida tal vez un poquitín demasiado favorable.

Evidentemente don Lucas le daba a la opinión de un extranjero más valor que a volúmenes de elogio de uno de sus propios paisanos. Me dijo que tenía un documento firmado por Mr. E. G. Squier en el que opinaba que había buena clase de carbón de piedra en las márgenes del Goascorán; y deseaba que yo agregara la mía, pero no habiendo visto aquella sección del país, me era imposible darla. Finalmente transamos con un cambio de firmas, acto de amistad en Centroamérica. Indudable es que existe carbón en la vertiente del Pacífico de Honduras y El Salvador, pero como pasa con el encontrado en los trópicos, carece de peso y de consistencia, siendo diferente al de la América del Norte. De las ventajas que resultarían del establecimiento de una estación carbonífera en Amapala, con material suplido por estas minas, ya los capitalistas están enterados por otras fuentes.

En Amapala habíamos convenido con un sobrino del general Cabañas, que iba camino a Tegucigalpa, encontrarnos en Nacaome; varios días esperé su llegada, ansioso de contar con su compañía en este mi primer viaje en el país. Durante esta permanencia tuve suficiente tiempo para arreglar mis planes, así como para observar el pequeño mundo que me rodeaba. Temprano del amanecer me iba por las márgenes del río y me zambullía en sus linfas claras, resplandeciendo alegres bajo el cielo azul entre el verdor de la arboleda; al regresar me esperaba una taza de chocolate o café, luego fumaba un par de cigarros en la cómoda hamaca; me ponía mi sombrero de ancha ala y salía en busca de novedades o a corresponder algunas de las numerosas visitas que personas gentiles, aunque curiosas, me habían hecho. A las diez de la mañana las calles solían estar totalmente desiertas, a no ser por una o dos veintenas de burros, cerdos y perros, que al parecer eran los únicos ejemplares de vida animal capaces de resistir el sol abrasador. Aquí, como en otros lugares de Centroamérica, los perros gozan de libertad para andar por la ciudad. Muchos de estos flacos animales, llenos de pústulas y moscas, entraban en la casa de los primeros días y se acomodaban alrededor de mi hamaca, de donde ni la voz de "¡perro!" de la señora, ni el regaño de las otras mujeres eran capaces de desalojarlos. La agonía de las picadas de las moscas pronto me convencieron de que yo o los perros debíamos abandonar la casa. Armado de un leño les declaré la guerra y abrí la ofensiva inmediatamente, con la sorpresa y el temor retratados en la señora, que desde su niñez había considerado a los perros como un mal necesario e inevitable. Desde mi hamaca dejé mi marca en los canes callejeros que, por fin, vieron que sus antiguos privilegios estaban en entredicho; espiaban mi llegada y me evitaban como a la peste. Cuando me cansaba de esta ocupación solía ceder el leño a Rafael que, parado pacientemente detrás de la puerta, cual otro Cerbero, estaba listo a descargarlo en la cabeza de los intrusos.

Una sofocante tarde me hallaba reposando, como siempre, contemplando las nubes que ligeras pasaban por los distantes picos de las montañas, cuando un sirviente de la casa del señor Rugama llegó a caballo hasta la puerta de mi pequeña residencia y, desmontando rápidamente, me dijo que fuera a caballo a la casa de su amo, cuya hijita estaba gravemente enferma. A todo extranjero en Centroamérica se le supone doctor, y si el viajero tiene éxito alguna vez al llevar a cabo una curación afortunada, su reputación queda hecha en esos mismos instantes. Se le busca desde todas partes, y se reclama su pericia hasta en casos en donde un fracaso podría destruir las esperanzas de los ansiosos padres y de los amigos de la familia. Negarse a ello es casi imposible, y cuando toda la familia se une en el ruego, respaldándolo con un bonito caballo ensillado que espera a la puerta, usted arriesga la pérdida de la buena voluntad de todo el mundo por rehusarles la pequeña habilidad médica que pueda poseer. En esta ocasión, por consiguiente, me apresuré a ir a la casa del viejo señor, donde la madre de la enferma esperaba ansiosamente mi llegada.

La callada incertidumbre con que la señora me miraba mientras tomaba yo el puso de la pequeña en delirio, se me fue directamente al corazón. Yo tenía que recetar a pesar de mi aseveración de que no era médico. Ellos tomaron lo dicho por mí como prueba de mi modestia y verdadera pericia. Así, recurrí a una pequeña caja de medicinas que se me preparó en California, le di mis remedios rogando en mi interior por que resultaran eficaces, ya que sabía que al menos eran inocuos. Se siguieron mis indicaciones al pie de la letra; al siguiente día, con gran satisfacción y sorpresa de mi parte, la fiebre había cedido y, antes de que yo partiera, la enferma estaba totalmente restablecida. Desde entonces mi reputación me precedía a lo largo de mi jira. Era yo un médico muy grande de incógnito y mientras más a menudo lo negaba más se aferraban las gentes a pensar lo contrario. No mucho tiempo después cayó enferma la señora Caret mientras me hallaba ausente de la ciudad. "El doctor don Guillermo" fue llamado apresuradamente. Un gran tumulto en la casa anunció mi regreso y fui llevado a presencia de la enferma con la debida formalidad. No podría ahora asegurar cuáles fueron las medicinas que le di, pero la premura con que doña Mercedes se las tragó me infundió tal confianza que hasta los médicos más viejos me hubieran envidiado. La enferma se restableció y yo, a diferencia del Dr. Sangredo, no tengo por qué responder de mis tratamientos erróneos.

Nacaome ha sido escenario de uno o dos agudos conflictos revolucionarios; aquí el general Cabañas perdió algunos de sus más bravos oficiales. El clima del lugar y el de sus alrededores es detestado por los extraños. Hasta los naturales no sobreviven largo tiempo en su ambiente húmedo y caliente. El calor en el verano ha llegado a ser proverbial.

Cuando ya había resuelto hacer mi viaje solo, al séptimo día de mi arribo llegó por tierra desde San Miguel mi amigo T. [1]; al instante hicimos los preparativos para salir. La señora preparó su mejor almuerzo y de una hacienda vecina nos trajeron mulas. El general Escobar y su séquito nos visitaron trayéndonos otro paquete de cartas de presentación, que dijo pondrían las mejores casas de Tegucigalpa a mi disposición. Durante la noche me desperté al oír un pobre rasgueo de cuerdas y un melancólico gemido de voces a mi puerta. Era una serenata para el "doctor don Guillermo". El canto consistió en un violento esfuerzo de cuatro voces, en el cual los cantantes aumentaban en rapidez y en ruido en la última línea de cada verso, momento en que el conjunto profería un alto alarido; luego siguió un interludio de guitarra y se cantó después la última canción. Varios perros y un toro bravo que estaba amarrado a un poste en el patio vecino agregaron sus sonidos. Un maníaco que vivía en la casa opuesta a la mía abrió su puerta y los acompañó imitando a una persona a punto de ser estrangulada. Por último, la caída de gruesas gotas de lluvia despachó a sus casas a los músicos trasnochadores. Pronto el pequeño pueblo cayó en su acostumbrado silencio. A la mañana siguiente supe que el conjunto musical de la serenata había sido contratado para festejar un bautizo y, no poco orgullosos de sus habilidades, sus componentes dispusieron dar prueba de ellas al extranjero.

---

[1] Don Esteban Travieso fue hijo legítimo de don Esteban Travieso Rivera y de doña María Josefa Lastiri Lozano, casada en segundas nupcias con el general Francisco Morazán el 30 de diciembre de 1825, en Comayagua, según consta al folio 71 v. del Libro de la administración del Sagrario de esta Sta. Yga. Cathedl. de Comayagua en que se sientan las partidas de los que se casan en esta ciudad y dio principio a los diez y ocho días del mes de Octe. del año del Sor. de mil ochocientos catorce por mí el cura rector del Sago. de esta Sta. Yga. y lo firmé, Josef Ramón Doblado. Este documento, descubierto por el anotador de esta obra entre los libros parroquiales de la catedral de Comayagua en febrero de 1943, prueba que don Esteban Travieso Lastiri fue hijastro, no yerno, del general Morazán.

CAPÍTULO VIII: A LOMO DE MULA POR MORAMULCA

Cruzando el Moramulca y el Nacaome. – Viaje por las sierras. – Consejo a los viajeros. – Mulas. – Sillas de montar. – Arrendamiento de servicios. – Placeres del viaje. – Bañaderos. – Cubiertos. – Cómo complacer a don Fulano. – El Llano de Nacaome. – Una cascada. – Vista retrospectiva. – Pespire. – Un alcalde gentil. – Mujeres hermosas. – Oración. – "¡No hay para vender!". – Competencia de natación con las bellas pespireñas. – "Adiós". – Productos naturales. – Pájaros.

Aunque al parecer todo estaba listo para nuestra salida, no fue sino después de las nueve de la mañana siguiente cuando dijimos adiós a nuestros amigos de Nacaome; precedidos por nuestros dos sirvientes, un arriero y la carga, dejamos la ciudad hacia las elevadas montañas que se erguían grises y solemnes ante nosotros. Nuestro rumbo era casi hacia el norte, buscando el paso de los ríos Moramulca y Nacaome, que juntándose a una milla de la ciudad forman un caudal considerable que desagua en la bahía de Fonseca, cerca de La Brea. Las lluvias de la noche anterior habían hecho crecer los ríos en rápidos remolinos, que formaban en la confluencia una espumante masa, cuyas ondas hacían el paso del desvencijado y viejo cayuco, materia de desconfianza si no de peligro. Hasta el correo peatón del Gobierno, para quien se supone nada hay que impida su marcha, rehusó cruzar el río, y el Caronte del lugar nos aconsejó que esperásemos a que bajaran las aguas. Dejé el caso para que lo resolviera T. y este, al instante, opinó por el cruce. El río tiene aquí, más o menos, doscientas yardas de anchura. Varios muchachos se bañaban cerca de la orilla, se zambullían sin miedo y buceaban, formando divertido contraste los copos de espuma con sus figuras brillantes resplandeciendo como marsopas a los rayos del sol. El cayuco era una mera piragua, pero en él nos metimos con todo el equipaje y, dejando las mulas al cuidado de nuestros sirvientes, nos echamos en el río. Con la pértiga nos dirigíamos aguas arriba varios centenares de yardas antes de entrar directamente en la corriente. Agarrándonos con fuerza de las raíces y de las ramas suspendidas, después de media hora nos detuvimos en un punto como a doscientas yardas del desembarcadero. Los remeros se sentaron y ajustaron los canales los canales para hacer un fuerte impulso, y cuando todo estaba listo, el de adelante dio la señal de ¡Hoo-pah! El cayuco se deslizó por el torrente embravecido precipitándose como una flecha. El agua entró por ambos lados; los hombres se empeñaron en su trabajo como demonios, pero a pesar de sus esfuerzos el frágil bote giró como en un vértice. Fuimos arrastrados, impotentes, más abajo hasta una serie de rápidos, en los cuales la destrucción de la canoa parecía inevitable; y, en verdad, estábamos completamente a su merced, cuando un remolino favorable nos lanzó como bala de cañón en medio de un montón de maderas flotantes, y de ahí poco a poco, ganamos la orilla, completamente empapados y viendo como nuestras cosas nadaban en el agua que había entrado al bote. Las mulas cruzaron el río en un punto más abajo, con las cabezas apenas visibles fuera del agua y resoplando como cochinos, en su esfuerzo excepcional. Mojarse totalmente, sea por los chaparrones o por navegar en bongo, había venido a ser una cosa corriente, propia del viajar en la estación lluviosa; así que, sin tratar de cambiarnos la ropa, ensillamos y salimos hacia Pespire, que queda a una distancia de cinco leguas, felicitándonos interiormente de haber escapado de ahogarnos, de lo cual, según opinión de T., habíamos estado muy cerca. Mi acompañante tomó esos pequeños incidentes con estoica indiferencia, creyendo que como él había resultado ileso en las mil y una revoluciones del país, tenía oportunidad de igual seguridad en sus viajes por las sierras.

Viajar por las montañas como se hace en el interior de Centroamérica es, en muchos respectos, igual que en los Andes... El camino real es en las cordilleras meramente un trillo para mulas. La única carretera (hecha o mejorada) en el territorio es la de la Compañía de Tránsito, en Nicaragua, que une San Juan del Sur con la bahía de La Virgen. El gran valle de León tiene caminos naturales que son parejos y buenos en el verano, aunque polvorientos. Podrían mejorarse con poco gasto, pero allá falta espíritu de empresa para acometer tales obras. Del camino real en Honduras parten, de cuando en cuando, senderos laterales entre las arboledas, que conducen a pequeñas aldeas cuya población oscila de quinientos a ochocientos habitantes. Estas aldeas se hallan diseminadas en todo el país a distancia de unas diez leguas, de tal manera que es raro que el viajero no pueda llegar a una de ellas después de su jornada diaria.

Provisiones de boca tales como carne seca, queso, chicha, aguardiente, tiste, algunas veces carne de venado, gallinas, huevos, leche, tortillas, salchichas, arroz y frijoles, pueden comprarse en estas aldeas y en las pequeñas haciendas durante la estación de abundancia, pero durante los últimos cuatro años, a consecuencia de la langosta y de las revoluciones, escasamente había lo suficiente para sustentar a sus habitantes, y el viajero a menudo tiene que acostarse en su hamaca sin haber cenado y solo pensando en una mejor perspectiva para el día siguiente.

Pero el viaje a través de las montañas es algo ameno, después de todo, si se cuenta con un compañero agradable, un criado razonablemente honrado y el espíritu despierto para gozar de los paisajes raros y desconocidos, siempre a la vista. Uno salta de la hamaca al rayar el día y ya el ambiente está alegre con el trino de los pájaros, pues para llevar a cabo un día de viaje, debe este principiarse antes de la salida del sol, para descansar durante el calor del mediodía a la sombra de la arboleda más cercana en donde con el agua cristalina de una fuente, el sirviente prepara el tiste o el café, mientras reclinado en la hamaca, entre árboles cargados de flores, uno se regodea en el frescor delicioso; o si uno aprecia el lujo de un baño para quitarse el polvo del camino, se sumerge en la linfa plateada de alguna pequeña cascada, de donde sale fresco y listo para continuar la jornada.

El viajero debe resignarse a toda inconveniencia y a toda privación, y como estas regiones se hacen cada día más conocidas en el mundo y están sin duda destinadas a ser cruzadas por muchos norteamericanos, tal vez sea prudente ir preparado para cualquier emergencia. Fuera de las provisiones atrás enumeradas, el viajero, si está acostumbrado a la vida centroamericana, puede contar con una comida tolerable, pero si está por "encima" de las costumbres del país, no debe descuidar el proveerse de cuchara, cuchillo y tenedor, y sal y pimienta, empacado todo en una caja conveniente para viajar y hecha exprofeso; de algunas libras de café tostado y molido; de igual cantidad de azúcar, si es que no está acostumbrado a pasar sin ella; de unos pepinos y de un trasto de hierro que sirva a la vez de marmita, fridera, cafetera y ponchera. Y que no olvide el eslabón, el apagador y la piedra de chispa; y con una provisión de tabaco nativo – que en realidad es excelente – el extranjero puede reírse del hambre y viajar cómoda y tranquilamente a través de cualquier parte de Honduras, recibiendo cada vez los "¡buenos días!" de los nativos, y una alegre sonrisa de las muchachas morenas en respuesta a cualquier galantería rústica que uno les haga, en forma de un cumplido o de una broma pasajera.

Recurren los hispanoamericanos a la finesse y a la lisonja para llevar a cabo sus propósitos, especialmente hacia los extranjeros. Uno debe, por consiguiente, agarrar a don Fulano por el lado flaco y combatirle con sus propias armas. El amor a su país no es que el que tienen los norteamericanos por el suyo. Para él, los picos pelones de sus montañas y sus cielos azules, el profuso verdor de sus tierras bajas o la vegetación raquítica de sus serranías, son tan queridos como para nosotros las estimadas instituciones de nuestra patria. Aunque la lisonja y el elogio son sus medios más comunes de éxito, debe alabar su país, maravillarse del paisaje, galantear a las señoritas y unirse en sus chistes. Quien pueda viajar un año en Honduras sin sentirse constantemente complacido, debe ser alguien incapaz de apreciar el lado alegre de mil incidencias y escenas. En pocas palabras, una persona con una buena constitución física para sobrellevar privaciones y desgracias ocasionales, con una conciencia limpia y con el espíritu para gozar de la vida en un aspecto enteramente nuevo y pintoresco, puede reírse en su viaje por el continente y hasta referirse después a él haciendo los mejores recuerdos.

En un viaje por las cordilleras, todas las cosas las lleva el criado, quien cuida de las mulas de carga y generalmente va media milla delante de uno en el camino. Si el viajero tiene equipaje, debe alquilar una mula extra, recordando siempre que cargar una bestia consiste en colocar el peso de la carga de tal manera que conserve su equilibrio en los lomos del animal. No hay hotel o fonda que abra sus puertas acogedoras a lo largo de la ruta; en las aldeas a un extraño se le mira con sospecha, en tiempo de guerra como espía del enemigo, o como "el ministro", título que ahora se concede a casi todo viajero bien vestido y que tenga un pequeño acento extranjero en su pronunciación.

Un sirviente es indispensable y puede conseguirse pronto en los pueblos de la costa por $5.00 (duros) al mes. En el interior las gentes todavía no conocen las necesidades de los extranjeros. Un buen sirviente de viaje se levanta a eso de las cuatro de la madrugada (si es que va de camino) y despierta a su patrón a la hora que este le indique, llevándole al mismo tiempo una taza de café o chocolate caliente. Esto lo debe uno con toda comodidad a la luz de una "candela", meciéndose en la hamaca y alternando unas cuantas chupadas de su "pipa digestiva". Mientras tanto, Pedro o Manuel carga y ensilla los animales. Cuando todo está listo, se pone uno las espuelas, y al ver los mozos partir, monta y echa andar sin molestarse en cuanto al equipaje. Eso sí, cualquier instrumento científico que se lleve, deberá estar siempre bajo la mirada vigilante, porque Manuel es capaz de emplear el barómetro para darle unos cuantos varazos a la mula, o la caja del sextante para un plato de frijoles.

Las mulas son para Honduras lo que los camellos para Arabia. Sin estos animales pacientes y fuertes no habría medio de transportar mercancías a través de las sierras. La mula se considera de más valor que el macho. Se le enseña un paso suave que no se conoce fuera de Hispanoamérica, que más parece un rápido andar al que ningún otro paso puede comparársele. Al animal así adiestrado se le llama una andadora, y en un día recorre sorprendentes distancias. Raramente se les usa para carga; se les cuida bien y valen de $60.00 a $250.00. El precio corriente es alrededor de $30.00 en plata. Por lo general, es preferible que el viajero las compre de una vez cuando llegue al país, aunque pague por ellas una suma mayor, porque a menudo pierde su tiempo buscando animales para alquilar, lo que va acompañado de muchas molestias. Don Fulano, con quien uno ha hecho el trato, sale a ver a don Zutano sobre el asunto y casualidad es si no se entretiene en el camino y olvida su diligencia, poniéndole a uno en estado de incomodarse o de filosofar, como mejor parezca. La primera lección que un extraño debe aprender en Centroamérica es no darle importancia al tiempo, ya que este es un artículo sin valor para el español. El apresuramiento de uno se toma como prueba de una mente débil y de un carácter frívolo.

El pronto se oye a menudo, pero escasamente sin práctica. Si uno es dueño de sus propias mulas, puede salir a cualquier hora y hay muy poco riesgo de que las pierda por robo. Además, los gastos de alquiler de pueblo en pueblo, al final, exceden su costo original, para no decir que a veces tomándose como extranjeros ignorantes nos endilgan animales de un trote insoportable.

La silla de montar o "montura" del país es, en el mejor de los casos, una parodia; que nadie se engañe al ir a Centroamérica si abriga la esperanza de conseguir una buena. Las únicas sillas de montar que un extranjero puede usar son las importadas de México; las demás son burdas y mal hechas y se conocen con el nombre de albardas. La silla mexicana, el bocado y la barbada deberán también llevarse consigo al país; el bocado es inaplicable a la mula. Asimismo, es indispensable llevar dos pares de arganillas de cuero porque las alforjas de pita del país no son a prueba de agua. Hallé que las pistolas son de poco uso después de desembarcar uno en Honduras. Excepto en tiempos de revolución o de disturbios políticos el país es tan seguro para viajar como es el interior de Nueva York. No obstante, es mejor tener armas y llevarlas en pistoleras de cuero. Más, la carga de un pesado revolver Colt es suficiente para destruir el placer de viajar en cualquier país. Mi rifle, que nunca permití estuviera fuera de mi alcance, probó ser un estorbo excepto para hacer un disparo a alguna iguana que nos observaba o para detener en seco la carrera de un venado. En la estación de las lluvias un capote de hule será de mucha utilidad; pocos viajan sin una sombrilla, protección que es más contra el sol que contra el agua. Los caballos son pequeños pero muy fuertes y descienden del viejo tronco de España. No se les usa, sino ocasionalmente, para largas distancias siendo preferidas las mulas por su resistencia. He dedicado tal vez indebido espacio a la descripción de cómo se debe viajar por las sierras, pero me excuso con la idea de que tal descripción pueda ser de utilidad a algún futuro viajante.

Después de atravesar el río Nacaome seguimos por un camino trillado que va al pie de las regiones montañosas, a las que nos aproximábamos. La superficie del terreno cambiaba gradualmente. Después de andar dos leguas, empezamos a subir más rápidamente por un sendero de montaña conocido como el camino real, pero con pruebas evidentes de no haber sido reparado nunca. Cruzamos varios arroyos que desembocan en el Nacaome. Algunos de estos se precipitan en cascadas desde las rocas o corren sobre lechos de piedra. Uno de ellos corría al pie de un cerro cónico; era de apariencia tan atrayente que paramos, y preparando nuestras cañas, las echamos en las pozas más profundas y tranquilas, en donde podrían frecuentar las truchas, pero nuestras tentadoras esperanzas se vieron fallidas.

Habiéndose adelantado los arrieros, volvimos a montar y los alcanzamos con las mulas de carga en la cúspide de un cerro, en una densa espesura donde el silencio era solo perturbado por el sonido lejano como el de una floresta de Nueva Inglaterra. En realidad, el paisaje en muchos lugares me hizo evocar los de los estados del centro y del este de mi patria. El rugido que creímos provenía del viento pasando por los árboles, al doblar el camino vimos que era un afluente del Nacaome que descendía bruscamente desde un precipicio, aventando en su caída las aguas en forma de abanico. Miramos algunos centenares de pies hacia abajo y el ruido de la cascada resonaba en las colinas adyacente. Este arroyo, como los demás que habíamos pasado, estaba crecido por las lluvias recientes. El curso de casi todos ellos es hacia el suroeste y desembocan en el Nacaome.

El terreno en todas direcciones daba indicios de contener minerales. Se dice que aquí se encuentran ópalos valiosos, pero todos los que después vi eran del departamento de Gracias, en el occidente de Honduras. Desde el terreno alto sobre el que pasábamos, frecuentemente volvíamos la vista al frondoso llano que íbamos dejando. El sol de la tarde caía de lleno sobre los variados matices de verde que parecían reverberar en el calor intenso. Leguas más adelante se distinguía el océano azul esfumándose desde la bahía de Fonseca, y los volcanes extendiéndose desde El Salvador a Nicaragua, como centinelas atalayando desde sus cúspides los fecundos valles. Mil plantas y árboles raros temblaban a la fiera luz del sol. Aquí notábamos cuando pasábamos: el pimentero, el tamarindo, la acacia, el bambú, la caoba, la ceiba, el ébano, el roble, el cactus, el copalchí, el jocote silvestre, la lobelia, la lima de monte, el mástico, el zapote y una docena de otros más silvestres y sin dueño, retoñando, copándose y regalando sus frutos año tras año en el silencio de los bosques tropicales.

Anochecía cuando empezamos a bajar por el lado de una empinada cuesta hacia el valle de Pespire. Al pie, de nuevo nos encontramos con el río Nacaome, pero el vado estaba lleno y el río bramaba entre las obstructoras rocas con una fuerza aumentada por la tormenta de la pasada noche. Desde la otra orilla varias personas nos gritaban y hacían señas, pero sus voces se perdían en el ruido de las aguas. Al fin entendimos que nos advertían que estaba impasable, pero al tener ya formada una estimación de las imposibilidades centroamericanas, entramos por donde el vado suponía ser y pasamos al otro lado sin dificultad, aunque el borboteo y el silbido del torrente hicieron que medio nos arrepintiéramos de nuestra imprudencia antes de que alcanzáramos las aguas bajas de la ribera de Pespire.

Unos granujas completamente desnudos iban delante indicándonos el camino, y a los pocos minutos nos condujeron dentro de la pequeña población con gritos de:

"¡Miren! ¡Miren! ¡Aquí viene el americano!"

157

Cuando llegamos a la plaza nos dimos de boca con el señor alcalde, a quien reconocimos por su bastón de mando. Retornó nuestro saludo con una inclinación de cabeza y nos dio la bienvenida.

"Aunque", dijo, "yo estoy obligado por la ley a investigar los asuntos de todos los extranjeros durante el actual disturbio con Guatemala [1] el aspecto de ustedes es su mejor pasaporte. ¡Vayan con Dios!".

Con esta halagüeña entrada a Pespire cambiamos el adiós con el amable alcalde y seguimos por una pequeña calle, uno de cuyos lados estaba formado por el muro de adobe de la iglesia de Santa Úrsula [2] e hicimos alto a la puerta de la casa de la señora Urmeneta. Tan pronto como nos apeamos, fuimos rodeado de una multitud inquisitiva, la mayoría de la cual era de muchachas de mirada viva, que de tiempo en tiempo hacían suaves y ligeros comentarios acerca de nuestra apariencia. Una de ellas, informada por la tropa de chiquillos que nos precedió, dijo:

"Todos los americanos siempre traen rifles por el camino".

Cuando ella dijo esto más bien con una mirada de desdén por el cuidado que yo le prestaba a mi arma, le repliqué en castellano con un poco de lisonja para la crítica rural; y dando un fuerte grito, los del grupo huyeron riendo y repitiendo:

"¡Habla español! ¡Habla español!", no contando ellos, cuando comenzaron su comentario, que podríamos entenderles.

Dejamos las bestias al cuidado de los criados y entramos en la casa, precisamente cuando la campana de la iglesia anunciaba solemnemente la hora de la oración. Al instante todo quedó en calma en la ciudad. Esta bella costumbre no se observa en Honduras con la misma reverencia que en Nicaragua donde muchos se arrodillan y casi todos se descubren. Aquí solo fue un momento de respetuoso silencio, que demostró el reconocimiento general del pueblo hacia esta costumbre.

---

[1] El general Carrera, presidente de Guatemala, hostilizó constantemente la administración del general Cabañas, hasta que logró derrocarlo en octubre de 1855. V. **Compendio de Historia de Honduras**, por el Lic. Félix Salgado. Tegucigalpa, 1928, pp. 109 a 111.

[2] Es muy improbable que la iglesia parroquial del pueblo de San José de Pespire haya tenido como titular a Santa Úrsula, desconocida en la toponimia religiosa de Honduras.

Tal como se nos había informado previamente, nada podía comprarse con cobres en el camino. ¡No hay, señor! era la respuesta a nuestras demandas por comida. La dueña hizo la misma réplica hasta que T. sacó unos reales de plata y entonces la memoria de la vieja señora, como por encanto, se refrescó y al instante nos sentábamos a saborear una cena de huevos cocidos, gallina y frijoles, a lo que agregamos nuestro surtido de provisiones: café galletas, y al final un buen trago de coñac francés. Pespire es el eslabón de enlace entre la ciudad montañosa de Tegucigalpa y los puertos de Amapala y La Unión. Es la base de operaciones en el tráfico de mulas, pues mantiene un comercio activo con Comayagua al noroeste, con Tegucigalpa al norte y Choluteca al este, tres centros comerciales de sus respectivas secciones, en Honduras. Tiene alrededor de dos mil habitantes. Las calles, regularmente trazadas, están nítidamente pavimentadas con las piedras lisas del río. La iglesia aseada, el cabildo y la residencia del cura párroco, todos de adobe, son los únicos edificios que se distinguen de los demás, techados con teja roja, por encima de los cuales como atisbando asoman las altas palmeras y una variedad de árboles frutales con un efecto placentero y pintoresco. Al anochecer salimos de paseo por la plaza a fin de comprar varios manojos de zacate para nuestras bestias, pero luego nos metimos en nuestras camas de cuero, de tal dureza que nuestros adoloridos huesos lo testimoniaron el siguiente día, y cuya posesión disputamos con las chinches toda la noche.

Salimos al despuntar la aurora y, después de mandar a los muchachos al potrero a que trajeran las mulas, nos desnudamos y nos zambullimos en el río para aplacar el calor febril causado por las irritaciones de la noche. Toda el agua que se consume en Pespire es llevada en tinajas de barro sobre la cabeza de las mujeres. Escasamente habíamos salido del río cuando grupos de estas aguadoras, erectas y bien formadas, bajaron a las márgenes y después de llenar sus vasijas imitaron nuestro ejemplo y se entregaron a la costumbre, inmemorial en el trópico, de darse un baño matinal. Algunas de ellas nadaban intrépidamente en medio del torrente y chapaleaban en las espumas como Náyades. Como mostraban una patente y total despreocupación por nuestra presencia, nos dimos el crédito de no ser los agresores y estábamos, en consecuencia, libres de temor de que nos calificaran cual otros "peeping Tom" de

Coventry [1]. Los montes aledaños hacían eco a sus estruendosas carcajadas y hasta se refocilaban a nuestra costa cuando nos marchamos. Le dije a T. que este era ejemplo de una naturalidad y simplicidad de maneras como raramente antes había visto igual. "Oh, no", me dijo él sonriendo: "esto es aquí corriente; usted debe acostumbrarse a nuestros usos en Honduras". Luego recordé mi experiencia de baño en Nicaragua y desde entonces respeto a los centroamericanos por ser la raza con menos prejuicios de la tierra.

Después de tomar café con leche, a las siete de la mañana dejamos la ciudad; continuamos nuestro camino después de despedirnos del gentil alcalde y de responder con unción al "¡Adiós, americano!" de la gente joven. De los alrededores de Pespire entramos a un valle que se extiende frente a las sierras. El camino estaba interceptado con hondonadas y arroyos crecidos por las recientes lluvias. Desde una que otra cresta de roca metálica contemplábamos, tierra adentro, los picachos de aspecto siniestro y los cerros arbolados por los cuales, estando ubicados al este, era evidente que teníamos que pasar; pero nuestras mulas eran jóvenes y fuertes y seguimos adelante con entera confianza. Mi criado me mostró aquí la almástiga, que crece en pequeños racimos en todas las laderas de los cerros. Esta droga, que se halla en varios lugares de Centroamérica, se obtiene mediante incisiones que se hacen en la corteza, pero hasta ahora y con excepción de Guatemala, pocos esfuerzos se han realizado para su explotación. No se han hecho exportaciones de Honduras ni de Nicaragua. El cactus, en numerosas y bellas variedades, apareció a lo largo de la ruta a veces encaramado con garbo en el pico de una roca escarpada, a veces apretándose cómodamente en los nichos formados por los paredones de granito que bordeaban nuestra ruta; algunos tenían flores escarlatas, pero la mayoría de un amarillo intenso que los asemejaba, vistos desde lejos, a las caléndulas.

Una variedad de preciosos pájaros pasaba revoloteando, pero pocos de ellos eran canoros. Los nombres de algunos de estos probablemente jamás se han publicado. Muchos que son familiares a los norteamericanos se encuentran en los bosques y en las colinas al pie de las montañas de las sierras y difieren muy poco de las especies del norte. Aquí se puede ver el gavilán, el mochuelo, la garza blanca,

---

[1] La historia de "Lady Godiva" está aderezada con el incidente de "Tomasito el fisgón", un sastre mequetrefe y hurón, quien instantáneamente quedó ciego al asomarse al paso de la dama durante su célebre paseo. N. del E.

la azul, la púrpura y la gris; la corneja y el mirlo, el ruiseñor, el verderón y la paloma azul o pichón, que se parece algo a nuestra paloma doméstica, el macho con su lomo color añil y su pecho morado. Generalmente se la ve sola en alguna rama retorcida, respondiendo con sus notas ventrílocuas a lejana compañera. El pica madera o pájaro carpintero de Centroamérica, a veces se puede oír en los obscuros terrenos pantanosos picoteando atareado el árbol podrido que le sirve de almacén. Están también el cardenal con su bello copete, el tijera, el cola larga y muchos más, desde la vistosa urraca al dorado chupamiel o colibrí, de los que está llena la selva y en matices y descripciones que un ornitólogo medianamente trabajador emplearía más de un año en poder clasificar.

CAPÍTULO IX: EL PASO DEL DIABLO Y TEGUCIGALPA

Apuntes. – El cerro Pilón de Azúcar. – Cinabrio. – Follaje. – Paisaje agreste. – La manzanita. – Un precipicio vertiginoso. – La Venta. – El alcalde. – "El ministro americano". – Hambre en los aldeanos. – Ideas del cura Ramírez sobre el protestantismo. – Cómo conseguir una comida. – Plátanos. – Panorama de la cordillera. – Sabanagrande. – El padre Domingo. – Hacienda de La Trinidad. – Una boda en las montañas. – Aventura. – Un cortejo nupcial. – Perdidos en las sierras. – Tormenta de medianoche. – Nueva Arcadia. – Pinares. – El Cerro de Hule. – Otra aventura. – Vadeando el Río Grande. – "Ahorcadoras". – En las cercanías de Tegucigalpa. – La ciudad. – Primeras impresiones.

Al penetrar por primera vez en las umbrosas selvas centroamericanas, el extranjero es poseído por la manía de tomar nota de cada cosa que oye, siente y huele; mas, al encontrar tal cúmulo de hechos con los que él no había contado al principio, gradualmente descuida su registro y en sus futuras andanzas se inclina a depender de su memoria. De tal colección de notas se le hace a uno difícil escoger qué pueda gustar a los lectores, y un hecho que se hace a un lado como frívolo por algunos de ellos puede tener para otros suma importancia. Así un ornitólogo, por ejemplo, se sorprendería de la torpeza de que entre tal profusión de pájaros de brillantes colores no se hubieran registrado los hábitos y el plumaje de cada uno, e igual observación podría hacer el profesor de cada rama científica. Pero el tiempo gastado en tales investigaciones derrotaría los objetivos que no fueran los de un científico y requerirían, en consecuencia, una prolongada expedición. Un viaje precipitado a través del país, a lomo de mula, no da sino oportunidades limitadas para una observación minuciosa, o para tomar notas en medio de las molestias de un viaje penoso en el cual, en lugar de un cuerpo de sabios, uno, viajero incompetente y sin asistencia debe describir y confiar al cuaderno pasajero "cada cosa" de interés. En Centroamérica nadie puede comprender el objeto de las preguntas que uno hace y la respuesta general para todo es el universal: ¡Por supuesto! Muchas veces se ocupa una hora de hábiles preguntas y un mundo de paciencia a fin de averiguar un hecho sencillo tal, por ejemplo, la época en que se debe sembrar la yuca, o la profundidad de un río en determinada estación. Desgraciado aquel que interroga si pierde su paciencia o muestra la menor petulancia ante las respuestas tardías o inesperadas a sus indagaciones. Se le toma entonces como un necio y, decididamente, como persona sin seriedad.

Dejamos el pequeño valle y subimos por las colinas que rodean la montaña chispeando aquí y allá con sulfuros y en varios puntos con muestras visibles de brozas de hierro y cobre. A veces se ofrecían a la vista parcelas de tierra aparentemente fértiles, con cabañas compactamente empajadas y medio escondidas entre los maizales ondulantes, y el platanar confundiendo su rico verdor en la brisa. Desde hacía algún tiempo había abandonado mi plan de tomar nota de cada quebrada que sigue su curso hacia el mar. Entre los puntos culminantes noté un cerro inclinado, en forma de pilón de azúcar, que atisbaba desde arriba conspicuamente entre los demás picos circundantes. A la distancia parecía la torre rota de un castillo, pero por la tarde al pasar cerca de él vimos que estaba integrado de una piedra color rojo que nuestro guía aseguró era cinabrio, comprobado por un viajero alemán, químico de profesión, que anduvo errante por aquí hace varios años.

Al mediodía paramos y los muchachos, ahora prácticos en el trabajo, pronto estuvieron haciendo café. Estábamos a una altura de mil ochocientos pies sobre el nivel del mar. No se había visto hasta entonces, en nuestra ruta, pinos ni abetos. Las formaciones del suelo eran, por lo general, de piedra arenisca, cuarzo desintegrado y granito. La temperatura subió a 86° F. Desde nuestra atalaya contemplamos hacia atrás los riscos montañosos por los que habíamos pasado. Un montañés más experto que yo se hubiera sentido perplejo para señalar el camino que habíamos recorrido desde las llanuras floridas de Choluteca hasta este clima templado de que ahora estábamos gozando. Frente a nosotros, contra el cielo del este, vimos claramente la línea de pinos que alcanzaríamos al siguiente día. Lejos, allá al oeste, los picos volcánicos de El Tigre, Zacate Grande, Conchagua y San Miguel aparecían azules e indistintos en el horizonte nebuloso, al pie de los cuales en vano traté de distinguir el mar. La falda empinada por la que el camino se extendía nos mostraba la vía, grabada en la blanca piedra por los cascos de las bestias, ondulando como una gran serpiente.

Este punto se llama Paso del Diablo y es uno de los más peligrosos de la sierra. Es, no obstante, la ruta principal hacia el interior. Picos elevados y salientes riscos de granito gris se elevan contra el cielo. Los árboles, de menor frondosidad, bastante espaciados e inclinados por la fuerza de los vientos, se sostenían en escuadrones dispersos a lo largo de las laderas menos precipitadas.

Resaltando como rasgo prominente entre la escasa arboleda estaba la manzanita, con su tronco rojo, nudoso y torcido, apartado torpemente de la perpendicular, que salía de entre las rocas y del suelo seco y arcilloso, al parecer apenas capaz de sostenerlo. El árbol o arbusto, escasamente es de más de diez pies de altura. Sus ramas y ramillas están cubiertas con una delicada capa blanca de una substancia como el pole que fácilmente cae al restregarla. Las hojas son alternas, ovales, venenosas, de un verde tierno en el haz y un poco más pálidas en el envés. Tiene una flor pequeña, blanca y rosada.

Cerca de nuestro campamento había un precipicio desde el cual, y sobre una roca desnuda que ofrecía una escasa grieta para colocar el pie, contemplamos un escarpado tajo de varios centenares de pies de profundidad. Aquí me entretuve arrancando las piedras más grandes, arrojándolas, y observando su caída hasta que el retumbo se perdía entre el murmullo de los montes allá abajo. Las dilatadas sombras nos advirtieron, finalmente, que debíamos montar de nuevo y proseguir.

Desde aquí, nuestro camino fue en subida gradual, a veces cruzando abismos en cuyo saliente borde apenas si había espacio para el paso de una mula cargada. Aunque a este se le nombra el camino real no vimos señales de vida en todo el día excepto en las pequeñas parcelas de tierra menos anfractuosas que habían tentado al campesino para hacer su casa y sembrar su escasa cosecha de maíz y frijoles. Estos parches de verdor parecían confundirse con las nubes, lejos de nuestra ruta. Al fin llegamos a un valle completamente cerrado por abruptos cerros en medio del cual se hallaba la pequeña aldea de La Venta, situada a dos mil seiscientos pies sobre el nivel del mar.

Varios platanares anticipaban al viajero la rústica civilización de por allá. El lugar era una miserable colección de covachas, con cerca de seiscientos habitantes. Llegamos a la plaza media hora antes de que arribaran las mulas de carga y nos encaminamos directamente hacia el cabildo, que se considera en Honduras como propiedad pública y es la posada en los lugares en donde no las hay. Al desmontarnos, súbitamente cayó la obscuridad sobre las montañas y una fuerte lluvia hizo que nos precipitáramos dentro de la cabaña de adobe que no mostraba piso ni paredes aparte del lodo con que había sido construida. Los mozos llegaron poco después y con ellos un señor descalzo, vestido con una camisa de algodón y anchos pantalones del mismo material y con la insignia de su mando – un bastón – denotando ser el alcalde. Nos pidió le mostráramos los pasaportes y en silencio esperó nuestra respuesta mientras un grupo de aldeanos se paró a respetable distancia a observar nuestros movimientos. T. le dijo al alcalde que yo era el ministro americano, por lo que el individuo abrió desmesuradamente los ojos y me hizo una reverencia. La búsqueda de alimentos, por espacio de una hora, entre las destartaladas chozas fue infructuosa. A nuestra urgente demanda de tortillas, huevos o carne de venado, la respuesta era siempre la misma: ¡No hay! Hasta el tintineo de la plata falló para conseguir algo.

"Dígame", pregunté al alcalde, que ahora se hallaba envuelto en su manta y acuclillado cerca de nuestra fogata, "¿cómo se las arreglan ustedes aquí para vivir? Pareciera no haber nada para la subsistencia, o tal vez sea este un tiempo de escasez".

"Señor", me respondió, "vivimos de tortillas y plátanos, y cuando esto no se encuentra, pues hambreamos". Y el aspecto enjuto de aquel hombre confirmaba su doloroso aserto. La lluvia caía ahora a torrentes.

"El señor no llegará mañana al Cerro de Hule", me dijo. "Los caminos están intransitables".

"Oh", dijo T., "en cuanto a eso, un 'americano del norte' puede ir donde quiera y este, ¡usted sabe, es un ministro!".

El alcalde me miró en silencio mientras el fuego iluminaba extrañamente sus facciones morenas. Un señor de nariz ganchuda se anunció ahora como el padre Ramírez, con quien entré inmediatamente en conversación. Sus ideas sobre la religión en el norte eran nuevas e interesantes. "He leído", me dijo, "que ustedes en el norte tienen docenas de diferentes sectas y denominaciones de iglesias, y que cada una de ellas está a cargo de un sacerdote diferente. ¿Es qué las gentes de su país creen en más de un dios?". Su pregunta condujo a una discusión divertida en cuanto a los relativos méritos de las creencias modernas, y era curioso observar el revoltillo de cosas y de absurdos que él había acumulado en su confinamiento; sin embargo, hasta recientemente nuestro saber acerca de Centroamérica era apenas más claro que el que él tenía sobre el norte. La conversación condujo a un buen fin. Tuvimos el cuidado de no ofender la dignidad del padre Ramírez, y el resultado fue descubrir, por su medio, algunos huevos y frijoles a los que hicimos honor con voracidad de tigres. Los viajeros en las montañas de Centroamérica deben cultivar la amistad de los sacerdotes y tal conocimiento espiritual no pocas veces prueba ser útil para hallar satisfacción a nuestras necesidades. Un trago de excelente coñac, con que compensamos el interés del cura en nuestro favor, pagó con creces su molestia.

De los largueros del techo de la choza se colgaron las hamacas y nos echamos a dormir al calor de la fogata. Antes del amanecer, Rafael me despertó y me ofreció la usual taza de café fuerte; y al ver que las mulas estaban cargadas y ensilladas, montamos y dejamos el poblado sin decir adiós a nuestros conocidos de la noche anterior. Cambiamos saludos con varias beldades de la aldea que venían del arroyo cercano de proveerse del agua para el día, y recomenzamos a subir por la sierra. A las diez de la mañana estábamos en la región de los pinares. La faja de pinos que corona todas las montañas de Honduras arriba de más o menos de 2,500 pies se halla regularmente bien marcada, y parece formar un fleco a lo largo de esta porción de la vertiente del Pacífico. El aire, hasta cerca del mediodía, era fresco y confortable y el termómetro, al amanecer, marcó una temperatura de 68°.

Mientras ascendíamos, con frecuencia nos volvíamos hacia atrás para contemplar el panorama que crecía en grandeza a cada paso que subíamos. Allá abajo, la masa de montañas que habíamos pasado el día anterior. Los volcanes de la costa se veían ahora escondidos en las brumas de las tierras bajas y la vista, limitada por la sucesión de valles y de colinas, en la distancia parecía diluirse en una sola llanura. Riscos y más riscos, corriendo la mayor parte hacia el suroeste, presentaban un cuadro magnífico y silencioso. Eran interceptados por estribaciones más pequeñas en dirección contraria. Siguiendo nuestra ruta cruzamos varios torrentes vocingleros en su camino hacia algún brazo de ríos más grandes, pero que ahora saltaban en salvaje impetuosidad desde los peñascos a las cañadas, salpicando en rápidos de espuma.

Al mediodía llegamos a una ciudad construida con sus casas bastante juntas, con su iglesia de adobe y su plaza empedrada, que se llama Sabanagrande. Está a cuatro leguas de La Venta y ocupa, como aquel lugar, un pequeño valle rodeado por un seto de colinas pelonas. La región de los pinos se extiende de la parte inferior de este punto hasta más allá de las cordilleras, hacia la vertiente del Atlántico, que es más baja que la del Pacífico. El buen padre Domingo Borjas [1] era viejo amigo de la familia de mi acompañante y, reconociéndole cuando paramos frente a su pequeña residencia, salió y nos dio la bienvenida con calurosa hospitalidad. Un joven estudiante, que parecía dividir su tiempo entre sus estudios religiosos y el cuidado de las necesidades del cura, trajo los restos de la comida de la mañana, que consistía en una o dos tortillas, que desaparecieron en un santiamén. Mientras nuestras bestias pacían en la plaza, entramos en conversación con nuestro anfitrión, quien, como la mayoría de los sacerdotes centroamericanos, era inteligente pero ignorante en disciplinas que no fueran las propias. En un pequeño nicho de su estudio se veía una docena de muy manoseadas ediciones mexicanas y guatemaltecas de autores españoles, y colgando de la pared unos pocos cuadros de santos toscamente ejecutados en acuarela. Fue aquí donde vi las primeras muestras de broza de plata y también algunos trozos de aluminio que el "padre" me dijo provenían de una mina cercana. Cuando supo que el objeto de mi viaje era estudiar las minas del país y regresar a Honduras con una gran empresa norteamericana para su explotación, se apresuró a salir de la casa para regresar pronto en compañía de varios vecinos, algunos de ellos sin más vestuario que una camisa extremadamente corta. Estos beneméritos comenzaron, a una sola voz, a describir ciertas minas de lata de las que decían eran

---

[1] Dice el Dr. Durón que "gozó de renombre como orador. Refiérese que el 28 de septiembre de 1852, día en que la Municipalidad de Tegucigalpa celebraba la venida de los pliegos que contenían el Acta de Independencia firmada en Guatemala, pronunció un magnífico discurso en conmemoración del 15 de septiembre de 1821. Algunos han confundido este discurso con el del 15, pronunciado en la iglesia parroquial, atribuyéndole al P. Borjas el pronunciado por el P. Reyes" ante los diputados a la Asamblea Constituyente de Centroamérica reunida en Tegucigalpa en 1852. V. **Oradores sagrados, parlamentarios, políticos y forenses de Honduras**, por R. E. Durón, en la revista **La Lectura**, t. I, p. 83. N° 6, publicado el 22 de diciembre de 1917.

dueños, e insistieron en que me quedara en Sabanagrande una semana para que las visitara.

La ciudad es la más grande este distrito y activo centro comercial del aguardiente, que se fabrica aquí y en los alrededores en grandes cantidades. Los platanares abundan en la ciudad como en todas las otras secciones de Honduras. El plátano es para Centroamérica lo que la papa para Europa y los Estados Unidos. Es complemento en cada plato y se sirve cocido, asado, horneado, estofado, frito y crudo. De acuerdo con Humboldt, el plátano tiene cuarenta veces más alimento que la papa, y un acre de ellos es igual a ciento treinta y tres de trigo [1]. Es fácil, pues, comprender por qué en un clima tropical, donde la consiguiente lasitud del calor no permite los fuertes trabajos, el cultivo de una fruta que crece tan fácilmente como el plátano sea general.

Al viajar por las serranías los encontramos creciendo en cada trecho de tierra. El más pobre de los indios puede gozar de este manjar que alcanza de los racimos dorados con solo estirar la mano, y desde Guatemala a Costa Rica no falta en la mesa de todo el mundo, sin importar su condición social. Como los macarrones del Lazaroni de Nápoles, el plátano es artículo de consumo que a la par que deleita es indispensable como alimento. El padre Borjas afirma que, desde el comienzo de la plaga de la langosta, las clases más pobres del Estado hubieran perecido de hambre a no ser por el plátano, y citó el hecho en la reciente invasión a Honduras por los guatemaltecos al mando de Guardiola, cuando los habitantes de Gracias se llevaron los plátanos a las montañas huyendo de las tropas y obligaron a estas, finalmente, a abandonar el país para no perecer de inedia. Concluía sus observaciones llamando a Honduras "la Rusia de la América Central" por el hecho de que no puede ser invadida con éxito si el pueblo está unánimemente contra el invasor.

Con pesar nos despedimos del buen cura y proseguimos viaje hacia el Cerro de Hule, el pico más elevado de la Cordillera Occidental del país. Pocas millas más allá de la ciudad pasamos por el campo donde se libró la batalla que en 1827 sostuvieron los

---

[1] V. Humboldt, Ensayo político sobre el Reino de la Nueva España. Sexta edición castellana. México, D. F., 1941, t. III, pp. 22 a 25; y **Vegetales indígenas de América,** estudio publicado en **El pensamiento económico de José Cecilio del Valle**, edición conmemorativa de la inauguración del Banco Central de Honduras. Tegucigalpa, 1958, pp. 64 a 66.

coroneles Díaz y Justo Milla, dos de los principales jefes revolucionarios de aquellos tiempos. El lugar fue bien calculado para un combate de guerrilla y mi compañero, con el orgullo del hispano retratado en su rostro, me refirió algunos hechos caballerescos del combate. Fue aquí que Morazán "el Washington de Centroamérica", se distinguió por primera vez. Descendimos por una empinada colina y arribamos a la hacienda de La Trinidad. Al ver mi amigo un grupo de muchachas bonitas, una activa preparación de queques, vino de coyol, jarros de aguardiente, vestidos nuevos y caballos enjaezados con lucidez, dedujo que un matrimonio estaba por celebrarse. "Ajá", dijo él con una alegre risa en sus labios, "ahora estaremos contentos, amén de conseguir algo que comer".

Desmontamos con muchos saludos y cumplidos para estas muchachas de ojos brillantes, siguiendo la costumbre del país, pero de repente se abrió una de las puertas del interior de la casa y apareció una vieja arrugada que nos saludó con un frío: "¡Adiós, señores!" Respondimos, con todo el calor y presteza de hombres hambrientos, deseándole bienestar, pero pronto nos dimos cuenta que habíamos confundido a nuestra parroquiana. Ásperamente ordenó a las muchachas que entraran en la casa y luego contestó a la súplica de que nos vendiera algo que comer con el corriente: "¡Señor, no hay!" Pero pudimos ver a través de un claro en el breñal cercano que varias personas se ocupaban en destazar un novillo recientemente degollado y, aún más, supimos que otro estaba listo para un destino igual, por lo que, calificando la contestación de la vieja como el colmo de la maldad, entramos en una larga discusión, la que no dejó de incomodarnos.

Más y más perceptible se hacía el palmoteo de las que echaban tortillas adentro, y con cada cambio de la brisa el sabroso olor de su cocimiento y el del asado de carne gorda provocaba nuestro apetito. Cerró la puerta en nuestras narices y estábamos justamente montando y maldiciendo con cólera la casa y sus moradores inhóspitos, cuando un suave "Sht" desde el rincón más lejano de la habitación atrajo nuestra atención. Dos ojos brillantes y vivos me invitaron y, desmontando, me acerqué al lugar preciso a tiempo para recibir de las propias manos de la novia un buen tasajo de carne caliente. Y esto no era todo. Volviéndose, regresó en un instante trayendo en una servilleta sabrosos frijoles y fritas de elote con mantequilla. Antes de que pudiera rendirle las gracias desapareció riendo por lo bajo y murmurando "¡Vaya! ¡Vaya!". En silencioso triunfo blandí el botín frente a T., cuyas sombrías facciones se alegraron al verlo.

Renovamos nuestro viaje y a los pocos minutos dimos de boca con una comitiva de amigos que a caballo se encaminaban hacia el lugar de las bodas. Aquí, al menos, no iban viejas celosas de los extraños. Desmontamos y mi compañero me presentó a media docena de jóvenes de Tegucigalpa, todos bien apuestos y qué decir de tres delgadas pero elegantes señoritas cuyos tupidos velos apenas dejaban adivinar sus negros y brillantes ojos y sus vivaces rostros de españolas. Una hora transcurrió placenteramente bajo los pinos, y como nuestros nuevos conocidos venían bien equipados de coñac y frutas, no sentimos deseos de dejar su grata compañía. Por fin todo el mundo montó a caballo y vimos nuestra fiesta nupcial galopar entre los bosques y enviarnos gritos y alegres carcajadas hasta que desaparecieron de nuestra vista.

Empezamos a subir el Cerro de Hule, en cuyas faldas se halla la aldea de Nueva Arcadia [1]. El viento del cerro llegaba pesado y caprichoso anunciando la proximidad de una tormenta. Bregamos penosamente hacia arriba por espacio de una hora, siguiendo por un camino disparejo y en zigzag marcado en las rocas por el paso de las bestias. El sol se hundió en un mar de neblinas y nubes. Casi habíamos llegado a la parte más alta del viaje por este sector de la cordillera. El camino, apenas visible por la aproximación rápida de la obscuridad, se extendía a lo largo de un suelo casi plano con arboledas más espesas que en ninguna otra parte desde que dejamos las tierras calientes, y parecía más bosque que cualquiera de los pinares hasta ahora vistos. Los pinos aparecían más sombríos en la obscuridad de la noche, que se nos vino encima acompañada de una tormenta que arreciaba a cada rato hasta que nos vimos imposibilitados para proseguir. A menudo nos desmontábamos y seguíamos a pie avanzando lenta y penosamente, y mojados por las rachas de viento y lluvia que pesaban aullando en rápida sucesión a través de los árboles, repercutiendo estruendosamente en la montaña. Vívidos relámpagos,

---

[1] En las **Alturas tomadas en varios lugares de la República, en 1891, por Mr. Cole**, que inserta el Dr. Vallejo en la página 4 de su **Anuario**, figura **Nueva Arcadia** a 4,165 pies sobre el nivel del mar, población que se sitúa entre Sabanagrande y el Cerro de Hule (meseta). Debe ser la actual aldea de Arcadia, perteneciente al municipio de Santa Ana, departamento de Francisco Morazán. V. la **División Político-Territorial de Honduras**, Tegucigalpa, 1951, p. 36.

como raramente se ven fuera de los trópicos, alumbraban los cielos, y el estruendo de los truenos agregaba su voz a lo imponente de la escena.

En los momentos de calma podíamos percibir el tenebroso fragor de algún torrente furioso y espumante en su lecho de rocas. Cuando cayó la noche vimos que la sierra se dividía hacia la izquierda en profundos barrancos, y en nuestra ansiedad por evitarlos nos metimos muy adentro del bosque; después de una hora de luchar sin éxito entre árboles caídos y zarzales, llegamos a la molesta conclusión de que nos habíamos perdido. Como no eran todavía las diez de la noche, esperamos, con no placentera anticipación, una noche de tormenta inmisericorde y una completa obscuridad, sin esperanzas de encontrar refugio. Proseguir en esta lobreguez impenetrable era imposible, y los nativos, aunque acostumbrados como estaban a andar por las sierras, no podían reencontrar el camino.

Desmontamos y cortando con los machetes las ramas más bajas a nuestro alrededor y recogiendo algunas varas y troncos podridos, como pudimos en la obscuridad, improvisamos una choza y extendimos en ella nuestras mantas. Ciegos por la lluvia y los relámpagos, que una y otra vez iluminaban las obscuras perspectivas de la selva como un súbito pandemonio, nos arrastramos, mojados y friolentos, dentro del miserable refugio y nos amontonamos después de intentar en vano hacer fuego con las ramas húmedas que Vicente había recogido. Dormir era imposible, y para colmo de nuestras desdichas, el torpe de Rafael había hecho añicos la botella de aguardiente al descargar una de las mulas, privándonos hasta de ese dudoso estímulo. Ahora nos arrepentíamos de nuestra larga permanencia en la hacienda de La Trinidad, alternando nuestros refunfuños con injustas maldiciones para la casa y sus ocupantes. Con ligeros intervalos la tormenta continuó su maligna furia hasta cerca del amanecer, y cuando la humedad y el frío se hicieron intolerables nos decidimos a seguir en cualquier dirección. Era preferible cualquier movimiento para asegurar la circulación de la sangre que el entumecimiento por la inacción.

Las mulas, que habían sido atadas con sus reatas a los árboles, fueron cargadas de nuevo y Vicente tomó la delantera; nos dirigimos hacia el oeste en la esperanza de encontrar nuestro camino antes del amanecer. Mi brújula de bolsillo me permitió seguir un curso recto y, después de una hora de abrirnos paso a través de las montañas, nos alegramos con el ¡Hoo-pah! ¡Viva el camino real! proferido por el chiflado Vicente. Habíamos alcanzado el trillado camino, que todavía seguía arriba por la pelona cumbre del Cerro de Hule.

A mediodía llegamos al pequeño villorrio de Nueva Arcadia, a 4,600 pies sobre el nivel del mar. Es difícil describir la completa miseria y escualidez de estas aldeas de las montañas. Las gentes, aunque en apariencia fuertes y lozanas, no están sino a un grado arriba de los brutos. Nos paramos frente a una cabaña de tierra, desierta, y empujando la puerta entramos con ansiedad hambrienta con el propósito de prepararnos un desayuno. De repente, T. dio un salto hacia la puerta exclamando:

"¡Caramba! ¡Qué pulgas estas!

Ya podía perdonársele su precipitación; en su vestido cundían los pequeños y rabiosos insectos, y las picadas de unos pocos que se me habían metido en el cuello y en las mangas me convencieron de que yo también estaba lleno de ellos. Olvidamos el desayuno al instante y durante media hora nos convertimos en una especie de bailarines de las Islas Fiyi, con el gran contentamiento de los pequeños y sucios salvajillos que, como siempre, se habían acercado a contemplar a los extranjeros. El termómetro, a la una de la tarde, marcaba 71° F. Poco después de nuestro arribo a las montañas, nos vimos nuevamente envueltos en nubes de una lluvia pertinaz que duró todo el día. Aunque bien pudimos haber llegado a Tegucigalpa antes del anochecer, propuse que hiciéramos una fogata y nos dedicáramos el resto del día a secar nuestras ropas y así evitar el riesgo de un ataque de calentura si continuábamos la fatigosa marcha entre los desfiladeros rocosos por los que seguía el camino.

La aldea está rodeada de pinares que, como ya he dicho, comienzan a una altura cerca de los 2,500 pies y pueblan casi toda la cadena de cordilleras de Centroamérica. En los lugares donde no ocurre esto se ven robles bajos y otros arbustos propios de las tierras de altura. Los pinos de la sierra no alcanzan el tamaño de los del norte, y escasamente pasan de las veinticinco pulgadas de diámetro y de cuarenta a ochenta pies de altura. Son de la especie amarilla y resinosa, y las muestras de cortezas y madera que traje de Olancho y de las laderas del Pacífico compiten favorablemente con los mejores de los Estados Unidos. La piedra caliza [1] de las montañas, apenas cubierta con tierra vegetal, da escaso apoyo a sus raíces. A menudo pasé por millas de pinos arrancados por los vientos norteños, cuyas raíces, al parecer, se habían extendido lateralmente más bien que hacia abajo, prendiéndose entre los intersticios de las rocas y presentando en sus extremos una masa blanca de pasta seca, compuesta de piedra caliza, cuarzo desintegrado y barro.

Estas características se repitieron en las sierras del departamento de Olancho, en donde la región de los pinares se extiende más baja que en la del Pacífico. El pino es, por lo general, de madera fina y saturada de trementina, lo que da origen a grandes incendios en los bosques. A diferencia de los de Norteamérica, los bosques de Honduras son de escaso crecimiento, los árboles se yerguen varias yardas aparte y, por lo común, se ahogan entre malezas. No inspiran al viajero aquella sublime admiración que uno experimenta al contemplar las grandes florestas de los Estados Unidos.

Nuestra permanencia en Nueva Arcadia todo ese día con su noche hubiera sido positivamente incómoda con el frío a no ser por el brillante fuego del ocote, que mantuvimos flameante dentro de la choza a fin de fumigarla y quemar las pulgas. A las diez de la noche, mi termómetro marcaba 60°, que era la temperatura más baja que hasta entonces había experimentado en el país. Un viento helado del este sucedió a la lluvia, que nos hizo envolvernos en nuestras gruesas mantas. Al amanecer ensillamos, y pasando por las faldas del Cerro de Hule, nos detuvimos a contemplar el panorama a nuestros pies que, con las nubes que en despacioso movimiento colgaban de los picos distantes, parecía un océano en plena tempestad.

Dejamos la cima de Cerro de Hule a nuestra izquierda y a varios cientos de pies arriba de nosotros. Estimé su altura en unos 5,000 pies sobre el nivel del mar [2]. La cresta del cerro presentaba una sucesión de tierras planas y de mesetas con un suelo seco pero fértil. Estas tierras evidentemente eran productivas porque se veían pequeñas haciendas diseminadas a todo lo largo de su extensión. Habíamos alcanzado la cumbre de las cordilleras y no pude reprimirme de lanzar una exclamación de alegría cuando vi el curso de los pequeños

---

[1] Salvo que se refiera a las montañas en general, sorprende esta afirmación del Sr. Wells, pues el Cerro de Hule está formado principalmente por masas de andesita y mantos de tobas volcánicas. N. del E.

[2] Cole le da una altura de 4,690 pies ingleses. Ibídem.

riachuelos dirigirse aparentemente hacia el Atlántico. Estos, sin embargo, desaguan en el río Grande, que pasa por Tegucigalpa y desemboca, como el Moramulca, en el Golfo de Fonseca.

Aquí observamos pequeños árboles de guayabas silvestres, cargados de frutas amarillas del tamaño de un albaricoque, que se destacaban entre todos los demás. Su sabor, dulce y aromático, es más que grato. La guayaba se come en todo tiempo. Su sabor es sabroso y apaga la sed; la pulpa es más bien glutinosa pero firme y cuando está en la boca se deshace; las frutas se abren fácilmente presionándolas con los dedos. Se les cultiva en las tierras bajas, donde llega a ser de mejor calidad que cuando crece silvestre en las tierras altas. El árbol es desgarbado, achaparrado y con pequeñas hojas obtusas.

Nuestro rápido viaje a través de este terreno plano e interesante era un agradable contraste con las fatigosas jornadas por las empinadas montañas. El resto del viaje sería ahora cuesta abajo hasta Tegucigalpa, por lo que apresuramos nuestras cabalgaduras en una alegre anticipación del gozo de las comodidades de una vida civilizada. Los llanos se extienden por varias leguas con bastantes árboles y agua, con los mismos productos de las zonas templadas y todo lo que crece en profusión en las regiones del trópico. Aquí vi, por primera vez, que se cultivaban las papas irlandesas; su mercado es Tegucigalpa, donde se compran como una rareza por algunas de las familias ricas. Los cereales se cultivan también en estos llanos de altura. La vista era sorprendente para uno a quien se le había enseñado que Centroamérica era el lugar de nacimiento de las plagas y de las fiebres.

Toda la extensión era de un verde esmeralda, moteada por las cabezas de ganado caballar y vacuno que allí pacían. El canto de los gallos y los muchos ruidos de una vida activa nos indicaban que la escena era de industria y de economía. Pasamos por veintidós pequeñas fincas, cada una de las cuales era el centro de un pequeño campo cultivado y tenía su hato de semovientes, representado por cerdos y aves de corral; no faltaban los gritones mocosos; todo era un contraste agradable con las chozas desvencijadas que habíamos visto desde que salimos de la costa. El aire era fresco y estimulante. Este es uno de los puntos más altos a que habían sido llevados los cultivos de Honduras. Desde aquí el descenso era rápido, el camino bordeando un precipicio de varios centenares de pies de profundidad y ofreciendo un panorama cerril pero extremadamente pintoresco.

Después de una bajada abrupta por un camino de herradura rústicamente construido, llegamos al río Grande. Ya nos habíamos dado cuenta, por el ruido tumultuoso que se percibía desde allá lejos en la sierra, que sus aguas estaban extraordinariamente crecidas. Nos aproximamos al río por una senda zigzagueante hecha en calizas arenosas. Encontramos un profundo río corriendo entre grandes rocas y enormemente acrecentado por las lluvias torrenciales.

Un grupo de porquerizos se hallaba descansando en sus márgenes en la espera de que bajaran las aguas, que en Honduras suben y bajan con marcada rapidez bajo la influencia de las lluvias. T. nos propuso nadar y cruzarlo de parte a parte por uno de los rápidos más suaves para provocar la sorpresa de los nativos y acariciar la posibilidad de llegar a la ciudad antes del anochecer. Nos sumergimos para conocer su profundidad, pero pronto estábamos de regreso; pero mi compañero, que había entrado más y estaba asido a una roca, por poco se suelta con riesgo de ser arrastrado por la corriente. Luchamos contra esta sin resultado y regresamos a las márgenes, cansados y abatidos; los porquerizos reían, y apenas habíamos comenzado a vestirnos cuando una súbita tormenta nos cayó, teniendo que guarecernos en una vecina espesura, bajo un acantilado. Aquí, T., en su apresuramiento espantó un nido de avispas negras, viéndonos obligados a correr de nuevo hacia una choza que estaba a unos pocos centenares de yardas más abajo; los nativos gritaban carcajeándose, y tenían razón ya que nuestro aspecto no era para menos. T. no les dijo a estas gentes que yo era el ministro, por razones obvias. Los muchachos descargaron las mulas y pronto estábamos riéndonos de nuestra aventura. Di gracias de que nuestras asaltantes no hubieran sido las temibles ahorcadoras de las cuales T. me dio una completa descripción. En el trabajo de Conder sobre México y Guatemala, a página 186 se les describe como "una especie de avispas venenosas llamadas 'ahorcadoras' porque el singular remedio que se cree único para contrarrestar los fatales efectos de su aguijón es el de sumergir al paciente inmediatamente en el agua, o el de apretarle el cuello como lo haría un ahorcador, hasta dejarlo casi exhausto". La dueña de la choza nos preparó una aceptable comida, y pocas horas después, habiendo bajado el río, ensillamos e hicimos nuestra salida final hacia

Tegucigalpa, donde el presidente y funcionarios del Gobierno se habían establecido desde hacía varias semanas [1].

De aquí, la distancia a la ciudad es de tres leguas. A cada vuelta del camino encontrábamos pruebas de la vecindad de un pueblo floreciente. Patachos de mulas cargadas con productos del país pasaban tranquilamente hacia el mercado. Casas de campo bien dispuestas, entechadas con hojas de palma o rústicamente entejadas se veían a lo largo del camino, que ahora era plano y bien construido. Hombres a caballo que regresaban a la ciudad de visitar alguna finca de los alrededores, galopaban alegremente y echaban un segundo vistazo a nuestra pequeña y descolorida cabalgata. Peatones llevando cargas de legumbres y de frutas sobre sus cabezas nos daban el imprescindible "¡Buenas tardes, caballeros!", mientras pasábamos. La región parecía hallarse próspera y feliz y casi inadvertida de los disturbios políticos que caracterizan su historia. Con la excepción de los hombres a caballo, todos los demás que vimos iban "sin zapatos".

Mientras caminábamos por una pequeña colina, T. llamó mi atención hacia un claro en los árboles a través del cual obtuve mi primer vistazo de Tegucigalpa, situada en la extremidad noroeste del extenso llano, conocido con el nombre de "El Potrero". El sol acababa de salir tras un banco de nubes cargadas y las torres blancas y los campanarios de la ciudad brillaban en la tarde a la luz del sol. Un magnífico arcoíris tendía su comba en el valle y el verdor de las montañas adyacentes, mezclado con los tintes purpúreos del declinante día, aumentaba el encanto del paisaje, inseparable de estas recónditas reliquias de los mejores tiempos de España. Continuamos nuestro viaje por una sabana adornada de flores y moteada de cactus. A intervalos echábamos un vistazo a la ciudad por entre el follaje; el crecido número de personas nos hacía ver que era día de fiesta, y mientras más nos aproximábamos al lugar, el tañido de las campanas nos llegaba débil y musical a través de la brisa. El llano por el cual nos acercábamos a la ciudad es árido y seco durante la estación del verano. Aquí, el general Cabañas con doscientos hombres fue derrotado en 1838 por ochocientos guatemaltecos. [2]

---

[1] El asiento del Gobierno era Comayagua.

[2] Se refiere a la acción del Llano del Potrero librada el 31 de enero de 1839, ganada por el coronel Manuel Quijano con fuerzas muy superiores a las de Cabañas. V. **Datos Históricos y Geográficos sobre el Municipio de Comayagua**. Tegucigalpa, 1900, p. 35.

Llegamos ahora al río Guacerique, que fluye lentamente por un terreno plano y desagua en el río Grande cerca de la ciudad. Este río lo vadeamos fácilmente y en la ribera opuesta nos encontramos con varios ciudadanos a caballo, quienes al ver a T. (yerno del general Morazán) lo rodearon y cambiaron saludos con él. Cuando les fui presentado se volvieron formando una especie de escolta triunfal. En alegre galope arribamos a la pequeña ciudad aledaña de Comayagüela [1]. Tiene esta distinta jurisdicción de la de Tegucigalpa, y hallándose situada románticamente, por las tardes es el punto de reunión de los ciudadanos. Llegamos y cruzamos por el puente de piedra que atraviesa el río a la entrada de la ciudad. El río Grande aumentado con las aguas del Guacerique y las del río Chiquito, baja del parteaguas divisorio entre Yoro y Tegucigalpa y cae al río Nacaome [2]. El puente tiene diez arcos y los estribos terminan en filo para desviar la fuerza de las aguas; el viejo puente que construyeron los españoles fue arrastrado en 1830 [3] después de lo cual, se me dijo, el actual fue construido por trabajadores de Guatemala. Aquí es donde comienza la ciudad de Tegucigalpa.

Entramos por una calle pavimentada bordeada de casas bonitas de piedra y adobe revocado, y las paredes pintadas de azul, rojo, crema o blanco según el gusto de sus propietarios. Los balcones con rejas; estrechas y herbosas las aceras; los techos entejados, los patios empedrados, el estilo peculiar y sencillo de la arquitectura, el grito de los vendedores ambulantes, el despliegue ecuestre y los rostros de ojos negros, con mantilla que contemplan indiferentes desde las residencias frías como prisiones, me hicieron recordar más a La

---

[1] Oficialmente se llama **Villa de Concepción** y gozaba de los privilegios que a esta clase de poblaciones correspondía, según decreto de 23 de junio de 1849. Elevada a la categoría de ciudad por otro decreto del Congreso de 10 de abril de 1897 se le restituyó el antiguo nombre de Comayagüela. V. **Datos históricos** cit., pp. 159 y 170.

[2] Es una confusión decir que el río Grande cae al río Nacaome. N. del E.

[3] La construcción del puente se proyectaba desde el año de 1789, pero no se resolvió definitivamente hasta en 1817, siendo Alcalde Mayor D. Simón Gutiérrez. Sucedió a este el Lic. D. Narciso Mallol, quien ya encontró acopiados los materiales e impulsó los trabajos a tal grado que en 1819 casi estaba concluida la obra. El 23 de octubre de 1822, una avenida del río Grande derribó dos de los ocho arcos que entonces componían el puente; emprendida su reconstrucción no fue terminada hasta en 1832. Una nueva avenida del río dividió el puente en tres partes el 12 de octubre de 1906, volviendo a reconstruirse durante la administración del Gral. Miguel R. Dávila. V. **Revista del Archivo**, t. III, p. 117.

Habana que ninguna otra ciudad que yo hubiese visto en Centroamérica. La falta del eterno estrépito de las cornetas y los tambores y la ausencia de los volantes de Cuba, sin embargo, pronto destruyeron en mi imaginación el parecido.

Todas las calles de Tegucigalpa tienen nombre, y la ciudad me impresionó a primera vista como una excepción a las consabidas ciudades centroamericanas, arruinadas y de apariencia desierta. Esta es el cuartel general de la moda y de la elegancia en Honduras. Mis cartas de presentación más bien eran fuente de perturbación, porque al primero a quien yo me presentara, en cumplimiento de la costumbre establecida me consideraría como su huésped durante mi permanencia.

Del grupo de ellas, finalmente, seleccioné una del presidente Castellón para el hospitalario señor José María Lozano [1], uno de los más ricos vecinos de Tegucigalpa. T., que era sobrino del señor, aprobó mi elección y nos encaminamos hacia la Calle de Morazán [2] contestando mi compañero los atentos saludos que le daban de todos lados. Entramos a la calle pavimentada, y más adelante, por la ventana de la sala, con rejas, vimos por un momento, y desaparecer luego, las cabezas de dos señores ya de edad. Al rato, el propietario de la mansión salió a la calle y estrechó afablemente la mano de mi compañero. Tan pronto como fui presentado, la casa con todo su contenido fue puesta "a mi disposición".

¡Cuan grata para nuestras piernas adoloridas y para nuestras sienes ardientes fue la quieta frescura del corredor de la residencia de don José María! Habiéndonos quitados nuestra sucia y húmeda ropa y cambiado por otra presentable, nos echamos placenteramente en las cómodas hamacas a gozar de un tiste y de la agradable conversación de la niña Teresa. Como T. me lo había asegurado, hallé que mi nombre me había precedido y los visitantes que ocuparon mi tiempo hasta por la noche insistían en llamarme "doctor" y ponían sus casas a mi orden. Desde hacía tiempo que había aprendido el estilo formal

---

[1] Don José María Lozano, casado con doña Tomasa Travieso y abuelo paterno de D. Julio Lozano Díaz.

[2] "Calle del Jazmín o de Morazán" se le llama en la escritura autorizada por el juez de 1ª Instancia del Departamento de Tegucigalpa el 31 de enero de 1878, relativa al traspaso de la casa donde actualmente se halla la Biblioteca Nacional. Probablemente se llamó de Morazán por estar en la misma calle la casa que, estando en construcción, compró D. Eusebio Morazán a D. Antonio Pío Ortiz el 12 de junio de 1795, la misma donde el general Francisco Morazán pasó su niñez y juventud.

que se usa en el país, y con un cambio de cigarros y dejando repetidamente mi hamaca para corresponder los muchos saludos, estábamos sinceramente satisfechos cuando llegó la hora de dormir.

CAPÍTULO X: ENTREVISTA CON EL GENERAL CABAÑAS

Entrevista con el presidente Cabañas. – Aspecto personal. – Su opinión sobre Olancho. – Pasado y presente de Tegucigalpa. – Iglesias. – "La Parroquia". – Serenata. – Escenas domingueras. – La plaza del mercado. – La mañana. – Menú. – Licores. – Chocolate. – Pan. – Papas. – Modales en la mesa. – Sirvientes. – Estilo arquitectónico. – Cortesía en las visitas. – Flores y jardines. – Pájaros. – Mezclas. – Celos de los negros. – El Partido Liberal. – La salud de los nativos. – Correos. – Diversiones. – Pereza citadina.

Durante los pocos días que estuve cambiando visitas y entregando cartas de presentación, tuve la oportunidad de estudiar el carácter y los hábitos de este pueblo aislado, en el cual ya había hecho varias valiosas amistades. Decidí ahora exponerle al presidente Cabañas el objetivo de mi visita a Honduras. Yo tenía noticia de que él comprendía mis puntos de vista, y que había expresado su intención de favorecerlos.

Al saber que el presidente estaría desocupado a las diez de la mañana, fui con T. a la Casa de Gobierno, situada en la margen norte del río, y viendo directamente hacia el puente. Un centinela estaba a la puerta y presentó armas cuando pasábamos hacia el corredor interior, pavimentado con losas cuadradas y al cual daban varios apartamentos ocupados por oficiales militares y civiles. La casa era la más espaciosa y de mejor aspecto que hasta entonces había visto. En el patio de abajo crecían varios hermosos árboles. Unas gradas de piedra conducían de este patio a varios cuartos de la segunda planta; la casa era de alto y era cuidada con especial interés, pues había sido antes propiedad y residencia del general Morazán, que era nativo de Tegucigalpa [1].

Yendo por el corredor vino a nuestro encuentro un sirviente, que con especial cortesía nos condujo a un apartamento amplio y

---

[1] La vieja casa de dos pisos que se alzaba en la esquina suroeste de la manzana donde ahora se yergue el moderno edificio del Banco Central de Honduras, perteneció a D. Dionisio de Herrera; pero no puede descartarse la posibilidad de que el general Morazán residiera en ella alguna temporada.

agradablemente fresco; el lado occidental de este se abría, por dos grandes puertas batientes, hacia un balcón, desde donde la esposa del general Morazán (hijo del ex presidente de Centroamérica) contemplaba el paisaje [1]. Ella saludó con toda cortesía, y justamente terminaba de darme la bienvenida a Honduras desando que mi empresa tuviera éxito, cuando un ayudante nos anunció que el señor presidente tendría placer en recibirnos.

Una cortina de damasco rojo, descolorida, colgaba de lado a lado, y servía para separar la oficina de la sala. Fue descorrida y, cruzando entre sus amplios pliegues, entramos a un pequeño gabinete. El mobiliario consistía en no pocos escritorios repletos con expedientes, una gran mesa y escaso número de sillas, que mostraban su mucho uso. T., que era pariente de él, se adelantó y me presentó al señor presidente. Estaba sentado frente a su escritorio y, cuando entramos, dirigió la vista hacia nosotros. Cabañas en este tiempo tenía cincuenta y dos años [2], pero las zozobras y penalidades de su vida militar habían arrugado sus facciones. Sus compatriotas siempre han tenido una inconmovible confianza en su gestión pública, a la que, aun los peores enemigos de su política liberal, nada le pueden tachar ya que se inspira en los más sanos propósitos. Cuando le agradecí sus gentiles expresiones de bienvenida, tan "antiespañolas" en su evidente sinceridad, sentí que cuando menos estaba frente a un hombre cuya carrera pública no había sido manchada por una sola crueldad o rebajada por un solo acto traicionero o indigno.

Durante la conversación, tuve la oportunidad de verificar los varios informes que sobre su aspecto personal se me habían dado. Su estatura, más bien diminuta, estaba compensada con su esbeltez extraordinaria, y en la plática sus ademanes armonizaban con el juego inteligente de su fisonomía. Es, en verdad, un noble ejemplo de varón, pletórico de tranquila dignidad. Sus ojos son dulces, obscuros e inteligentes. Sus cabellos, otrora color castaño, son ahora blancos y largos, mientras su barba, patriarcal por su longitud y color níveo (la que, de acuerdo con su promesa solemne, no se ha cortado desde la

---

[1] Delos dos hijos varones que se conocen del general Morazán parece que solo uno contrajo matrimonio; el otro, el general José Antonio Ruiz, debe de haber muerto soltero. El autor se refiere, indudablemente, a doña Carmen Venerio Gasteazoro, esposa de D. Francisco Morazán Moncada.

[2] El general José Trinidad Cabañas había nacido en Tegucigalpa el 9 de junio de 1805.

muerte del general Morazán) imparte un interés adicional a la expresión triste de su rostro. Cabañas está cubierto de heridas, que recibió en innúmeros combates, muchos de ellos perdidos en la historia del pequeño teatro de guerra donde ocurrieron, pero casi increíbles por su fiereza salvaje y por la profusión de la sangre derramada.

El presidente recibió mis cartas y expresó hallarse favorablemente dispuesto a la participación del capital y empresas americanas para el desarrollo de los recursos naturales de Honduras. Se refirió a su determinación reciente de enviar al señor Barrundia a los Estados Unidos con plenos poderes a fin de que negociara una extensión de privilegios especiales para los ciudadanos de la América del Norte, y lamentaba el deceso inesperado de su emisario en los momentos en que el objetivo de su misión estaba casi alcanzado. Habló en particular del departamento de Olancho y del famoso río Guayape, y después aconsejó a T. para que me disuadiera de mi proyectada visita, porque sus habitantes, separados del resto de la república por una formidable barrera de montañas, considerándose desde la independencia en 1821 como una especie de entidad democrática autónoma, rehusaban contribuir a los gastos públicos y recibían a los extraños con recelo y sospecha. En verdad, durante esta entrevista, dos veces se manifestó él decididamente en contra de mi proyecto de ir a esa región desconocida de Centroamérica, con cuyos habitantes el Supremo Gobierno había estado reiteradamente en pugna en cuanto a los impuestos decretados para el sostenimiento de la seguridad colectiva y quienes, recientemente, habían llegado a levantarse en armas con el fin de rechazar a los oficiales de reclutamiento. Él, no obstante, admitió que yo, con cartas amplias y explícitas y un grado razonable de prudencia, podría visitar las propiedades de los Zelaya en Olancho, ser recibido cordialmente, y tal vez hasta suscribir con ellos importantes contratos en relación con las célebres regiones auríferas del Guayape. Esto, sin embargo, siendo desde tiempo inmemorial prerrogativa de los habitantes indígenas civilizados de aquella porción del país, podría provocar recelos de su parte. Estos y otros pormenores de información obtuve de Cabañas quien, estoy seguro, habló francamente y con toda sinceridad. Era obvio que su información respecto a aquel punto remoto de Honduras era incompleta. Admitió que nunca había estado allá y vi que este era el caso con todos los jefes militares del Estado, exceptuando el general

Morazán, quien penetró en Lepaguare con unos pocos acompañantes en 1829 y suscribió un pacto con los olanchanos [1].

Como mi primer objetivo era obtener permiso del Supremo Gobierno para hacer exploraciones y comenzar a firmar contratos con los nativos de Honduras, y después el de visitar las regiones auríferas sobre las cuales había oído vagos relatos desde mi llegada al país, no tenía urgencia en dejar Tegucigalpa sin antes hacer el intento de conseguir del Gobierno algunos privilegios esenciales.

Habiendo discutido sobre estos temas, el general se refirió a los Estados Unidos y a la política del Gobierno americano hacia Centroamérica. Sus frecuentes entrevistas con Mr. Squier en Comayagua y Gracias, le habían capacitado para tener un criterio inmediatamente correcto sobre nuestro país. Yo estaba convencido de que Cabañas haría cualquier sacrificio por estimular el capital norteamericano en Honduras. Además de su mediación para que se aprobara la contrata para la construcción del Ferrocarril Interoceánico, él ha hecho todo lo posible, respetando el honor de la nación, por abrir el territorio a la inmigración. Treinta años de incesantes servicios en las contiendas políticas del país, le habían convencido, como también a otros muchos estadistas prominentes de Centroamérica, que solo con la superación, energía e inteligencia de los norteamericanos y lo europeos será que los recursos de estas repúblicas podrán ser desarrollados plenamente. Se manifestó anuente a dar su apoco a toda negociación honorable con nuestros compatriotas, pero oponiéndose de modo implacable a todo intento filibustero contra Centroamérica. Después supe que las noticias del plan colonizador del coronel Kinney habían llegado recientemente a Tegucigalpa y que personas dispuestas a restar confianza a mis proyectos habían influido para que Cabañas me asociara con tal plan. Esto retardó mis operaciones, especialmente con los opositores más virulentos a los norteamericanos en Centroamérica.

Era ya tarde cuando me despedí de Cabañas; desde entonces tengo motivos para guardarle un afecto tal que solo su bondad de corazón y conducta gentil podían haberlo creado.

---

[1] Marure dice en sus Efemérides que el 21 de enero de 1830 "se consiguió la completa pacificación del Estado de Honduras por medio de un tratado que ajustó el general Morazán, con los sublevados del departamento de Olancho en el paraje llamado **Las Vueltas del Ocote**".

Tegucigalpa, aunque no es el asiento del Gobierno de Honduras, es la ciudad más grande y de más importancia en la república. Su población es hoy de 12,000 habitantes [1] y se halla compuesta de una mitad entre "mestizos" y mulatos y otra mitad entre blancos, negros, cuarterones e indios. Los blancos puros están en pequeña minoría. La ciudad, que está regularmente trazada, tiene alrededor de dos siglos de existencia [2] y fue conocida en los días de los primeros colonizadores españoles con el nombre de Taguzgalpa. Desde la independencia, su población ha disminuido debido a la emigración de las familias aristocráticas españolas, cuya riqueza, acumulada con el producto de las célebres minas de plata del departamento, fue repentinamente trasladada a España y La Habana [3]. Con su fuga y el comienzo inmediato de las guerras, que acabaron por menguar las energías del país, la industria minera del departamento terminó. Los negros, que habían trabajado los "minerales" como esclavos, se convirtieron mediante un decreto legislativo en personas libres [4] y los

[1] Según el censo levantado por el Sr. Obispo Fr. Fernando Cadiñanos el año de 1791, el curato de Tegucigalpa tenía 5,431 almas. La **Matrícula de la población de las Provincias de Honduras**, hecha por el gobernador intendente, D. Ramón de Anguiano, figura la Subdelegación de Tegucigalpa con 14,514 almas; y el censo de la Villa de Tegucigalpa, levantado el año de 1821, pocos meses antes de proclamarse la independencia, ascendió a unos 8,000 habitantes. De manera que el cálculo consignado por Wells anda muy cerca de la verdad. V. Vallejo, **Anuario estadístico**, pp. 107 y 128.

[2] El Real de Minas de San Miguel de Tegucigalpa, como primitivamente se llamó esta población, comenzó a poblarse de españoles hacia 1578, con motivo de haberse descubierto ricas minas en su territorio. V. la relación del gobernador de Honduras, Alonso Contreras de Guevara, fechada el 20 de abril de 1582: documento N° 21 de la **Réplica de la Representación de Honduras al Alegato de Guatemala**. Washington, D. F., 1932, pp. 272 y 274.

[3] En la "Relación de la calidad y cantidad de las minas de la Provincia de Honduras", que hizo a Felipe II el alcalde mayor Juan Cisneros de Reynoso a principios de 1581, las actuaciones aparecen fechadas "en el pueblo de Comayagua Tegucigalpa": este nombre compuesto debe haber sido el primitivo que tuvo la ciudad capital de Honduras. **Archivo Indias**, Guatemala, 55.

Diez años después, en el título del terreno **Supelecapa**, aparece escrito el nombre Tegucigalpa exactamente como ahora se usa. **Archivo Nacional de Honduras**.

[4] Por decreto de la Asamblea Nacional Constituyente de las Provincias Unidas de Centroamérica, emitido el 17 de abril de 1824 a propuesta del diputado por Chimaltenango, Presbo. Dr. Simeón Cañas, declarando que son libres los esclavos de uno y otro sexo, y de cualquier edad, que existan en cualquier punto de los Estados federados de Centroamérica: V. Marure, Efemérides, p. 18.

mineros, desanimados con los impuestos, abandonaron sus labores. Los trabajadores de las minas fueron reclutados a la fuerza para las pequeñas luchas entre los Estados. Las minas fueron abandonadas o soterradas a propósitos por sus dueños, que, no obstante, han retenido su derecho sobre ellas, año con año. Con la decadencia en esta rama de la industria, que había servido para sustentar al pueblo, la ciudad decayó también viviendo en una quietud somnolienta de la cual aún no se recobra. Tal es el presente estado de Tegucigalpa, otrora la ciudad minera más importante de la América Central. Sus iglesias grandes sólidamente construidas, y sus residencias particulares, son hoy apenas tristes reliquias de su antiguo esplendor, que atestiguan por sí mismas el deterioro que ha sufrido en un cuarto de siglo de indolencia. Varias minas han sido reabiertas en los últimos diez años y se han reanudado las operaciones, pero los dueños no tienen los medios, la información, ni la energía de sus antepasados, y sus métodos no son sino una débil imitación de los que emplearon los viejos españoles.

Durante mis dos visitas a Tegucigalpa y sus alrededores, en las que gasté casi dos meses, hice gran acopio de notas y extractos de las obras españolas y guatemaltecas relacionadas con la historia de las minas de plata y la condición política del pueblo. El país descrito es uno de cuyos recursos, unidos a un clima templado, son a propósito para atraer la atención de los norteamericanos; y razonable es supone que eventualmente llegará a ser poblado por la raza anglosajona, por el hecho de que nuestras gentes pueden vivir ahí todo el año sin preocuparse por su salud.

Los edificios principales de la ciudad son sus pocas iglesias y viejos conventos, ahora despojados de sus antiguas riquezas, pero que todavía preservan el estilo medio morisco de su arquitectura. La mayoría de ellos ha sido tristemente descuidada. El edificio más grande y más venerable es La Parroquia, que ocupa el lado este de la plaza del mismo nombre, tan solo superado en las cinco repúblicas por las catedrales de León y Guatemala. La catedral [1] de Tegucigalpa fue construida a expensas de un devoto sacerdote de la gran familia

---

[1] La iglesia matriz de Tegucigalpa no tuvo la dignidad de catedral sino hasta la erección de la Arquidiócesis de Tegucigalpa el 2 de febrero de 1916: V. Durón, **Bosquejo Histórico**, p. 201.

de los Zelaya, [1] cuyas ramas se extienden al presente por todo Centroamérica. El único reloj público en el Estado es el que se encuentra en el campanario de una de sus torres. El edificio es elevado y abarca una manzana completa. Del cuerpo del templo se levanta una sólida bóveda; sobre la cúpula se levanta una corona, rematada con una gran cruz dorada. El edificio es de ladrillo cocido fabricado en el país, argamasado y encalado. El exterior se halla adornado con nichos en los cuales se ven santos de bulto y en relieve varias escenas bíblicas [2]. El interior es amplio y está adornado con burdos cuadros de los apóstoles y de la sagrada familia. En el interior se extiende una galería por todo el contorno, en una parte de la cual, el coro, hay un órgano pequeño y maltrecho que emite notas disonantes durante las misas cuando acompaña a los coros.

En la segunda noche, nos despertó un rudo golpear en la ventana de la sala; y, al abrirla, fuimos saludados con un modesto: "¡Buenas noches, caballero!" y, al mismo tiempo, una banda de música, compuesta de una guitarra, un violín, una flauta y un violín comenzó a ejecutar selecciones bonitas de una ópera conocida. La noche estaba estrellada y en calma, y la música, aunque mal tocada, producía un efecto romántico, como si suavemente hiciera eco en los muros de los edificios vecinos iluminados por la luna. El grupo ejecutó varios valses, y, finalmente, me sorprendió oír un remedio del "Old Dan Tucker". El compás estaba adaptado al lento estilo español de la música que generalmente se ejecuta en Honduras, y me quedé boquiabierto. El músico principal de la banda había vivido en la bahía de la Virgen, Nicaragua, y allá, de los pasajeros de California había cogido la tonada.

---

[1] Tegucigalpa debe la construcción de su templo principal a la devoción, celo infatigable y energía de su hijo benemérito, padre José Simón de Zelaya y Cepeda, sin cuyo caudal y concurso decidido no habría podido construirse; pero es justo recordar también que muchos vecinos ayudaron con dinero, materiales o con su trabajo personal: V. **Datos biográficos del señor cura Br. Don José Simón de Zelaya** por el P. Yanuario Jirón. **Revista del Archivo**, t. IV, pp. 747 a 752.

[2] Sobre cada una de las puertas laterales hay dos imágenes, y en el centro las de los siete arcángeles, entre las que se destaca la del patrón San Miguel, colocada en el centro bajo el reloj; los otros arcángeles son: san Gabriel, san Rafael, san Uriel, san Saeltiel, san Jehudiel y san Barachiel. No hay noticia de que la fachada haya tenido también "en relieve varias escenas bíblicas".

El clima de esta región de Honduras no es superado en salubridad por ningún otro de Centroamérica. Podría escribirse un libro ilustrando la calidad pura y balsámica de esta atmósfera de altura.

Durante mi permanencia, la única hora incómoda era temprano de la mañana cuando el aire era siempre demasiado fuerte y cortante. La tabla termométrica que yo llevé en varias partes del país y en varios meses, muestra mejor la uniformidad de la temperatura en esas montañas. En algunos días la lluvia, después de caer con furia tropical, dejaba la atmósfera cristalina y vigorizante, como solo se ve a veces después de una tormenta en el verano, en Nueva Inglaterra. En los días más ardientes es raro que el calor sea opresivo, y en las épocas más frías apenas si se necesita de calefacción para sentirse cómodo. Es a propósito mencionar aquí una tormenta de nieve y granizo que cayó en diciembre de 1848. Jamás antes se había visto nieve en las tierras altas del país, ni nunca el mercurio había bajado al punto de congelación; fue, por consiguiente, lo más sorprendente. Se observó un cúmulo de nubes negras formándose lentamente hacia el noroeste y al centro, a poco más o menos una legua hacia el suroeste de la ciudad. De pronto se obscureció el ambiente con la "caída de hielo", como dijeron mis informantes, y la tierra quedó cubierta con la nieve. Fueron destruidos árboles, plantas y pájaros. El hielo quedó diseminado en un área como de dos leguas cuadradas y en tal cantidad, que se conservó en el suelo por espacio de dos semanas. [1]

Este fenómeno, ocurrido en una zona tórrida, puede incitar a la investigación de los entendidos en la materia y está corroborado por todos los habitantes de la ciudad, pocos de los cuales habían visto nieve. En algunas zanjas profundas, la masa congelada tenía hasta cuatro pies de espesor. Muchos de los granizos pesaban varias onzas. Los señores Vijil, Lozano y Ferrari y muchas otras personas más presenciaron el acontecimiento. Las aguadoras llegaban a la ciudad con pedazos de hielo que pesaban de doce a veinte libras, envueltos en una tela y balanceados en sus cabezas. Se les usaba para enfriar el agua potable. El hielo cayó por espacio de una hora. Se elevaron

---

[1] De este prodigioso fenómeno no existe tradición en Tegucigalpa, ni se conoce relación escrita que lo refiera; y aunque Wells invoca el testimonio de personas dignas de fe, debe dudarse de la veracidad de este hecho, que, de haber ocurrido, habría dejado recuerdo perdurable en la memoria de nuestros abuelos, como sucedió con la célebre erupción del Cosigüina.

plegarias en las iglesias, agradeciendo a los santos su intervención para que la ciudad no fuera destruida por el gran chubasco de hielo.

Las ceremonias de la iglesia católica se observan con una escrupulosa exactitud. Muchos van a la misa por la mañana y el repique de las campanas es el único sonido capaz de despertar a la gente de un estado letárgico tan profundo como el que envuelve el comercio y el tráfico del país. Las procesiones religiosas son cosa de todos los días. Pasan, por lo general, por la calle de Morazán. Aparecen primeramente veinte o treinta muchachos llevando sendas velas encendidas que, si la procesión es para ayudar a bien morir a alguna enferma, son costeadas por su familia. Los amigos y los parientes de la persona enferma siguen, y después de ellos, cuatro frailes llevan un palio de seda protegiendo al cura, que camina al son de una música de violines y un contrabajo. De los bordes del palio salen cintas de seda roja que llevan muchachos vestidos de blanco. Luego sigue una larga fila de señoritas que van repitiendo las plegarias por el alma del moribundo, con una volubilidad curiosa de oír. El barullo de las muchas voces, el canto monótono de los curas y el discordante rasguear de los instrumentos de cuerda, me parecieron suficientes para poder despachar de este mundo a cualquier alma ordenada y bien dispuesta.

Al paso de tales procesiones, toda la familia de don José María se arrodillaba y se unía fervorosamente en las oraciones por el angustiado vecino. Esta reminiscencia de las viejas y exagerados formas del catolicismo está tal vez bien adaptada a un pueblo al que necesario es infundirle un temor reverente hacia las formalidades de la doctrina.

Entre las muchas personas con quienes cambié visitas estaba el señor Cacho [1], ministro de Hacienda, como de sesenta años, bien

---

[1] Fue bautizado en la catedral de Comayagua, ciudad en la que seguramente nació pocos días antes, con los nombres de José María Quintín Onofre el 31 de octubre de 1800, siendo hijo legítimo de D. Juan Nepomuceno Cacho Gómez, regidor perpetuo del noble ayuntamiento de aquella ciudad, natural de Santander en los Reinos de España, y de Da. María Morejón, hija legítima de D. Antonio Morejón y de Da. María Orosia Tablada: V. el expediente de limpieza de sangre de D. José María Cacho, seguido el año de 1816 en la curia eclesiástica, Archivo de la Catedral de Comayagua.

Dice Squier (**Honduras**, p. XXXIV) que después de Valle y Marure, "el único nombre que merece ser mencionado es el de don José María Cacho, como el solo hijo de Centroamérica que ha hecho un trabajo completo sobre el departamento de

preparado intelectualmente, patriota y entusiasta liberal. Este señor, químico y político, es, además, propietario de varias minas de cinabrio en el departamento de Gracias, que con ansiedad deseó que yo visitara. El señor Cacho se inclina fuertemente a favor de la inmigración norteamericana en Honduras, y así me lo expresó en varias ocasiones.

En los días domingos es cuando uno puede ver cómo transcurre la vida en Tegucigalpa. Se considera ese día más como de recreo que de devoción. Las tiendas permanecen abiertas al público y exhiben el surtido de sus mercaderías con el mejor provecho, ya que a los trabajadores se les ha pagado y todo el mundo tiene dinero. Los comercios están bien abarrotados con artículos de todas clases: vino de jerez importado vía Belice a $1.00 la botella y champaña a $1.25. Los establecimientos principales se hallan en la plaza y en las calles adyacentes. Muchos comerciantes son de La Habana, de donde se trae considerable cantidad de mercaderías. Las tiendas de géneros se hallan repletas de los que me parecieron costosos trajes y en cuanto a los artículos para mujer vi casi todo lo que se podía desear; al igual que la tienda de abarrotes del campo norteamericano, tienen toda cosa de fácil venta.

El mercado está pletórico de frutas durante la mañana y temprano de la tarde. Estas consisten, en parte, de limas, naranjas, nísperos, papayas, cocos, limones, bananos, jocotes, higos, piñas y melones que se despliegan en tentadora profusión sobre grandes lienzos de tela, en cueros o en canastas, a lo largo del vestíbulo de las barracas que se encuentran a un lado de la plaza de la parroquia. Con un medio de plata (seis centavos de oro) se puede comprar toda la fruta que uno es capaz de consumir sin enfermarse. Las mujeres del mercado permanecen alrededor, en grupos, y pasan su tiempo platicando unas con otras, o a menudo riendo a carcajadas con los soldados, o con los holgazanes que siempre se encuentran congregados bajo los aleros.

Gracias. Sus breves notas acerca de él, son de grande interés, y puede servir como un modelo que deben seguir sus conciudadanos". Precedida de un **Compendio elemental de Estadística,** escrito por D. León Alvarado, su obra **Cuadro Estadístico del departamento de Gracias**, se editó en París el año de 1857, en once cuadernos, en la Imprenta de P. A. Bourdier y Ca., calle Mazarine. 30: V. R. E. Durón, Efemérides, en la **Revista de la Universidad**, t. VI, p. 112.

El señor Cacho fue secretario general interino del Gobierno de Honduras en 1829 y secretario general en 1854, año en que también fue ministro de Hacienda y Guerra: V. Vallejo, Historia social y política, pp. 409 y 410.

Para gozar de la vida en estas regiones montañosas, uno debe levantarse temprano a fin de respirar la deliciosa brisa de la mañana, cuando el rocío está todavía fresco en las hojas de los plátanos y los empedrados de la ciudad no han recibido el calor del sol. Nada puede superar a las sensaciones del madrugador cuando sale y se encamina con el aire fresco, hacia la plaza; o si le agrada la emoción, cuando va a algún sitio recóndito, fuera de la ciudad, y se agrega al grupo alegre que chapotea en las locas aguas del río. De allí se puede ir a la cumbre del Zapusuca [1], al noroeste de la ciudad, desde donde se domina Comayagüela y las vegas del río Grande. Al regresar, una taza de café o de chocolate, y luego dar un paseo o deleitarse con un libro, o con La Gaceta de Guatemala, hasta el desayuno. Este tiene lugar alrededor de las diez de la mañana, aunque a menudo se demora hasta cerca del mediodía.

El almuerzo consiste comúnmente de arroz cocido y frijoles, ensalada, pan, mantequilla y queso, tortillas, café con leche y frutas, y mientras permanecí en el país raramente varió. En la cena se sirve sopa de fideos, carne asada, ensalada y muchas de las legumbres que en los Estados Unidos son comunes. Además de esto, hay "carne de olla", picadillo de carne, con aceite, arroz y plátanos, "hígado", salchichas fritas en manteca y con ajo, nacatamales, carne cocida, caldo y, por último, arroz cocido en mantequilla y chiles. Las "verduras", acompañamiento imprescindible, son los plátanos, pedazos de ayote y repollo. Estas son las viandas sólidas y corrientes en el país, pero hay, a menudo, sopa de pan y una mezcla de arroz con legumbres cuyo nombre local se me ha escapado. Este es el menú usual en el interior de Honduras. En la costa, a juzgar por un relato dado por Henderson, pág. 134, es más variado y quizás igualmente suculento. En una comida se sirvió a un grupo de ingleses: gelatina verde de tortuga, manatí en salsa curry, sopa de galápago, pastel de carne de lora, venado asado, pecarí ahumado, conejo cocido a la india, hicotea estofada y gelatina amarilla en carapacho. El autor agrega más abajo:

"Nec sibi canarum quivis temeré arroget artem,
Non prius exacta tenui ratione saporum". Hor. Sat.

---

[1] Dice el Dr. Membreño que Zapusuca se llama el "cerro situado al norte de la ciudad de Tegucigalpa, y al pie del cual está la población. Significa en mexicano "lugar de tierra de zorros". Se compone de tlalli, tierra, poçotli, zorro, y can, lugar". **Nombres geográficos indígenas**, p. 116.

El descontentadizo extranjero hallará pocos licores en cualquier parte de Centroamérica. Los vinos, por lo general, son una burla a su nombre. En los días de la dominación española, el cultivo de la vid se prohibió y desde esa prohibición dictada por la madre patria, la vid no se ha vuelto a importar. Los vinos consisten, en su mayoría, de imitaciones baratas traídas de Belice, Trujillo, o de la Bahía de Fonseca, adonde llegan barcos ingleses e italianos. El St. Julián Medoc el Jerez, la Champaña y una variedad de mezclas etiquetadas Elixir d' Amour y con otros nombres parecidos se encuentran en las tiendas. El aguardiente del país es quizás el licor más inofensivo que se pueda tomar en Centroamérica. Los médicos, extranjeros y nativos, recomiendan su uso cuando se viaja. Este, generalmente, se pone en la mesa durante las comidas, en una pequeña garrafa de vidrio y sirve como pousse-café.

El chocolate que se prepara en la América Central es algo parecido al que se importa desde México, pero el método de prepararlo es diferente. Después de un viaje en un día caluroso, no conozco nada más confortable y al mismo tiempo más deliciosamente agradable, que una taza de chocolate de Honduras. Ordené que me fabricaran una caja especial para llevarlo fuera del país y tomé debida nota de cómo es que se prepara. Primeramente, se pone a secar una libra de cacao en grano; se le tuesta teniendo cuidado de agitarlo de cuando en cuando hasta que la cáscara cruje; después se quita esta frotando los granos entre las manos. Luego se le muele en el metate, igual como si se preparara maíz para tortillas, reduciendo la sustancia a una pasta oleosa. Poco a poco se agrega a esta como una taza y media de vainilla, con suficiente canela en polvo al gusto de la persona que lo prepara, y por último se le añade azúcar si se quiere. Cuando, por el continuo movimiento todo queda reducido a una masa espesa, se la derrama haciendo pequeños panes redondos que, después de que se endurecen, cada uno de ellos da dos tazas ordinarias de chocolate, simplemente disolviéndolo en agua hirviente y crema. La parte superior de la taza se cubre con una espuma fragante. Los vapores que viajan entre San Francisco de California y San Juan del Sur, han traído últimamente excelente calidad de chocolate de Nicaragua, pero nunca había paladeado yo nada igual al que se hace a la medida en el oriente de Honduras.

El pan blanco, en pequeños bollos, se vende en las esquinas de las calles o se deja a la puerta de las casas por un pandero que, en pernetas, anda ambulante con su provisión sobre la cabeza. Las tortillas son preferidas por todos y se encuentran calientes y humeantes en toda mesa. Durante la cuaresma, los devotos católicos se abastecen de ostras de la Bahía de Fonseca, de donde las traen en sacos a través de las sierras, y se venden por libras. Estas ostras se comen con papas.

Observé que dos veces a la semana se servían en la mesa papas que don José María, evidentemente, había conseguido como un manjar para mí. Siempre las veía él con orgullo y reiteradamente me invitaba a que colmara mi plato. Eran pequeñas y blancas, pero sabían muy bien con cualquiera de las viandas preparadas. Supe que la patata fue importada en Centroamérica desde el Perú, pero uno de los curas de Tegucigalpa me aseguró que era indígena y que se le podía ver creciendo en estado silvestre en las montañas. Nunca oí que se confirmara este aserto. La patata solo puede cultivarse en las tierras altas. En Santa Lucía, poco más o menos a 4,500 pies sobre el nivel del mar, vi un pequeño campo sembrado de patatas del cual, en marzo, se suplen varias familias de Tegucigalpa. Se venden a medio (seis centavos). La patata se siembra inmediatamente después que las lluvias han humedecido suficientemente la tierra para podérsela arar. El método de cultivo es una burda imitación del que se emplea en la América del Norte. Los tubérculos crecen rápidamente en los terrenos de bajío. En las montañas de Guatemala también se cultivan y desde muchas leguas de distancia se las transporta a lomo de mula. Un día, en la mesa me aventuré a asegurar, con toda la indiferencia que podía fingir, que las patatas en California pesaban tres libras (que no es un tamaño excepcional). Don José María miró alternativamente los mables vegetales en el plato que estaba entre nosotros, y luego a mí, con una sonrisa incrédula, pero recordando inmediatamente la cortesía del anfitrión, lo aceptó con un movimiento de la cabeza. Era obvio que él tomó lo que dije como un mero cuento de camino real.

En la mesa, por lo general, se observan maneras tranquilas y siempre corteses. Raramente se produce la hilaridad durante las comidas. Después de comer viene el café, las jaleas o las frutas en conserva y una variedad de confituras azucaradas. Se brinda a la salud del señor y de la señora de la casa, como en todas partes, con el primero vaso de vino o de cualquier otra bebida. Es difícil conseguir sirvientes en la democrática Honduras, en donde todo individuo sano está expuesto a que lo agarren para soldado. Los pocos que se pueden conseguir son torpes y necesitan meses de adiestramiento para hacérseles útiles. La preparación de los alimentos se lleva a cabo en un pequeño edificio de adobe detrás de la casa de habitación y en una hornilla hecha de barro a la cual se le llama fogón.

La mayoría de los nativos de Honduras viven en la planta baja de la casa. Si uno pregunta la razón de esto en Nicaragua aprende que es por temor a los temblores, pero en Honduras es porque los antepasados construyeron de esa manera, siendo toda innovación desagradable para el español. El apartamento principal llamado sala sirve como cuarto de recepción y es donde la familia pasa la mayor parte del día "haciendo nada" en la mañana y, como un amigo mío me dijera una vez, se sientan en la ventana por la tarde y por la noche ¡para descansar de las fatigas de la mañana! El corredor, a menudo, se extiende alrededor de la casa y la parte trasera da hacia un patio empedrado que, por lo general, contiene varios árboles frutales y se halla rodeado por muros altos de adobe protegidos con tejas. La cocina está a un lado y el establo al otro. Todas estas pequeñas construcciones están siempre blanqueadas con esmero. El orgullo del español se traduce en tener una inmensidad de pecheras limpias y su casa recién pintada.

El dueño de la casa recibe a sus visitantes cuando estos entran, y al despedirse les acompaña hasta la puerta llevándoles su bastón y su sombrero. Si uno es especialmente bienvenido, o si la visita se considera como un honor, el anfitrión lo acompaña por todo el corredor hasta la puerta de la calle, y debe uno considerarse feliz si logra hacer el saludo final y dice el último "¡Adiós, señor mío!", porque no importa cuántas veces lo repita, don Fulano considera un baldón a la etiqueta si no dice él la última palabra al despedirse. Yo experimenté esto a menudo y declaro que jamás pude ganar una victoria verbal a mis anfitriones.

Las residencias de las clases más acomodadas son limpias y frescas; tienen preciosos jardines en la parte posterior adornados con bonitas flores y con pájaros en jaulas de madera. La floricultura no es práctica, por lo general, y en las tierras altas uno rara vez se encuentra con flores silvestres del tamaño y belleza que debe esperarse en los trópicos. La naturaleza parece haber reservado sus colores más espléndidos para el plumaje de las aves y ha compensado así su ausencia en el reino de las flores. Los jacintos, las rosas, los claveles y las madreselvas, blancas y azules, se ven a menudo, y las últimas con frecuencia alcanzan tal frondosidad en estado silvestre, que ahogan e impiden el crecimiento del maíz, por él trepan y florecen.

Entre las aves de Tegucigalpa y sus alrededores vi guacamayas, cardelinas, verderones de pecho moteado, cardenales, tordos amarillos de soberbio plumaje, loros y otras más. Algunas de estas no son corrientes en las tierras templadas del interior, pero se traen desde sus nativos llanos de la costa. Hay también una muy bonita especie de zorzal anaranjado con pecho negro [1]. El ave del paraíso, o una que mucho se le parece, se encuentra en Guatemala y en Honduras y se le mata por la maravillosa belleza de sus plumas. Es el quetzal (Trogons Resplendens) y que en Honduras se llama a veces "paloma real" por su parecido a la paloma. Todo su cuerpo es de un color rojo pálido, la cabeza tiene un tono más oscuro y las alas de un verde metálico brillante. La cola de este espléndido pájaro tiene siete plumas, que alcanzan una longitud de poco más o menos tres pies. Un ejemplar, según supe, fue exhibido en la Exposición Universal de París en 1855, mas, con esa excepción, creo que esta rara criatura no es conocida de los ornitólogos. Lo mismo puede decirse de muchos otros vistosos habitantes de los bosques del interior de la América Central.

El sistema de mezclar las sangres que se ha introducido en Honduras durante los últimos treinta años casi ha borrado la línea divisoria entre los blancos y los negros. Esto es, quizás, la mayor desgracia que ha podido sobrevenirle al país. La mezcla de los vástagos del negro, del blanco y del indio ha perpetuado en esa república una raza que recorre la gama de colores del chocolate al crema. Se puede ver en raras ocasiones un blanco entre los descendientes de las viejas familias aristocráticas de España que, celosamente, han evitado matrimonio con indios o con negros, pero estos casos son excepcionales y con el actual aumento numérico de las otras razas, pareciera que se contempla la exterminación eventual de la raza caucásica con un resignado desaliento.

Después de la independencia, los blancos puros descubrieron entre los negros y las razas mezcladas un creciente recelo por su inteligencia superior. Estos últimos, sin embargo, vieron con satisfacción la caída del régimen español y el establecimiento de la república, con lo cual anticiparon una influencia inmediata de riqueza y tranquilidad y un cambio hacia lo mejor, no diferente del que

---

[1] La "chorla".

perseguían los revolucionarios de Francia en 1848. El cambio repentino dio nacimiento a los partidos Liberal y Conservador; el primero abogaba por el establecimiento de una confederación de Estados Centroamericanos; y el último, compuesto por los restos de las viejas familias españolas, por el mantenimiento de gobiernos separados para los Estados. Tuvieron estos la ayuda de los pequeños aspirantes al poder en las varias secciones y del clero que, todopoderoso y contando con la eficaz arma de la iglesia, mantuvo en terror a las multitudes supersticiosas, determinando a sostener las pocas familias ricas del país, como el mejor aliado para mantener a la iglesia en su poderío original. Los liberales, por lo general, han sido seguidos por las masas del pueblo llano, mientras que los conservadores o "serviles" como se les ha llamado, se han enforzado en ganarse al pueblo, propiciando el aumento de las razas india y negra y excitándolas contra los blancos.

Estos problemas, causa real de las guerras interminables entre los Estados, se han agravado tanto últimamente que, dentro de pocos años, deben decidirse por uno o por otro partido. La serie de acontecimientos en Nicaragua, en donde se han enganchado aventureros norteamericanos en la causa liberal, está tal vez destinada a definir la cuestión de castas más rápidamente de lo que de otro modo podría haberse logrado en muchos años. Han ocurrido hechos en los dos últimos años que materialmente han alterado la situación de las cosas, y las familias que antes eran las más interesadas en reclutar negros e indios para sus feudos de muerte, ahora se hallan atemorizadas de que el creciente número de esos elementos las eclipse y las extermine, a menos que la entrada de gente de la raza más potente de los norteamericanos pueda contrarrestar el número creciente de los negros. Pocas familias han escapado a la mancha de la mezcla. En el clero cada año se incorporan más negros y estos ven con recelo no disimulado la inmigración o avance de los norteamericanos en cualquier parte de Centroamérica. Los sacerdotes de color hostilizan todo esfuerzo hecho por los liberales para estimular la inmigración de extranjeros.

Los grandes liberales del país han muerto, han sido asesinados o se gastaron en una lucha sin esperanza. Valle, Morazán, Bustillo, Barrundia y Molina murieron casi a la vista de la tierra prometida. Quedan ahora Cabañas, Cacho, Mejía y otros pocos más, cuyos esfuerzos por el restablecimiento del viejo partido liberal y la unión de los Estados Centroamericanos sobre la base del ideal morazánico han sido la causa de su persecución y expatriación.

Con la decadencia del partido liberal, la raza negra gradualmente está ganando terreno en Honduras. Ni siquiera se pueden conseguir sirvientes negros, porque su clase rehúsa emplearse donde se requiere trabajo manual. En uno o dos casos los extranjeros llevaron sirvientes de color cuando fueron de viaje a aquel país, pero luego cayeron estos en los hábitos indolentes de los negros que les rodeaban y se convirtieron en "caballeros", abandonando a sus patronos. El extranjero que tiene a su servicio un excelente sirviente de esa raza puede así, de repente, quedarse sin él, porque de simple Bob Long llegó a convertirse en don Roberto Longorio, que se codea con muchos de los caballeros pardos que le rodean, siendo superior a casi todos ellos en inteligencia y, además, por haber viajado y ser extranjero. Y es más que probable que uno sepa, más tarde, que don Roberto se refocila en las primeras mansiones de la ciudad. Hay, sin embargo, varias familias negras de gran responsabilidad, miembros de las cuales ocupan asiento en el Congreso Nacional. Precisamente fue uno de estos el que, cuando el contrato para la construcción del Ferrocarril Interoceánico pasó a conocimiento del Senado, objetó todo el proyecto, aduciendo que la entrada al país de los norteamericanos sería la señal de la caída de la raza de color.

En cuanto a la salud y robustez de las personas, el nativo de Honduras, aunque por lo general de buenas carnes y bien formado, no está físicamente capacitado para soportar los efectos agobiantes del clima, como bajo las mismas circunstancias lo estaría un norteamericano. Esto proviene principalmente de la dieta de frutas y aguachirle de las clases más pobres, imposibilitadas para comprar carne, a excepción de los grandes distritos ganaderos de Olancho, en donde es el principal alimento. No obstante, son los soldados más pacientes y sufridos del mundo que, como en tiempos de Morazán, viajaban veinte leguas al día atravesando montañas y subsistiendo de plátanos cocidos. Los mensajeros y correos del país "trotan", en caites, veinte leguas diarias en todas las épocas. Yo encontré a menudo a estos hombres en los pasos solitarios de las sierras, con un pequeño maletín de cartas atado a sus espaldas moviéndose rápidamente en una marcha entre paso ligero y carrera abierta. Son siempre robustos y bien desarrollados, debido a su constante ejercicio.

El sistema de correos-peatones data del tiempo de los primeros españoles. Un correo, sea particular o del Gobierno, recorre el país sin ningún riesgo de ser aprehendido o de sufrir cualquier otro impedimento. Su oficio es casi sagrado y a quien lo estorbe se le tiene como ofensor del bienestar público. Prácticamente todos son honrados. No existe una sola constancia de que un correo-peatón haya robado a su empleador, o haya entregado a persona extraña las cartas que se le confiaron, a menos de que haya sido asaltado e interceptado por una fuerza del enemigo [1]. En tales circunstancias tienen ellos métodos muy diestros para esconder los despachos y documentos, que solo ellos saben. Conocí un correo que salió de Tegucigalpa con correspondencia para Cojutepeque, El Salvador, que llevó a cabo su comisión y regresó con una respuesta, en cinco días. Es el único medio de posta en todo Centroamérica. Pero la mayor parte de la población de Honduras es descuidada e indolente, que no valora el tiempo y no hace ejercicio, a no ser montar a caballo y, en consecuencia, son flojos y débiles de constitución.

A pesar de la tranquilidad de la vida en cualquier ciudad de Honduras, para un extranjero siempre hay algo de que gozar. En la mesa, mi asiento había sido colocado cerca de una ventana enrejada, a nivel de la calle y, de repente, me volvía al oír una conversación formal y un resuello contenido cerca de mí. La ventana estaba bloqueada por rostros morenos, rojos y negros, escuchando anhelantes al extranjero y comentando entre sí todos mis movimientos. Varias veces reí sin reserva cuando los pequeños gandules celebraban nuestras ocurrencias con un grito de alegría y metiendo sus narices, cual monitos, a través de los barrotes de la ventana. Pero estas escenas se vuelven rutinarias y pierden interés a las pocas semanas. Las brisas ondulantes y balsámicas del campo pronto sacian el apetito de un norteamericano. La eterna calma, las calles vacías que desconocen desde los días de Alvarado el ruido de una carreta, la creciente hierba en las cunetas empedradas, los altos

---

[1] A fines del siglo pasado, los hondureños todavía gozábamos de esta honrosa fama: "Hay numerosos individuos del pueblo que se dedican a servir de correos libres, sin estar sujetos a matrícula ni inscripción y a quienes puede confiarse cualquier cantidad para transportarla a cualquier distancia, y hasta hoy no se ha dado el caso de que el correo se le haya apropiado o que haya sido robado en el camino, porque aquí no hay salteadores". V. **Breves noticias sobre Honduras**, por M. Lemus y H. C. Bourgeois. Tegucigalpa, 1897, p. 35.

muros de adobe y los tranquilos jardines, el repique lento de las campanas en las iglesias llamando a misa, la mirada cabizbaja de los peatones o la indiferente del tendero sentado indolentemente en su mostrador mientras uno pasa, y la total falta de estímulo, antes de mucho tiempo debía aburrir a un hombre como yo, cuyo ánimo estaba acostumbrado al ímpetu precipitado de los acontecimientos de California y al trajín febril de Broadway.

CAPÍTULO XI: "POR EL AMOR DE DIOS", DICEN LOS MENDIGOS

Preparativos de viaje. – Caballeros. – El Puente. – Escenas en el río. – Modales en público. – El juego. – Mendicidad. – Sastrería. – Cabañas a caballo. – Una visita al cuartel. – Academia Literaria de Tegucigalpa. – Un examen. – Baile en la alta sociedad. – Un bautizo. – Una visita al cuño. – Una guerrilla en Honduras. – Pescando en el río Grande. – Encuentro con un norteamericano. – Arquitectura. – Mobiliario. – Las mujeres de Honduras. – Cambiando elogios. – Diversiones públicas. – Juego de gallos.

Los preparativos de un viaje en Honduras se atienden con todas las ceremonias de los viejos tiempos. El asunto se discute por una semana y el novato, después de saber que la proyectada partida será la mañana siguiente, ve al supuesto viajero una semana después vagando todavía por las calles o meciéndose tranquilamente en su hamaca, y al fin se convence que proponer y hacer son cosas enteramente diferentes en Centroamérica. Una persona que tenga intención de viajar a un lugar distante del país frecuentemente demorará su salida varias semanas por cualquier cuestión insignificante, como en "día de fiesta" o por esperar a un amigo que le acompañe en el camino.

Varios salvadoreños dispusieron salir cierto día para San Miguel, y deseando yo enviar allá varias cartas, me apresuré a escribirlas y sellarlas a la hora debida, para entregarlas al animado grupo, cuyos movimientos indicaban que saldrían temprano a la mañana siguiente. Dejé mi paquete y cambié un formal adiós con todos ellos; mas, al día siguiente los encontré platicando indiferentes en diversas tiendas de la ciudad. Cuatro semanas después decidieron por fin salir, habiendo ocupado al ínterin en hablar sobre el probable estado del camino, la última revolución y el tiempo.

Una mañana muy temprano, cuando regresaba de tomar un baño refrescante en el río, observé que había un movimiento inusitado en la Calle de la Concepción [1], y al aproximarme vi a mis amigos ya montados y listos para emprender su viaje. En la puerta de una tienda estaba el canoso don P., viendo el cortejo. Un grupo de holgazanes, atraídos por el ruido de las pisadas de las cabalgaduras en los empedrados, se pusieron en todas las actitudes a contemplar la escena de los preparativos. Una docena de mujeres vestidas con trajes ligeros y cubiertas con mantillas, atisbaban ansiosamente desde las ventanas circunvecinas y cambiaban silenciosos adioses con los amigos o novios que partían. Las estrechas aceras se hallaban repletas de personas conocidas, casi todas fumando sus cigarros y en marcado contraste con una escena similar entre franceses, donde el ruido hubiera sido ensordecedor. Aquí todo era sosegado y apacible. Había ocho caballeros, cada uno montando una andadora, que valdría por lo menos $150.00. Los arreos eran de plata y varias bridas y gamarrones tenían de adorno chapas de plata virgen martillada, sostenidas por correas de cuero. Cada quien, al montar, lo que hacía de un solo impulso y con la mayor gracia, se pavoneaba por la calle un momento para demostrar el brío de su animal; inclinarse ante las damitas; luego se colocaba su sarape ceñidamente alrededor del cuerpo, pero sacando una mano cerca del pecho para permitirse el libre uso del cigarro encendido, uniéndose después al grupo de los demás jinetes.

No hay gente que monte a caballo mejor que los hondureños; obligan a una mula a andar con paso gracioso y agradable, cuando un novato apenas sería capaz de hacer que la bestia lo llevara sin provocar una carcajada general. Cada jinete tiene su sirviente de viaje, que monta en un macho fuerte y sigue a su amo cual otro Sancho Panza. Cerca de una hora transcurrió en el cambio de saludos y de frases de "buen viaje", cuando a la voz de un joven enérgico y vivaz, al parecer el jefe del grupo, salieron todos despacio fuera de la ciudad, cada uno empeñado en exhibir algún rasgo peculiar de su equitación, en el cual el sable brillante o la funda adornada de plata de la pistola, se veían parcialmente, protegidos en los pliegues del sarape. Bailar y montar bien a caballo es parte de la educación en Centroamérica; no sobresalir en ambos deportes es la excepción a la regla.

El panorama que se contempla desde el puente que cruza el río Grande, es interesante para un extranjero. Desde allí se puede ver un poco de la vista de Tegucigalpa. La mayor parte de las frutas y

---

[1] Debe ser la misma que actualmente se conoce con el nombre de Calle Real o segunda avenida de Comayagüela.

provisiones de las montañas circundantes y de los llanos bajos más allá de Comayagüela, es traída a la ciudad por ese puente. El puente tiene diez arcos, y sobre él hay una calzada de cuatro varas de ancho y cien de largo. Está construido de arenisca, que se trabaja fácilmente y se endurece cuando se expone al aire. La balaustrada, que tiene cuatro pies de alto, es de piedra tallada [1]. Toda la estructura es sólida y decididamente hispana. Se levanta a cuarenta pies sobre el lecho del río y es de suficiente resistencia para admitir el paso de un tren de carretas.

Generalmente sopla una brisa fresca que llega desde las montañas que dominan el valle. Abajo, las aguas están animadas con los bañistas, tanto en la mañana como en la tarde, gritando y sumergiéndose en las ondas; algunos llegan con mulas para bañarlas y darles agua o meten sus caballos a las partes más hondas y nadan montados en los lomos de los animales. Aquí una multitud de chiquillos se tira en la rápida corriente como si fueran de las islas Sándwich; allá un viejo decrépito, que más parece mandril que un ser humano, acuclillado en una piedra, pausadamente se echa agua con un huacal. En media milla hacia abajo del puente la mirada se encuentra con grupos de bañistas, de ambos sexos, lanzándose en las espumas, combinando sus gritos alegres con el ruido murmurante de las aguas.

La rara presencia de un extranjero en Tegucigalpa hace de este objeto de especulación y notoriedad mientras cruza por las calles. Contestar los numerosos saludos y los "Buenos días, caballero" es, para un norteamericano, fastidioso y al mismo tiempo entretenido. Costumbres que en cualquier otra parte del mundo se calificarían como impertinentes, aquí son hábitos corrientes del lugar y deben pasarse por alto. La gente tiene la costumbre de pararse cerca cuando uno está conversando con un amigo a fin de escuchar, de buena fe, sus palabras. En varias ocasiones, cuando yo intentaba mirar fijamente a los entrometidos para advertirles de su impropia actitud y requería de mí mismo todo mi "hauteur" para la ocasión, los veía, más bien, lisonjeados al notarlo y tal vez sonriéndose con íntima satisfacción. Está en su manera de ser, pensaba yo, y de ahí que no intentaba privar a estos holgazanes callejeros de esta su prerrogativa,

---

[1] El puente Mallol, tal como Wells lo conoció, se aprecia bastante bien en las magníficas ilustraciones que enriquecen el **Primer Anuario Estadístico** por el Dr. Antonio R. Vallejo. Tegucigalpa, 1893, pp. 41 y 44.

consagrada por el tiempo. Aislados del mundo y con escasas noticias del exterior, cualquier pequeña información se considera por ellos como de propiedad pública.

Los habitantes, aparte de los miembros dignos y en extremo corteses de las viejas y ricas familias, muestran una extraña combinación de urbanidad, sencillez, sutileza y desfachatez y, sobre todo, una indescriptible indiferencia en sus rostros, que confunde al extranjero hasta que a este, por fuerza de la costumbre, se le hace familiar; se paran a espiar dentro de las ventanas para escudriñar a uno en el acto de vestirse, y al encontrarse con los ojos de uno, se vuelven y hacen una reverencia digna de un Chesterfield; ponen sus hogares y todo lo de ellos a nuestra disposición, pero están prestos a redondear al siguiente ´día cualquier negocio leonino a costillas de uno; y así hasta el fin. Como todos los españoles o mestizos españoles, son grandes tahúres, y si muchos se han arruinado por este vicio, pocos escapan de su influencia. Esto les viene de sus ancestros; y en relación con los hábitos de pereza en un gran sector de la clase media, debemos estar menos dispuestos para censurarlos, por el hecho de que las frecuentes revoluciones destruyen todo estímulo de mejorar la agricultura y no habiendo entretenimiento público alguno, es verdaderamente natural que caigan en la tahurería, que es uno de los pocos pasatiempos en el país. A menudo vi hombres descamisados quienes me fueron señalados como víctimas de este vicio, hombres que en otros tiempos se hallaban catalogados entre los más ricos de la vecindad. En descargo de Honduras debemos decir que el juego que se lleva a cabo allí no es una pizca más del que se practica en las otras repúblicas de Centroamérica.

Hay un salón de billares muy bien dispuesto en una de las calles principales de la ciudad, pero no vi que los jugadores desplegaran en ningún caso alguna habilidad o conocimiento.

Abundan los mendigos. Los extranjeros son los principales objetos de su ataque. "Por el amor de Dios", dicen en un tono lastimero en los oídos de uno cuando menos lo espera. Tienen licencia para dedicarse a su oficio los sábados, aunque no limitan sus peticiones a solo ese día. En el "día de pedir limosna", uno se ve constantemente asediado por el cojo, el manco, o el ciego; y en una ocasión me sorprendí al ver entrar dos soldados conduciendo esposado un prisionero, a quien se le había permitido este método para mejorar su condición. Sus guardias, seguramente, dividían con él las ganancias del día.

Otro método es el de la vieja que entra en la casa de alguien y sienta en una esquina después de haber colocado tranquilamente un paquete de cigarrillos de papel en la mesa. Si alguien tiene inclinación caritativa, toma los cigarrillos y le paga a la peticionaria lo que él guste; si no, después de esperar cinco o diez minutos en vano, sin proferir palabra alguna, la visitante toma su paquete y se marcha. Tales son los recursos a que echan mano las mujeres reducidas por la mala suerte a un estado de penuria.

Hay otro método, igualmente ingenioso, pero más pasadero. Mientras me hallaba sentado a la sombra de unos árboles del paseo de Comayagüela conversando con unos amigos, una chica casi desnuda salió corriendo de una casita de la vecindad y me dio un ramo de flores. Complacido por el regalo, le rendí las gracias, mas no teniendo reales para darle en ese momento, no pude retribuirle su gentileza y olvidé el asunto. Al día siguiente, mientras caminaba yo por el puente con el señor L., un sujeto adulón se nos aproximó, y tendiendo la mano, al mismo tiempo se inclinaba y murmuraba varios cumplidos. Era tan inoportuno, que L., un poco duramente, le ordenó que se retirara.

El hombre se hizo a un lado y advirtió, mientras lo hacía, que él era el padre de la chica que me había obsequiado las flores el día anterior.

Para dar una muestra del poco valor que se le otorga al factor tiempo en Honduras, va esta: pocos días después de mi arribo a Tegucigalpa, necesitaba de ropa ligera y llamé a un sastre. Llegó un hombre gordo, sonriente, muy cortés, sombrero en mano, y me tomó las medidas prometiéndome que tendría el traje al siguiente día. Me dejaba chico en materia de cortesía, y retrocediendo, saludando y sonriéndose, salió de la casa. Durante una semana lo encontré todos los días en la calle, y una vez, durante ese lapso, vino donde el señor Lozano a tocarnos varios sones animados en la guitarra. Pasaron diez días y siempre había una excusa para no aparecer con los trajes. Como uno tiene que comprar la tela antes de entregársela al sastre, empecé a sentirme molesto en cuanto al desembolso que había hecho, y me aventuré a consultárselo a don José María. "¡Oh!, eso no es nada", me dijo, "yo he tenido que esperar a veces un mes por un saco; aquí nunca nos apresuramos en Tegucigalpa; hasta el presidente se somete a la voluntad del zapatero y del sastre". Al décimo quinto día, y ya cuando empezaba yo a desesperar, mandé a mi muchacho a la casa del sastre, quien los prometió fielmente para el día siguiente y, habiendo vuelto a mandar por ellos, una semana después, pude al fin usar mis trajes. Naturalmente que estos fueron los últimos que, por razones obvias, mandé a hacer en el país.

En una ocasión se me despertó temprano y se me entregó un mensaje de la Casa del Gobierno, mensaje en el cual se me invitaba a que me uniera a un grupo de caballeros, entre quienes estaba el señor presidente, para dar un paseo a caballo. Fui y regresamos después de una hora de andar por los alrededores más interesantes. Entonces tuve la oportunidad de observar la donairosa habilidad ecuestre del general Cabañas. Se sienta firme y cómodamente en la silla, y hay en el venerable soldado un aire de auténtica dignidad que, en un teatro de acción menos remoto, atraería instantáneamente la atención. Entramos en el cuartel, donde el comandante de la plaza se aloja. El centinela, repantingado, asumió una postura erecta y presentó armas cuando pasábamos. En la entrada había varias filas de mosquetes brillantemente pulidos, de fabricación inglesa; estas fueron, en verdad, casi todas las armas que vi en eso público en Centroamérica. Todas tenían piedras de chispa y bayonetas.

La mayoría de los soldados son hombres fuertes, visten un sencillo uniforme de dril blanco, con rayas rojas en los pantalones. Todos los que vi en esta ocasión estaban descalzos. Algunos se hallaban durmiendo en rústicas bancas de madera en el patio, otros jugaban, bebían, o compraban una especie de dulces de panela y coco a una vieja que los llevaba en una canasta. Se levantaron y corrieron a presentar armas cuando entró el viejo general. En un cuarto interior vimos alrededor de cuarenta mosquetes, la mayoría de desecho, varias cajas de parque y una vieja pieza de artillería calibre de tres pulgadas y montada en una cureña de pesadas ruedas. Se nos mostró con orgullo un obús de los seis vendidos al Gobierno por la Compañía del Ferrocarril, y unos pocos rifles. Ninguna de estas armas había sido usada en las batallas del país, porque solo había un hombre en el ejército que sabía el uso de la artillería y él se negaba a hacer funcionar el obús, debido a su gran calibre y al consiguiente peligro de que estallara. Al regresar a la casa, Cabañas me enseñó un rifle Sharp que le obsequiara Mr. Edwards.

Entre otras invitaciones que recibí, estaba una para presenciar el examen de un estudiante, candidato al Bachillerato, en La Academia Literaria de Tegucigalpa, institución que se organizó hace algunos años bajo los auspicios del general Cabañas [1]. Habría también un baile, por la noche, en honor del graduado, en la casa de su padre uno de los ciudadanos más ricos de la ciudad y que residía en las vecindades de la plaza de la parroquia. El nombre del joven aspirante era Juan Venancio Lardizábal.

A las cinco de la tarde, en unión de varios amigos, todos en traje de etiqueta para la ocasión, llegué a la universidad, situada en la plaza de Santo Domingo [2] en donde ya estaban congregados varios amigos de la familia, quienes, al parecer, tenían vivo interés por el éxito del candidato. La muchedumbre era de tantos colores, desde el blanco recorriendo la gama, hasta el negro; todos habían depositado afuera sus sombreros y entrado a la sala de exámenes, local de 50 por 40 pies, lleno de pupitres y adornado con cuadros históricos. En el extremo superior se hallaba instalada una plataforma, en la que había sillas y mesas, estás últimas cubiertas con tapices rojos y con libros y materiales para escribir. Bajo un dosel de seda, o de damasco, se hallaban sentados el presidente Cabañas, su ministro de Hacienda, Cacho, y los padres Reyes y Matute [3], estos últimos figuras literarias notables del país. Los padres Reyes y Matute eran los réplicas en el examen, pero en realidad, estaba dirigido por varios bachilleres egresados de la universidad, cuyo deber, al parecer, era el de confundir al candidato con preguntas abstrusas sobre metafísica, filosofía y religión. En una especie de púlpito se hallaba sentado Don

---

[1] La Academia Literaria de Tegucigalpa, que había sido fundada el 14 de diciembre de 1845 con el nombre de **Sociedad del Genio Emprendedor y del Buen Gusto**, por los beneméritos Yanuario Jirón, Máximo Soto, Miguel Antonio Rovelo y Alejandro Flores, bajo la dirección y consejo del P. Reyes, se convirtió en **Academia** o **Universidad del Estado de Honduras**, gobernando D. Juan Lindo: V. R. Rosa, **Biografía de José Trinidad Reyes**. Tegucigalpa, 1905, pp. 24 a 26; y los "Estatutos de la Academia Literaria o Universidad del Estado de Honduras. Decretados por el Gobierno el 1° de noviembre de 1849. Y aprobados por la Cámara en 2 de julio de 1850. Tegucigalpa, Imprenta de la Academia, 1850".

[2] El autor fue mal informado. Nunca ha habido plaza de Santo Domingo en Tegucigalpa. La universidad se instaló solemnemente el 19 de septiembre de 1847 en el antiguo convento de San Francisco, del cual tomó el nombre de la plaza que tiene enfrente.

[3] Se refiere al Dr. Hipólito Matute, médico. Fue rector de la naciente universidad.

Máximo Soto [1], joven abogado de gran porvenir, que se suponía ser el "padrino" del candidato y quien tenía el privilegio de contestar por él las preguntas más difíciles. El auditorio ocupaba los lados y los pasillos de la sala y los alumnos de la institución, que llegaban a unos treinta, integraban el cuerpo universitario. Detrás de la silla del presidente se veía un cuadro burdo representando a un estudiante subiendo las gradas del Templo del Saber y de la Fama, en el cual estaba Minerva ofreciéndole un paquete de libros. El fondo del cuadro era algo indistinto, algo así como nubes de gloria y rayos de luz cayendo sobre la cabeza de la diosa. Era obra de uno de los alumnos de la universidad. El examen duró cerca de una hora siendo dirigido, por turno, por los graduados. Cuando el padre Reyes sonaba su campanilla, significaba que estaba satisfecho y que el próximo graduado podía comenzar a hacer sus preguntas. Ninguna se hizo en las ramas comunes de la educación. Si el estudiante estaba satisfactoriamente bien en sus conocimientos religiosos, no era sometido a muchas disciplinas intrincadas. En esta academia recibían su educación muchos de los futuros sacerdotes de Honduras. Al final de cada serie de preguntas, los concurrentes aplaudían y, por último, se distribuyeron papeletas a cada examinador, para que las depositaran en una urna, y después de contarse, el padre Reyes declaró al joven, graduado de la universidad, en medio de fuertes "vivas" y aplausos.

Esta academia (que ocupaba antes una parte del viejo convento de San Francisco, construido en 1574 [2]) fue fundada en 1847. Se sostiene con los ingresos de un impuesto especial y con las contribuciones de particulares [3]. Es la primera, y con la excepción de una recientemente

---

[1] Médico y abogado, natural de Tegucigalpa, uno de los fundadores de nuestra universidad y padre del Dr. Marco Aurelio Soto. Falleció en Guatemala a principios de 1871, donde fue decano del Cuerpo Diplomático como representante diplomático de Honduras.

[2] El convento de San Francisco de Tegucigalpa, que por muchísimos años se intituló de San Diego, fue fundado hacia 1592. V. la **Crónica del Santísimo Nombre de Jesús de Guatemala**, por el P. Fr. Francisco Vázquez. Segunda edición, Guatemala, 1937, Lib. Segundo, Cap. Vigésimo segundo.

[3] El decreto de 19 de marzo de 1846 declara amigos de la ilustración del país a "los que sirvan gratis los destinos de rector y catedráticos, y a los que contribuyan con dinero u otros recursos al progreso de la Academia Literaria de Tegucigalpa".

Las dos terceras partes del producto del censo territorial se aplicaban al sostenimiento de determinados alumnos que se educaban en la academia, según

establecida en Comayagua, la única en la república. Los estudiantes están divididos en seis clases. Se halla bajo la dirección de la iglesia, que ejerce la hegemonía en materia educacional. Casi todos los estudiantes son candidatos al sacerdocio.

Terminado el examen, el acompañante formó en procesión y se encaminó hacia la plaza, donde, a la puerta de la casa del señor Lardizábal, vimos que este caballero se hallaba en la espera de nuestra llegada. Es costumbre en tales ocasiones que el dueño de la casa permanezca en la puerta dando la bienvenida a sus invitados, uno por uno, mientras van llegando. Me aproveché de mi carta de presentación para ver y comprobar a qué extensión los habitantes de esta apartada y pequeña ciudad montañosa habían llevado el arte de las reuniones sociales. Yo tenía conocimiento de que este iba a ser un asunto exclusivo y extraordinario, y prototipo de las maneras más elegantes de Tegucigalpa. Entramos por un corredor amplio y fuimos conducidos a la sala de los Lardizábal, que se hallaba brillantemente iluminada. La sala estaba pavimentada, como es usual, con ladrillo cuadrado, y los cielos y las paredes se hallaban hermosamente pintados como los de las mejores residencias de La Habana. Guirnaldas de cintas y flecos de papelillo de color, como los que se ven en las tiendas de confituras de Nueva York durante el verano, colgaban alrededor del salón, mostrando la habilidad de las damitas de la casa que, evidentemente, se vanagloriaban de su gusto en estas cuestiones. Cuando entramos, al lado izquierdo se hallaban sentadas cerca de doce señoritas de la aristocracia, la mayoría de ellas hermosas, unas pocas bonitas, y todas, al parecer, muy graciosas.

Se quedaban sentadas cuando los visitantes entraban, pero correspondían gentilmente a los saludos de todos. T. ayudaba en el cumplimiento de las un tanto ridículas formalidades. En el centro de la sala había una mesa con dulces, vinos, chocolates y bebidas frías y del cielo raso colgaba una araña de luces, que había sido prestada, especialmente para el acto, de un vecino acomodado que la había traído de Trujillo. Terminaba la ceremonia de las presentaciones, los caballeros se agruparon a un lado y las damas a otro, y, desde ese momento hasta que principió el baile, hubo una estricta separación de sexos. Cada grupo mantenía entre sí animada conversación,

---

decreto de 12 de abril de 1847. Dos años después se estableció a favor de la academia una manda forzosa para todas las personas que testasen. V. **Estatutos citados**.

entremezclada con sonoras carcajadas y el único medio de comunicación entre ambos grupos era por telégrafo ocular, y los instrumentos: los abanicos y los ojos relucientes. Se repartieron cigarrillos y puros, con los cuales se había formado una pirámide en el centro de la mesa. Los cigarrillos de papel eran preferidos por las damas, quienes los sostenían entre los dedos preciosos mientras los fumaban; ni una tan sola vez lo romántico del acto se afeó con una expectoración.

Después de media hora de estar así, el dueño de la casa, actuando como su propio sirviente en unión de varios miembros de su familia, con bandejas de plata llenas de copas de champaña obsequiaba a la concurrencia, costumbre esta que siempre es preferida a la inconveniencia de emplear sirvientes, cuyos pies descalzos y sus maneras torpes, desdoraban de seguro la brillantez de toda reunión. Como es común cuando de champaña se trata, la detonación al descorchar unida a la charla, convirtió luego la sala en un barullo. La señora R. fue invitada por numerosos admiradores para que cantara. Un señor barrigón, estrafalariamente vestido, cogió una guitarra, se sentó frente a la dama y, después de unos punteos preliminares, comenzó el canto.

Este era el mejor que hasta entonces había yo oído en el país, pero siempre con el tono lento peculiar de las voces de los cantantes centroamericanos. La tendencia de los hispanoamericanos a lo sentimental traspasa los límites de la melancolía, la mirada, el timbre, todo es decididamente pesaroso, desconsolado y triste. Nunca escuché una canción alegre en Centroamérica a no ser entre las gentes campesinas. Si esto se debe a la consiguiente depresión en que vive el Estado por los asuntos políticos, nunca pude saberlo. Hacía falta cultivo en todos los intentos musicales que había oído, hasta en los mejores. No faltaba gusto, pero para los extranjeros, el estilo es un tanto desagradable. La canción fue vivamente alabada y aplaudida como si fuera un concierto público, y todo el mundo vitoreó fuerte. Mientras tanto, la muchedumbre de los descamisados atisbaba, sin cortapisas, a través de las rejas de las ventanas y se nía en los aplausos con requiebros claramente perceptibles, como: "¡Qué hermosa!" "¡Qué voz más pura! Y, de cuando en cuando, se oían gritos de aprobación. Esta actitud de pararse a las puertas y ventanas es aquí prerrogativa de las multitudes.

La esposa del general Morazán [1] tocó una selección de Linda en un piano Coulard & Coulard, y cuando cesaron los aplausos, se despejó la sala para el baile. Ya para entonces las aprehensiones del principio empezaron a desaparecer ante los efectos del champaña, y el padre Ugarte [2], "hombrecillo de Dios, rechoncho, gordo y zalamero", se sentó al piano y toda la concurrencia se dio luego a ese placer que para la raza hispana constituye una segunda naturaleza: la danza.

Si las formalidades de la conversación habían impartido un estiramiento a la escena hasta estos momentos, cierto es que nunca vi una multitud más alegre confundiéndose en los remolinos del animado vals. Es muy raro encontrar entre las muchachas centroamericanas alguna que sea indiferente al baile. Por lo general son todas sueltas, naturales y flexibles en sus movimientos; danzan con un garbo augusto, majestuoso, pero a la vez animado, sin la menor tendencia al salto. Los hombres, con pocas excepciones, también bailan bien. Siguieron después los cotillones y, en realidad, todos los demás bailes de moda excepto las polkas, que aún no habían llegado al país.

Durante la noche, varias veces fui agradablemente sorprendido al escuchar varios valses del día, brillantemente ejecutados por las damas. El único maestro de música en Tegucigalpa es un alemán, sumamente estimado por sus alumnos. A medianoche, cuando el baile decayó y las formalidades llegaron a demostraciones afectuosas debido al afecto de los refrescos en varios de los caballeros más entusiastas, dejamos a nuestro digno anfitrión, a su señora, y a los dignatarios nacionales allí presentes. Ya lo más granado de la concurrencia se había retirado. Tarde de la noche llegó una banda de músicos, y como el cielo estaba estrellado, anduvo hasta el amanecer por las calles, inquietando a todos los perros de la ciudad dormida con la estridencia de sus instrumentos de latón.

---

[1] Parece que se refiere a Da. Carmen Venerio, esposa de D. Francisco Morazán hijo, a quien Wells llama general. Pero no se puede excluir la posibilidad de que por aquellos días se encontrara en Tegucigalpa Da. María Josefa Lastiri, viuda del general Francisco Morazán, y pariente de los Lardizábal.

[2] El padre Simeón Ugarte pertenecía a una familia de músicos, en la que sobresalieron sus hermanos Miguel y Felipe. Fue secretario de la universidad en 1853. Siendo cura de Ojojona falleció en Tegucigalpa a fines de abril de 1875. V. **Apuntes**, por D. Manuel Ugarte, inéditos en poder de D. Manuel Díaz Ugarte.

El bautismo es ceremonia de las más importantes de la iglesia. Varios se llevaron a cabo mientras permanecí en Tegucigalpa, habiendo estado presente en unos pocos. El cura, preparado con uno o dos días de anticipación, hace decorar la iglesia bajo su jurisdicción; y el día de bautismo aparece la madre rodeada de todos sus amigos. Cuando la comitiva atraviesa los sagrados portales, comienza un canto acompañado de clarinetes, violines y del asmático órgano del templo. Generalmente acude una muchedumbre a observar la procesión, y otros a congratular a la madre. Después de efectuada la ceremonia, se echan a vuelo las campanas por el espacio de unos cinco minutos, los sacerdotes elevan sus voces, la banda de música redobla sus esfuerzos y varios muchachos, que ansiosamente han estado en espera de la señal, le prenden fuego a una doble carrera de bombas tendida frente al atrio de la iglesia. Mientras el estallido de las bombas así lo pregona la muchedumbre se adelanta, grita y salta incesantemente evadiendo los detonantes torpedos. El gasto en pólvora depende de la riqueza e importancia del chico que recibe las aguas bautismales. El resto del día se dedica a festejos.

El Cuño de Tegucigalpa [1] es una demostración del régimen de terror que en administraciones sucesivas ha esterilizado la prosperidad de Honduras. Mi viejo amigo don José Ferrari [2], italiano naturalizado, es el director. A invitación suya visité el

---

[1] El año de 1822, D. Juan Lindo trajo de Méjico a Tegucigalpa un cuño para amonedar reales y medios en moneda cortada; la acuñación se hizo en el convento de San Francisco, pero fue abandonada porque hubo muchas falsificaciones. En 1829, el general Morazán remitió a Tegucigalpa, desde Guatemala, un cuño para amonedar piezas de a dos reales, reales y medio, en moneda redonda llevando en el anverso un árbol, y en el reverso el sol. También envió Morazán a un coronel Florite para que manejara el cuño. V. **Historia de la moneda en Honduras** por D. José Esteban Lazo, incluida en el tomo I de **Honduras Literaria**, por el Dr. R. E. Durón. Tegucigalpa, 1896, p. 635.

[2] D. José Ferrari, natural de Ragusa, Italia, casado con Da. Mariana Agüero, de quienes descienden todos los Ferrari de Honduras. Con varios vecinos notables de Tegucigalpa, a fines de 1841, contribuyó para la fundación y sostenimiento de un establecimiento de enseñanza que ocupó el convento de San Francisco, donde se enseñaba Geografía, Aritmética, Gramática Castellana y Gramática Latina, escuela cuya inspección estuvo a cargo del padre José Trinidad Reyes. V. R. E. Durón, **Efemérides**, en la **Revista de la Universidad**, t. VII, p. 628.

establecimiento, el cual ocupa una parte del edificio del cuartel [1]. La maquinaria es sencilla y tosca, que consiste en un tornillo perpendicular en cuya parte inferior está fijo el troquel de la moneda que se va a fabricar. Una barra horizontal pasa a través de la parte superior, formando dos brazos como barras de cabrestante. Dos negros operan alternativamente esta pieza del mecanismo, saliendo cada vez una moneda de cobre, cuyo valor es de un centavo. El cordoncillo de las monedas se hace, igualmente, por un procedimiento sencillo. La sala estaba desaliñada, obscura y silenciosa; las paredes cubiertas con telas de araña y negras de sucio. En una mesa cercana al troquelador había un montón de varios centenares de brillantes piezas de cobre en las cuales, como me informó don José, había una considerable cantidad de plata, cuyo porcentaje exacto estaba prohibido divulgar.

En un cuarto contiguo se veían los restos de una costosa máquina de amonedar, de fabricación inglesa, pedida durante la administración del general Morazán. En medio de las revueltas del país, el tren de mulas que la conducía a Omoa a Tegucigalpa fue asaltado por le enemigo y la maquinaria quedó tirada en el camino, en donde por varios meses quedó a la intemperie. Varios años después fue traída al lugar del de su destino, pero ya totalmente inservible. El material se hallaba amontonado en una inextricable confusión; algunas de las calderas de cobre están llenas con grasa y otras fueron fundidas para hacer monedas. El señor Ferrari lamentaba esto, pero con prudencia se abstenía de denunciar a ciertas personas en estos días revolucionarios: "¡Ah!", me decía, "¡yo bien recuerdo cuando esta máquina llegó a Omoa; Ud. hubiera podido rasurarse viéndose en ella, porque venía divinamente pulida!". Ahora no es nada más que un montón de hierro viejo y oxidado, tirado en las esquinas oscuras del edificio, cubierto de basura y telas de arañas y propicio nada más que para escondrijo de animales venenosos.

---

[1] La Real Casa de Moneda, que después fue llamada Casa de Moneda o El Cuño, es el edificio más antiguo de la arquitectura civil de Tegucigalpa. Comenzó a construirse en 1784, pero solo fue terminada la mitad oriental; la otra parte de la manzana, aunque las paredes quedaron a mediana altura, no se concluyó hasta después de más de un siglo, durante la administración del Dr. Policarpo Bonilla, el año de 1897. Durón, **La Provincia de Tegucigalpa**, pp. 75 y ss; y Rosa, **Biografía de José Trinidad Reyes,** p. 15.

El propósito del general Morazán era acuñar con esta máquina todas las monedas que necesitara el país, y luego comprar todo el cobre en circulación, que en aquel tiempo no se había acumulado en tanta cantidad como ahora. A cada paso, el foráneo oye de un acto encomiable de Morazán. Con su muerte en Costa Rica, Centroamérica ha venido decayendo gradualmente, hasta que se convierta en el futuro próximo en una herencia para los extranjeros. Parte de esta maquinaria está todavía en Omoa. El señor Ferrari me mostró, con gran orgullo, una colección de libros que guardó para sí y para su hijo que, según me dijo, fueron los primeros que se usaron en el establecimiento. Cerca de $10,000. en cobre se amonedaba anualmente en el Cuño de Tegucigalpa.

Cuando estaba ahí, fui presentado al famoso coronel Rubí, cuyas hazañas de guerrillero le habían convertido en el terror de los guatemaltecos. Vestía uniforme de oficial, su semblante era gentil casi triste, pero su boca tenía una expresión de determinación y valor frío, que no se ve a menudo en las facciones dulces de los centroamericanos. Era bajo de estatura; sus manos y pies, diminutos, podrían ser envidiados por una dama; y lo que es raro en este país, tenía los ojos azules y los cabellos rubios. Tenía, asimismo, una indescriptible expresión de crueldad en sus labios delgados. Habiendo fracasado una revolución que encabezó él en Guatemala, escapó a Honduras y se alistó bajo las órdenes de Cabañas, considerándolo el viejo general como su mejor oficial. Se le dio carta blanca, y con una especie de comisión ambulante en el país, generalmente hacía repentinas incursiones sobre el enemigo –que no sospechaba su presencia– y en las cuales resultaba victorioso. Su nombre era temido en las fronteras de Gracias. Con sus aventuras, perfectamente auténticas, se podría escribir un libro muy interesante. Se dice que Rubí ha jurado dar muerte a Carrera, el presidente de Guatemala, por daños que este le infringió a su familia hace algunos años.

En el mercado de Tegucigalpa a veces se encuentra muy buen pescado traído del río Grande y de algunos de sus tributarios. Hay varias especies de truchas llamadas "mojarras", albures, y una que se asemeja a la perca y se llama "guapote". A poco más o menos tres leguas de la ciudad hay una laguna artificial, como de cuatrocientas yardas en cuadro y construida por los indígenas de Comayagüela para fines de irrigación [1]. Allí fueron echados algunos peces y se multiplicaron tanto, que a los pocos años, personas de Tegucigalpa iban allá para pescarlos. Existe una superstición entre los indios y es la de que tanto la laguna como sus habitantes de escamas estaban bajo la divina protección de su santo patrón. Bien contra su voluntad, los peces fueron cogidos y al siguiente verano vino una sequía terrible. Se envió una delegación a Tegucigalpa a pedir que se duplicara el número de peces en la laguna, y se encendieron por cuenta de la ciudad cien velas, a fin de aplacar la cólera del santo. El dinero se reunió por suscripción popular y la laguna fue repoblada con los peces traídos del río Grande, en medio del regocijo de las comayagüelas. El río da una gran variedad de peces y en una ocasión decidí probar suerte.

En compañía de Santiago, uno de los sirvientes de don José María, vi un lugar apropiado para la pesca, llamado La Piedra Grande a una milla de la ciudad. El río aquí correo entre dos grandes cerros arbolados y se empoza, para salir después por su angosto cañón y lanzarse ruidosamente en una sucesión de espumosos rápidos.

Unos trechos más abajo forman una poza profunda y quieta, en la que desde arriba se ven las burbujas producidas por el tumulto del fondo. La profundidad es de unos treinta pies y se conoce como El Pozo. La operación de pescar se reduce a poner cebo y lanzar el anzuelo, hallándose el pescador sentado en una roca o bajo la sombra acogedora de un frondoso árbol. En verdad, el arte de la pesca es poco conocido aquí y en todo Centroamérica. Hasta hace poco, los habitantes de la Bahía de la Virgen, Granada y Amapala, se habían casi privado de comer tan delicioso manjar como es el pescado fresco, por no darse la molestia de atraparlo.

A los pocos minutos estábamos en los barrios de la ciudad y llegamos a El Pozo, donde nos subimos sobre el cantil de unas piedras y echamos nuestros anzuelos, pero, por algún motivo desconocido, nuestros esfuerzos no fueron compensados por el éxito. Santiago me dijo que los peces "picaban perfectamente en los días de fiesta", exageración religiosa que no intenté contradecir. Después de una hora de ensayar por más de veinte veces, en las cuales la carnada era arrebatada del anzuelo, aumentando con ello nuestra excitación, concluimos creyendo que los santos habían frustrado la pesca los días

---

[1] ¿La Laguna del Pescado? ¿o la del Pedregal?

domingos, y enrollando nuestros hilos seguimos corriente arriba hasta un punto en donde, según se me dijo, ocurrió un milagro. Aquí la Virgen, se asegura, depositó la imagen de un santo, para el que luego se propuso la erección de un santuario.

El panorama era de aquellos que constantemente proporcionan delicia y embeleso al forastero. Una ribera limpia y hermosa a cada lado; el agua pura y clara; las márgenes flanqueadas con árboles de amate, guapinol, guajiniquil y varios otros; una brisa suave colocándose por entre las frondas; una muralla de esmeralda tropical limitando la vista a cada lado, en el cual "muchos seres emplumados se posaban dentro de la quietud" como únicos testigos de nuestra vagancia; luego el centelleo de los rápidos arriba, apenas visibles a través de las hojas; el solemne tañido de las campanas de las iglesias llevando débilmente por los aires, cruzando por los barrancos desde la ciudad y llevando nuestra imaginación hacia las capillas protestantes de Nueva Inglaterra con el tañido de las inquilinas de sus viejos campanarios. Honduras abunda en lugares quietos para la pesca.

Un día estaba yo sentado en mi hamaca leyendo la última Gaceta de Guatemala, cuando una risa estrepitosa enteramente distinta a la risita sumisa de los centroamericanos, acompañada de juramentos en un inglés impecable, me demostró que no era yo el único norteamericano en Tegucigalpa. Apenas tuve tiempo para llegar a la puerta, cuando una persona robusta me dio un fuerte apretón de manos y se me presentó como el Dr. W. "¡Santos cielos!", dije, "¡otro doctor! ¡Que Dios ampare a los enfermos!". Acababa él de llegar de Comayagua y Omoa y estaba ahora en camino a Nicaragua. Nos hicimos amigos inmediatamente y empezamos a cambiar noticias en nuestro idioma, para el deleite de don José María, que nos miraba a uno y otro mientras conversábamos, haciendo señas afirmativas con la cabeza a nuestras observaciones, de las cuales, naturalmente, él no entendía ni "jota"; y cándidamente se unía a nuestras carcajadas.

El doctor había estado varios meses en el país cuando se enteró de mi proyectado viaje a Olancho, me ofreció su compañía para que juntos lo realizáramos si yo lo esperaba de su pronto regreso de Nicaragua. Desde hacía tiempo tenía él la intención de visitar la región del Guayape, que creía ser una de las más ricas del mundo. Mi amigo era uno de aquellos aventureros trotamundos que salía presto del bullicio de las grandes ciudades para penetrar en tierras desconocidas y remotas. De ese modo había visitado la mayor parte de las repúblicas suramericanas sin otro propósito que el de ver el mundo, sufragando sus gastos con una caja de remedios que, en manos de un extranjero, es siempre el mejor pasaporte para conquistar los favores de las buenas gentes. Me hizo desternillar de risa hasta ya noche, cuando me dejó; y nunca más volví a saber de él. Salió antes del amanecer para León, el siguiente día. Su vida entre los señores del país era una rica serie de aventuras risibles, en las cuales las mujeres, las reyertas, el "hace las de doctor", el baile y las vicisitudes de la vida en las sierras estaban espontáneamente entrelazados. Para un doctor americano, un buhonero, un artista del daguerrotipo, difícil es internarse en un país aislado o llegar a un puerto, aunque sea retirado, al cual jamás ha echado ancla un barco comercial de Norteamérica.

Las ventanas con cristal son casi desconocidos en Honduras, y el calor del clima parece innecesario su empleo. En su lugar se usan rejas de hierro. El marco, formado como tronera de un fuerte, está biselado hacia le interior y por lo común embaldosado con piedra la parte superior y los lados repellados con mezcla y blanqueados. Los pisos de ladrillo, cuando se barren y se lavan bien, imparten un ambiente de frescura a los obscuros cuartos; y al entrar uno a estos después de un viaje por caminos polvosos y en medio del calor, siente que se halla encerrado dentro de los seis lados de una caja de piedra. El maderamen, como las vigas y las tablas que se emplean en las construcciones de casas son aserrados a mano. El pino de las regiones montañosas es de grano parejo y se trabaja fácilmente. Los armarios empotrados, los aparadores y demás muebles de esta clase raras veces se ven en las residencias particulares. Una dama americana que vaya a Honduras lamentaría la falta de estas comodidades, y en los pocos pero espaciosos cuartos, apenas hay oportunidad de hallarse en privado.

El mobiliario excesivo que se emplea en nuestra vivienda estaría fuera de lugar y sin uso en Centroamérica. Los dormitorios se encuentran, por supuesto, en el piso bajo y en ellos los únicos artículos que se ven son la cama, una o dos sillas y, a veces, un guardarropa. Pero en las casas de familias ricas donde viven varias mujeres, los cuartos están más profusamente amueblados. La falta de sirvientes activos y de suficiente gusto para conservar el mobiliario en orden, unido a la afición natural de la señora a ejecutar por sí misma los deberes de casa, contribuyen a mantener vigente el primitivo sistema de vivir. Se me aseveró que, tanto en Honduras como en Nicaragua, el uso del cuchillo y del tenedor no hace mucho que fue adoptado.

Creo que todo viajero en Centroamérica atestiguará el carácter generoso y el noble corazón de las mujeres. Hospitalarias, gentiles y sufridas, sobre ellas recae una gran parte del trabajo que se hace en los cinco estados. Alguien ha observado que bien puede decirse de la mujer centroamericana: "Crio, hizo tortillas y murió". Esto, desde luego, no se aplica a las mujeres de familias acomodadas. Las mujeres de las clases pobres son, de hecho, las esclavas en el país. En Tegucigalpa, el agua que se emplea en los diarios menesteres es acarreada por ellas desde el río, de una distancia de cien pies, cuesta arriba, donde a menudo observé su afanosa marcha y su fatigada respiración. Con la excepción de la política y de la guerra que han arruinado a Centroamérica, las mujeres soportan la mayor parte de las cargas de la vida, pero, alegres y felices, se hallan siempre conformes con su condición social. No recuerdo jamás haber oído una palabra descompuesta o procaz de ninguna mujer en Honduras. Su índole es franca y alegre, y al extraño que llega cansado pronto se le da la bienvenida en la mesa familiar. Yo siempre seguí la política, al llegar a una casa, de congraciarme con su dueña.

El cambio de cumplidos formales, reliquia de la vieja España, está perdiéndose gradualmente. Todo el mundo es cortés, no solo entre las más altas, sino también entre las más bajas clases sociales. El más sucio vagabundo sin zapatos, emplea un lenguaje comedido cuando se dirige a uno y parece imbuido de un sentido innato de fineza. Los hombres más amanerados que yo he encontrado en el mundo los vi entre las personas educadas de Honduras. Sus caracteres más sobresalientes son una buena crianza, la urbanidad y el deseo de ser agradables en reuniones. Las reyertas y disputas en la sociedad son casi desconocidas, y si una nueva persona llega a una reunión, todo el mundo se pone de pie y lo saluda.

Las anteriores no son observaciones generales basadas en unos pocos casos, sino que se aplican a lo que se conoce como alta sociedad en Honduras o, al menos, en Tegucigalpa. Una "reunión" de caballeros es una escena que se recordará como un contraste con las de turbulentas discusiones que frecuentemente tienen lugar en lo que se denomina sociedad pulida de comunidades que calificarían a sus vecinos tropicales de Honduras como semi civilizados.

Las diversiones públicas son casi desconocidas en Honduras. De oídas se conocen los teatros, los museos, las partidas de juego, las excursiones campestres, las partidas de caza, etc. Las funciones religiosas despiertan un entusiasmo de fervor ocasional, y luego la "cancha de gallos" se convierte en el verdadero centro de distracción. Este pasatiempo es pasión en el pueblo y una fuente de ingresos para el Gobierno [1]. El privilegio de establecer una cancha durante ciertas festividades religiosas se otorga por las autoridades al mejor postor y, llenadas las formalidades requeridas, la cancha se abre al público y un soldado descalzo hace de portero, cobrando dos reales de cobre por cabeza; los menores de edad no son admitidos, y el propietario de la gallera que admita a una persona de esta categoría se expone al pago de multa.

Los juegos de gallos comienzan con la Pascua (25 de diciembre) y, por lo común, continúan hasta los últimos días de marzo. Las reglas del juego se fijan en la puerta de la entrada y se designa un juez a "viva voce" para que decida en todas las peleas. Apuestas tan altas como $1,000 se hacen a la pata de un gallo y el pueblo llega al más grande acaloramiento durante estas peleas.

Este deporte no es considerado ofensivo a la dignidad de los más altos funcionarios oficiales, y hasta a los curas en sotana se les puede ver apostando un puñado de pesos a una de las dos aves combatientes, o disputando vigorosamente con los más bulliciosos del grupo sobre los méritos de varios ejemplares en la cancha. Esta costumbre llegó con los primeros españoles y ningún pilluelo de nuestro país espera con tanta ansiedad el Día de Acción de Gracias o la Navidad, como los tegucigalpenses el "tiempo de los gallos".

---

[1] En acta de 10 de febrero de 1843, la Municipalidad de Tegucigalpa, considerando "que el juego de gallos debe jugarse solo en los días festivos; y que, sin atender a esto, lo permiten los rematantes en días de trabajo, en cuyos días dejan de trabajar los artesanos, acordó: que no se permita dicho juego sino en los días festivos y en los jueves".

CAPÍTULO XII: COSAS DE LA TEGUCIGALPA DE 1850

Funcionarios morosos. – Visita a un cañaveral. – El molino. – Construcciones. – Destilería. – Ingenio. – La caña. – Frutas. – Cazabe. – Yuca. – Cómo se fabrica el almidón. – Camotes. – Chiles. – La contrayerba. – Productos del departamento. – Una comida en "El Sitio". – El Comején. – Diario de la mañana. – Escena nocturna. – "Las tenderas". – Establecimientos comerciales. – Modas. – Vestidos. – Las mujeres hondureñas. – Belleza femenina. – Equitación. – Falta de educación. – Atuendo infantil. – Asuntos políticos. – José Francisco Barrundia. – Pena de muerte. – Seguridad en los viajes.

Se nombraron dos comisionados para que consideraran mi petición al Gobierno, el padre Reyes, sobresaliente político de Honduras, y el señor Vijil, bien conocido como adicto al partido conservador. Una vez entregados, por muchos días no volví a ver mis documentos. Su cometido les hubiera tomado tal vez dos horas, pero se trataba de latinoamericanos. Tenía yo mucha impaciencia por continuar mi viaje hacia Juticalpa. Durante varios días visité a estos dos beneméritos para avivar mi gestión y nunca dejé de recordarles sus deberes. Varias veces los encontré holgazaneando ante el mostrador de una tienda, conversando muy serios con el "tendero", o envueltos en sus capas, abstraídos, silenciosos e imperturbables, fumando sendos cigarros. En dos ocasiones hallé al reverendo padre jugando al "monte" en una pequeña casa de juegos y mostrando en su semblante más avidez de lo que yo le hubiera creído capaz [1]. Siempre respondía a mis insinuaciones con una mirada de sorpresa hacia tal apresuramiento indecente, eminentemente antihispano y fuera de la rutina ordinaria de los negocios. Cada día me convencía más y más de que el tiempo, inestimable para los norteamericanos, era aquí

---

[1] Wells, quizás por antipatía, no es justo ni respetuoso con el padre Reyes. El Dr. Rosa, crítico imparcial de las cualidades y flaquezas del fundador de nuestra Universidad, en lugar de vituperarlo lo encomia al decir que "no atesoraba; sostenía el culto a sus expensas, y los pobres formaban parte de su numerosa familia. Reyes era el tipo perfecto del sacerdote evangélico". **Biografía** cit. P. 17.

considerado como una institución expresamente creada para pasarlo tan fácilmente como fuera posible, y artículo sin valor. Nunca se le toma en cuenta para ningún negocio o cálculo, y una persona que intente contrariar los lentos movimientos que se acostumbraron desde los buenos tiempos viejos de la colonia, se le considera como falto de dignidad diplomática.

Sabiendo yo que era inútil apresurar a los comisionados y resolviendo no ir contra la corriente, pasé varias semanas muy agradables visitando las minas de plata del departamento y viajando a caballo por invitación que me hicieron los dueños de varias haciendas de la vecindad.

Mi viejo amigo, el señor Ferrari, me había presionado a menudo a fin de que visitáramos su hacienda de caña, conocida con el nombre de "El Sitio", a poco más o menos dos leguas de Tegucigalpa y en el camino que va a Cantarranas. Una tarde me llamó y prometió mandarme su macho favorito (bonito animal que le costó $200.00) a la mañana siguiente. Temprano monté, y me dirigí hacia su casa, donde encontré al viejo señor ya con las espuelas puestas, esperándome. Después de tomar el desayuno salimos para Santa Lucía. Don José tomó la delantera en su andadora y, saliendo de la ciudad, seguimos el camino hacia una región montañosa, cruzando a veces fértiles llanuras, y otras yendo a lo largo de las orillas del río Chiquito, que nace en las montañas de San Juancito, a seis leguas al sureste [1] de la ciudad. Las viejas crónicas de Tegucigalpa nombran este pequeño río como "Río de Oro", más no pude comprobar si en él había oro para justificar su nombre. Pasamos por numerosos "ranchos" destinados principalmente al cultivo del maíz y de legumbres, y por pequeñas manchas de caña de azúcar en dos o tres lugares. Una brisa acariciaba nuestros rostros cuando avanzábamos rápidamente por el valle. En las faldas de las montañas azuladas que nos rodeaban entre nubes, podían verse varias parcelas cultivadas que mi compañero dijo eran trigales.

Luego salimos a una garganta tapizada de verde, donde don José me señaló el primer molino de trigo que yo había visto en el país. Se le hace trabajar activamente después de la cosecha. Lo impulsan las aguas del río Chiquito, que aquí desciende rápido, para unirse después al río Grande en Tegucigalpa. Al cruzar este valle y bordeando un

---

[1] Noroeste. N. del E.

cerro empinado, mi compañero se paró y me pidió que escuchara un rechinar y griterías distantes que, me dijo, producían los "muchachos" que molían caña en su "hacienda". Un momento después, la finca misma apareció a nuestra vista. El viejo señor se tornó doblemente locuaz al hablar de sus posesiones, y a fe mía, que no podía sino estar orgulloso de ellas. Es dueño de ochenta "caballerías" y sus plantaciones se extienden por toda la tierra arable que podía abarcar nuestra mirada. Llegamos al final de una avenida de árboles frutales y fui presentado al mayordomo, que era el hijo mayor del propietario.

Una descripción de esta hacienda valdría para cualquiera otra grande y bien organizada en la república. Los edificios son todos de adobe y consisten en una casa de habitación con seis cuartos en el piso de abajo, cuatro más pequeñas que ocupaban los trabajadores, dos bodegas y una destilería. El edificio principal estaba nítidamente enladrillado, cuidado y rodeado por un corredor empedrado. Todo en el lugar traducía la frugalidad y riqueza de su dueño. La destilería contaba con varias maquinarias inglesas traídas a lomo de mula por las montañas, desde la Bahía de Fonseca. En el ingenio adjunto pude ver un pequeño trapiche hecho en el país. Consistía en una serie de cilindros de caoba que se movían en sentido contrario, por entre los cuales se hacen pasar las cañas para extraerles el jugo. Las calderas eran de cobre. El sistema que aquí se usa para la fabricación de panela no difiere materialmente del que se emplea en Cuba, salvo las modernas mejoras que allá se han introducido. La mayoría de las fábricas, no obstante, son apenas mejores que los burdos inventos de los primeros colonizadores.

En Honduras, la caña de azúcar crece sin resiembra por veinte años consecutivos. Es de una calidad excelente, alcanza una altura muy notable y de ella puede fabricarse la mejor azúcar. Ningún proceso de refinamiento se ha llevado a cabo en el país. La hacienda estaba completamente rodeada de árboles frondosos, muchos de ellos cargados de frutas que invitan al hartazgo. Un naranjal cercano a la casa se hallaba, literalmente, abrumado con su dorada carga, mucha caída ya al suelo. Había también varios duraznos que, como experimento, había plantado el señor Ferrari. En esta hacienda se dan, como en las otras fincas de la sierra, piñas, limas dulces, cocos, plátanos, bananos, higos, melones y melocotones.

Cerca de la casa, había una sección cultivada con cazabe [1] (manioc) y sus hojas suaves y oblongas, sus tallos erectos y sus flores de color encendido, formaban un bonito adorno en el pequeño panorama. El cazabe alcanza una altura de tres pies en las tierras altas, pero cerca de seis en las tierras bajas de El Salvador y Nicaragua. Algunas de estas plantas que vi después en el valle de Talanga, tenían más de cinco pies. Hay varias plantas que se parecen mucho al cazabe, cuyas hojas recogen y secan para fines medicinales. Son como las de la papaya, cuyas semillas se guardan para alimento de las aves de corral en tiempos de escasez; pero el cazabe propiamente dicho es la raíz, que no se diferencia casi de un ñame delgado y largo; cuando se le cuece es blanco, insípido y muy parecido a la papa. Se le extrae de la tierra en todo tiempo. El almidón del país se obtiene exclusivamente del cazabe y de la yuca, ambos de la misma especie. La yuca, sin embargo, es una planta más grande y tiene, a menudo, tallos rectos que alcanzan de ocho a diez pies de altura. Florece y fructifica todo el año. La raíz se seca y se ata en manojos de dos o tres libras y se vende en los marcados a medio el atado. Convenientemente seca se conserva por muchos años. Es de esta planta que se fabrica la tapioca.

El almidón se obtiene raspando el cazabe, que se desconcha en tiras finas, y se exprime a mano en una tela fuerte. La sustancia glutinosa que escurre se mezcla con agua hervida hasta cierto punto, convirtiéndose en almidón limpio y perlado igual a cualquier otro manufacturado que yo haya visto. El que se obtiene de la yuca se considera el mejor. En las montañas, a donde todavía no han entrado los métodos modernos, simplemente se machaca la raíz, se exprime y se cuece [2], quedando el almidón en el fondo del recipiente. En las ciudades, las lavanderas entregan las camisas nítidamente almidonadas y aplanchadas como lo pudiera exigir la persona más melindrosa, pero el método del lavado de ropa consiste en batir esta, mojada, contra las piedras, dejando al propietario de ella con pocas esperanzas de volverla a ver, si no es maltratada y sin botones. La planta de la yuca da flores rojas y blancas.

---

[1] Mandioca: arbusto de la familia de las euforbiáceas de las regiones cálidas de América, de 2 a 3 m. de altura, raíz muy grande y carnosa, hojas profundamente divinas y flores en racimo. De su raíz se extrae almidón, harina y tapioca.

[2] Es dudoso que se proceda al cocimiento de la yuca; esto se hace cuando se va a aplicar el almidón ya preparado. N. del E.

Aquí también vi el camote, alimento que es común en toda Centroamérica. Se le cultiva mejor en Nicaragua. Se siembra en abril; en terrenos irrigables puede plantársele en cualquier época del año. El cultivo no difiere del que se sigue en el sur de los Estados Unidos. La cosecha es frecuentemente muy grande; el tubérculo tiene forma ovalada y de apariencia blancuzca. Los sarmientos crecen frondosos. En los mercados de las ciudades principales, los camotes valen alrededor de dos centavos la libra, pero en la mayor parte de los caseríos, especialmente en las montañas, no se consiguen por ningún precio. La escasez de este, como la de otros muchos productos del país, se debe a la obra devastadora de la langosta, que yo vi posarse en incontables millones sobre las sementeras y destruir totalmente los mejores cultivos.

Los chiles pimientos se dan en profusión en las cercanías de "El Sitio". También se dan en forma de silvestre. El "chile colorado" es conocido en todo el mundo. Se le come por el robusto montañés de Centroamérica con "tortillas", como se come el queso en el norte.

Yo nunca pude resistir a un nativo masticando chiles bravos con tortilla sin que mis ojos, involuntariamente, derramaran lágrimas. Solo las gargantas españolas pueden adquirir el hábito de comerlos. Estos, con el ajo, son ingredientes indispensables para todos los platos. El chile redondo o dulce también se encuentra silvestre aquí, pero no gusta tanto como el primero. Una raíz fuerte y amarga que se conoce con el nombre de "contrayerba", crece en los alrededores de "El Sitio". Se le atribuyen algunas curiosas propiedades medicinales, por lo que las mujeres la compran en la "Plaza del Mercado" de Tegucigalpa. Las muestras de esta planta, que yo mandé a Nueva York, fueron clasificadas por los botánicos como "Dorstenia" de Linneo.

En el departamento de Tegucigalpa se cultivan casi todas las plantas del trópico, y en las tierras más altas algunas propias de los climas templados. Entre estas puede mencionarse el tabaco, que es de excelente calidad, el arroz, la caña, el cacao, el añil pequeño, todas las frutas tropicales, el maíz, la papa y el café. Juarros menciona a Tegucigalpa como la región más rica en oro y plata de toda Centroamérica. [1]

---

[1] "Abunda – dice Juarros refiriéndose al Partido de Tegucigalpa – en toda especie de frutos, maderas y animales; pero sobre todo en minas de oro y plata, en

Entre las plantas silvestres útiles se encuentran, aunque en pequeñas cantidades: la vainilla, goma arábiga, fustete, lentisco, ipecacuana, la sangre de dragón, el jengibre, el tamarindo y el árbol del caucho. Como todos estos son también comunes en el este de Honduras, al describir mis impresiones sobre el departamento de Olancho, que debe considerarse como una subdivisión independiente en Centroamérica, me referiré a ellos y otros productos de aquella región. Solo Olancho, en Honduras, es igual en tamaño a la República de El Salvador y, siendo aquel el objetivo de mi viaje, puse más atención en estudiar sus recursos agrícolas y mineros que los de cualquiera otra región del Estado que visité.

El señor Ferrari había estado en Olancho hacía doce años, donde vive un viejo pariente suyo. Me ofreció varias cartas de presentación y rio de las advertencias del general Cabañas. "Es la gente más rica y más hospitalaria de este país", me dijo, "y con una carta mía en sus manos, usted no debe dudar que será bien atendido. Lo único que usted debe procurar es no mezclarse mucho con los indios". Después de un largo paseo por los cerros circunvecinos, durante el cual mi anfitrión me proporcionó exhaustiva información sobre el país, regresamos a la casa donde ya nos esperaba una exquisita comida, adornada por la bella presencia de las cuatro hijas del señor Ferrari, que nos habían seguido de la ciudad para atendernos. La combinación de la esplendente belleza española con la voluptuosidad italiana, realzadas por el carmín del ejercicio y sus bonitos trajes de montar color gris, hacían de ellas una encantadora sorpresa.

Después de la cena tuvimos café, cigarrillos, música de guitarras y una animada conversación sobre la moda femenina de los Estados Unidos. La curiosidad, y tal vez los celos, habían sido despertados en mis bellas amigas por sus primas, las señoritas Dárdano, que hacía poco habían pasado por Tegucigalpa. Todavía no se había disipado el alborozo que en ellas causó el arte del bien vestir y que para estas beldades aisladas se había hecho realidad a través de sus primas. No dudo que mi descripción del espléndido Broadway haya hecho que más de una de las bellas de Tegucigalpa suspirase por que se establezcan cuanto antes comunicaciones por ferrocarril y barcos de vapor entre Honduras y "el Norte".

---

cuyo renglón es el país más rico del reino". **Historias de Guatemala**, tercera edición, p. 37.

En Honduras casi todo edificio está expuesto a la acción destructora de un pequeño insecto perforador llamado "comején". Estos animalitos entran por la parte inferior de las maderas de las casas y comiendo hacen un taladro perfecto hasta el otro extremo, de donde regresan por una ruta paralela para continuar su operación hasta que cada viga, cabrio y larguero del edificio queda hecho un panal de abejas. El cedro está particularmente expuesto a estos ataques. En "El Sitio", aunque las maderas estaban sanas según su apariencia externa, don José me mostró su verdadera condición golpeando vigorosamente con una vara los largueros. Se desmoronaron como la piel de una momia y una nube de polvo salió de su interior, teniendo que retirarse las damitas para evitarlo. En el país solo existen unas pocas clases de pino que se libran de los ataques del "comején" y es singular coincidencia que todas, menos estas maderas, llegan a ser devoradas por el insecto y se pudren en contacto con el agua, en un período de doce meses. Un señor inglés, dedicado anteriormente a la minería en Yuscarán cerca de la frontera con Nicaragua, me relató el siguiente caso. Dice que se cortó un gran árbol de pino para hacer el eje de un molino para broza y fue llevado a una distancia como de dos millas. Antes de cortar el árbol, varios de los viejos nativos les advirtieron que no cortaran esa clase de pino, porque se les pudriría muy pronto. Los extranjeros, considerando la advertencia como una tonta superstición, no les prestaron atención y, después de ocho meses de uso, el eje, que era costosos y de sana apariencia, estaba perforado por todas partes con pequeños agujeritos y, finalmente, quedó inservible. Iguales "supersticiones" existen en cuanto al corte de las maderas de construcción durante la luna llena. En Honduras nadie derriba un árbol para ese propósito que no sea en ese tiempo, o durante la siguiente semana. Los insectos atacan la madera que se corta antes de la luna llena y los campesinos saben por experiencia, que no sucede tal si se hace ello una semana después. Estos hechos pueden ser de utilidad para los futuros pobladores de Honduras.

En un viejo armario de la sala encontré una colección de "El Diario de La Marina" de La Habana. Este es el único periódico que regularmente llega al interior del país. Puesto que sus ideas, rabiosamente antiamericanas, han venido siendo difundidas entre el pueblo desde la expedición de López, cualquier respeto que aún puedan merecer los Estados Unidos en Honduras no se debe, ciertamente, a este periódico.

Después de holgar perezosamente en las hamacas, fumar cigarrillos de tusa, beber vino de coyol y tiste y recoger toda la fruta que supusimos bastaría para el consumo de una semana, ordenamos que nos trajera nuestras bestias y dijimos adiós a "El Sitio". Cabalgábamos despacio y hacia la vieja ciudad, mientras las señoritas conversaban alegremente sobre los sucesos del día, riendo con aquella naturalidad tan propia de la juventud y de corazones sin penas. "El Sitio", ¡lugar encantador! ¡Jamás se borrarán de mi recuerdo las quietas sombras de tus guanacastes y ceibas, la fragancia de sus naranjos y cidras, el murmullo de tu arroyo vocinglero corriente entre las espesas frondas, tus lindos pájaros y el silencio ensoñador en que, al parecer, la naturaleza se reclinó!

Llegamos a la cima de las colinas que dominan la ciudad precisamente a tiempo para captar los últimos rayos del sol bañando las torres de la parroquia con su luz purpúrea e iluminándolo todo allá en la quietud del valle. El amortiguado tañido de las viejas campanas españolas llegaba a nosotros flotando en la brisa vesperal. Han llamado a los fieles a oración desde el siglo XVII [1] cuando los secuaces de Alvarado se quitaban sus sombreros emplumados para escuchar reverentes los solemnes Te Deums. Poco a poco el crepúsculo se hundía en el ocaso; las nubes carmesíes distribuían sus colores sobre las montañas que se volvían grises con el manto de la noche; y acelerando nuestras cabalgaduras pronto estuvimos ambulando por las calles empedradas de la ciudad y cambiando "buenas noches" con las personas que, desde los portales, nos saludaban.

Los establecimientos comerciales de las ciudades más importantes de Honduras están provistos todos de los mismos artículos; con unas pocas diferencias en cuanto a su tamaño y posición, es describirlos a todos. Rodean el establecimiento sendos estantes y en el centro, detrás del mostrador, se halla el señor o a menudo la señora, tranquilamente sentados; si es la última, se la ve con su cabeza inclinada sobre su costura y dirigiendo miradas alternativamente al pequeño surtido de mercaderías y a los apartamentos interiores de la casa. Debemos recordar que en las grandes ciudades de la república son raros los principales dueños de casa que no se ayuden con el ingreso de una tienda, ubicándola en la

---

[1] Léase siglo XVI. N. del E.

parte más conveniente de la casa. Pocas son las damas que se consideran demasiado elegantes como para actuar de tenderas y, en verdad, desde la decadencia del comercio en el país, muchas respetables familias se han visto forzadas a echar mano de estos medios para conservar su posición social y hasta para la propia subsistencia. Varias de las tiendas, atendidas por las bellas de la ciudad, son lugares de cita de los galanes de Tegucigalpa, a los que puede verse rindiendo culto a la beldad de la casa y mostrando oportunamente su precio con la compra de fruslerías, más por ver cómo la damita enrolla un listón con sus finos dedos, que por el valor intrínseco del artículo. Muy al interior de este país casi desconocido, en una ciudad hasta hoy olvidada por los geógrafos y cartógrafos, la coquetería y galanteos son conducidos con todo ardor en el camino, o en el lugar de abastecimiento público de agua, con el gusto y delicadeza que se puede apreciar en los círculos más refinados de la vida moderna.

Las mercaderías que se exhiben para la venta no son ni suntuosas ni caras, y consisten en su mayor parte de ropa para el uso tal como géneros de algodón, "osnaburgs", mantas, calzado y los artículos corrientes manufacturados que se encuentran en los establecimientos dedicados a la venta de una sola clase de artículos. Casi todos combinan mercaderías de boticario, comerciante en géneros, abarrotero, sombrereo, vendedor de calzado, talabartero, librero, confitero, y artículos de escritorio, pero con una provisión extremadamente limitada de cada una de estas líneas. La mayoría de estos artículos entran al país vía Amapala, o La Unión, El Salvador, en barcos europeos, siendo los ingleses los que predominan. En los almacenes a veces se ven artículos norteamericanos tales como zapatos de charol y botas, unos pocos artículos caseros, artículos manufacturados por Lowell, jabones, velas, encurtidos y licores, pero estos son muy raros, dominando Inglaterra el comercio de cuchillería, artículos manufacturados, zarazas, cerveza, telas y artículos de madera y hojalata; Francia: en vinos ordinarios, coñac, sedas, géneros estampados, plantillas para vestidos de indiana, queso, mostaza, guantes y casimires; Italia: aceitunas, aceite de olivas, sardinas, macarrones, fideos, queso verde, salchichas y algunos artículos de seda. La Habana y Belice también ayudan a suplir a Honduras y, en verdad, a todo Centroamérica, con una variedad de artículos. La Habana y Guatemala suplen casi todos los libros que entran al país.

Belice es un emporio de comercio en la costa atlántica de Centroamérica, y La Unión y Amapala, lo son en la costa del Pacífico.

Los Estados Unidos, con su extenso comercio y grandes intereses manufactureros, parece que todavía no se han preocupado por entrar a estos mercados, aunque pequeña cantidad de artículos viene por Trujillo. Aquel puerto es el punto en donde se surten Yoro y Olancho, y su comercio casi se limita a Boston y Nueva York, siendo los olanchanos los principales consumidores de artículos norteamericanos. Honduras, con sus 350,000 habitantes [1], es un país que consume constantemente y produce muy poco, y una competencia productiva podría fácilmente establecerse en cualquiera de los más importantes puertos de mar, en el Atlántico o en el Pacífico. Unos pocos vapores comerciales han llegado a la Isla del Tigre desde California cargados con parte de los excedentes de aquel mercado, y según se sabe, se han llevado a cabo magníficas transacciones, pero hasta hoy son los barcos europeos los que monopolizan casi todo el tráfico en ambas costas del país. La exportación de café y azúcar de Costa Rica está saliéndose de sus viejos cauces hacia California y es razonable suponer que todo el comercio de la costa del Pacífico de Centroamérica cambiará de manera esencial entre estos países y California.

Durante los últimos cinco años han disminuido los monopolios comerciales en razón de que los países centroamericanos están siendo ya más conocidos. Estos países reclaman mejor calidad de mercaderías para su consumo. Todas las clases sociales visten ahora mejor que antes y ya se están introduciendo las modas de Norteamérica. Entre las mujeres se han puesto de actualidad los vestidos más costosos. El vestido de la mujer humilde de Honduras es de un material sencillo y ordinario, tal como la guinga o la zaraza, pero en las damas refinadas la cosa es distinta, y aquellas a quienes fui presentado se hallaban muy a menudo ataviadas con tal refinamiento como pueda imaginar un extranjero. En toda época del año los vestidos blancos o color rosa pálido, o de gaza diáfana celeste son los que predominan. Los casos de mal gusto son raros. Las modas, por lo general, se importan de La Habana.

---

[1] Esta cifra es la misma que da Squier (**Honduras**, p. 7), autor más documentado que Wells. No obstante, el cálculo parece muy holgado porque el censo levantado en 1881 apenas alcanzó la cifra de 307,289 habitantes. V. Vallejo, **Primer Anuario**, p. 104.

La figura de las damas, como pude observarlo en los bailes y paseos, es más bien alta, erecta y todos sus movimientos son elegantes y sencillos. Pocas excepciones a esta regla hubo en las fiestas a que fui invitado. Además de las morenas de cabellos de azabache, cuyo número prevalece decididamente, se pueden ver a veces mujeres de tez blanca, ojos azules y mejillas rosadas, especialmente en las tierras altas. La delicada palidez que usualmente se asocia a la belleza española de los trópicos se encuentra muy a menudo; y tales cutis, en frentes blancas y despejadas, de grandes ojos negros o avellanados, de labios delgados y de dientes finos, son más que atractivos, unido todo, como es frecuente, a un carácter jovial y vivaz. El estilo lánguido que en la mayoría de los casos acompaña a las mujeres morenas, es para un norteamericano, acostumbrado a la desenvoltura de sus compatriotas, un poco cansado. Las bellezas soñadoras de este delicioso clima serán admirables tipos para el novelista o para el pintor, pero uno busca en vano aquellos atractivos que ostenta la dama refinada de nuestra tierra. Por lo general reúnen las cualidades de dulzura, buen carácter y sinceridad, rasgos que son en todas partes placenteros.

Las manos y brazos bonitos son demasiado comunes para ser tomados como marcas distintivas de la elegancia. Sin embargo, en varias ocasiones observé que las damitas se tomaban un trabajo especial para exhibir estas ventajas. La cabellera se lleva preferentemente en moño trenzado. Muy raro es ver bucles. En las fiestas o reuniones el vestido es generalmente blanco y muy delgado. Se usan pocas joyas. En la calle se lleva siempre la mantilla y no es sino reciente el uso de la "sombrilla". Es muy raro ver a una dama fuera de casa, a no ser por las mañanas y a la caída de la tarde, y más raro aún verla acompañada de un caballero.

Muchas son graciosas e intrépidas amazonas. Las sillas de montar que usan son hechas en Guatemala, aunque hay algunas importadas de Inglaterra. La moda de montar de lado prevalece todavía [1]. El traje de montar no difiere del que se usa en los Estados Unidos; algunas veces la parte inferior de la falda va adornada con pequeñas monedas de plata. Usan un sombrero (cien por ciento masculino) sobre el cual ponen un espeso velo. Los guantes, adornados en el puño con hilos de plata, y un pequeño fuete italiano completan el atavío. La época

---

[1] En Honduras la silla especial en que las mujeres no montan a horcajadas se llama galápago. V. Membreño, Hondureñismos.

preferida para la equitación es cuando termina la estación de lluvias y antes de que el polvo de los meses de sequía empañe la verde brillantez del follaje. Es entonces cuando los arroyos corren por entre las peñas hacia los valles, los caminos están buenos, y las señoritas rara vez dejan de aprovechar estas ventajosas circunstancias.

En el país falta educación para la mujer, a la que poco se le enseña, y cuando una damita puede tocar el piano o la guitarra, bailar bien y aparecer "a la mode" en sociedad, es segura candidata al altar; es entonces cuando comienzan sus deberes como matrona. Son pocas las muchachas que han sido enviadas a los Estados Unidos para su educación. A estas se les tiene por sus compañeras como prodigios del saber. Pero aún con las pocas o ningunas ventajas que otorgan los países instruidos, las mujeres centroamericanas nunca dejan de interesar al viajero, por su gentileza característica y la dignidad de su porte tanto como por su talento innato y por su receptividad a la cultura.

Los caballeros hondureños visten a la usanza norteamericana. Pero de vez en cuando aparecen modas anticuadas que lo hacen a uno sonreír ante los esfuerzos de imitadores de Beau Brummel de las ciudades grandes; estilos que, originados en París, se filtraron a través de los Estados Unidos y La Habana y eventualmente hallaron curso hacia el interior de Honduras: sombreros ingleses de copa alta, polainas de gamuza para pantalones, redingotes de la vieja usanza con cuello alto y otras prendas demuestran que los comerciantes en ropa vieja de Europa tienen mercado seguro para sus saldos. En cuando a vestuario, los hombres están a nivel inferior de las mujeres. El viejo emblema español de la dignidad, holgada capa azul, todavía se conserva con afecto por los anticuados señores, y hasta los niños se les ve vestidos con trajes azules. Una de las cosas que primero atrae la atención del extraño en cualquiera de las ciudades más grandes de Honduras es el aspecto de los niños "como pequeños hombres o mujeres".

Niños de cinco a seis años de edad se pavonean tiesos con sombrero negro, cuello alto y corbata, capa, bastón, en fin, con el completo vestuario de una persona mayor. Las facciones frescas de estos infantes aminoran en algo lo absurdo de sus vestidos. Se ve, asimismo, a niñas de la misma edad con cabellera frondosa, trajes largos y ornamentos propios de una señorita. Una niña que frecuentaba la casa de don José María, usaba grandes pendientes, collar, anillos en los dedos y tenía su pelo en trenzas y arreglado con elegancia, más como una novia que como una chiquilla. El vestido, indudablemente, da al niño apariencia de más edad. Todas las mujeres en Centroamérica se vuelven prematuramente viejas. Pasaría lo mismo si aquí vivieran las mujeres norteamericanas.

Por muchos años después de la independencia se oyeron elocuentes discursos en los congresos de Honduras. Pero entre los liberales se cree que, desaparecidas las grandes luminarias del partido, no quedaba ninguno que representara el poder oratorio de antaño. Barrundia, el último de los viejos revolucionarios, había fallecido y se afirmaba que nadie entre los vivientes podía reemplazarle [1].

Al adoptarse la presente Constitución Política quedó abolida la pena de muerte [2]. El castigo más severo que ahora puede aplicarse por un crimen es el de quinientos azotes. El castigo menos pavoroso, de acuerdo con la severidad con que se aplique. El salteador de caminos Umanzor, que recientemente había escapado del Castillo de Omoa y estaba sentenciado, se dijo, por ocho asesinatos, recibió cuatrocientos azotes en dos ocasiones, y pudo restablecerse. A menudo bastan doscientos para acabar definitivamente con los sufrimientos de los culpables, cuando se aplican con tal propósito. Si la intención del Gobierno es la de que el ofensor deba morir, la pena se administra de tal modo que el prisionero deja de respirar antes de que termine el castigo.

Se coloca al hombre abrazado a un árbol del diámetro justo para que las muñecas se encuentren en el lado opuesto y puedan ser sujetadas firmemente. Los pies se aseguran con lazos cerca de la raíz. Entonces se desnuda al culpable hasta la cintura. El instrumento de castigo consiste en una vara pesada, flexible y resistente. El verdugo, también desnudo hasta la cintura, se coloca a tal distancia del prisionero y en tal posición que le permitan descargar toda su fuerza en cada golpe. Dada la señal, la vara desciende sobre la espalda del condenado. El efecto es apenas menos terrible que el resultante de la aplicación del "knout" ruso. Se descarga golpe tras golpe hasta que la

---

[1] Aunque guatemalteco, Barrundia fue diputado en Honduras.

[2] El artículo 87 de la Constitución Política de 4 de febrero de 1848, entonces vigente, establecía que "la pena de muerte queda abolida en materia política; y solamente se establece por los delitos de asesinato, homicidio premeditado y seguro, asalto o incendio si se siguiere muerte, y por parricidio en los casos que determine la ley". V. **El Digesto Constitucional**, p. 128.

víctima, que al principio lanza alaridos de agonía y trata de soltarse de sus ataduras, cae en silencio. Su espalda se convierte en una masa sanguinolenta y a menudo se extingue la vida del culpable antes de que se haya cumplido la sentencia. La apaleada se hace entre dos o tres verdugos, los cuales se relevan entre sí al quedar agotados con el esfuerzo.

Al venir de Tegucigalpa, oí del caso de un sirviente que había robado a su amo en el departamento de Comayagua. Lo atacó mientras dormía, cortándolo en pedazos con su machete y, apoderándose de su dinero y de varias mulas, escapó con rumbo a Omoa. Fue perseguido por un piquete de soldados que capturó y, por órdenes del oficial que los mandaba, le dieron trescientos palos. No vivió para recibir todo el castigo. Pero los casos de asesinatos brutales, como este, son raros. En ninguna parte del mundo se respeta tanto la propiedad y la vida como en Honduras, como tampoco hay en el continente pueblo más pacífico ni hospitalario como el de estas regiones montañosas.

CAPÍTULO XIII: LISTOS PA´ VIAJAR A OLANCHO

La gran erupción del Cosigüina. – Fenómenos en el interior de Honduras. – Los volcanes de Centroamérica. – Erupción del "San Miguel". – "Minerales de Plata". – Preparativos de viaje a Olancho. – La región aurífera del Guayape; su accesibilidad. – Obscuridad. – Cuentos fabulosos. – Resultados favorables con el Gobierno. – ¡Ho! Por el Guayape. – Partida. – Cabalgata. – Reclutando soldados. – Río abajo. – Otra vez el Dr. Don Guillermo. – Cofradía. – Camino a Talanga. – Una fiesta en Talanga. – San Diego intoxicado. – Las Cuevas. – El árbol de la pimienta.

Entre los muchos e interesantes informes que obtuve de mi amigo Lozano, estaba su relato de la famosa gran erupción del Cosigüina en 1835. En toda esta sección del país, aunque a muchas leguas del volcán, las montañas temblaron hasta sus cimientos, y se sintieron fuertes sacudidas ocasionales; las gentes repentinamente sufrieron nauseas mientras el aire se cubría de cenizas finas, tantas, que parcialmente obscurecieron el sol, y los lejanos rugidos y explosiones del volcán denotaban que alguna terrible erupción estaba ocurriendo en la gran cadena que costea el Pacífico. Muchos creyeron que había llegado el Juicio Final. En las partes altas de Honduras, sin embargo, las sacudidas no se sintieron como en las otras secciones de Centroamérica. Anteriormente, al cruzar por las montañas se me había mostrado un río que corría hacia la bahía de Fonseca por un campo otrora fértil y ahora desolado a causa de los enormes montones de ceniza arrojados por el volcán. Las explosiones se oyeron de parte a parte en el continente y las cenizas llegaron a una distancia de varios cientos de millas.

El señor Lozano me dijo que por tres días consecutivos el aire estuvo lleno de un polvo impalpable que entraba por todas las hendiduras y grietas de las casas, produciendo una sensación sofocante. A las tres de la tarde de los días del 20 al 22 de enero de

1835, la obscuridad cubrió todo el interior de Honduras [1] y era tal que las luces de las velas que estaban en mesas arrimadas a la pared, apenas podían ser distinguidas por una persona colocada en el centro del cuarto. Las comidas se servían a la luz de candelabros. Los pájaros, atemorizados por la obscuridad, volaban alocados hacia las ciudades y se lanzaban contra los muros de las casas encontrando la muerte. En las aldeas los venados y otros animales salvajes corrían en las tinieblas cerca de las viviendas de los hombres. La más grande consternación se apoderó de la gente. Los estruendos del volcán se oyeron claramente en Guatemala y las vibraciones alcanzaron hasta México. En las secciones más apartadas del país, las detonaciones intermitentes del volcán se tomaron como descargas entre ejércitos contendientes.

"¿Cree usted, –le dije al narrador– que el Cosigüina vuelva a hacer erupción?".

"¡Quién sabe!", me respondió don José María encogiendo sus hombros y dando un chupetazo a su "cigarro". "El volcán no podrá aguantar una nueva erupción sin deshacerse completamente en pedazos, pero aquí creemos que en su gran esfuerzo quedó agotado para siempre".

Los ruidos más fuertes, jamás oídos antes por el hombre, fueron los rugidos del Cosigüina durante dos días y sus noches.

Los centroamericanos todavía ven con desconfianza al Cosigüina y abrigan menos temor de viejos, familiares, mejor portados y más pequeños volcanes, como los de San Miguel, Conchagua y Ometepe. Durante los últimos diez años solo ha habido unas pocas erupciones en Centroamérica. Los volcanes, que en larga fila se yerguen contra el cielo y son mojones para todo viajero en toda la extensión de la costa del Pacífico, parecen estar definitivamente extinguidos. Con la excepción del terremoto que en abril de 1854 destruyó la ciudad de San Salvador, y de unas pocas sacudidas de menor cuantía experimentadas en otros lugares, la actividad volcánica ha dado poco o ningún motivo de alarma. Las erupciones casuales en Guatemala y El Salvador pocas veces han sido de serias consecuencias. Los volcanes conocidos como Volcán de Agua y Volcán de Fuego se hallan entre los más elevados en Centroamérica; el último, al sur de la ciudad de Guatemala, todavía emite llamas y humo. Algunos bien

---

[1] Con relación a este fenómeno puede consultarse la obra de Víctor Miguel Díaz titulada **Conmociones terrestres en la América Central**, pp. 131 a 160.

conocidos surgieron repentinamente de superficies planas, hecho que aún recuerdan en El Salvador varias personas.

Siguiendo la costa sur del Pacífico aparece una casi continuada cadena de picos volcánicos que termina en el Conchagua, entre los que se ve el enhiesto como del San Miguel. Este lanza a veces copos de humo blanco que pueden verse a diez leguas de distancia, ensortijándose graciosamente en el cielo. En 1845 hubo una erupción parcial de este volcán por su lado oeste, que es el opuesto a la ciudad. Dos días antes, el volcán anunció con rugidos la convulsión que se aproximaba. Tembló la tierra en muchas leguas alrededor y la obscuridad se adueñó de toda la región. El pánico, como no se había sentido desde la catástrofe del Cosigüina, se apoderó de las personas. Se ofrecieron plegarias en todas las iglesias, y se dice que los ladrones, inquietos con las espantosas advertencias, acudían voluntariamente ante sus víctimas a reintegrarles su propiedad. Muchas familias huyeron de San Miguel a la Isla del Tigre y a otros lugares más distantes. La lava que salió por un pequeño cráter en la falda occidental del volcán, en dos días se regó en un espacio de ocho millas cuadradas, pero sin ocasionar grandes daños.

La finca de un viejo nativo donde este vivía con su familia a dos mil pies de altura en la falda del volcán, fue rodeada por la corriente de lava hirviendo, pero por milagro se bifurcó pocas yardas antes de llegar a sus habitaciones para unirse más abajo y continuar su fiero curso [1]. La rapidez con que se elevaron del volcán las exhalaciones sulfurosas les salvó de ahogarse. Desde entonces se tuvo a esta familia como especialmente protegida de los santos.

Los fenómenos que acompañan las numerosas erupciones de los volcanes que se extienden desde Guatemala hasta Costa Rica, presentan los caracteres geológicos más interesantes, y mucho hay que agregar a los hechos ya reunidos por los exploradores científicos. Desde que los españoles fundaron las primeras poblaciones, las

---

[1] "El 16 de abril de 1854 será siempre para los salvadoreños un recuerdo lúgubre. Los temblores comenzaron el viernes santo en la mañana, acompañados de horribles ruidos subterráneos; el domingo de pascuas, hacia las once de la noche y sin fenómenos precursores, la tierra se conmovió fuertemente, y en diez segundos convirtió en ruinas la ciudad de San Salvador. El número de muertos fue como de cien, los heridos y contusos llegaron a 200 próximamente": V. **Apuntes sobre la topografía física de la República de El Salvador**, por David J. Guzmán. Editorial, San Salvador, 1883, p. 44.

erupciones y terremotos han destruido varias ciudades y han desolado el territorio en muchas leguas. Escasamente hay en Centroamérica una ciudad que haya escapado de una devastación por estas causas, y muchas de las más grandes han sido repetidamente destruidas. La destrucción de San Salvador por un terremoto en la noche del 16 de abril de 1854 es una de las más espantosas narraciones de que se tiene memoria, y fue tan completa la ruina que se operó en pocos minutos que aquellos habitantes que pudieron escapar huyeron para siempre. El asiento del Gobierno fue trasladado a la vecina ciudad de Cojutepeque, abandonándose el sitio de la ciudad destruida.

Los efectos de los terremotos rara vez se han extendido por todo el continente. En muy raras ocasiones se han registrado temblores a lo largo de la costa norte de Honduras. El más fuerte que se conoce ocurrió del 5 al 14 de agosto de 1856, cuando todo el litoral del Caribe fue violentamente sacudido. Estos temblores se percibieron distintamente en Jamaica, y fueron violentos y continuos en Belice, Omoa y Trujillo. En esta última ciudad se sintieron no menos de mil sacudidas en el término de ocho días. Honduras, sin embargo, hasta hoy ha estado singularmente libre de las conmociones que han afligido a las demás repúblicas vecinas. No hay historia de que haya sufrido esta República inundaciones, pestilencias, tormentas destructoras o huracanes, aunque las largas filas de pinos caídos en los "llanos" de las sierras muestran los efectos de los fuertes vientos del norte que azotan el continente.

Una descripción de las pequeñas aldeas que visité en el departamento de Tegucigalpa, durante mi permanencia en esa ciudad, no sería sino repetición de la que ya he hecho de las serranas. Mi principal objetivo al visitar Villanueva, San Buenaventura, Cedros, Cantarranas y Guinope, que son los principales "minerales" de esta región, fue hacer una inspección ocular y tener conocimiento correcto de las minas de plata y cobre que en épocas pasadas fueron célebres en todo el Estado. Las páginas relacionadas con la parte central de Honduras quizás se han extendido más allá de lo que fue mi intención original, y como yo volví a visitarla a mi regresó de Olancho, reservo mis impresiones hasta que mi relato me traiga de aquel departamento que se halla comprendido en la parte oriental del país.

La meta de mis aspiraciones fue desde un principio la región aurífera de Olancho, y las vagas referencias que de ella tenía se aumentaron y confirmaron mientras más y más me acercaba al

Guayape. Tegucigalpa no está sino a una semana de viaje a lomo de mula de las cabeceras de este río y no tuve dificultad en obtener una variada información, la cual, no obstante, no era sino de odias.

El señor Ugarte puso a mi disposición viejas obras que tenía en su poder, relacionadas con el Guayape y la fama de sus ricos "placeres". Mientras hacía apuntes tuve la oportunidad de reflexionar sobre las circunstancias singulares que habían originado y traído esta empresa a su presente estado, y sobre las posibilidades de publicar mis impresiones en un libro o informe que incluyera todos los hechos que vinieran a mi conocimiento. Todos los días me encontraba con personas respetables que, al saber el objeto de mi visita al país, inmediatamente entraban en conversación sobre él y repetían las tradiciones de la riqueza del famoso "río de oro", lo que, si no hubiera sido por la frecuente verificación de tales asertos en la tierra del oro, que yo había dejado recientemente, me hubiera hecho dudar de la sinceridad de mis informantes. ¿Por qué tales "placeres", si como se me informaba, existían en el Guayape y sus afluentes, no se trabajaban? ¿Por qué no eran conocidos en el mundo? ¿Por qué los mismos narradores, con el conocimiento de tales hechos no se dedicaban a ellos? ¿Por qué los cortadores de caoba que se comunicaban con la costa norte nunca los hicieron públicos? Y, ¿por qué el país no era invadido como California por los aventureros buscadores de oro? Eran preguntas que entonces, como lo había hecho antes, me hacía a mí mismo. A estas muy naturales preguntas, la respuesta es que nunca han existido entre los olanchanos, medios ni capacidad ni inclinación para buscar la riqueza en los suelos que se hallan bajo sus pies, igual que los de California bajo las huellas de los indios, no desarrollados desde épocas remotas hasta tanto la mano de la industria no los hiciera provechosos; y también porque durante dos siglos desde la conquista del país, Olancho, que es una continuación norteña de la costa de La Mosquitia, ha estado apartada de las rutas del comercio.

Igual que las regiones aisladas de La Mosquitia, sus sierras y llanos ganaderos han permanecido en la misma condición primitiva que ocuparon cincuenta años después de las primeras colonizaciones. Todavía se encuentran los rastros de los trabajos de los viejos españoles en las márgenes de los ríos, consistentes en burdos instrumentos y socavones profundos. El país, salvo por unas pocas leyendas deformadas, ha sido tierra desconocida para el mundo.

Pocas personas saben actualmente de su existencia y ni uno entre diez de los geógrafos mejor informados ha oído de "Olancho" o de su capital Juticalpa. Aun Tegucigalpa, que es ciudad de consideración y situada en la parte mejor conocida de Honduras, hasta hace poco no aparecía en los mapas de Centroamérica. Menos aún han tenido interés en penetrar de la costa del mar Caribe al interior del país, lejano y desconocido; y en el litoral del Pacífico los escasos barcos extranjeros que visitaban la costa con propósitos comerciales, antes de los descubrimientos de oro en California, meramente tocaban y salían. Olancho, hasta hace pocos años, ha sido en verdad "un libro sellado"; los habitantes del resto de Honduras parecen estar tan ignorantes de su valor como lo están los extranjeros, y nadie da sino confusos relatos del Guayape y sus "placeres". A lo anterior hay que agregar que existe una aversión general para visitar Olancho debido a la supuesta celosa actitud de sus indios y su egoísmo en cuanto a la explotación del oro, y el carácter indolente por naturaleza de los hondureños; y se explica fácilmente por qué los ciudadanos de otras secciones del Estado no han intentado el desarrollo de sus minas.

Los cortes de caoba en las márgenes de los ríos Guayape, Wanks y, claro está, de todos los demás ríos que riegan la parte oriental de Honduras, datan de pocos años. El primero que se organizó en los ríos Guayape, Guayambre y Jalán, que forman en conjunto el río Patuca que desemboca en el mar Caribe, fue en 1848 y el trabajo se llevó a cabo con negros jamaiqueños y centroamericanos, gentes que no estaban capacitadas para desarrollar las minas de oro ni para hacer circular las noticias de la existencia de estas. Y los pocos traficantes en tortugas y caoba que hacían viajes por los cayos entre el cabo Gracias a Dios y Belice escasamente eran idóneos como medios de información al respecto o en cualquier otro, y tampoco hubieran sido creídas sus aseveraciones. Así se comprende por qué la riqueza mineral de la parte oriental de Honduras ha permanecido confinada al conocimiento de muy pocas personas, por cuyo medio vino al mío. La fama del río Guayape, no obstante, no era desconocida para Inglaterra, y el deseo de posesionarse de este país, en unión de los intereses madereros de numerosas firmas ricas de Londres, puede ayudar a explicar la pertinacia con que la Gran Bretaña se ha aferrado a la aparentemente inservible costa de Honduras.

Que uno de los mejores países mineros del mundo, situado en la vía natural de nuestra ruta comercial, haya quedado sin ocupar por los norteamericanos es inexplicable a no ser como un paralelo de aquella misma negligencia que los dejó sin descubrir hasta hace poco los ricos yacimientos auríferos de California y Australia. Al presente, los proyectos colonizadores de los anglosajones están regulados o al menos grandemente influenciados por los descubrimientos de metales preciosos. Estos proyectos son a veces imprudentes y desafortunados, que han costado inmensas sumas de dinero y vidas de muchos aventureros cuyo entusiasmo excedió a su sagacidad. Las condiciones para un rápido y completo éxito en el establecimiento de una colonia minera son tres: que los habitantes de la región que se va a colonizar sean demasiado pocos en número para que no incomoden a los mineros, como fue el caso de California, o que tengan buena inclinación de ánimo hacia ellos a su arribo; que el clima sea templado si es en tierras bajas o moderadamente cálido si es tropical; y, finalmente, que sea accesible por mar, y será más fácilmente colonizado si está más cerca aun de alguna de las grandes rutas del comercio.

Supongamos, por ejemplo, que se descubrieran minas de oro similares a las de California a orillas del Lago de Nicaragua, que está a solo diez días de navegación de Nueva York. El clima, aunque en "tierra caliente" no es mortal; el suelo, lo barato de todo lo necesario para la vida, y su seguro y fácil acceso naturalmente atraería a miles de mineros y colonos pacíficos e industriosos, que sin ninguna lucha y solo por el mero irresistible curso de las cosas, crearán un nuevo estado republicano en aquella región de Centroamérica, enteramente ajeno a las vicisitudes que allí están ahora ocurriendo desde hace doce meses.

Pero desgraciadamente para Nicaragua, los depósitos auríferos se encuentran en el interior del país, lejos de la línea del tráfico norteamericano, en el distrito de las Segovias cerca de la frontera de Honduras, que son para Centroamérica lo que el centro de la región minera de California para los distritos agrícolas circunvecinos. La región de los lagos no es aurífera.

Aquellos, por otra parte, que han vivido por algún tiempo en Nicaragua, o que han conversado con los viajeros y nativos de aquel país, habrán seguramente oído sobre el "oro del Guayape", llevado por los indios y comerciantes locales a la costa de Honduras y que es reputado como el mejor oro del mundo. Desde tiempos inmemoriales este oro fue empleado por los naturales de Centroamérica para propósitos de ornamentación, pero los depósitos de los cuales se extrae son totalmente desconocidos para el mundo entero. Esta región aurífera está cercana a una de las rutas de nuestro comercio, ya explorada para el tránsito por una organización de capitalistas norteamericanos. Me refiero a la empresa del ferrocarril interoceánico de Honduras. La región aurífera de Olancho se encuentra al este de esta proyectada línea de tránsito y con fácil acceso. Muchos depósitos auríferos se han encontrado en el Guayape y sus tributarios, y las pequeñas partículas del metal se hallan en todo suelo, en las arenas de cada arroyo y en los cañones de esa región.

Estos hechos, sorprendentes como puedan parecer, y a los cuales ya me he referido en mi propia revista y en folletos, son ya del conocimiento de los mineros norteamericanos, y no pasarán muchos meses sin que Olancho, con su clima salubre, sus valiosos productos vegetales y grandes regiones auríferas, sea poblado por gran número de nuestros compatriotas.

Con estos datos, completados en la conversación que tuve con los nativos mejor informados que pude encontrar, hice los preparativos para dejar la ciudad, en donde, en las pocas semanas que en ella estuve, hice muchas cordiales amistades, que me expresaron sus mejores deseos y me dieron atinados consejos a fin de que mi misión tuviera el mejor éxito. Después de los acostumbrados atrasos, sin los cuales no hay empresa que pueda llevarse a cabo en Centroamérica, obtuve del Supremo Gobierno algunas valiosas concesiones, entre ellas el derecho de suscribir con los naturales de la región toda clase de contratos para fines mineros o comerciales, los que después deberían ser sometidos al estudio y aprobación del Gobierno; la introducción, libre de derechos, de toda clase de maquinaria, implementos, instrumentos científicos y artículos para el cumplimiento de tales contratos, y la libre navegación de barcos por los ríos, sin restricciones. Este acuerdo fue publicado en la "Gaceta", órgano gubernamental; y mi buen amigo, el general Cabañas, dándole importancia adicional a mi empresa, me envió nombramiento como "cónsul general de Honduras en los Estados Unidos"; un pasaporte especial para poder viajar a través de Honduras, firmado por el ministro de "Hacienda"; un paquete de cartas de presentación para las personas más importantes de Olancho y, en especial, para la "familia Zelaya" y un guía y sirviente de confianza. La noche anterior a mi partida me visitó para decirme "¡adiós!".

Otros amigos también vinieron a expresarme sus buenos deseos y entregarme más cartas de presentación.

Hechos todos los preparativos, a la mañana siguiente, al despuntar el alba se trajeron las mulas al "patio", donde mi "muchacho" Roberto las ensilló y cargó. Había hecho una nueva amistad: la del señor L. de Tegucigalpa [1] quien me acompañaría como dibujante, por su propia cuenta, y cuyos dibujos que me mostró antes encontré muy buenos. Pronto hallé en él un agradable compañero, siéndome de gran utilidad por su conocimiento de las gentes. Nuestra pequeña cabalgata consistía de cinco mulas que trotaron alegremente fuera de la ciudad, habiendo dejado esta antes de que el sol emergiera sobre el filo de las cordilleras del este.

Fue con un sentimiento de euforia que me vi subiendo de nuevo las estribaciones ásperas de las montañas, inhalando otra vez las brisas suaves y estimulantes de las tierras altas, con "mis apuntes y mi bolsa" bien repletos, en mulas de buena clase, con compañeros alegres, un paquete de excelentes cartas de presentación para los principales "olanchanos", y el favor del Gobierno y de las principales familias para ayudarme en la empresa. Nuestro "equipaje" estaba dividido entre dos mulas de carga, una llevando las provisiones y la otra nuestra ropa, instrumentos y avíos de viaje. A una milla de la "Parroquia" cruzamos el río Grande y de ahí subimos hasta mil pies sobre el nivel de la ciudad. Desde esta cumbre partimos hacia la aldea de Río Abajo, situada como a dos leguas al noroeste de Tegucigalpa. Por habernos detenido en dos ocasiones para hacer unos bocetos, nuestros muchachos se adelantaron bastante con las mulas de carga; y reanudando nuestro camino los hallamos disputando con una escolta de reclutamiento. Las mulas habían sido ya descargadas y un gran pelotón de soldados rodearon la desconsolada comitiva, ahora aumentada con el padre de Roberto, y todos gritando a pleno pulmón. Los mosquetes se manejaban furiosamente y en medio se encontraba mi sirviente retorciéndose las manos, personificando la aflicción misma. Fue cuando salimos de una curva del camino que súbitamente apareció esta escena pintoresca. Galopamos hacia el lugar, mientras Roberto y su padre corrieron a nuestro encuentro, salpicando saliva y

---

[1] Don José Sotero Lazo, de quien se dan algunos datos en otra pág. En 1889 desempeñaba las funciones de intérprete del Cuerpo de Policía de Tegucigalpa. V. Vallejo, **Primer Anuario**, p. 211.

gesticulando como locos. Mientras escuchaba yo su relato, un oficial, algo mejor vestido que el resto, se me aproximó.

"Señor", –le dije– ¿de qué crimen se acusa a mi sirviente para que le detengan?

"De ningún crimen, caballero", repuso el oficial, "pero el Gobierno me ha dado la comisión de enganchar soldados para el ejército, como también para requisar todas las mulas que encuentre en los caminos, y no hago otra cosa que cumplir con mis instrucciones".

"Pero", agregué yo, "¿no está usted enterado de que yo viajo por el país bajo la protección del Gobierno? Mire, aquí está mi pasaporte como cónsul de Honduras y aquí tiene usted cartas del propio presidente".

"En ese caso, caballero, yo lo pongo en libertad, pero aquí viene mi jefe superior, el coronel Rubí".

Y en verdad, por un ramal del camino apareció en aquel momento, con una comitiva de doscientos hombres en filas de dos en dos, sucios y en harapos, y por todo las criaturas más desharrapadas que hasta entonces había visto en el país. Al reconocerme, el coronel Rubí aceleró su caballo, y al ver rápidamente el estado de las cosas, llamó fuertemente la atención a su oficial por su estupidez y luego, obsequiándome un puro, me suplicó que no le diera importancia al asunto. Mientras tanto, los hombres volvían a cargar las mulas y tuve tiempo para preguntarle a mi amigo el coronel el objeto de estar enganchando, como había oído.

"Esta es una triste anomalía en su descantada democracia", le dije.

"Oh, en cuanto a eso", me repuso, "esto se hace en todo Centroamérica; el país tiene que defenderse, y además nosotros pagamos. El general Cabañas se convierte en padre de estos pobres muchachos, pero a pesar de todo lo que él hace por ellos, aprovechan la primera oportunidad para huir y volver a sus hogares. Puede usted creerlo, que hace solo dos semanas que el coronel... venía de Yoro con cien reclutas para el ejército y estos se le sublevaron en el camino y tomaron las de Villadiego, huyendo a los montes y dejando a mi coronel enteramente solo".

Yo no podía culparles de esta natural resistencia, pero le pregunté: "¿Han penetrado ustedes en Olancho con el fin de coger soldados?".

"¡Caramba, no!", replicó el coronel con su sonrisa torva, "¡esos olanchanos son unos diablos! Portan grandes machetes y fusiles, y cuando son muy pocos pelean y se esconden en las montañas con los indios. No, no; nunca nos atrevemos a engancharlos; son muy bravos y están fuera de nuestro dominio. Hace muchos años, el Gobierno invadió Olancho, pero fue la primera y la última vez", añadió con un movimiento significativo, "el Gobierno tiene miedo a los olanchanos", dijo después de un momento de silencio, "se consideran a sí mismos como una pequeña república independiente". [1]

El coronel rio de mi proyecto de suscribir varios contratos con los Zelaya y me repitió el viejo refrán centroamericano: "Olancho ancho para entrar, angosto para salir", advertencia que, si era aplicable a la fascinación de sus mujeres o a los peligrosos ocultos de la región, yo estaba poco dispuesto a tomarla para mí mismo.

Los hombres enganchados se pusieron de nuevo en movimiento, el coronel los vio pasar en su camino hacia Tegucigalpa y luego con un alegre "adiós" espoleó su caballo para seguirnos. Pronto lo perdimos de vista.

Habiéndose lisiado una de nuestras mulas, resolví mandar por otra a la ciudad, lo que nos atrasó hasta por la tarde. Omo el próximo poblado, San Diego de Talanga, estaba ocho leguas adelante, consideramos prudente pasar la noche en Río Abajo. Fueron descargadas las mulas, pero las dejamos dentro del corral de nuestra posada, la casa del señor Laínez, padre de Roberto, donde nos preparamos a pasarlo cómodamente entre niños chillones, pulgas, ruidos indescriptibles y la quintaescencia de la suciedad. Hay once casas en Río Abajo. En un montículo cercano a la casa, don Domingo Fulano estaba fabricando jabón de la carne de un cabro, dándole vueltas a la mezcla con un palo mientras se cocía en un fuego crepitante. El fogón era de adobes unidos por dentro y colocados en un bronco marco de ladrillos. Este es el único jabón que se usa en las ciudades del país y, en verdad, es una cosa malísima. Poco empeño se pone en quitarle las impurezas.

Al entrar en la casa hallé a uno de los chicos quejándose del dolor que le producía una pierna enferma y que probablemente se le había tullido y deformado por descuido. Mi fama de médico no se había escapado a Roberto, quien me pidió viera al paciente. Yo había

---

[1] Lo que pasaba, y sigue pasando para desgracia de Honduras, es que la falta de buenos caminos de fácil acceso, de hecho pone fuera del directo e inmediato control de las autoridades centrales a lugares donde imperan funcionarios arbitrarios y déspotas que, algunas veces con la tolerancia o el beneplácito de aquellas, se erigen en caciques, señores de vidas y haciendas.

aprendido desde hacía mucho tiempo cómo satisfacer tales ruegos con la mejor buena voluntad y, después de una debida inspección, receté de mi caja de medicinas una mezcla de alcanfor, sal y pimienta de Cayena, que disolví en agua caliente y la apliqué a la pierna del enfermo. Sea por fe en el médico o por efecto del frotamiento, lo cierto es que el dolor desapareció con gran sorpresa y así, contra mi deseo, me di cuenta de que mi reputación crecía.

A mis esfuerzos en la ciencia médica se debió sin duda la excelente comida que nos dio la agradecida madre. Entre los platos había una salsera llena de mantequilla, dentro de la cual metíamos pedazos de tortillas recién echadas. Después de la comida, mi sirviente tendió la hamaca, y apenas me había subido a ella para echar un sueñito, cuando, de nuevo, el clamor del niño me despertó. Había nueve personas durmiendo en un solo cuarto de la casa. Cuando le pedí luz a la señora, entró esta con un hachón de ocote y la pequeña choza así iluminada presentaba un espectáculo al que yo no estaba acostumbrado, pero que, de aquí en adelante, me sería familiar de tanto verlo repetido. En las dos camas de cuero se hallaban varios chicos completamente desnudos, con los ojos parpadeando molestos por el reflejo de la antorcha. La señora misma estaba apenas cubierta con un ralo camisón, sobre el cual caía su larga y crespa cabellera con un aspecto salvaje y antinatural, realzado por sus negros ojos y su moreno rostro.

Las facciones del señor Laínez fuera de la colcha en harapos me hizo recordar a un oso sacando su cabeza peluda desde un montón de malezas. L., envuelto en una sábana, descansaba debajo de mi hamaca; los sirvientes estaban hechos un rollo sobre las sillas de montar y mantillones; en el centro de la casa estaban echados varios perros que parecían poco dispuestos a moverse a la voz chillona de su ama. En una percha para su acomodo especial se veía una fila de gallos de pelea, cuyo disgusto por la repentina iluminación lo expresaban con profundos cacareos de rabia y agresivos picotazos. De las vigas colgaban varias sartas de chorizos, chiles, plátanos y diversas verduras, todo apenas discernible a través de las telas de arañas, cuyos ágiles propietarios también se aprestaron para una pronta vigilancia, a causa de la antorcha, moviéndose ligeros en asustadora proximidad a mis narices.

Se le hizo al enfermo una nueva aplicación de cápsico, sal y alcanfor y con tal éxito esta vez que el pequeño paciente se durmió.

La noche estaba fría, tanto que eché mano de todas mis mantas. A la mañana siguiente, temprano estábamos activos. Mientras los muchachos ensillaban las bestias, tuve oportunidad de observar los alrededores. El sol se levantó sobre la cresta azul de las montañas, sin nubes, que se conocen con el nombre de Montes de Jutiapa. La pequeña aldea está en un extenso valle rodeado de numerosos cerros, que tenían en el amanecer aquel singular color jaspeado que solo se ve en las regiones montañosas. Los cantos de una diversidad de pájaros llegaban desde los montes vecinos y así sucia, escuálida y miserable como era la choza, sentí el infinito placer de contemplar fuera de ella el prodigio de la belleza natural. Pronto nos alejamos del ruido de los cerdos, perros y aves de corral, y otra vez estábamos a campo abierto, con nuestras mulas jadeantes al subir y bajar de "cuestas", mientras Roberto, alegre, de cuando en cuando cantaba una canción tragicómica, al parecer el lamento de una señorita burlada frente a un cura picaresco:

"Oh, que estás haciendo fraile Pedro, fraile Pedro,

"Oh, que estáis haciendo, fraile Pedro;

Y, al terminar el estribillo, agarraba a varazos la mula más cercana, haciéndola salir de estampida con una tremenda sacudida de la carga.

A las nueve de la mañana llegamos a un pequeño grupo de cabañas, que se llama Cofradía. Nuestra ruta desde Río Abajo era casi hacia el N. E., y siempre en un ascenso gradual. Desde Cofradía el panorama es excelente: la montaña de Las Moras rodea el horizonte hacia el N. N. E., y la de "Cantoral" hacia el N. O. La primera se denomina así por la gran cantidad de moras que hay en ella durante la época de cosecha. Antes de trepar por la montaña e inmediatamente después de que salimos de Río Abajo, vadeamos el río en el paso "Hernando López", punto donde, según se me informó, se habían ahogado muchas personas al tratar de cruzarlo.

Llegamos a la casa de la señora Soto, que es la mejor del lugar, y al ofrecerle unos pocos "reales" la señora mandó por leche y pollos, que comimos con deleite. Aquí vi la planta de "chichicaste", una especie de leguminosa, el Mocuna pruriens. Cerca de la casa había unos pocos arados rústicos y otros instrumentos de labranza, pero todo estaba ocioso y, al parecer, abandonado. Allá lejos en una colina desierta pude divisar dos formas humanas, pero con estas excepciones no había señal de vida, salvo unos pocos niños enflaquecidos. Los

247

espesos y susurrantes pinares cerraban la vista hacia el este y el norte. La sensación con que uno se mueve a través de estas monótonas soledades es de tristeza indescriptible. La hierba es baja y el contraste entre la florida riqueza de las tierras calientes de Nicaragua y estas elevadas regiones es bien marcado y sorprendente.

Al dejar la pequeña aldea continuamos nuestro camino rumbo al noroeste y, después de viajar dos leguas, a través de un aparentemente interminable laberinto de montañas empinadas, llegamos al río Grande. Lo cruzamos y arribamos al pie de una interesante colina de piedra caliza que, irguiéndose como los escalones de una cadena de montañas en miniatura, formaba una bella fortificación natural. El camino la circunvala gradualmente; siendo del color y de la consistencia del yeso brillaba a los candentes rayos del sol como si recientemente hubiera sido pintada de blanco; era difícil verla fijamente por un momento. El paso de las mulas ha hecho una serie de gradas tan regularmente marcadas, como si hubieran sido cortadas artísticamente. Desde su cima contemplamos más allá las "Montañas de los Ranchitos", hacia el este, con sus cumbres distantes delineadas perfectamente contra el éter azul.

Hay una bajada suave en la colina antes de subir a los arrogantes picos. L. hizo un bosquejo de esto, como también de una interesante roca que corona el Cerro de Tusterique, por el cual pasamos a una legua de andar. Aquí hay una cueva construida, al parecer, por una raza ya extinta. Las piedras de granito se hallan colocadas regularmente como si fuera por manos de arquitectos. Dentro de estas hay bloques cuadrados y todo está cubierto de musgo. La parte exterior se halla densamente cubierta por lianas y arbustos. Ninguno de mis muchachos sabía de su origen ni si se había hecho investigaciones al respecto. La dificultad del ascenso y la falta de tiempo me impidieron darle la debida atención. El interior está frecuentado por numerosos murciélagos que han mordido gravemente a algunas de las mejores mulas de la región. Una legua adelante cruzamos una corriente rápida y cristalina llamada "Río Zorrillo". Las aguas rutilantes dan un mentís a su nombre; fluye del noroeste y desagua en el río Grande". Las montañas de "El Ranchito" todavía se dejaban ver. Al otro lado de ellas se extiende el llano de Talanga, en el que se asienta la población de ese nombre. El terreno intermedio es de formación granítica y piedra caliza, intercalada con una piedra color rojo que fácilmente se desmorona en pequeños trozos cuadrados. Lo abrupto de la colina, sin embargo, en muchos lugares las ha expuesto a la acción de las lluvias que, desprendiendo las substancias blancas, forma franjas grandes y secas que brillan desde lejos sobre el caliente y silencioso suelo. La serranía está escasamente poblada con pinos y robles.

Una vez que atravesamos estas serranías del "Ranchito" vimos en frente el gran valle de Talanga. El descenso es abrupto y escarpado. En todas direcciones vimos muchos pinos caídos cuyas raíces todavía con terrones de arena y caliza penetran apenas un pie en el suelo, que es poco profundo. El camino, alrededor de un promontorio o espolón de la montaña, ofrecía una vista bella del valle extenso y fértil, todavía húmedo por las recientes lluvias. Seguimos por una fangosa senda a lo largo de la Quebrada de Talanga, llamada también Río Salado. Es uno de los afluentes del Sulaco, que desemboca en el Humaya.

El camino que hasta entonces era por "cuestas", duro y árido, era ahora lodoso, pesado y obstruido por raíces y plantas rastreras. La vegetación toma una apariencia exuberante y el limo negro alimenta a miles de plantas de verdor brillante e infinidad de atractivas flores. A la izquierda bordeando el camino, pantanos impenetrables por sus densos matorrales, y a la derecha ásperos bosques. Nos cogió la noche en estos lodazales desesperantes a pesar de haber acelerado nuestras cabalgaduras. El zumbido de miríadas de insectos y el ruido de los reptiles nocturnos llegaban claramente a través del aire. Por último, empezamos a ver lo que en la obscuridad nos parecía ser un claro y nuestras mulas resbalaban y caían en el lodo y resoplaban ansiosas ante la perspectiva de un próximo descanso. Salimos a una gran planicie cubierta de árboles bajos y apiñados y, aunque muy fértil, supe que era insalubre. Está poco cultivado.

Después de haber pasado los pantanos por dos lugares, seguimos una vereda de mulas por obscuros matorrales y cruzando a menudo pequeñas quebradas hasta que, al dar una vuelta súbita, vimos un resplandor de luces rojas que con la explosión de bombas y gritos de una muchedumbre animada nos hizo vacilar por un momento y detenernos prudentes antes de entrar en la población.

"Una revolución, con toda seguridad", dijo L.

Pero cuando nos acercamos, el sonido de violines y guitarras nos desengañó y, espoleando nuestras jadeantes bestias, entramos a paso trote en la pequeña población de San Diego de Talanga. Vimos la plaza y las calles iluminadas como en el día, con sendas fogatas, y las casas resonaban con las explosiones de cohetillos, torpedos y "bombas", en medio de una multitud juvenil que gritaba y saltaba alrededor de las llamas como una encarnación de verdaderos duendecillos. A primera vista la escena era pintoresca, pero observándola se disipó todo romance.

Cuando entramos, una muchedumbre avanzó hacia nosotros haciendo que las mulas de carga galoparan locas en la obscuridad seguías de Diego y Roberto que exclamaban: "¡Caramba!" "¡Que muchachos estos!" a lo que los de la comparsa contestaban con alaridos. Mientras los criados hacían regresar las bestias, fuimos rodeados por un grupo de viejas odiosas, cuyas pieles coriáceas, ojos nublados y facciones marchitas nos hicieron evocar las fantasmagóricas hermanas de los malditos aquelarres [1]. A mis preguntas me dijeron que este era el gran "día de fiesta" de Talanga cuando todo el mundo, del cura para abajo, tenía permiso para emborracharse, bailar y gritar a cómo les diera la gana, hecho que no podía contradecir viendo las grotescas figuras que nos rodeaban. La aparición de estas brujas medio desnuda y arrugadas se hacía todavía más horripilante al resplandor de las fogatas.

Dejamos este repugnante espectáculo y nos encaminamos hacia el "cabildo" donde otra muchedumbre, algo mejor ataviada que la de la "plaza", nos encaminó hacia la casa de un conocido de L., el señor Gregorio Moncada, quien vivía cerca de la iglesia. Cabalgamos hasta la casa de adobe que se nos señaló, desmontamos y fuimos recibidos con una ruidosa bienvenida. Era una pareja joven; la señora había casado recientemente y antes de contraer matrimonio, se me dijo, era una de las muchachas más bonitas de Cedros, ciudad que queda como a diez leguas hacia el norte. La conversación de la señora poco a poco fue aminorando la impresión desfavorable que primeramente me había formado de Talanga. No le gustaba el lugar, dijo, y suspiraba por vivir algún día en Tegucigalpa, para ella el centro de elegancia y de la moda del mundo. En realidad, Honduras era su mundo porque no conocía otro. Después de la cena oímos banda de músicos tocando en el lado opuesto de la "plaza" y hacia allá nos dirigimos. Era el último día de la fiesta y los habitantes estaban decididos a ponerle fin con las debidas demostraciones de júbilo. Permanecimos con la

---

[1] Aquelarre es palabra vascongada, que equivale a **Prado del Cabrón**. V. **Historia de los Heterodoxos Españoles**, por el Dr. Marcelino Menéndez y Pelayo. Primera edición, p. 667.

multitud a la puerta de la casa y miramos hacia el interior, donde los bailadores se remolinaban al compás del rasguear de las cuerdas y del chirriar de los instrumentos. De pronto el dueño de la casa divisó mi rostro, que no era el de un centroamericano, y al momento estaba en la puerta para verme de más cerca. Un cuchicheo con Roberto le reveló que yo era un "norteamericano" y funcionario del Gobierno; tal oportunidad no podía desperdiciarla él para su baile así que, abriéndose paso autoritariamente, llegó hasta mí y cortésmente me invitó a que pasara adelante y escogiera compañera. Decirle que no aceptaba su invitación para unirme a las parejas que bailaban hubiera sido un desaire a tan generoso anfitrión, quien me señaló las mejores danzantes de la sala. El piso era de tierra y las paredes de "adobes" en bruto. Así que el lector bien puede fácilmente imaginarse al grupo y juzgar el estilo del salón de recepciones.

Al regresar a la casa de don Gregorio, nos encontramos con una crepitante fogata en la esquina de una de las piezas que constituían el interior de la casa. La mía era la única hamaca, la que colgada de las viejas vigas servía mil veces mejor que los míseros lechos arreglados abajo con cueros de res extendidos en el piso. Con la excepción de la consabida peste de pulgas y del enloquecedor balido de unas cabras, nada alteraba nuestro tranquilo y reparador sueño, y temprano de la mañana siguiente nos levantamos bastante remozados. Mientras se cargaban las mulas di una vuelta por la plaza para echar un vistazo a la aldea. Era esta una miserable colección de chozas de adobe, siendo la iglesia el único edificio regular. Una procesión religiosa integrada por todas las mujeres de la aldea, encabezada por el cura, pasaba frente a la casa en los momentos en que montábamos. Llevaban en hombros una ridícula imagen del santo patrón del lugar (San Diego) y a pesar de toda mi acostumbrada seriedad en tales ocasiones, tuve que hacer un esfuerzo para no reírme. Al viejo santo, con una barba de un pie de largo y revestido con los baratos adornos de las aldeas, lo llevaban sentado en una silla, con la frente coronada de hojas de palmera y portando un cacharro de hojalata en la mano. Por un descuido de parte de sus cargadores, la cabeza iba ladeada y el movimiento con que se le conducía era precisamente como el de un violinista borracho saludando estúpidamente a la multitud. El cacharro, emblema de la bebida, y la corona de hojas de palmera que a la distancia parecían de parra, completaban el parecido báquico. Nos descubrimos reverentes ante este augusto grupo y salimos de ahí; pero al salir de la aldea y cuando ya no se nos podía oír, nos desgañitamos de risa.

La señora Nicolasa Moncada bondadosamente nos había llevado mantequilla en un bote que fue de pepinos, pero al torpe de Diego, a quien se le había confiado, lo dejó caer –a propósito, según creo– y no pudimos paladear este dudoso manjar. Una hora de rápido trotar nos llevó a un valle al pie de las montañas de Vindel. Mientras subíamos volvimos la vista hacia el pueblo que, como todos los españoles, tiene una apariencia atractiva, pero desde lejos.

En nuestra ruta, al subir por las ásperas cuestas nos encontramos con una recua de mulas "en ruta" hacia San Miguel. Adelante iban dos mujeres llevando sendas canastas con un hueco en la parte superior por donde emergían las rojas crestas de media docena de gallos de pelea. Uno de los "arrieros" llevaba atado a sus espaldas un animal de buena estampa. Esperaban llegar a San Miguel a tiempo para que sus gallos tomaran parte en la próxima feria de noviembre.

Al mediodía paramos en "Las Cuevas", mitad del camino entre Talanga y Guaimaca. Bajo la protectora ceja de un farallón hay un profundo corte en la colina, ennegrecido por el humo de las muchas fogatas de los viajeros que paran allí para cocinar. Una fuente corre cerca de este lugar y ahí desmontamos par hacer un poco de café. Mientras este era preparado pasó una partida de ganado de Olancho, en su camino hacia San Miguel. Eran animales sanos y gordos y ello dio lugar a que se contaran varias historias espeluznantes en relación con el peligroso oficio de "arriero" de ganado. Partidas hasta de dos mil cabezas se llevan a veces de Olancho a Guatemala y en el camino los "vaqueros" son, a menudo, embestidos por animales furiosos, y empitonados hasta causarles la muerte. A estos hombres los han encontrado, dijeron, hechos pedazos y mutilados, en las ramas de los árboles, a la vera del camino en donde, después de haber sido muertos, los animales con sus cuernos los han aventado hacia arriba.

Desde donde nos hallábamos sentados me llamó la atención un árbol de espeso follaje y de un verde profundo, de unos veinte pies de altura, y aparte de varios otros árboles, que mucho se parece a los sicomoros. De sus ramas, Diego cogió unas bayas secas, de la pasada estación, que inmediatamente reconocí como igual a las que yo había visto en venta en la "plaza" del mercado de Tegucigalpa, en pequeñas canastas con el nombre "pimienta gorda". Era el verdadero pimentero como lo averigüé poniéndolas en mi lengua. Vale poco más o menos diez centavos la libra en los mercados. Después supe que florece con marcado vigor y esbeltez en todas partes de Olancho. En una docena de viajes siempre los vi con su alto y bien proporcionado tronco, su corteza pardo obscuro y suave como la del abedul. El follaje se asemeja a la del laurel. Su presencia puede, a menudo, ser localizada por el olor aromático con que embalsama el aire. Aunque al pimentero se le cultiva en gran escala en las islas occidentales, ningún intento similar parece que se haya hecho en la tierra firme adyacente. Los nativos recogen las frutitas verdes del árbol silvestre en la estación florida (julio). Las traen en sacos a las pequeñas poblaciones de Olancho y se las pone al sol, se entresacan y cuando están completamente secas se venden a los comerciantes que, después de recoger suficiente cantidad, las empacan para llevarlas a la feria de San Miguel. Las semillas, se dice, son arrojadas en los terrenos por los pájaros que así se encargan de propagarlas indefinidamente.

El árbol del pimiento no se encuentra en suficientes cantidades para garantizar el establecimiento de un comercio en firme, pero la excelente calidad de la pimienta que recogen los nativos muestra que bien puede cultivarse con gran éxito. Su nombre de "allspice" le viene de una supuesta combinación que tiene de nuez moscada, clavo de olor y canela. Se la emplea en todo Honduras para sazonar y se le conoce generalmente por "pimienta gorda". En Olancho florece en julio y agosto. En Tegucigalpa en dos jardines particulares vi este árbol. Se le aprecia en varios lugares, especialmente por su aromática fragancia que, después de una llovizna, es muy agradable, cuando las hojas y los frutos se agitan y se estrujan.

Terminada nuestra comida, montamos una vez más y seguimos por un camino hacia el noroeste. La región de los pinares todavía continuaba intercalada con grupos de otros árboles que eran notorios por su rareza. Pero la tierra poco a poco se despeja y se inclinaba buscando las Montañas de Vindel, hacia el Valle de Guaimaca, descubriendo a veces extensos llanos de pastizales cruzados por riachuelos. Algunos de aquellos se extendían por dos o tres leguas y, al expresar mi admiración, Diego, mi muchacho, me aconsejó seriamente que reservara mi asombro para cuando llegáramos a Olancho, en donde él siempre había sabido que estaban los valles más bellos de Honduras. El rancho "Ojo de Agua", es lo único habitable que hay entre Talanga y Guaimaca. Lo pasamos sin visitarlo porque queda a una milla al norte del camino real.

CAPÍTULO XIV: LOS DOMINIOS DE LA GRAN FAMILIA DE LOS ZELAYA

Noche en la sierra. – Un norte en las montañas. – Un paso. – Peligros. – Guaimaca. – Recepción a medianoche. – "Dulce restaurador para una naturaleza cansada". – Preparativos para la "Función". – A caza de un desayuno. – Atroz miseria. – Panorama de montaña. – El volcán de Guaimaca. – El salto. – Río Redondo. – Fuentes del Guayape. – Ceremonias inaugurales. – Campamento. – María de la Santa Cruz. – Meditaciones de medianoche. – Un temblor. – Aspecto de la Sierra de Campamento. – Una helada. – Vehementes relatos de "Las Lavadoras". – Pesares. – Búsqueda del saber. – Lavaderos de oro en el Río de Concordia. – Visiones. – El río Guayapito. – Río Almendares. – Valle de Lepaguare. – Ganado. – Paisajes en el Valle.

Llegó la noche y la débil luz que aún nos permitía distinguir el camino, se convirtió en impenetrable obscuridad. La selva se agitaba siniestramente y el silencio que mediaba entre nosotros hacía aún más triste la soledad en que nos hallábamos. Empezaron a caer gruesas gotas de lluvia y de lejos llegaba hasta nosotros, a través de las tinieblas, el aullido prolongado de algún hambriento habitante de la selva que me pareció ser un puma, ya que el rugido del tigre centroamericano rara vez tiene eco.

Nuestros fieles animales tanteaban con toda cautela el camino que recorrían, lleno de piedras que se deslizaban a cada paso ahora por cuestas inadvertidas para el jinete, pero perfectamente claras para ellos, para luego subir a medio trote por sobre los fragmentos de algún canto rodado que obstruía la ruta; y de cuando en cuando se detenían para olfatear, con las orejas rectas, el tronco de algún árbol caído, atravesado en el camino. En tales circunstancias, locura es pretender dirigir estos sagaces camellos de las sierras. Con las riendas sueltas, seguros de su paso, dejábamos que ellos escogieran su marcha y su camino, y siendo incapaces para discernir, nos resignábamos, con toda la fe que podíamos poner en la discreción de nuestras bestias. Es en estas ocasiones que resalta el valor de la mula, porque el caballo, noble cual es, se iría guindo abajo con todo y jinete, por carecer de esa seguridad que la mula posee.

A nuestro lado, las ramas nudosas y goteantes inclinaban sus brazos ante el viento norteño, que gradualmente iba convirtiéndose en tormenta, mientras más y más aumentaba la obscuridad en la selva. A veces, cuando en las vueltas del camino una ráfaga nos azotaba desde atrás, las mulas se apresuraban a bajar sus orejas largas y sensibles para evitar el golpe de la lluvia, pero cuando aquella nos venía de frente, se apartaban hacia un lado y se paraban abruptamente, y entonces ni el acicate de la espuela, ni los anatemas, ni los golpes hacían moverse.

El rugido de la tormenta entre los pinares, combinado con el estrépito de la caída de los árboles, el tremendo fragor del viento en la obscuridad, y lo escabroso del camino, hacían de esta la más tenebrosa noche que habíamos pasado y yo, en mi interior, maldecía la hora en que decidí hacer este viaje en pleno invierno, maldecía la hora en que decidí hacer este viaje en pleno invierno, en un país apenas conocido y con un objetivo cuyo alcance solo intuía a través de leyendas exageradas y de obscuros relatos. L. bajó las alas de su sombrero sobre su cara y con la cabeza inclinada sobre el pescuezo de la mula, espoleaba y pateaba al animal para que siguiera. Yo le gritaba, y él también gritaba en respuesta, pero el ruido de las cegadoras ráfagas de lluvia borraba nuestras palabras y en el mismo instante un enorme pino cuyas ramas más altas silbaban como el aparejo de un barco, se inclinó tanto con la fuerza del vendaval que cayó estrepitosamente a tierra en el punto en que tan solo un momento antes habíamos estado. El estruendo de sus ramas resonó en el bosque más que la tormenta.

"¡Caramba!", dijo Roberto, escupiendo la lluvia de su boca y persignándose, "¡qué noche tan espantosa!".

Recordaba yo en esos momentos la larga fila de pinos caídos a tierra que había visto por leguas en la montaña allá por "Las Cuevas" y podía comprender ahora la causa de su caída. Los nortes que violentamente azotaban las costas de México y a lo largo del Caribe, penetran en las cordilleras de Centroamérica donde, encerrados entre las barreras de las montañas, escapan con furia irresistible a través de las gargantas y cañones, a menudo volcando mulas y jinetes y arrasando leguas de bosques.

La vertiente atlántica de las cordilleras que corren hacia Olancho, está interceptada por desfiladeros estrechos que forman como embudos para los vientos de invierno. Desfiladeros similares se encuentran en las montañas del departamento de Gracias, fronterizo con Guatemala, en donde hay un lugar que se ha hecho famoso por el hecho de que, al pasar por él, el jinete tiene que apearse y andar a gatas para no correr el riesgo de salir aventado con su animal a los precipicios, desde donde los zopilotes y las fieras podrían agradecer al viento su festín. Seguimos el viaje pasando ahora por cuestas cuyo curso zigzagueante a menudo se veía cortado por correntadas que se habían formado con la tormenta y que, saltando en sus lechos de piedra, apenas dejaban un espacio estrecho en que pudieran afirmar las patas los animales, o bien estos se echaban hacia atrás, deslizándose por el camino hasta encontrar apoyo en planos más bajos.

Con el cortante frío se requería una exagerada imaginación para creer que nos hallábamos en una región del trópico, en un lugar que comúnmente se le asocia con miasmas mortales, pantanos productores de malaria y con los rostros cadavéricos de sus habitantes, víctimas de un paludismo endémico. La diferencia entre las tierras calientes de la costa de La Mosquitia y las heladas mesetas del interior, es el más marcado contraste que observa un extranjero.

Hacia la medianoche, nos aproximamos a la aldea de Guaimaca situada en el valle del mismo nombre. La tormenta todavía azotaba las barrancas mientras descendíamos. Apartadas de las rutas ordinarias de viaje estas aldeas montañosas presentan cuadros de sórdida pobreza, ya que por la falta de comunicación con el pequeño mundo que les rodea no pueden ser asistidas, siendo Honduras una celda de ermitaños si se le compara con las demás secciones de Centroamérica. Me he esforzado en dar a conocer las condiciones de estos poblados –entre los pocos que ya he descrito– para que el viajero se forme una idea de lo que encontrará. Se los halla a grandes trechos de ocho o diez leguas, mediando entre ellas una completa desolación.

Los aldeanos, al parecer, no tienen que comer o, si tienen, es tan poco que no están dispuestos a compartir o vender su alimento. Unas pocas tortillas, una manada de gallinas flacas y tal vez un cerdo enclenque, constituyen los únicos medios visibles de subsistencia en cada familia. Dejamos que el lector se imagine una senda por montañas desoladas desenvolviéndose en un escenario como el que ya he descrito. Estamos en la estación seca; un viento frio nocturno silba a través de los montes, llevando consigo nubes de polvo y casi lo sacaba a uno de la silla de montar. Sin comer desde la salida del sol, la mente predispuesta al desaliento debido al cansancio y al hambre resistida en silencio durante largo tiempo, se deja llevar por vagos y tristes presentimientos. De repente el ladrido lejano de un perro pone alerta a las sensitivas mulas. Apresuran estas el paso y se deslizan rápidamente por las fuertes pendientes. Si es en la época de las lluvias, probablemente usted estará empapado de agua y cegado por los fogonazos de los relámpagos incesantes que casi le inflaman los ojos con su intensidad. De pronto usted se ve avanzando por un terreno parejo y en medio del pequeño llano de un octavo de milla de extensión, y puede ver la silueta de algunas chozas de indios. Una tropa de perros de pésima ralea sale ladrando y el avance de usted se anuncia con un gran coro de cerdos, mulas, caballos y gallináceas, pero hasta ahí no hay señal o voz de un ser humano, ni luces en el villorrio; todo a obscuras, silencioso y dormido. Las fantasmales siluetas de los cerros circundantes pregonan un murmullo solemne y escalofriante desde los pinares que festonan sus cumbres.

Fastidiado de andar a caballo, desfallecido por el agotamiento y el hambre, usted desmonta y después de saltar charcos y zanjas, busca a tientas la entrada de la choza más grande entre una colección de ahumadas barracas de adobe, que más parecen moradas de hotentotes que de seres semi civilizados. Usted se contiene para no abrir la puerta a la fuerza, recordando los perros, ante cuyos brillantes colmillos ni las botas ni las sobrebotas son suficientes. Entonces usted grita en un argentino castellano, rogando ser admitido y la respuesta es un gruñido. Si usted agrega un aliciente pecuniario en un castellano más elocuente, la respuesta es una algazara de chiquillos que chillan en coro y el regaño de la señora despertando a su compañero dormilón, a quien ordena abrir la puerta a los extraños. Don Fulano, alcalde primero del centenar de nativos, se levanta medio desnudo de su cama de cuero, abre la puerta de un golpe, espía en la húmeda noche y dice monosilábicamente: "¿Quién?".

Sigue luego una conversación en la que los principales argumentos, de parte de él, son:

"No hay nada de comer", "muy pobres", "ni víveres ni camas hay"; y de parte de usted:

"Oficial del Gobierno", "el presidente Cabañas", "don Francisco Zelaya", "Cristianos" y lo que es mejor de todo, el retintín indolente de unos pocos "reales", los que usted deja relucir en la claridad que sale por las rendijas.

Por fin, la puerta se abre y usted obtiene permiso para poder ocupar el suelo por la noche o quizás para colgar su hamaca de las vigas.

Sin embargo, dormir es imposible; el ronquido del señor que responde con un gruñido invariable al regaño frecuente de la señora que le invita a que atienda las necesidades naturales de una media docena de necios chiquillos; el canto, la nerviosidad y el batir de las alas de los gallos cuya ubicación, encima, usted inmediatamente se da cuenta por las leyes de la gravitación; el rebuzno de los burros, el ladrido de los perros, todo esto agregado a los ataques de ese indomable caballo de guerra de la tribu de los insectos, la pulga, todo esto le da a usted una noche más miserable que el día y hace que salude el amanecer con un fervor que no es para descrito. Usted se levanta al alba, chupa su pipa con placer, bebe un sorbo de café o de chocolate, hace sus abluciones a la carrera en la quebrada más cercana, monta y sale de nuevo, con renovado valor, a cruzar los interminables y tristes pasos de la montaña.

Así fuimos recibidos en Guaimaca y pasamos una noche tan terrible como solo pueden apreciarlo quienes lo han experimentado. Pero en la mañana, así que salimos de la choza, encontramos una escena totalmente distinta. El día estaba despejado y tranquilo. Las nubes cargadas de lluvia se habían disipado hacia el oeste, y un cielo azul cubría de lado a lado el pequeño anfiteatro de Guaimaca. Una atmósfera pura y suave lo vigoriza todo y parecía imbuirnos nuevas energías para continuar nuestra ruta por la montaña. Una muchacha de unos diecisiete años entró en la choza mientras nos desayunábamos. Llegó luego un buhonero ambulante vendiendo vestidos, cintas y dijes para mujeres y se trabó una discusión entre ambos por cuatro reales en cuanto al precio de un vestido que la bella campesina deseaba comprar para estrenarlo en la función, que ya estaba cercana. Calculando yo una recepción hospitalaria a nuestro regreso de Olancho, lo compré y se lo obsequié a la madre, que inmediatamente salió y después de explorar la pequeña población regresó con una docena de huevos, una gallina, una pirámide de tortillas, aumentando así grandemente nuestras provisiones. La fiesta de San Diego, dijeron, se debió haber celebrado hacía una semana, pero el cura cayó enfermo y no hubo quien dirigiera apropiadamente las ceremonias.

Antes de mi golpe de suerte con la señora Hipólita y de hacerle mi obsequio a la niña Alvina, su hija había hecho un recorrido en busca de alimentos por la aldea, que consistía en catorce chozas de adobe, pero sin éxito.

"Esta es una tierra de abundancia, señor", dijo una negra que, con su chico a horcajadas en la cadera, se paró a contestar mi petición por algo de comer, "pero la langosta lo ha devorado todo este año".

Pregunté en la choza de una anciana descalza, con el pelo revuelto cayéndole sobre la cara, que se hallaba barriendo el piso con una escoba de monte.

"Señor", me dijo, "aquí tenemos poco que comer para nosotros; este es tiempo de escasez. ¡Vaya con Dios!" y cerró la puerta, siendo ella misma una estampa de penuria y miseria.

Encontré al alcalde durmiendo a todo lo largo sobre un banco, con el pelo parado como nido de urracas y los pies desnudos embarrados con un lodo rosado.

"Amigo", le dije con el debido respeto a su cargo, "ayúdeme a conseguir algunas tortillas y frijoles para mi viaje".

"Señor", repuso cuando despertó ante mi repetida demanda, "aquí no tenemos absolutamente nada qué comer. Esta es época de terrible escasez. Me temo que tendremos que abandonar este lugar y buscar los valles de allá abajo para poder sobrevivir".

"Pero", le dije, señalando unos tasajos de carne seca ennegrecida por el sol que colgaba de un palo atravesado entre dos postes, "aquí hay un poco de carne salada. ¿No me venderá usted un bocado?".

"Es imposible", contestó el alcalde, "nos moriríamos de hambre. Mejor es que se apresure usted a llegar a Campamento en donde creo hay un poco de maíz y frijoles". Precisamente había regresado de este infeliz intento, cuando llegó el buhonero, y la señora compensó mi generosidad de la manera que dije antes.

Salimos de Guaimaca y media hora después nos hallábamos cruzando otra vez los solitarios pasos de la sierra. El sol, ya alto en las montañas, brillaba de lleno sobre las banderolas oropeladas del musgo colgante de los árboles. Los troncos de estos, cubiertos con líquenes plateados, fulgían entre el sombrío follaje o se enroscaban en figuras fantásticas para esquivar las rocas que entre ellos se elevaban como castillos en ruinas. En las alturas había una gran quietud que parecía no haber sido jamás interrumpida. Cruzamos estas impresionantes soledades recreándonos con las flores diminutas de la tierra alta, que emergían de las hojas húmedas extendidas en el suelo; o mirando arriba el vuelo lento de los gavilanes, perturbados en sus dominios solitarios, chillando agudamente y yéndose a parar en las rocas distantes.

No creo que descripción alguna pueda transmitir la idea completa de la influencia vigorizante del aire fresco mañanero en estas tierras de altura. Gozándolo mientras se cabalga, el efecto se nota especialmente después de una noche de lluvia, que en estas regiones no destruye los caminos excepto en los pocos llanos. Es una positiva bendición el respirarlo. El aire puro se adentra en los pulmones como un chorro de agua fresca, pero el efecto en el cuerpo es como el del gas hilarante. Después de las diez de la mañana el calor aumenta, y por una hora, antes y después del mediodía, uno se ve precisando a buscar sombra en algún monte espeso o bajo una saliente roca, para descansar.

Hacia el noroeste hay una serranía conocida con el nombre de Montañas de Galán, de un perfil aguzado a lo largo del horizonte, cuya tonalidad, de un azul intenso, se prendió a mis ojos en silenciosa admiración, insistiendo en contemplarla cada vez que me lo permitía un claro en el bosque o una subida en el camino.

Toda la serranía brillaba con la lluvia de la noche anterior, tan vivazmente que más parecía la fantasía del lápiz de un artista que una viva realidad. Justamente de su centro emergía el cono del Guaimaca, evidentemente un volcán extinto a juzgar por su forma piramidal y el pico tronchado por algún cataclismo de hace muchísimo tiempo, pareciéndose ahora a un pan de azúcar cuya cresta ha sido arrancada a una o dos pulgadas de su vértice. Se reporta que hace pocos años se oían retumbos en esta sección del país y los guaimacas repiten la tradición de que la montaña ha despedido mucho humo, fuego y cenizas, pero tal tradición es poco digna de confianza. El pico se levanta a 2,000 pies sobre el nivel del llano y a unos 4,000 del nivel del mar. Las montañas de Galán son continuación de la cadena que corre hacia el noroeste y forma una gran curva de algunas veinte millas al noroeste de Guaimaca. Esta cadena montañosa es conocida como Montañas de El Salto por el hecho de que desde su cúspide comienza el descenso hasta alcanzar las grandes sabanas costeras del mar Caribe. Esta cordillera se divide en dos ramas, siendo la oriental la de Campamento, donde comienzan los dominios de la gran familia de los Zelaya, descendientes de los exploradores que fundaron Olancho, que en el siglo XVII entraron a estas remotidades selváticas con sus corajudos subalternos gozando de una concesión de la corona de España, y sometieron a los indígenas, introdujeron el primer ganado y descubrieron la naturaleza aurífera del suelo. [1]

A mediodía llegamos a un lugar que se llama "El Rancho", donde hay dos chozas construidas por el Gobierno en beneficio de los transeúntes, que allí pueden pasar la noche; y una legua más legos llegamos a una choza miserable del punto llamado "El Salto". Los habitantes de esta cabaña, hasta donde pude juzgarlo, eran un gallo enlodado, dos gallinas, varios cerdos flacos y agresivos cuando desmontamos, y una mujer ya vieja. Comenzamos con los sempiternos preliminares de preguntar si tenía plátanos o huevos que comer, pero la vieja, temblorosa, repetía siempre la misma cantinela "no hay" echando al mismo tiempo una mirada de aprensión a su pequeño acervo de aves de corral y cerdos. Este era el lugar más desgraciado que hasta entonces había visto.

Al preguntarle dónde estaba el resto de los aldeanos, me replicó que unos habían sido cogidos por los soldados, que otros habían muerto y los demás habían ido a Olancho a buscar víveres. Le di un puñado de monedas de cobre, que ella agradeció diciéndome: "¡Que Dios lo conserve, señor!" y proseguimos nuestro camino descendiendo por una senda cuya gradería escabrosa sería difícil de describir, y llegamos a las aguas del río Redondo que corre hacia el noroeste abriéndose paso por una garganta a varias leguas al este, para unir sus brillantes aguas con otro de iguales dimensiones en una serie cascadas hasta desembocar en el Guayape. Estos ríos nacen en las montañas de El Salto y Campamento.

---

[1] Olancho fue conocido por los españoles desde sus primeras exploraciones en nuestro territorio. Parece que la primera población fundada en aquella región fue la Villa de la Frontera de Cáceres, el año de 1526, que tuvo vida efímera. En Olancho murió oscuramente a manos de los indios, el 21 de enero de 1527, el capitán Juan de Grijalva, jefe de la segunda expedición enviada por Diego de Velázquez, gobernador de Cuba, al descubrimiento de Méjico. V. **El descubrimiento de Méjico. Una gloria ignorada: Juan de Grijalva**, por Ángel Bozal. Madrid, 1927, p. 90.

No podré olvidar fácilmente lo que sentí cuando por primera vez vi estos pequeños afluentes del famoso río que con tanta ansia deseaba contemplar. El calor se había vuelto excesivo y ordenamos un paro general para desmontar y bañarnos en las tentadoras linfas. Después del baño hicimos circular la botella de aguardiente para brindar por la primera prueba tangible del Guayape.

Yo llevé de California una bandera americana, que regalé en Chinandega a mi amigo don Mariano, y la señora... de Tegucigalpa me la reemplazó con una de su propia manufactura. El rojo y el azul estaban cosidos sobre una base de dril blanco y las estrellas regularmente colocadas, como lo hubiera deseado el patriota más exigente.

Roberto sacó esa bandera de sus alforjas y gritó: "¡Viva la bandera americana!" cuando vio sus pliegues arrugados ondeando al viento.

"Bien", pensé yo mientras la tela brillante ondeaba; ¿quién sabe si en el curso de los acontecimientos esta bandera no pueda flotar sobre los extensos valles de Centroamérica?".

Pensamiento profético, cuando vino a mi mente, porque mis compañeros que quedaron en Nicaragua, mediante contrato estaban ya en camino de California con el fin de traer de allá elementos anglosajones para que tomaran parte en las guerras intestinas de aquella república infeliz. Desde el contrato con Byron Cole ¡qué serie de acontecimientos políticos se han desarrollado! El "¡Viva!" de Roberto era, más que una cavilación, el primero grito de la joven América en su nueva cuna tropical.

Después de haber cruzado el río Redondo ascendimos de nuevo unos 1,500 pies y salimos a una extensa planicie que gradualmente se extiende hacia el noroeste. Estábamos ahora en Olancho. La cordillera de El Salto forma la línea fronteriza que separa aquel departamento del resto de Honduras. Seguimos nuestro camino que, por la falta de tránsito, estaba casi cerrado, yendo paralelamente a una quebrada que serpenteaba a través de la espesa montaña y alcanzamos un pequeño valle rodeado de cerros en cuyo centro estaba la aldea de Campamento. La elevación de este lugar es de 2,500 pies sobre el nivel del mar.

Nos apeamos a la puerta de la choza más grande. Su propietaria llevaba el divertido nombre de María de la Santa Cruz, quien apareció al instante y nos invitó a que entráramos, en el nombre de Dios. Ese inesperado buen recibimiento aseguraba una plétora de tortillas y otros comestibles; y en efecto, pocos minutos después, desensilladas nuestras mulas, se nos sirvió una opípara cena por la señora de la casa.

La población de Campamento consiste en una mezcla de negros e indios, poco más o menos doscientos en número, que residen en terrenos que legalmente pertenecen a la familia Zelaya, pero están bajo la autoridad del Supremo Gobierno de Honduras. Pronto averigüé, sin embargo, que todo el mundo considera a los Zelaya como los soberanos locales de toda esta región del país, de quienes depende para la adquisición de su vestuario y de los artículos ordinarios de subsistencia, reconociendo al general don Chico como cariñosamente llaman a don Francisco, como su padre y patrón.

La señora Santa Cruz me informó que la quebrada que habíamos seguido durante la tarde se llamaba a veces Río Concordia y desemboca en el Guayape; que de allí se había extraído mucho oro y que a la mañana siguiente me enseñaría un lugar en donde unas lavadoras estaban trabajando. Me contenté con este ofrecimiento y volví a mi hamaca, colgada, como de ordinario, de viga a viga. Como no podía dormir, me puse a observar el paisaje que se diluía en la obscuridad que ya cubría las montañas. L. estaba muy cansado y apenas contestaba a mis preguntas con un débil murmullo, mostrando su deseo de dormir. En cuanto a mí, me hallaba en estado de agitación. Había pasado casi todo el día por una región que, gracias a los varios años de mi experiencia minera de California, sabía que contenía oro. Me había fijado cuidadosamente en el aspecto de las rocas y en la naturaleza de los suelos.

Las vetas de cuarzo aurífero se ven frecuentemente en otras partes de Centroamérica, como en Olancho, pero en ninguna parte del continente, excepto en California y en Oregón, se han descubierto placeres de oro superiores a los que después vi en la región del río Guayape. Las formaciones rocosas que había observado durante el día eran análogas, pero no idénticas, a las del Stanislaus y otros ríos. La diferencia de suelo se hace evidente en la vegetación más densa y más rica de esta región. Me inclino a considera que las serranías de El Salto y Campamento son de formación más reciente y más cambiadas por interferencias volcánicas, que las de la Sierra Nevada. Las cumbres por las que habíamos pasado estaban integradas con una roca porosa de sílice, impropia para la vegetación, pero al descender las cuestas noté la formación de pizarra en estratos verticales, iguales a los que forman el lecho rocoso del río Mokelumne, en California.

Veía a menudo grandes lugares descubiertos, con una especie de piedra caliza en grandes capas y estratos, pero por lo general, quebradas en guijas y mezcladas con millones de pequeños pedazos de cuarzo, formando toda una masa como la llamada "pudding stone" (piedra budín).

En la ruta, a menudo se cruza por entre estas capas, donde un arroyo fluye desde las montañas y pasa a través de ellas; los lechos de los riachuelos están empedrados con guijas veteadas, en las que predomina el cuarzo blanco. Toda la vertiente de la serranía divisoria se halla formada por una mezcla de piedra caliza, cuarzo y pizarra. Cuando descendían nuestras bestias, con frecuencia se resbalaban sobre partículas lustrosas. Pero mis sencillos informantes muy pronto me dijeron que no solo el Guayape era el único río que arrastraba oro en Olancho. Cada tributario montañoso, cada quebrada, cada cañón, decían, contiene depósitos de metal.

En Olancho todo era "silencio" según me dijeron mis informantes al referirse a la quietud física y política que reinaba en las soledades que íbamos cruzando.

Los mozos hicieron una fogata con ocote cerca de la puerta y, acuclillándose a su alrededor, se envolvieron en sus sarapes y conversaban en voz baja mientras fumaban sendos cigarrillos de tuza. Yo me adormecí por intervalos durante la noche, despertándome a cada momento y observando las sombras humanas reflejadas en la pared y escuchando el monótono canturreo de sus voces graves. El fuego poco a poco iba extinguiéndose, y cuando cayó la noche se echaron en el suelo para dormir, con machetes al lado, y su respiración pesada se combinaba curiosamente con el piar de los polluelos bajo las alas de una gallina que estaba en una esquina. Cerca de medianoche pasó una partida de ganado y, después, todo quedó en silencio, a no ser el crepitar de las brasas moribundas.

A pesar de haber andado a caballo a través de las gargantas de las montañas, desde la mañana, en un trayecto cansado, el sueño se disipó de mis pestañas. Estuve con los ojos abiertos y mil agitados pensamientos dieron vuelta en mi cerebro: el panorama extraño que había visto; la región misteriosa cuyo portal había cruzado; las historias sobre el oro que habían contado los hombres cabe la fogata; la certidumbre de que, al fin, había llegado a la meta de mis esperanzas y los relatos crudos de los nativos que me rodeaban de que el Guayape, rico como era, no era el único río de oro en Olancho; tales eran los pensamientos que me tenían despierto y dando vueltas en mi hamaca. Poco a poco el tic-tac de mi reloj se unió con las suaves notas de las gallinitas y me dormí soñando en California y mis amigos allá lejos entre hondonadas profundas y montañas frondosas.

De pronto un bajo retumbo, como la descarga de una lejana artillería, me despertó. El perro saltó sobre sus patas. Cuando el ruido se repitió acompañado de una sacudida de mi hamaca, recordé que estábamos en la región de los temblores, aunque estos son casi tan raros en Olancho como en los Estados Unidos. Roberto se volvió perezosamente en su cama de cuero murmurando: "¡Terremoto!" y tornó a dormirse en el momento. Al ver yo lo despreocupado que estaban mis compañeros, concluí que no había ningún peligro, pero poco después la casa se balanceaba y sacudía en sus cimientos. Todo el mundo saltó durante esta segunda trepidación, diciendo: "Dios mío, ¿qué es esto?" y el perro lanzó un prolongado y triste aullido; pero la oscilación, que parecía horizontal, no se repitió. Los temblores que se sienten en Honduras a intervalos raros son más bien ondulatorios y no convulsivos, como sucede en las repúblicas vecinas. No hay prueba de erupciones volcánicas entre Tegucigalpa y la costa norte.

Una neblina fría, más de Terranova que de climas tropicales, cayó como un palo mortuorio sobre la montaña y los bosques, cuando salimos de la choza en la mañana. Me envolví en mi poncho y fuimos con L. a un cerro vecino para hacer un dibujo del lugar. "¿Es este el clima de Olancho de que tanto se precian?", le pregunté. Se rio, mientras se abotonaba el saco y me dijo: "¡Cuidado no caiga una de nuestras granizadas en la sierra antes de su regreso!", observación que entonces disimulé con una sonrisa, pero que se convirtió en una realidad que experimenté. El termómetro señalaba 58° Fahrenheit.

Mientras se nos preparaba un magro desayuno, se había reunido a mi alrededor un grupo de aldeanos, estimulados con unos pocos traguitos de aguardiente y con unas pocas palabras de lisonja y poco a poco los induje a que me narraran algo sobre los lugares principales en que hay oro en la región. Se adelantó una vieja para decirme que en un día ella había lavado "ocho libras de oro"; otra, que ella había contribuido para la construcción de la iglesia de Juticalpa con "cuatro libras" del precioso metal. Un individuo de voz fuerte empujó hacia adelante a una muchacha de ojos vivos que dijo que hacía pocos meses había desenterrado, y vendido en Lepaguare, una pepita sólida de oro que pesaba tres onzas. Varias viejas, con aspecto de brujas, de ojos legañosos y pelo canoso y revuelto, contaban solemnemente las tradiciones consagradas por el tiempo sobre la región, mezcladas con viejos recuerdos de sus propios golpes de suerte. Unos fumaban tabaco silvestre o, acuclillados en sus corvas, me observaban con ojos penetrantes, volviéndose de cuando en cuando entre sí para cambiar alguna observación en voz baja. Me cubrí con mi sarape, miré hacia el grupo de montañas hacia el sur y traté de grabar la escena en mi mente. ¿Sería que estas pobres criaturas, aparentemente desprovistas de inventiva, estaban tratando de embaucarme con la esperanza de que les diera recompensa proporcionada a la exageración de sus cuentos? Escuché sus extrañas narraciones y miré fijamente sus rostros inexpresivos como si de repente despertara yo de un sueño, a la realidad de una escena de "Las Mil y Una Noches".

L. observaba mi mirada de asombro. "Estos", me dijo, "son los cavadores de oro, ¿no lo cree Ud., señor?".

"No", le repuse, "su historia, si no es enteramente fábula, lo cual no debo suponer, debe estar fundada en la experiencia, y solo estaré complacido al verlo por mí mismo".

"Espere, entonces, a que lleguemos al pie de las montañas de Olancho".

Sin embargo, todavía tenía curiosidad para aprovecharme todo cuanto fuera posible de la presente oportunidad, y de nuevo me dirigí a las mujeres que parecían indiferentes, pero no renuentes a contestar a mis preguntas. Toqué despreciativamente los burdos trapos que parcialmente le cubrían las espaldas huesudas, y pregunté a una de ellas: "¿Por qué no compras, tú que sacas este oro?".

"Yo soy una vieja, señor; mis manos ya no son fuertes. No voy sino rara vez a las cañadas y a los ríos".

"Los viejos tiempos de la colonia se fueron para siempre", dijo otra, en apariencia la más vieja del grupo.

"Pero que fue del oro que se extrajo en aquellos tiempos?".

"¿Es que acaso tenemos hijos a quienes mantener?", exclamó otra.

"La iglesia", "la santa virgen", "los padres", dijeron de común acuerdo media docena de ellas, y persignándose apresuradamente, reasumieron su fumado como satisfechas de haber cumplido un gran deber.

Una vieja que estaba sentada un poco aparte, se volvió hacia mí cuando el resto calló y me dijo con una mirada socarrona: "Nosotros no enseñamos todo nuestro oro, señor".

"¿Y por qué no?", le pregunté.

Ella rio. "¡Nos lo roba el Gobierno!"

Aquí estábamos en presencia de algo parecido a los mendigos de Nueva York. Haciendo presión sobre el asunto un poco más, le pregunté: "¿Entierran ustedes su oro?"

Dio una larga chupada a su cigarrillo, y no dijo más.

"Es inútil", dijo L., "nunca divulgarían tal secreto, al menos que usted llevara a cabo alguna cura maravillosa entre sus enfermos. En tal caso no habría límite para demostrar su gratitud. Pero esté usted seguro de una cosa, mi amigo, nos hallamos en estos momentos en la región aurífera del Guayape".

Le pregunté a L. si él creía a estas mujeres.

"He vivido en Honduras", me contestó, "hasta la edad de treinta años y siempre oí tales relatos sobre esta región, más nunca había estado aquí antes de ahora, pero al estar aquí con usted, cuyo propósito es abrir estos recursos al espíritu de empresa de sus compatriotas, yo me doy cuenta del entusiasmo que el general Morazán siempre mostró al hablar de Olancho. El detestaba a los ingleses, pero fue partidario de las empresas norteamericanas y francesas".

De lo que pude averiguar juzgué que los depósitos principales de oro no estaban en las sierras, sino abajo, al pie de las montañas de Campamento, hacia el noroeste. Tranquilo, como el río Concordia que pasa allí cerca, persuadí a mis nuevas conocidas a que juntos fuéramos allá y laváramos unas pocas bateas. La búsqueda de oro se contrae ahora principalmente a separar las finas partículas del metal de las arenas del río.

Anduvimos poco más o menos media milla hacia el río, habiéndonos precedido dos mujeres para llenar sus bateas con arenas que no tomaron del fondo de la hoya, como en California (donde el metal se encuentra por gravitación dentro de la mesa suprayacente, sino raspándolo todo sin cuidado y sin inteligencia). A los pocos minutos, el contenido había sido reducido por el proceso californiano de la cazuela, a cerca de dos cucharadas de arena negruzca, entre la que pude ver diminutas partículas de oro cuyo valor probablemente no ascendía a más de dos centavos.

Pero hasta estas pruebas infinitesimales de la riqueza que se esconde en las sólidas rocas, cerca y lejos, me impresionó más de lo que había anticipado. Me senté, y atolondrado por la presencia del pequeño grupo en derredor, di rienda suelta a la fantasía, conjurando visiones arcoirisadas con las cuales dos veces en mi vida había osado entretenerme. Mi pensamiento se empeñó en ver pobladas todas estas grises alturas y en imaginar estas remotidades que nos rodeaban haciendo eco al estrépito de la labor empeñosa y al traquetear de las máquinas. Involuntariamente me levanté y casi me sentí decepcionado al convencerme de nuevo que me hallaba en presencia de criaturas indiferentes. Pero no era ocasión para romances. Al regresar a la aldea, montamos en nuestras mulas, y diciendo un caluroso "adiós" a los nativos, comenzamos a subir las grandes mesetas del valle de Lepaguare.

Cada paso nos conducía rápidamente hacia abajo desde las estériles montañas cubiertas de pinares que habíamos atravesado durante la semana, y nos acercaba a un valle de verdor brillante que, contemplado desde nuestra posición elevada, poseía todos los encantos de una belleza virgiliana. Seguimos el curso del burbujeante Guayapito, que sabíamos desaguaba más abajo en el río más grande. Exaltados con los bellos panoramas que una y otra vez se abrían hacia el este seguimos, ahora deslizándonos por piedras rodadizas, ya agarrándonos de las ramas salientes para retardar nuestro descenso. Las mulas, tan cansadas como nosotros de la región inhóspita que habíamos atravesado, parecían contemplar con avidez la perspectiva encantadora, parándose repentinamente a ramonear las hojitas del zacate que bordeaban el camino y dejando deliberadamente la vía a pesar de nuestros gritos y latigazos.

En el paisaje apareció un claro cielo azul en el que el viento balsámico del sur soplaba suavemente entre los árboles, impartiendo hálitos de vida y alternando la quietud de la perspectiva. Sabiendo que antes del anochecer llegaríamos a Lepaguare, en varias ocasiones paramos para hacer bosquejos de las pequeñas y bonitas vistas, y de los raros árboles. Por fin llegamos a la orilla de un rápido río que nace en las montañas de Teupacenti y fluye hacia el noroeste desembocando en el Guayape a doce leguas de Juticalpa. Este, como supimos después, era el río Almendares, en cuyas cabeceras se han sacado las pepitas de oro puro más grandes de Olancho.

Dispuesto como me hallaba para llegar a la meta de mis aspiraciones, no podía dejar de pararme y tomar un apunte del río. Fue aquí que vimos por primera vez los ganados de Olancho: gordos, lustrosos, comiendo la grama y el orégano florecido que les llegaba hasta las rodillas, con movimientos lentos, apenas visibles en la orilla opuesta, y vistos a través de los intersticios de los setos de carbón, cuyas hojas glutinosas y obscuras contrastaban con el follaje de las palmeras que se veían en lontananza.

El paisaje, mientras avanzábamos, excedía a todo lo que hasta entonces había visto, tanto en la suavidad de los perfiles como en el esplendor del colorido. En el valle me hallé cruzando por una pradera, variada con ondulaciones anchas y cubierta con apretados pastizales y flores. Rebaños de ganado vacuno, recuas de caballos y de las tan célebres mulas de Olancho daban vida y variedad al panorama. Señalaban la fuente de aquella primitiva riqueza y prosperidad que ha dado predominio perenne en este rincón de la tierra a la aristocrática sangre española. A intervalos, el grito distante, pero familiar, del vaquero rompía la tranquilidad. Todo a mi alrededor, el horizonte azul de montañas abrazando un paisaje amplio refrescado por el aire de la tarde y retraído con la más rica verdura en los matices del otoño, me hizo evocar vívidamente el panorama de California, donde las colinas al pie de las sierras se inclinan hacia el oeste, como lo hacen estas hacia el norte. Un océano de oro y verde ondulaba en los tintes purpúreos del ocaso.

CAPÍTULO XV: LEPAGAURE, EL RÍO DEL TIGRE

La Sensitiva. – Helechos. – Flor de Lis. – Laurel. – Río Almendares. – La Lima. – Río Guayape. – Hacienda de San Juan. – Valle de Lepaguare. – Una hacienda de ganado en Olancho. – Lepaguare. – El general Zelaya. – Nuestro recibimiento. – Charlas. – Situación política de Olancho. – Topografía del departamento. – Elaboración de mapas. – Excursiones a caballo. – El clima. – Consejos populares. – Un paisaje. – Ruta hacia el Guayape. – Aspecto de la región. – Valle del Guayape. – "El murciélago". – "Las Lavaderas". – Lavaderos de oro. – La primera cuna en Olancho. – Ricas excavaciones. – Gran agitación entre los nativos. – Evidencias de viejas minas y trabajos aborígenes. – Los bucaneros. – Galope hacia Barrosas. – Los cinco hermanos Zelaya. – Escribiendo la historia.

Mientras L. preparaba su cuaderno de apuntes y Roberto y Víctor fumaban cigarros a la vera de una sombra cercana, desmonté y examiné unas enredaderas y arbustos que al principio creí eran de la especie de los helechos. La reciente crecida del río había sepultado los tallos bajo la arena, de la cual, con un tirón vigoroso, traté de arrancarlas. Al momento, toda la enredadera presentó un aspecto tan extraordinario que yo, involuntariamente, di un salto hacia atrás medio alarmado por lo que había visto. Las hojas, que se extienden como barbitas al lado del tallo, se contrajeron lentamente y se plegaron juntándose como si se hubieran ofendido por mi procedimiento rudo. L., que se hallaba sentado sobre su mula, se volvió al oír mi exclamación, y muerto de risa, probablemente deleitado con mi actitud meticulosa, me gritó: "¡Es la planta sensitiva!" [1]

La maravilla se me explicó, y ahora he sabido por la primera vez que esta planta abunda en las mesetas y las tierras bajas de todo Centroamérica, pero como L. observó, raramente se le veía en tan grandes cantidades como aquí. Las enredaderas formaban un colchón en buen trecho a lo largo de las márgenes del río. A intervalos podían

---

[1] Conocida popularmente como "dormidera".

verse también árboles de sensitiva, erectos como de doce a dieciséis pies de altura y parecidos en sus hojas y en su disposición irritable a las plantas ya descritas. Recogí un palo con el cual di un golpe seco en el tronco, inmediatamente no solo las hojas se encogieron, sino que hasta las últimas ramitas se inclinaron visiblemente hacia el tronco padre.

Después seguimos por espesos colchones de sensitivas, que formaban una capa compacta que se extendía un pie sobre el suelo y que nuestras mulas trituraban al pasar. El suelo parecía retorcerse al paso de las cabalgaduras, dando al engaño un asomo de verdad.

En la parte más umbrosa del bosque por donde íbamos, aparecían los helechos, de las especies pequeñas, con sus hojas obscuras, espesamente adornados con hojas aserradas, casi como el verdadero helecho de los Estados Unidos. Crecen en penachos y se mezclan libremente con el musgo y las plantas espinosas que por doquiera se encuentran bajo los árboles.

Aquí observamos también ejemplares de la flor de lis a orillas de los pequeños arroyos. La flor, según creo, poco difiere de la de Europa y Norteamérica. Vi varias a una elevación de más de 1,500 pies sobre el nivel del mar. El laurel también se ve aquí frecuentemente y alcanza una altura mayor que en el norte, pues llega a veces a cuarenta pies. El tronco es nudoso y en los bosques a menudo se halla cubierto con un liquen fino, pero suave y limpio. La corteza tiene media pulgada de grueso, es blanca y lisa y de una contextura como la del corcho, con el sabor ligeramente picante y el olor parecido al de la sal volátil. El laurel se emplea a menudo para ejes de ruedas para carretas, por ser maderas que a la par de duras son fáciles de trabajar. Quema con llama brillante. El laurel de Olancho es un árbol vistoso, de hojas brillantes, que da una sombra compacta y resiste todas las inclemencias del tiempo. El árbol aparece en los lugares húmedos y lluviosos, donde crece exuberante. No vi flores ni bonotes en ellos pero, sin duda, son iguales a los del "bay-tree" de los Estados Unidos.

En el departamento, el río Almendares se cuenta entre los que arrastran oro, pero las grandes pepitas a que me he referido antes se hallaron muy cerca de sus cabeceras. No supe que la buena suerte haya acompañado a las lavadoras en el lugar por donde habíamos pasado o cerca, el cual queda poco más o menos a dos leguas de Campamento. Aquí equivocamos el camino y habíamos llegado a la pequeña hacienda de La Lima, cuyo dueño es uno de los Zelaya, cuando una pareja de rollizos nativos nos alcanzó y, comprendiendo que éramos visitantes de don Chico, como se le llamaba cariñosamente al general, inmediatamente nos orientaron hacia Lepaguare, donde su viejo patrón residía al presente. Volvimos sobre nuestros pasos hasta La Lima, y siguiendo el camino recto, anduvimos a paso trote a través de los lugares ya descritos. Después de una hora de camino arribamos al ancho y tranquilo Guayape, que corre silenciosamente hacia el mar y presenta, hasta en este punto tan interior, la apariencia de un río formidable, de no menos de treinta yardas de anchura.

En esta época tiene tres y medio pies de profundidad en el vado, y arriba de este lugar recibe las aguas de varias quebradas, como lo indico en mi mapa. Nos metimos y lo cruzamos, mojando nuestros mantillones arriba de las barrigas de los animales. Siguiendo el río por un llano ondulado, comprobamos que no forma rápidos en estas vecindades. El río estaba sumamente limpio y las amarillas arenas del fondo impartían a las aguas un color ambarino muy bello. Su curso es hacia el este y más abajo del vado hace un extenso semicírculo, que casi rodea las propiedades de los Zelaya y de ahí se dirige al noreste, donde, después de recibir las aguas del Guayambre, río casi tan caudaloso como el Guayape, toma el nombre de Patuca con que se le conoce en la costa.

Del vado seguimos nuestra ruta al noreste y pasando por la hacienda San Juan, también propiedad de los Zelaya, encontramos un extenso llano rodeado por una serranía de montañas y conocido como valle de Lepaguare. Es como un parque que florece de un suelo muy rico, suficientemente amplio para sustentar la población de un Estado comercial y agrícola. Hacia el norte está situada la gran hacienda de ganado de Lepaguare [1], una de las varias que pertenecen a don Francisco Zelaya, general de brigada y "comandante militar" del departamento de Olancho, como mis cartas de presentación lo indicaban. La hacienda estaba enzacatada pero dejaba de frente un extenso espacio abierto, por donde avanzaba nuestra pequeña cabalgata. El sol poniente lanzaba sombras largas a lo largo de los pastizales y el llano se extendía por millas, moteado con incontables

---

[1] Lepaguare significa en lenca "río del tigre". Se compone de lepa, tigre, y guara, río. V. Membreño, **Nombres geográficos indígenas de la República de Honduras**, p. 57.

cabezas de ganado. Por relatos anteriores estaba preparado para presenciar una escena de raro encanto. ¡Esta era la realidad!

Grupos de árboles se sucedían a corta distancia, diseminados en el valle; el bramido del ganado llegaba débil con el viento de la tarde; voces, casi perdidas en la lejanía, venían de la hacienda; y en el llano los hombres a caballo aparecían como pequeñas manchas. Apresuramos las mulas y Víctor dio un grito de alegría; en cuanto a mí, solo pude contemplar y admirar. Una muchedumbre de chiquillos, riendo y gritando, se apretujaban a la puerta de golpe, pero cuando nos aproximamos corrieron apresuradamente. Yeguas chúcaras y mulas a medio domar, atadas con sogas de cuero [1] a troncones, resoplaban y se encabritaban cuando pasamos; un hermoso caballo negro, con la cola y la crin ondeando al viento, saltó sobre la suave alfombra del césped al cascabeleo de nuestras espuelas; varias vacas de aspecto cerril mugieron cuando nos acercamos. Cruzamos el patio al frente de la casa y llegamos a la puerta. La hacienda, aunque la más grande y la mejor cuidada del departamento, no es un ejemplar excepcional si se la compara con cualquiera de las demás propiedades de ganado de Olancho.

Las indias, de plácida apariencia, empeñadas en sus quehaceres, nos observaban curiosamente cuando nos paramos, y un caballo espléndidamente enjaezado, con pistoleras y mochilas de plata y con mantillón carmesí, se apartó orgullosamente de nuestras mulas peludas. Se abrió la puerta y varios hombres, vestidos con pantalones anchos de algodón y camisa, se asomaron, así que desmontábamos.

"¿Qué tal, amigos?", dijo L.

"¡Buenos días, caballeros!", respondieron una media docena de voces. El amo de la casa, el venerable don Francisco Zelaya apareció entonces, salió despacio con el porte peculiar de las personas de categoría, avanzó para encontrarnos, y un momento después estrechaba cordialmente mis manos y las de L. y ponía a nuestra disposición su casa con todo lo que había.

Encontramos en nuestro anfitrión al perfecto tipo descendiente de los viejos hidalgos de España, amante de la sana alegría, de la compañía jovial y de los buenos caballos. En su hospitalidad no muestra orgullo; es para él a la vez un deber y placer, y las rústicas comodidades de su residencia siempre están abiertas para el

---

[1] En Honduras las sogas de cuero crudo se llaman pialeras. V. Membreño, **Hondureñismos**.

viandante. Puede bien imaginarse que, con las recomendaciones de las partes más lejanas del globo, hasta de California, y trayendo yo cartas del gobernador y de otros dignatarios, para no decir de aquellas de los presidentes de Honduras y Nicaragua, mi recepción tomó el calor de una cordialidad que jamás se puede olvidar.

Los escasos conocimientos del general sobre estos asuntos le hacían difícil marcar las distinciones geográficas o políticas de las tierras extranjeras, y mis cartas del gobernador Bigler de California, las tomó él como credenciales con poderes diplomáticos. Para él, California sin duda era una república independiente y su gobernador un emperador demócrata, ataviado con mantos regios y nadando en oro.

Don Chuco es "monarca de todo lo que explora". Es alto y bien parecido, con un porte y aspecto dominantes, ojos azules, frente amplia, y de cabellos rizados, vigorosos y de color de acero. En los asuntos de su propio país no carece de sagacidad o talento. Son cinco hermanos, cuyas familias, que residen y ocupan por concesión real esta porción de Olancho, son conocidas a todo lo largo y a todo lo ancho como los Zelaya. La primitiva colonización de este departamento por su antepasado don Jerónimo Zelaya, y la condición política de algunos problemas subsistentes en la región desde su primera ocupación por los españoles, serán objeto de un futuro bosquejo.

Entramos en la casa y fuimos presentados a la señora, quien se levantó de su lecho de enferma para recibirnos, y la única hija del general, muchacha alta, de pelo endrino y que era, evidentemente, el ama de la casa. El hijo mayor, don Toribio, estaba en camino desde Trujillo con un tren de mulas cargadas con mercaderías, cuya venta a los habitantes de esta sección era monopolio general.

Toda la hacienda se halló pronto en movimiento con el importante acontecimiento de nuestro arribo. Si hubiera sido yo un embajador oficial más bien que un simple ciudadano, no hubiera sido recibido con mayores demostraciones de respeto. Se había puesto a asar un cuarto de cabrito para nosotros, un novillo gordo fue sacrificado en el poste, se trajeron legumbres de la huerta cercana. Encurtidos de la marca Underwood, llegados vía Trujillo desde Boston, café caliente, tortillas, pan de trigo y de maíz, y miel silvestre estaban entre las viandas dispuestas sobre la mesa.

Terminado esto, el general leyó mis cartas de presentación con todo interés. Mientras el viejo hidalgo las examinaba escrupulosamente con aire de satisfacción, L. y yo notamos su gran parecido a un distinguido miembro del Gabinete del presidente Pierce, de los Estados Unidos. Don Chico es un gran tunante con las mujeres, y el notable parecido a él que se percibe en las facciones de los muchos pilluelos morenos que jugaban en la hacienda me hizo sospechar que estos podían reclamar un íntimo parentesco con nuestro anfitrión. Todavía goza bailando valses y cotillones con las más guapas jóvenes de la ciudad, en las fundaciones de Juticalpa.

Ya de noche observé que los muchachos de la hacienda, cuyo número llegaba, según creo, a unos veinte, habían traído gavillas de leña, zacate seco y ramas, que depositaron en montones en el extenso patio. Cuando obscureció, todo esto se cubrió con rajas de ocote y se le prendió fuego. Inmediatamente toda la hacienda resplandeció con el fuego. Era una iluminación en honor a don Guillermo. Sencillo y rústico testimonio, como era, en él reconocí la gentileza de don Francisco y vi un anticipo de su futura hospitalidad. Parecía verdaderamente contento de que el silencio de su vida fuera ahora interrumpido con las últimas noticias del mundo.

Parecía que tomaba peculiar interés en mis relatos sobre el progreso de California, e inquiría sobre los más pequeños detalles en cuanto a los métodos de trabajo de las minas, las leyes mineras, el Gobierno, el clima y las gentes.

"A, mi amigo", me dijo, "que Dios permita a algunos de los hombres fuertes e inteligentes, que usted describe, venir a este aislado lugar a mostrarnos cómo extraer el oro sobre el cual en nuestra ignorancia caminamos a diario". Tal observación, venida del hombre principal del departamento, era para mi una prueba rotunda de su deseo de que se permitiera el ingreso de los norteamericanos a Olancho para el desarrollo de los placeres auríferos. La influencia de los Zelaya era todo lo que se necesitaba para llevar a feliz término mi proyecto, e inmediatamente me concreté a asegurar su cooperación.

Aunque Olancho es parte integrante de la República de Honduras, su posición geográfica es tal que se le tiene como una región ajena a la participación de las guerras que han tenido lugar desde la independencia. Sus intereses distintos y su ubicación apartada, han hecho que sus pobladores eviten cuanto les ha sido posible el más pequeño contacto con el Supremo Gobierno, actitud política que en más de una ocasión ha conducido a la hostilidad entre Olancho y el resto de la República. Estas contiendas, nunca muy graves o sangrientas, además de resultar favorables a los olanchanos, les ha dado habilidad para repeler ataques y una independencia efectiva del Gobierno nacional. La proposición de formar una república separada se ha hecho repetidamente, pero al ceder el Gobierno a todas sus demandas y al darles la promesa de no agravarlos con impuestos y conscripciones para el ejército, sus habitantes, a lo mejor demasiado indolentes, amodorrados por su vida fácil para intentar un sacudimiento revolucionario, han consentido en seguir bajo la égida del Gobierno. [1]

Así, aunque el general Zelaya es el gobernador del departamento, por nombramiento supremo, en verdad encabeza una democracia local y está colocado ahí por la voluntad espontánea de sus paisanos, y de cuyo cargo, si fuera lo suficientemente audaz para acometer la separación del departamento, el Gobierno nacional no se atrevería a removerle. Su gobierno es, consecuentemente, un despotismo sólido y bien establecido, una pequeña república dentro de otra república, con unas pocas elecciones locales para complacer a las clases medias o dependientes de los grandes latifundistas. Esta clase media, especialmente en las vecindades y al sur de Juticalpa, consiste principalmente en los familiares de los Zelaya, por consanguinidad o por afinidad, grande y poderosa familia, dueña de haciendas, algunas de las cuales contienen los más valiosos minerales y las más feraces tierras de Olancho y, como agregado, que eclipsan a los demás terratenientes del departamento. Un vistazo a mi mapa ilustrará la extensión de territorio que abarcan sus concesiones, en el cual hay

---

[1] Tal vez con la mira de que en un futuro cercano se formara una colonia esclavista en Olancho, siempre que tiene oportunidad Wells propaga el aislamiento administrativo y geográfico de aquel departamento, insistiendo en que podría formar un territorio separado del control del Gobierno de Honduras. Debe recordarse que el autor de este libro había publicado otro sobre la guerra de Nicaragua, obra en la que se muestra admirador incondicional de William Walker y de sus campañas en Nicaragua (**Walker's expedition to Nicaragua**. New York, 1856). Tampoco debe olvidarse que Wells fue compañero de viaje de Mr. Byron Cole, amigo íntimo de Walker, cuyos proyectos debe de haberle transmitido aquel en el largo viaje que anduvieron juntos, desde San Francisco de California hasta León. Cole, mientras llegaba la aprobación del contrato para traer soldados mercenarios a Nicaragua, anduvo por Olancho.

placeres auríferos que rivalizan con los de California y tierras que dan espontáneamente muchos de los más valiosos productos tropicales.

La suscripción de un contrato entre los propietarios de estas ricas zonas minerales y una empresa norteamericana resultaría en la explotación de las minas con un beneficio para todo el mundo.

Con sorpresa mía, el general escuchó mis propuestas con agrado, pero no quiso entrar de inmediato en negociaciones. Quiso que primeramente yo recorriera con él y sus vaqueros la región y me familiarizara con sus características y recursos. Estando de acuerdo, me dediqué a la tarea de llevar a cabo una inspección, levantar un mapa, recoger información y salir de cuando en vez de Juticalpa, la cabecera departamental, a los muchos lugares más o menos famosos de su vecindad y a las grandes sabanas costaneras.

Mi principal objetivo, después de mi ansiado contrato, era hacer un mapa correcto del departamento, cuya topografía es desconocida; los autores de los que existen los han llenado con montañas, pueblos y ríos que no existen ni siquiera en la imaginación, colocándolos ad libitum para llenar los vacíos y regiones inexploradas. Con este propósito, antes de mi partida de California, había preparado, consultando las cartas geográficas del Almirantazgo, un delineamiento exacto de la costa, desde Guatemala hasta Costa Rica, dejando el interior desconocido para mis futuras exploraciones.

Fue mi costumbre, en Olancho, desplegar mi mapa sobre una mesa rústica y, con la brújula y compás en la mano, inquirir con los viejos nativos, la dirección y las distancias de ciertos lugares. Yo los anotaba con lápiz y los alteraba consultando la opinión de los integrantes de los grupos, a quienes yo dejaba que disputaran y se contradijeron en cuanto a distancias y rutas, y en silencio, tomaba en cuenta cada palabra, y poco a poco iba llenando mi mapa. Siempre mantuve este protegido en un tubo de hojalata. Los residentes más viejos, muchos que nunca habían salido de Olancho, conocían con gran exactitud los nombres de cada población, hacienda y cadena de montañas del departamento; cambiando y borrando, comparando y haciendo preguntas hábiles, pronto estuve capacitado para hacer un mapa bastante detallado de las regiones auríferas. Desde luego que era necesario hacer ajustes por la incorrección de las distancias, ya que una milla en el concepto de alguno era una legua para otro; pero al observar correctamente desde todas partes del departamento los picos más prominentes, tales como los de Teupasenti, Monterrosa,

Aguacate, El Boquerón y Guaimaca, muy separados los unos de los otros, y que son mojones visibles desde todas partes, pude comparar las varias opiniones y corregir con bastante aproximación los errores que son propios en un reconocimiento tan rudimentario. Mas aun, viajaba con mi "libro de apuntes" en la mano y nunca dejé de anotar todo aquello que me pareció interesante.

Mi primera visita con el general a los lugares mineros fue a la "barra" en el Guayape, pocas leguas al sur de Lepaguare y conocida generalmente con el nombre de El Murciélago. Mi gentil amigo, siempre pendiente de mi comodidad, ordenó se ensillara para mí un magnífico caballo guatemalteco, que era su favorito, y descartando mi dura albarda, la reemplazó con una silla mexicana de lujo. L. y un vaquero de confianza llamado Julio, complementaban la comitiva de cuatro. La mañana estaba fría, aunque arriba la bóveda azul parecía apacible y suave como el cielo de Italia. El general insistió en que yo probara la calidad de un aguardiente del que se ufanaba. Lo había llevado de Tegucigalpa. Íbamos a medio galope por las llanuras de Lepaguare, en donde el aire confortante y la extensión de pastos ponían nuestros corazones a tono con la influencia alborozante de la hora.

Que ningún geógrafo con idea vagas sobre "los terribles trópicos" seleccione los distritos de la meseta de Olancho como objeto de anatemas contra climas pestilentes. Nada hay más absurdo y más alejado de la verdad que nuestro miedo común a las desconocidas "regiones de los trópicos". Los horrores de las arenas del Sahara o del Colorado no se ven aquí. Aquí el sol ni mata al viajero errante ni reseca su sangre; aquí la tierra es cálida pero nunca infecta. En todos nuestros territorios de los Estados Unidos del oeste prevalece una insalubridad local que apenas puede resistirse, pero es muy raro que las fiebres prevalezcan en el interior de Honduras. La fiebre biliosa, tan a menudo fatal para los extranjeros, está confinada a las tierras bajas y pantanos de las costas.

La estación húmeda no es lo que muchos suponen: una continua caída de chubascos. Una serie de aguaceros rápidos y tormentas con truenos, con intervalos de un sol brillante, caracterizan la estación. La lluvia caerá toda la noche a torrentes, con relámpagos, con truenos y vientos –alarmantes, pero no destructivos– y hará crecer los ríos y sus lodosos afluentes de la montaña, pero pronto bajan a sus límites naturales en cuanto el sol, atravesando las nubes de la montaña, brilla sobre un paisaje rico y delicadamente diversificado con verde y oro. Un aire cálido embelesa los sentidos; los ojos se solazan, pero no se deslumbran con los tintes vistosos reflejados por la humedad centelleante, y la cortina de nubes plateadas y purpúreas se decolora gradualmente a medida que el día avanza, haciendo que estos encantadores panoramas parezcan más cercanos y más familiares al espectador. Dice el proverbio: "¡Olancho, ancho para entrar, angosto para salir!" ¿No son acaso estas escenas las que dieron nacimiento al proverbio?

Recuerdo cómo, cansado con el gris y sobrio manto con que la naturaleza visitó las montañas solitarias de nuestra ruta a Tegucigalpa, nosotros, con ansias, nos precipitábamos hacia el paisaje invitante de allá abajo; también recuerdo el tiempo, meses después, cuando echando un vistazo hacia atrás, de mala gana para siempre el bello y tranquilo valle de Lepaguare.

Pasamos, en nuestro trayecto hacia El Murciélago, por las haciendas de don Manuel Zelaya, el mayor de los hermanos y también la de don Carlos Zelaya un hijo, casado, del general. Aquí encontramos a varios vaqueros bien montados, reuniendo unos caballos y mulas. Hay un camino plano en todo el trecho de Lepaguare al pie de la cadena de cerros que bordean el valle, a través del cual corre el río Guayape. De aquí el camino se transforma en una vía muy buena para el paso de mulas y por la cual con un poco de cuidado cualquier clase de maquinaria puede ser transportada hasta El Murciélago. La ruta va por pinares, muchos de sus troncos de más de tres pies de diámetro. Son pinos de la variedad amarilla y blanca.

Durante este viaje observé, por la centésima vez, la regularidad que da a estas colinas su gracia inigualada en la forma. La línea de belleza, como el de las colinas redondas de California en la región aurífera, era aquí tan perceptible que yo repetía la observación a cada nueva perspectiva. Coronadas de arboledas y parajes, en una graduación casi imperceptible, serranía tras serranía por el oeste, norte y sur levantan un anfiteatro de elevaciones engramadas, de colinas ascendentes, y de imponentes cordilleras, y todavía más lejos, picos tan azules que parecen de sólido éter, como si la atmósfera líquida se hubiera mezclado con la luz y cristalizara en glaciares vaporosos.

Los pinares que cubren las colinas en la extensión que puede alcanzar la vista, parecían estar plantados a propósito en espera de aserraderos. Cuando pasamos por entre ellos el viento susurraba con majestuosidad entre sus copas, reviviendo encantadoras escenas de California; pero los pinos de estas tierras altas no se comparan en tamaño con los de Norteamérica, si bien los cedros gigantescos de las tierras bajas son la admiración de propios y extraños.

En un pequeño afluente de la quebrada de García que se me mostró, varias mujeres se hallaban lavando arenas con éxito considerable. Aquí el terreno comenzaba a quebrarse en cañones y barrancos como los de los alrededores del Grass Valley y del French Corral, de California. En el fondo de estos lugares aparecían formaciones de cuarzo y de pizarra, entre las que advertimos dónde los buscadores de oro habían "raspado" dejando marcas que parecían hechas más bien por las gallinas en un patio de granja y no por mineros. Nunca se ha hecho excavación alguna aquí y el oro es en su mayor parte de la clase que se obtiene por el lavado hecho en corrientes de agua. El general me prometió regresar con unas cuantas lavadoras para que trabajaran el lugar de manera apropiada, bajo mi dirección.

Después de pasar por un número de quebradas y arroyos iguales a los de California, todos con reputación de auríferos, llegamos a un cerro majestuoso cubierto de pinos, que mira hacia el valle de Guayape, río que oímos rugir allá abajo, pero oculto a nuestras miradas por la densa arboleda que bordea su curso. Esto quedaba como a cinco leguas abajo del lugar donde lo cruzamos al penetrar en Olancho.

Avanzamos impacientes, el general hablando y explicando por todo el camino. Seguimos la serranía hacia el sur, buscando un claro a través del cual descendimos. Desde nuestro puesto noté el rumbo y distancia de los picos principales de la montaña en un radio de más o menos treinta leguas. El camino gradualmente seguía por un pequeño y bonito llano como a veinte pies arriba del río y conocido como El Murciélago. En este lugar hay una cabaña perteneciente a don Chico, y aquí el señor José María Cacho se había propuesto levantar una pequeña ciudad minera bajo los auspicios de una compañía nacional, que se desintegró a causa de una de tantas revoluciones. El lugar era ahora solo escombros de adobes y ramas. Varias ayoteras y calabaceras, mostrando sus frutos, trepaban por entre las viejas vigas y entre la maleza. Una manada de ganado se hallaba triscando perezosamente a la sombra y, con el perceptible murmullo del río y la frescura del follaje, me hizo recordar el escenario estival en Nueva Inglaterra. De aquí bajamos hasta el río, que apareció mientras descendíamos por una alameda de pinos fragantes que proyectaban su obscura imagen de lleno en las aguas, abajo.

El eco de las voces entre las rocas, río arriba, indicaba la presencia de lavadoras, aunque esta no era la mejor época para sus trabajos. Seguimos por la margen unos pocos centenares de yardas y, por último, hallamos a un grupo de mujeres buscadoras de oro chapaleando en las aguas y riendo estrepitosamente en su labor, algunas cantando y otras fumando los indispensables cigarros. Todas estaban de pie, dentro del agua hasta las rodillas y cada quien inclinada sobre la gran batea circular acostumbrada, en la que el precioso metal era lavado. Trabajaba lentamente y sin inteligencia, parándose a cada momento a platicar sobre asuntos de su pequeño mundo y ejecutando quizás una tercera parte de la labor que haría un minero norteamericano. Un ofrecimiento del general, que yo respaldé, de comprarles el oro que pudieran extraer ese día y el siguiente, no aumentó la rapidez de sus operaciones. Las mujeres obtienen permiso de los Zelaya antes de comenzar su trabajo en los placeres; esta formalidad, que ellas escrupulosamente observan, se debe al celo de la familia por sus posesiones antiguas y por el temor de que cualquier infracción en ellas podría, eventualmente, conducir a la invasión de sus terrenos por ocupantes abusivos. Tales intrusos podrían, en verdad, ser echados fuera rápidamente, pero el general, no sin razón, cumple aquel proverbio que dice: "Una onza de precaución, etc." Cualquier mujer a la que se encuentre lavando sin el respectivo permiso es invariablemente expulsada y nunca más se le permite trabajar en las haciendas. Este procedimiento sumario ha dado lugar a que se diga entre los malquerientes de los Zelaya, que ellos obligan a las lavadoras a pagarles como tributo una parte de sus ganancias, lo que es enteramente falso.

Una india muy gorda y afable le preguntó en voz baja a Julio quiénes éramos nosotros, a lo cual respondió que yo tenía la intención de comprar todas las propiedades de los Zelaya y que había llegado de California para ver los lavaderos de oro. Todas ellas sabían de la famosa tierra del oro y yo, fácilmente, las induje a que conversaran sobre el particular. A mi ruego continuaron sus labores que habían interrumpido, así que nos aproximamos, se enderezaron y, tirando hacia atrás su frondoso pelo, gritaron: "¡Buenos días, don

Francisco!"; el general les respondió alegremente desde su gran silla mexicana con una sonrisita peculiar que me hizo pensar de que era favorito de ellas. La operación del lavado es precisamente igual a la que practicaban los "chilenos" y los "sonorenses" que en los primeros días vinieron en gran número de Hispanoamérica a California. En varias de las bateas no había partícula de oro, y si las había, eran tan diminutas que se hacían invisibles; en otras podría haberlas con un valor de dos o tres centavos y, finalmente, en otras, las menos, tal vez el doble de esa cantidad. Las partículas de oro no tenían la forma escamosa, sino que eran redondas e irregulares, más o menos del tamaño de una cabeza de alfiler y, por el desgaste de aspecto lustroso. Se sacó una pepita que valdría alrededor de medio dólar. [1]

Esta época no era la más favorable para lavar oro. Cuando las aguas están bajas en extremo, se han sacado del fondo en este lugar, pepitas que pesaban cinco y hasta ocho onzas. Después compré en Juticalpa algunas que pesaban cerca de una onza y que llevé a California. Estas las hube de los tenderos, que las aceptaban de las mujeres en cambio comercial. No tenían razón alguna para engañarme en cuanto al lugar en donde estas chispas se habían hallado y siempre me manifestaron que venían del Guayape y de sus tributarios, pero especialmente del pie de las colinas en la cordillera de Campamento al Almacigueras, lugar famoso en todo Olancho como el más rico en el departamento.

Pregunté al general si alguna vez se había importado maquinaria en Olancho. "No", me replicó, "con la excepción de una caja que ha estado en la hacienda desde hace diez años, que fue importada por el agente del señor Vélez, de Guatemala, quien una vez suscribió un contrato conmigo para tomar posesión de etas minas, "mediante testamento". La maquinaria fue construida en Boston, hecha a la orden, embarcada a Trujillo y traída desde allá sobre las montañas hasta aquí, pero las instrucciones estaban en inglés, que no pude traducir. El señor Vélez murió, algunas partes de hierro se perdieron y confieso que no he pensado en ella desde entonces". Esta pequeña información me sorprendió y resolví examinar la máquina a mi regreso. Había visto lo suficiente para convencerme que en Olancho hay otra California, pero que, como en aquella región, los tesoros del

---

[1] Debe ser Cartagena de Indias en la Nueva Granada, como antes se llamó Colombia.

suelo se quedarán como han estado desde la creación, hasta que una raza superior en energía y actividad reciba la herencia.

También vi que ninguna estimación podría hacerse en cuanto a las minas bajo el sistema con que se las trabaja al presente y que alguna maquinaria, aunque fuera la "cuna" de los primeros días después descartada en California, era necesaria para hacer experimentos dignos de confianza. Con este propósito, decidí construir una "cuna" (rocker) al regresar a la hacienda, toda vez que pudiera obtener instrumentos y materiales, lo que era en extremo dudoso, y en el caso de fracasar con tal mecanismo burdo, vería lo que podría hacerse con la máquina del aventurero guatemalteco mencionado anteriormente.

Permanecimos algunas horas en El Murciélago examinando y consultando sus facilidades como sitio para una futura población minera, igual que la de Alemán. Una suculenta comida y una sabrosa pipa bajo la sombra acogedora de los árboles sin duda contribuyeron a nuestro goce del escenario que nos rodeaba. La comida la despachamos en un punto situado como a quinientas yardas de la cabaña de adobe, en donde la orilla se acerca a un arrecife de piedras negras, disminuye hacia el borde del agua y se extiende por una playa suave, donde el pequeño oleaje de la corriente brillaba con reflejos de plata, quebrándose entre la grama que cubría las orillas del río. El Guayape es aquí profundo y quieto, aunque rápido, y a lo largo de sus márgenes se ven, a intervalos, grandes árboles; hay pequeñas islitas de rocas y de arbustos en ambos lados, bajo la corriente se ven capas de pizarra caliza y los rayos del sol poniente doraban el agua, realzando el fondo las manchas de bosques iluminados por el sol. Todo esto estaba todavía como "hace mil años".

El curso general del río es hacia el noroeste. Julio, que había vivido en la vecindad más de treinta años, me dio la distancia por las vueltas de aquel desde Las Marías a Catacamas. Estaba familiarizado con ella porque a menudo recorrió en canoa toda esa distancia. Apunté sus cálculos con gran interés y me divertí al hallar que sumando las leguas que Julio me había indicado, estaba yo muy dentro del mar Caribe, lejos de la desembocadura del Patuca. Menciono este hecho, que es una muestra clara del concepto sobre las distancias que tienen los nativos, para hacer ver la dificultad que uno tiene para levantar un mapa guiándose con los datos que proporcionan los habitantes. El explorador debe depender únicamente de sus propias observaciones. Como antes he dicho, bien puede construirse un ancho camino carretero de El Murciélago y de otros lugares ricos del Guayape a Lepaguare, desde cuyo punto los vehículos podrían seguir hasta Juticalpa, tal como está la vía ahora y hasta muchas millas más abajo. Pero en cuanto a la topografía, así como el clima, la población, la historia y los recursos naturales de Olancho, aunque tratados someramente en estas páginas, me referiré a ellos en capítulos especiales.

El sol estaba ya cerca del ocaso cuando arrendamos nuestros caballos hacia Lepaguare, y después de una lenta caminata en la obscuridad, por un terreno aparentemente familiar para mis acompañantes, pero para mí un dédalo confuso de colinas y de bosques, observamos las distantes luces de la hacienda. Así que nos aproximamos, oímos el ruido de espuelas y un casqueteo, y también vimos una fogata encendida en el patio proyectando las sombras de las personas que frente a ella pasaban, indicándonos todo que algo no acostumbrado estaba sucediendo. Don Chico apresuró su cabalgadura hacia el lugar en donde ya estaban montados varios vaqueros listos para ir en busca de su patrón que, según pensaron, se había perdido en las montañas. Al aparecer él, todos desmontaron y la hacienda volvió a su quietud acostumbrada.

A la mañana siguiente, después del desayuno, insinué al general mi deseo de ver la máquina que me había mencionado. Llamó él a varios de sus muchachos, que por lo común haraganeaban cerca de la puerta, y les ordenó que sacaran de su escondite la vieja caja, que tenía casi el tamaño de una para piano. Estaba cubierta de telas de araña y sus hendiduras hervían de cucarachas y de un montón de otros animaluchos que salieron apresuradamente al ver que su refugio era bruscamente invadido.

Uno de los muchachos levantó la tapa y se reveló a mi mirada ansiosa una complicada masa de ruedas, cribas, rodillos, coladores, pedazos de madera acanalada y cilindros, suficientes para poner en jaque al genio inventivo de cualquiera que no fuera un maquinista experto para armar todo aquello.

Toda la familia se agrupó en silencio alrededor, viéndome ansiosamente, cuchicheando a intervalos unos con otros y, sin duda alguna, admirando la cara de sabio que para la ocasión debía yo forzosamente tener. En vano traté de ajustar las piezas, arreglarlas, clasificarlas, reajustarlas. Ya podía haber tratado de hacer con ellas un reloj; pero, como mi reputación estaba a prueba, tomé el cuidado de disimular mi fracaso y meneando despreciativamente la cabeza, ordené al os muchachos que volvieran a poner la maquinaria donde estaba porque era totalmente inservible para el objeto que había sido traída. El general me miró tristemente desilusionado y se sorprendió de que el señor Vélez hubiera pedido al exterior tal revoltillo de ese inútil rompecabezas para lavar oro. Mas, aunque mis conocimientos de mecánica no eran aptos para la máquina del guatemalteco, hallé en la caja lo que había estado buscando en vano en la hacienda: tablas y clavos suficientes para construir una "cuna" a la California.

La máquina mencionada era una de tantas sin nombre que habían salido del cerebro de los inventores, ignorantes de los requerimientos de los aparatos necesarios en la minería. California en los primitivos tiempos estuvo llena de ellas. Parecía que no había nada dentro del campo de la posibilidad que los mecánicos de los Estados del este e Inglaterra no nos enviaran a California. Los caminos de mulas a los lugares más distantes estaban sembrados de estos aparatos. El revoltillo de ruedas y rodillos en Lepaguare estaba hecho para cernir arenas y en apariencia tan ineficaz para la separación de las preciosas partículas de la tierra, como sería una mantequillera o una máquina para trillar. La experiencia enseñó últimamente a los californianos que el gran desiderátum en la maquinaria minera para lavar el oro, construir acequias y moler cuarzo, es la sencillez. Ese mismo sistema introducido en Olancho, no puede fallar para revelar los brillantes tesoros que se almacenan en sus suelos, en sus rocas y en los lechos de sus ríos.

El general puso a mi disposición el contenido de la casa y comencé a fabricar una bronca máquina tal como las que se usaron en California en los primeros días. Una batea, crudamente desbastada de un palo de níspero y que servía de pesebre a los potros de la hacienda me sirvió como cuerpo para la "cuna". Hube de desbastarla y la máquina del señor Vélez me suplió el cernidor. Así que el extraño aparato gradualmente tomó forma y significado bajo mis manos, las miradas del grupo silencioso, inquisitivas al principio, dieron paso a las de asombro y satisfacción. Las mujeres, en particular, alabaron mi habilidad y se maravillaban de que un caballero como yo pudiera manejar tan bien la sierra y la hachita de mano. Antes de anochecer mi creatura estaba terminada y, después de grabarle en grandes caracteres: "CUNA No. 2. – OLANCHO, 184", con mis iniciales abajo, llevamos el armatoste al arroyo, cerca de la hacienda, donde comenzamos a hacer un experimento de lavado. Se colocaron las piezas del fondo y varios muchachos de la hacienda corrieron por orden del general a llevar agua y arena. Este arroyo no lleva oro y a la media hora de trabajo no hubo, por consiguiente, señal alguna del metal, pero les fue debidamente explicado el modus operandi.

"¡Caramba!", exclamó regocijado el viejo, "¡qué maravilla! ¡obtendremos el oro por libras!"

Yo sonreí ante su entusiasmo y les recordé que este no era sino un método primitivo, ahora casi abandonado en toda California y que en su lugar existe un sistema gigante de laboreo de minas, por el cual cerros enteros se fundían bajo el empuje de la industria norteamericana, lavándose toneladas de tierra donde cinco años antes se lavaban pailadas. Mi auditorio escuchaba en silencio y el general observó:

"¡Ah!, don Guillermo, sus compatriotas están, sin duda alguna, destinados a gobernar el mundo; tales progresos en las artes útiles son asombrosos y ninguna de las viejas razas puede esperar competir con ustedes. Lo único que temo es que sus amigos no le den crédito a lo que les cuente de Olancho y que los hombres de empresa del norte rehúsen visitarnos. Si usted no regresa con su gran compañía, creeré que mi querido Olancho nunca será conocido en el mundo".

Le aseguré al buen viejo que no pasarían muchos años sin que los norteamericanos visitaran el país.

Dejamos la máquina para que se hinchara el agua y a la mañana siguiente, al amanecer, un tren de mulas llevando la "cuna", provisiones e instrumentos, salió hacia un punto cercano a El Murciélago, mientras nos quedamos para el desayuno, esperando poder alcanzarlos antes de que ellos llegaran a la barra. En nuestro camino conversamos sobre las numerosas zonas auríferas del departamento. El general estuvo de acuerdo conmigo en que ni una centésima parte de los depósitos más ricos habían sido todavía descubiertos y que la búsqueda de ellos los desarrollaría gradualmente. Llegamos a la barra y nos hallamos con que la "cuna" ya estaba colocada cuidadosamente conforme mis instrucciones en la orilla y los nativos en su acostumbrado vestido de camisa pantalones de algodón y una faja, se hallaban a todo lo largo, medio dormidos, debajo de los árboles. A los pocos minutos la máquina estaba instalada y comenzaron las operaciones. Durante media hora los hombres trajeron grandes cubetas de tierra desde un lugar indicado por una lavadora que nos acompañó. Julio mecía la "cuna", Víctor echaba el agua, el general regañaba o amenazaba según sus sentimientos excitados se lo dictaban, y todos conversaban, disputaban y observaban cada movimiento, mientras que yo, descalzo y con los pantalones enrollados, chapaleaba en el río espiando una y otra vez dentro de la máquina para ver si había algún indicio del metal. Una o dos veces solamente vi una chispa diminuta brillando allá en el fondo, y estaba precisamente llegando a la decepción, cuando descubrí que el "cuidadoso" de Víctor había zafado el tapón y que a través del hueco se había escapado lo recogido, cualquier cosa que hubiese sido. El general pateaba y refunfuñaba. Mientras se taponeaba el hueco de la "cuna" y después de media hora de labor, ordené una inspección. En el fondo de la ranura de la gamella observé unas pocas "chispas" brillando entre las negras arenas. Se sacó el tapón y la lavadora colocó su paila abajo para recoger el contenido del aparato mientras este se lavaba. La reducción se hizo por el proceso de rotación ya descrito, y cuando nos inclinamos sobre el aparato, no pude reprimir una exclamación de regocijo al ver que el pequeño espacio hueco del fondo estaba amarillo con partículas de oro. Estimé su valor en casi un dólar cincuenta centavos.

Don Chico estaba ya demasiado agitado para proferir sino exclamaciones. La sonrisa de triunfo que él observó en mi rostro le hizo avanzar hacia mí y apretar mi mano, mientras los nativos miraban mi persona y la "cuna", alternativamente, con silencioso asombro.

"¡Espere, mi querido general!", le dije, "hasta que introduzcamos la minería hidráulica que se emplea hoy día en California en estas minas y en lugar de pailadas de tierra usted verá que las propias colinas desaparecerán y cada partícula de oro se recogerá por medio del azogue; y en lugar de una plumilla de polvo de oro por día de trabajo, usted calculará en libras lo recogido".

El experimento me convenció y resolví no abandonar Olancho hasta tanto no suscribiera un contrato con el general a fin de introducir capital y brazos norteamericanos en el país. Debe tenerse en cuenta que la tierra que se utilizó en esta ocasión no se tomó del fondo de alguna excavación hecha en la capa rocosa como se hace en California, hasta cuyo lugar por el transcurso de los siglos el pesado metal se abre paso, sino de cerca de la superficie, donde un minero californiano difícilmente buscaría oro, sino es por el reciente descubrimiento del lavado de las tierras mediante acequias. El general me llevó a una excavación poco profunda de la barra, a la que por el río solo se puede llegar durante una creciente, en donde, a veinte pies arriba de las aguas bajas, las lavadoras sacaron varias libras de oro en seis días de labor. Esto fue en una época cuando se necesitaba una gran suma para la construcción de la nueva iglesia de Juticalpa, a la cual contribuyeron las mujeres tanto con su propio trabajo como dando oro para la obra.

Nuestra conversación cambió ahora a los tiempos viejos cuando, se dice, grandes cantidades de oro se extrajeron del valle del Guayape y fue enviado para enriquecer la nobleza de la madre patria. El viejo cronista español, Herrera [1], menciona al Guayape y sus depósitos auríferos. El general había oído estas narraciones, pero sus escasas lecturas nunca habían ido más allá de escudriñar los folletos políticos y los periódicos del país. Mencioné a los filibusteros y aludí a mis investigaciones en los vetustos volúmenes de la biblioteca perteneciente a mi amigo don Manuel Ugarte, en Tegucigalpa. Mi acompañante escuchaba con atención y cuidado.

"Sígame y le enseñaré a usted", me dijo, "las viejas minas donde los españoles sacaban el oro". Viró su caballo saltando por sobre un árbol en forma que yo no me atreví a imitar. Así que tuve que hacer un rodeo con mucha dificultad, obligando a que mi caballo subiera por la orilla, después de él.

En una falta a más de sesenta pies hacia arriba, lo encontré parado cerca de unas anchas y profundas oquedades, parcialmente llenas con tierra. Eran cuatro en total. Montones de piedra y tierra, cubiertos de maleza, se hallaban cerca de sus entradas, y árboles de cerca de un siglo se arraigaban al pie, indicando la gran antigüedad de los hoyos. Estas viejas excavaciones me hicieron recordar lugares similares a orillas del Stanislaus y del South Yuba, en California.

"Hace veinte años", dijo el general, "extrajimos de aquí instrumentos herrumbrados y barras de hierro de manufactura española, que fueron usados hace cien años". "Varias leyendas", continuó, "se cuentan todavía entre los indígenas de Catacamas, de que instrumentos antiguos, hechos por los aborígenes que trabajaron aquí antes de que Colón descubriera la América, fueron a su vez hallados por los viejos españoles. El oro que se usó para adornar los

---

[1] D. Antonio de Herrera, autor de la Historia General de los hechos de los castellanos en las Islas y Tierra firme del Mar Océano.

espléndidos palacios de Palenque, Copán y Chichen, sin duda venía del valle del Guayape y de otras partes de Olancho. De esta clase de hoyos, en la época antigua cuando Honduras era una provincia hispana, se sacaba el oro que se enviaba en los galeones para España. Si esta hubiera estado más pendiente de estos países, no estaría tan pobre como ahora. Toda la costa, desde Belice, en Yucatán, a San Juan del norte, en Nicaragua, se convirtió en lugar de reunión de ladrones: los bucaneros. Las islas inglesas de las Indias Occidentales les permitían sostener la guerra en contra de las colonias de España. Ningún barco podía zarpar, se me ha dicho, de Trujillo o de Omoa sin que cayera en sus manos. Se aliaron con los Mosquitos o zambos de la costa, les suplieron armas, presionaron a sus jefes y los estimularon para que hicieran una perenne guerra a Nicaragua. Estas circunstancias impedían que el laboreo de nuestras minas de oro continuara".

En este tono siguió el general, señalando mientras caminábamos, los claros en los árboles o la floresta nueva por donde antes los primeros aventureros habían abierto los caminos desde su trabajo hasta el río, o las señales de excavaciones aún más viejas todavía. Estas últimas se hallan en varias localidades en el Guayape y sus tributarios, como a lo largo del curso de la Quebrada del Oro, el Mangulile, el Mirajoco, el Sulaco y el Silaca [1] tributarios del Aguán y de otros ríos que desembocan a través del departamento de Yoro, en el mar Caribe.

A nuestro regreso de El Murciélago a Lepaguare, llevamos la "cuna", bien aparejada, a lomo de mula, para que se usara en futuras operaciones, pero como aparecerá de aquí en adelante, me fue imposible hacer los experimentos que me había propuesto, salvo de una manera imperfecta e inaceptable. Mi "cuna" para este tiempo había terminado probablemente hecha pedazos o, lo que parece aún más viable, ha pasado a manos de alguno de los aventureros que desde entonces han visitado las regiones auríferas de Olancho.

Cuando nos aproximábamos a la hacienda de Barroza, residencia del hermano menor, don Lorenzo Zelaya, alcalde primero de Juticalpa, encontramos una comitiva espléndidamente montada, que corveteaba sus caballos libremente sobre el césped hacia nosotros. Estos eran don Lorenzo en persona, acompañado de don Carlos

---

[1] ¿Silca? ¿Siale? ¿Telica?

Zelada, el hijo mayor del general, y de sus ayudantes de siempre. Al saber por unos de los vaqueros, de nuestra visita a El Murciélago y del probable regreso por el camino de Barroza, habían preparado una gran comida para recibirnos. La pequeña cabalgata paró inmediatamente cerca de nosotros y la ceremonia de presentación se llevó a cabo rápidamente. Don Lorenzo tenía las facciones del viejo general, pero sin su nobleza de expresión. Se decía que era el favorito de la familia y el afecto recíproco que se manifestaban entre sí estos aristócratas de Olancho, rústicos y sencillos, me impresionó más profundamente lo que yo quisiera admitir.

La hacienda de Barroza no es ni mucho menos el lugar pintoresco que desde lejos parecía, pero dentro de ella encontramos toda la hospitalidad que es tan famosa entre los olanchanos. Decidimos pasar allí la noche. Aquí conocí a los venerables don José Manuel, don Santiago y don José María Zelaya, quienes con el general (Francisco) y don Lorenzo, el menor del quinteto, constituían la familia. El recuento fiel de las historias y leyendas que se dijeron aquí sobre los placeres de oro en los cerros circundantes, entremezcladas con hechos históricos e interesantes, sería suficiente para escribir un libro ameno e instructivo. Era, no obstante, difícil gozar y apreciar esta generosa hospitalidad y seguir siendo al mismo tiempo, u "chico amante de tomar notas". Después de la medianoche, cuando todos se habían retirado a dormir, me senté a fumar con don Santiago, Juez de primera instancia de Olancho, que, en su capacidad oficial durante muchos años, había captado una valiosa información en cuanto a la historia y a la topografía del departamento. A él le debo poder dar ahora una relación de Olancho, de sus primitivos colonizadores y del progreso de los Zelaya y de otras familias "precursoras", desde su ingreso al país hasta el presente. Don Santiago era el "hermano ilustrado" y el oráculo del resto de la familia en todo el problema legal, científico o histórico. La expresión grave, el aspecto distinguido, la amplia frente sombreada con sus cabellos rizados y negros, patentizaban al hombre capaz y quien en cualquier otra parte del mundo hubiera podido hacerse famoso. Era bastante después de medianoche cuando terminé, con mis dedos acalambrados y mis ojos adoloridos por los efectos de la pobre luz de una vela de cebo, un largo resumen histórico, después del cual dije buenas noches y me uní a los demás, que ya estaban durmiendo.

CAPÍTULO XVI: LA BONDAD DE LOS ZELAYA

Por el valle de Lepaguare. – Un "buen jinete" de Olancho. – La Vainilla: cómo crece; su cultivo; su comercio. – Productos olanchanos. – Bayas silvestres. – Otra excursión. – Hacienda de Galerías. – Caballos salvajes. – "Vaqueros". – Fiebres de la costa. – Juticalpa. – Otra vez Galeras. – Una cena de cumpleaños. – Mesa gigantesca. – Ovejas. – Los coyotes. – Valle paradisíaco. – Vistas desvanecientes. – Doradas rapsodias. – Un baño con los sinsontes. – Partida de Galeras. – La bondad de los Zelaya. – Salida hacia Juticalpa.

A la mañana siguiente, después del desayuno regresamos a Lepaguare. Saqué mi escritorio portátil y comencé a anotar los datos que había obtenido. El general y su familia guardaban silencio respetuoso mientras yo estaba ocupado y las mujeres regañaban a los chicos que hacían bulla en sus juegos. Cuando hube terminado mi trabajo y hecho al mapa las adiciones que don Santiago me había sugerido, don Francisco propuso que fuéramos a la vecindad del cerro Gordo, donde estaba cultivando varias plantas de vainilla que yo deseaba ver. También pensó que era posible que su segundo hijo, don Toribio, pudiera llegar de Trujillo, donde había estado por dos meses con el fin de comprar mantos y un surtido general de mercaderías. Llevó un tren de veinte mulas a la costa con un cargamento de quesos, que es uno de los grandes productos de Olancho.

Montábamos los briosos caballos de Ulúa, que es la más fina raza de Olancho, y marchamos a través del llano esmeraldino hacia el pintoresco lugar del cerro Gordo. El paso adquirido por estos caballos es la quinta esencia del movimiento suave y delicioso, y en una cómoda silla mexicana parece ir el jinete con un movimiento tan apenas perceptible como el de un bote en las quietas ondas de un lago. Fue exquisita galantería del general el ordenar que se ensillara para mi su favorito, un caballo negro de gran alzada que solo usaba él en ocasiones muy especiales. La bella criatura tenía ojos casi humanos, y su inteligencia y pelo lustroso comprobaban el cuidado cariñoso de que lo hacía objeto su amo. El era el único animal en la caballeriza que había sido herrado, pero las herraduras fueron puestas tan descuidadamente que al poco tiempo las había perdido.

No hay palabras para expresar la alegría y la sensación de libertad que se experimenta en un viaje por los grandes valles de Olancho, cuando el jinete inhala salud en cada aspiración y cuando cada uno de sus sentidos se exalta hasta la euforia. Cuando hice mi visita las lluvias habían cesado dejando todo el ambiente rebosante de un verde intenso cuyo igual solamente puede verse en los panoramas rurales de Inglaterra. Las tierras altas del departamento estaban revestidas con un traje más alegre que el corriente, mientras que los pantanos y las llanuras, por doquier arbolados, brillaban a la luz del sol con un verde más claro y más fresco.

A don Francisco se le consideraba como el mejor jinete de Olancho, lo que se debía en parte, tal vez, a su aspecto digno y patriarcal cuando iba a caballo. Pero, además de esto, así que su cabalgadura (un bayo finísimo) cabriolaba frente a la pequeña comitiva, yo no podía sino admirar la desenvoltura del jinete que con sus acostumbrados músculos lograba que el animal hiciera los movimientos más graciosos y más flexibles mientras se asentaba firmemente en la silla y sus facciones se sombreaban con su sombrero de Guayaquil de anchas alas. A veces, en el curso de la conversación que fluía rápidamente, estimulado por la belleza del panorama y los movimientos vivos del caballo, se volvía parcialmente para dirigirse hacia mí, gesticulando con la animada dignidad que es inseparable del caballero bien nacido.

En realidad, si el viejo tenía un punto débil era el de su reputación como jinete, respecto de la cual fácilmente se sentía adulado. Su hermano, don Santiago, gozó en un tiempo del calificativo de "el mejor jinete de Olancho", reputación justa; pero desde que sufrió una caída hace varios años mientras domaba una yegua cerril, don Francisco le había ganado en fama. Ser un buen jinete en Olancho no solo implica la mera habilidad para montar y retenerse en el asiento en un potro chúcaro acabado de sacar de la manada bravía, treta que es lo más familiar para la mitad de los vagabundos rapaces de las haciendas. El término de buen jinete usualmente se le da al que sabe manejar con gracia y con destreza su caballo, combinando un porte suelto con las numerosas proezas que hace con la más ligera presión de las riendas, encaminadas a exhibir los mejores valores del animal.

Yo no sé de un cuadro más admirable que un olanchano de familia distinguida cuando monta en uno de estos fuertes y bien enjaezados caballos, domados por el duro bocado del freno español, con su cuerpo erguido en la silla como si fuera una estatua, la punta de sus pies descansando ligeramente en los estribos, su sarape a colores echado correctamente sobre sus hombros, su rostro broncíneo chispeando orgullo bajo su sombrero alón colocado vistosamente, y el "tout ensemble" del hombre y del caballo; cuadro que es raro presenciar si no es en las pampas de la Argentina o en los ranchos ganaderos de California.

Como a dos leguas de Lepaguare cruzamos un pequeño río y, subiendo por la margen opuesta, llegamos a una meseta cubierta de espesa vegetación donde nos paramos a examinar la vainilla, que aquí sube por los troncos de los árboles algunas veces a una altura de cuarenta pies. Los olanchanos ignoran totalmente el método como se la cultiva en México. Don José Manuel Zelaya había estado en México cuando era joven, pero había olvidado la manera de prepararla. En la pequeña población de Pespire, cerca de Nacaome, se hizo un ensayo del cultivo de la vainilla con un éxito alentador. El lugar queda en la vertiente del Pacífico, pero a poca elevación sobre el nivel del mar. Se insertan estacas de cerca de un pie de longitud en la corteza del árbol en el cual desea que trepe el bejuco, donde pronto comienza a crecer.

Solamente como veinte arrobas se recogen en las montañas de Olancho, la mayor parte de las cuales se lleva a Tegucigalpa, donde se le prepara para el mercado. Una pequeña cantidad también sale hacia Belice, Trujillo y Omoa. Negocio muy lucrativo puede hacerse en todas partes de Honduras ofreciendo una bagatela por sobre el precio corriente, lo que acapararía la mayor parte de la que se recogiera. Las flores son de un amarillo verdoso combinado con blanco. Pero de las tres variedades de vainilla que hay en Honduras, la más estimada es la conocida como la fina. La vainilla que tiene las vainas más largas y más angostas es la de más valor. El señor Lozano, de Tegucigalpa, me mostró poco más o menos cincuenta libras de las tres clases que estaba preparando para enviarlas a la feria de San Miguel. Mucha de esta fue recogida en Olancho y Yoro. Pagó por ella de medio (6 ¼ centavos) a un real (12 ½ centavos) la libra, de acuerdo con su calidad. Siendo el principal comerciante de aquella ciudad, a él se vendía toda la que se llevaba a Tegucigalpa desde considerable distancia, prefiriendo los "poquiteros" venderla a los precios locales, que enviarla por su cuenta a los mercados externos.

En la feria de San Miguel la vainilla de Honduras se vende de dos a cuatro pesos plata. Cerca de treinta quintales se escogen anualmente en Honduras y El Salvador. La planta tiene predilección por dos árboles en Olancho: el indio desnudo y el guachipilín. La vainilla de Olancho es probablemente la que clasifica el botánico Miller como Vainilla Axillans, y es descrita como la que se encuentra en Cartagena, Nueva España, donde crece naturalmente. Tiene un tallo trepador que echa raíces de sus nudillos y sube hasta una gran altura. Las hojas, que nacen de una en una, son oblongas, suaves y articuladas. Las flores emergen del lado de los sarmientos; tiene la misma forma que las de la gran orquídea abejera pero son más largas. El capuchón es de un rosado pálido y el labio es púrpura. La vainilla se encuentra desde México, por todo Centroamérica, hasta el Darién. Las vainas crecen en pares, tienen generalmente el grosor del dedo de un niño y más o menos de cinco a seis pulgadas de largo. Al principio son de color verde, después se tornan amarillentas y, por último, de un tono achocolatado cuando están maduras. El tallo es moderadamente delgado y echa un zarcillo en espiral opuesto a cada una de las hojas más bajas, con el cual se adhiere a las ramas o a la corteza de los árboles; pero después que llegan a la cúspide se vuelven inútiles y son reemplazados por hojas adicionales. Los pájaros del país comen con voracidad las vainas más duras. El método para curar las vainas es muy sencillo. Cuando empiezan a madurar se las recoge y amontona por varios días para que fermenten. Después de secarlas al sol, por igual tiempo, durante lo cual a menudo se las soba con aceite de palma (aceite del Senegal) se secan por segunda vez, y después se las empaca para enviarlas al mercado más cercano. Su calidad depende mucho de la delicadeza con que se las sobe, del proceso del secamiento y, también, de la clase de las vainas cuando se las recoge. El fruto mejora si se cultiva la planta y se la cuida.

En las buenas localidades, un nativo diligente puede recoger de dos a cuatro libras por día. Un pequeño capital, digamos... \$3,000.00 en efectivo, monopolizaría el negocio de la vainilla en todo Honduras. El valor de la buena vainilla en los mercados de Europa y los Estados Unidos es demasiado bien conocido para comentarlo aquí. No se dispone de estadísticas para precisar qué cantidad es la que se cosecha en Centroamérica. Cerca de la ciudad de Cojutepeque, El Salvador, se llevó a cabo con el mejor de los éxitos el cultivo de una finca de vainilla. Esta planta es de gran cultivo en México y las tierras de Honduras parecen ser igualmente propicias para su cultivo. Don Francisco escuchaba con toda atención mi propósito de tener una parcela de tierra limpia para hacer en ella el experimento, y desde entonces he sabido por él que varios bejucos de vainilla que había trasplantado habían colmado sus más locas esperanzas.

Pero no era solamente la vainilla con sus hojas lanceoladas y brillantes lo que absorbía mi atención. Varias formas de vegetación, la más fuerte y la más tierna, daban vida y animación al paisaje circundante. Los arbustos y los árboles se veían henchidos de savia y listos para reventar en lozanía con el calor estimulante del ambiente. El marfil vegetal y el corcho; el coco y la banana; el limón silvestre y la deliciosa guayaba; la goma arábiga y, en las tierras altas, la cebada; plantas de delicado perfume, y el hule mal oliente, de todo había aquí. Don Chico ignoraba hasta el nombre regional de muchas plantas, pero los vaqueros que se han pasado la vida, desde su niñez vagabundeando entre las montañas en busca de los ganados perdidos o cazando conejos en los llanos y colinas, estaban familiarizados con casi todas y contestaban prestamente cada pregunta. Así, en una ocasión fui advertido de evitar contacto con la mortal manzanilla, el antiaro de Olancho; y en otra, mi atención fue llamada hacia un arbusto cargado de frutas negras y brillantes que se parecían mucho a las guayabas de los pantanos pero más grandes y de un sabor dulce como la uva y que se llaman zarciles. Las recogí a puñados, desgajándolas de sus ramas y comiéndolas con verdadera apreciación de su buena calidad. El follaje de este arbusto es casi el mismo del serba de Nueva Inglaterra.

En otra oportunidad anduve a caballo con el general y L. por el río Morán, uno de los afluentes del Guayape. Nace este río por Teupasenti, en el sur, y desciende por dos espléndidas cascadas que saltan en un remolino de espumas hasta unirse al río más abajo.

Como siempre, salimos al amanecer y, viajando por los llanos de Lepaguare y Galeras, paramos en la hacienda de este último nombre, por muchos años residencia de don Santiago Zelaya. Apenas habíamos entrado por el portón cuando la tierra empezó a trepidar con el golpeteo de muchos cascos y, al poco rato, por una vuelta de la montaña apareció un gran tropel de caballos y de mulas cuyo número era tal vez de doscientos. Iban a carrera abierta y directamente hacia el corral seguidos por cuatro o cinco vaqueros quienes, como por instinto, iban detrás dando quiebros hacia la derecha o hacia la izquierda en cuanto uno de los animales quería salirse y escapar rápidamente del grupo. Este era para mí un nuevo espectáculo y no supe que admirar más, si las figuras enhiestas y ágiles de los animales semisalvajes, o la increíble holgura y gracia con que estos pintorescos centauros se sentaban en sus albardas y guiaban sus corceles impetuosos. No había nada de forzado o de torpe ni en sus arreos ni en el vestido ligero de los jinetes. Parados o a horcajadas en los caballos cerriles de los llanos, se mueven con el animal y como si fueran parte de la bestia, cuyos músculos parecieran estar movidos por la voluntad del jinete.

Todo el hato se lanzó pateando y precipitándose para presenciar la operación de la doma de una mula endiablada, cuya piel reluciente y apretada como terciopelo en su cuerpo tembloroso hacía resaltar cada músculo mientras saltaba loca frente al manipuleo del lazo. Don Santiago y un grupo de seis personas más se nos unieron poco después y galopamos hacia el río Morán. Los "saltos" eran solo visitados de cuando en cuando por los nativos, para agarrar algún toro ermitaño o un caballo cuyos gustos lo inducían a este solitario lugar a fin de escapar de la rutina mensual del corraleo. Cruzamos varias quebradas hasta que llegamos al Guayape, que vadeamos en un paso rocoso donde el terreno se extiende en una planada. Aquí vimos una pequeña choza hecha de ramas, donde los vaqueros acostumbran a pasar la noche cuando se demoran. Durante los meses de lluvia este vado es impasable. Dejamos el río y subimos por una serie de cerros coronados de pinos y robles, con capas de cuarzo a lo largo de sus inclinadas faldas. Ahora la senda se perdía entre las ramas y el pasto alto, cuya exuberancia demostraba lo poco trajinado que era. Nuestro guía en este viaje era un individuo alto y moreno cuyas piernas musculosas acusaban sus largos viajes por las montañas. El general le llamaba Marcos. Desde la cumbre de esta serranía noté otra vez la presencia de los picos principales, entre los cuales el de Teupasenti se destacaba de manera conspicua. El sitio por el que pasábamos era montañoso y pintoresco, pero no tenía el aspecto invitante de los valles de abajo; estas serranías forman los límites naturales de los grandes llanos ganaderos del Bajo Olancho. Los "saltos" del Morán se hallan a tres leguas del vado del Guayape. La distancia total de Lepaguare por las vueltas del camino era, poco más o menos, de veinte millas. Descendimos al próximo valle cruzando un pequeño tributario del Guayape y seguimos la próxima serranía por su cresta. Nos aproximábamos a una pendiente de un bosque de pinos cuando, de repente, oímos el ruido de las cascadas cuyo sonido llegaba solemne y penetrante de la montaña. Descansamos un poco y luego comenzamos a descender por una serie de mesetas herbosas hacia donde el salto superior aparecía a la vista e inmediatamente después el de más abajo. El chorro, lanzándose locamente sobre las rocas las empapaba y abrillantaba a la luz del sol, haciéndolas perceptibles desde larga distancia. Nos apeamos y atando nuestras bestias comenzamos a bajar hacia los "saltos". Estos no impresionaban por su grandeza, sino más bien por su belleza de proporción, gracia de movimiento, color y adaptación al ambiente escénico. Concentrado su fuerza arriba en la turbulencia, las aguas se precipitan pronto desde el seno de una roca inclinada y, gradualmente, se aquieta dentro del río allá abajo, mientras los riscos circundantes hacen eco a la ronca música de su voz.

Con la ayuda de unas ramas colgantes me abrí paso hacia un borde estrecho y resbaloso que había debajo de las cascadas, desde cuyo punto nuevas facetas se desvelizaron en el panorama. Varias ramas de árboles se retorcían desde arriba y descansaban a lo largo del borde de las aguas, colgantes, pero no marchitas, denotando con ello la reciente caída de una tormenta y la consiguiente crecida de las aguas. Montones de rocas que habían rodado desde lo alto se hallaban con salientes atrevidos en el lecho del río. Desde una de estas, un aguilucho como si se sintiera molesto con nuestra presencia en los dominios de los cuales él era el único señor, se levantó pesadamente y voló hacia la cumbre de la montaña. Algunos de los intersticios del peñón estaban repletos de flores, y las acacias, o algo que se parecía a ellas, inclinaban sus bucles amarillos y tristes que bellamente se reflejaban en el arroyo.

Desde donde estábamos pude apreciar toda la profundidad de la caída y seguir al río en una serie de cascadas hacia el Guayape. En panoramas como éste, el azul del cielo y del agua, y el verde del follaje no son los tintes predominantes. El gris de las rocas desnudas; el carmesí, el amarillo y el blanco de las que están cubiertas de musgos; el pardo y el olivo de la vegetación podrida; el resplandor del rocío formado por la caída de las aguas; las profundidades casi negras del bosque silencioso, todo esto prevalece en la claridad de la atmósfera penetrante, retocando con tintes etéreos las cumbres de la cordillera, al grado que hay que apelar a la paleta de un pintor para reproducir cada gama de color.

Era ya avanzada la tarde cuando trepamos por la escarpada cuesta, y volviendo a montar en nuestras cabalgaduras, regresamos a nuestra residencia, a donde llegamos tarde de la noche.

En varias ocasiones salimos en excursiones de cacería, pero hasta nuestro regreso del este tuvimos mala suerte. Los venados de Olancho son iguales a los de todo Centroamérica, de un color pardo claro y se matan no tanto para beneficiar su carne como para adquirir sus pieles, que constituyen importante artículo para la exportación.

Son tan abundantes los venados y los antílopes en algunas de las montañas de Honduras, que es corriente viajar con un rifle al hombro para cazarlos. En Olancho, donde el cuido del ganado y la obtención de cueros es la principal actividad de las gentes que se ocupan del pastoreo, estas siempre llevan un cuchillo de carnicero prendido a la cintura, lo que ha dado pábulo para que se diga en todo el resto del país que los olanchanos son bandidos temerarios.

Recuerdo que mientras me preparaba para partir de Tegucigalpa, mis amigos frecuentemente me advertían de que era en extremo peligroso viajar por Olancho; pero desde mi llegada hasta mi regreso, solo hospitalidad calurosa encontré en los sencillos y generosos habitantes olanchanos. La hacienda de Lepaguare está casi mil pies más alta que Juticalpa, lo que le da una altura de 1,800 pies sobre el nivel del mar. Los lugares mineros probablemente estén a la misma altura sobre el océano. Mis observaciones sobre temperatura y estados atmosféricos las seguí sin interrupción tres veces al día desde septiembre a febrero. A las seis de la mañana, del 16 de diciembre al 15 de enero, muestran una variación extrema de solo nueve grados: 52° a 61°. A mediodía en el mismo lapso, las mismas variaciones: de 72° a 80°. En la tarde, a las seis, dieron solamente seis grados de variación: de 69° a 75°. La temperatura en Lepaguare por la mañana era poco más o menos 59° y al mediodía 78°; en la tarde era alrededor de 74° en invierno. En Juticalpa raramente hace calor que sea como el que se siente en Nueva York durante el verano. Las razones para esto son geográficas y no se aplican generalmente al trópico. En Trujillo, en la costa, el calor es mayor y allá son comunes la fiebre biliosa y la disentería, aunque a menudo no fatales. Mis viajes por Olancho no me condujeron hasta la costa pero, por el dicho de numerosas personas, aquella zona debe ser por lo general insalubre. El terreno bajo que está contiguo al Caribe, se conoce entre los olanchanos como tierra caliente y de los que la visitan pocos escapan a un ramalazo de fiebre. El señor Ocampo, con quien hice estrecha amistad estuvo por dos veces, me dijo, al borde de la tumba cuando por sus actividades en los cortes de caoba se vio obligado a permanecer en las sabanas y lagunas bajas de la costa. Con la excepción de las referencias ocasionales sobre el panorama y el clima mientras cruce el país, reservaré un capítulo especial para hacer una descripción más completa sobre estos particulares. El interior de Olancho y, en realidad, de la mayor parte de Honduras, ofrece uno de los climas más agradables y sanos del mundo. Muchos nativos han vivido hasta una edad muy avanzada sin haber ido nunca a las tierras bajas y sin haberse convencido de que debían hacerlo.

Después de pasar varias semanas en Lepaguare y en las haciendas vecinas, donde gocé de continuas y alegres recepciones y de todo el calor de la rústica cordialidad de sus gentes, insinué al general mi deseo de proseguir hacia el este, a la famosa ciudad de Juticalpa, de la que había oído decir frecuentemente que era una de las metrópolis del pequeño mundo de Olancho, del interés sobresaliente que ofrecía a los extranjeros por la arquitectura de sus edificios y de las costumbres sencillas de sus habitantes, propias de las primitivas colonias españolas.

Aunque mi maleta estaba bien repleta de muchas cartas de presentación para las principales familias del lugar, don Francisco insistió en darme cerca de media docena más que, según me dijo, despertarían la rivalidad de sus amigos para atenderme. Me aconsejó que me hospedara en la casa de los señores Gardela o Garay, ciudadanos circunspectos y ricos, que tendrían caballos siempre listos para mí y estaban más capacitados para darme informes valiosos que cualquiera otra persona en la ciudad. La Función de la Virgen comenzaría el 8 de diciembre y como este es el principal día de fiesta en Olancho, mi anfitrión tenía ansiedad porque yo estuviera en la cabecera durante la semana que dicha fiesta duraría. La enfermedad de la señora le impidió salir de casa y las muchachas, por supuesto, deberían quedarse para cuidarla. El general me prometió ir a Juticalpa y arreglar allá conmigo el contrato tantas veces mencionado y cuyos términos desde mi llegada había yo meditado varias veces. El objeto de mi huésped con esta dilación, era el de conferenciar con sus cuatro hermanos restantes, sin cuya aquiescencia él habría rehusado a entrar en arreglo alguno.

Al mediodía salimos de Lepaguare entre las exclamaciones de: "¡Adiós, don Guillermo!" de los vaqueros y de la multitud perteneciente a la hacienda. Conspicuo entre todos, su cabeza más alta que la de los demás, se destacaba el general con su rostro radiante expresando todo el calor de su generoso corazón. El es el ídolo del pueblo y este tiene razón para quererle. Nuestro camino a Juticalpa iba por la llanura. Habíamos dado justamente vuelta a un ángulo distante en el camino, desde donde se perdía gradualmente la vista de la hacienda, cuando oímos un galope: eran el general, don Toribio (que había llegado de Trujillo) y Julio que venían hacia nosotros. Habían resuelto aumentar sus gentilezas, encaminándonos. Esto se considera como una de las más grandes cortesías que se puedan mostrar a un extranjero en Olancho. Esta costumbre ha sido heredada de los conquistadores.

A galope tendido llegamos a la hacienda de Galeras, en donde el general me expresó su deseo de que nos quedáramos aquella noche para salir al día siguiente muy temprano. Una de las primeras cosas que me llamó la atención al desmontarnos fue una canasta de las verdaderas papas irlandesas, traídas de las montañas de Tegucigalpa, a donde don Santiago había enviado por ellas. Eran pequeñas, blancas, jugosas, orgullo de su dueño, que se sentía ufano de que crecieran en sus terrenos. Yo me empeñé en describirle el método como se las cultiva en Norteamérica. Al pasar por la hacienda, dos meses después, vi que habían echado manojos de hojas fuertes, dando indicios de tener un éxito total. El señor Zelaya me aseguró que las papas se habían cultivado en Olancho siempre, pero estas fueron las únicas que pude ver en el departamento.

La comida que se nos sirvió era un banquete de delicias. Fue dispuesta en una gran mesa de cedro por dos rollizas muchachas de sonrosadas mejillas, hijas de don Santiago, y consistía en: miel de abejas, tortillas, carne de res frita, carne asada de tasajo, pan fresco, legumbres, mantequilla, queso, café crema, arroz, plátanos fritos, un cabrito horneado, leche hervida de cabra y huevos cocidos y estrellados. Con tal menú y el reciente galope que había despertado nuestro apetito, no tardamos en demostrar que éramos hombres de buen diente. Era el día del cumpleaños de don Santiago, razón de la alegría extraordinaria. El viejo caballero pronto estuvo satisfecho y, reclinándose en su silla, se ató un gran pañuelo azul alrededor de la cabeza, encendió un cigarro y observó complaciente como le hicimos honor a su cena.

La casa es una de las más grandes y mejores de Olancho. Se halla pavimentada con ladrillos grandes y dividida por macizos muros de cal y canto, en cuatro apartamentos que se comunican por puertas de cedro. El tamaño de los cedros de Olancho nunca lo había visto igual antes, fuera de California y Oregón. Se les encuentra por lo general a lo largo de la orilla de los ríos, alcanzando a menudo cien pies de altura y de seis a diez de diámetro. Crecen en medio de los bosques y eclipsan en proporciones, en su majestuosa belleza, a todos los demás árboles, excepto los de caoba. En varias de las haciendas vi mesas de once pies de largo por siete de ancho, sin el menor desperfecto o rajadura. La madera se trabaja fácilmente y puede emplearse en todos los usos comunes. La mesa de la hacienda de don Santiago era la más grande que hasta entonces había visto. Por la noche, cuatro o cinco de los nativos bien podrían extender sus sarapes a través de su anchura y hacer de ella un cómodo lugar de descanso.

Después de la cena el viejo señor nos llevó a su corral de ovejas en donde contamos unos cincuenta carneros de magnífica estampa y de cuya lana era hecha la tela tejida en la casa. Se quejaba él de los daños que le hacían los coyotes y los lobos cuyos aullidos, en coro salvaje, a menudo oíamos durante la noche allá lejos del llano, contestado por el concierto más cercano y unánime de los perros cuidadores de la hacienda. El ganado prospera maravillosamente en Olancho, en donde los extensos pastizales dan excelente oportunidad para la cría. Ninguna de las enfermedades que lo afligen es conocida aquí; los propietarios de las haciendas declaran que los coyotes son la única peste que tienen que combatir. Pequeñas cantidades de lana van a la feria y a los puertos del mar Caribe. Nos enseñaron un árbol de gran follaje, cerca de la casa, famoso por sus propiedades similares; y formando parte del cerco del corral de ovejas el friega plato, cuyas raíces son valiosas como medicamento. Todas estas plantas son de uso común en Olancho.

De pie en la puerta de la hacienda estuve contemplando la intensidad maravillosa con que la naturaleza trabaja, produciendo tantas y tan cercanas formas de vegetación. Cada arbusto y árbol útil que crece parece haber hecho su hogar en este jardín de Centroamérica. No hay un trabajo para las manos del hombre que no se pueda ejecutar aquí con los materiales que se encuentran en la superficie; no hay un mes en el año que el trabajo no pueda llevarse a cabo; no hay una mancha en la atmósfera, ni peste indígena o importada. Don Santiago me hablaba de grandes y ricas haciendas de ganado y de mulas al norte y este, donde podían verse valles igualmente pintorescos y encantadores, tal vez aún más aislados del mundo que los que nos rodeaban. "Usted debe viajar", me decía, "muchos meses a través de estas montañas antes de que pueda conocer Olancho"; y mientras elevaba la vista hacia las distantes serranías del norte y el este, cuyos débiles perfiles casi se esfumaban en el azul de los cielos, podía imaginarme fácilmente los valles escondidos y ricos, con sus praderas verdeantes tranquilamente a sus pies. Entre nosotros y la cordillera más cercana, formando un anfiteatro natural, los llanos verdes y matizados, descansaban ondulantes como un mar pintado sobre el cual miles de cabezas de ganado vacuno pacían pacíficamente, y los pocos árboles lanzaban sombras largas y vacilantes, mientras que sus hojas brillantes a la luz del sol temblaban con la brisa de las tierras altas.

A la mañana siguiente despertamos temprano entre el canto de los gallos y el bramido de la vacada. Nuestro huésped describió el camino que seguiríamos y nos aseguró que, a paso moderado pero continuo, podíamos llegar a Juticalpa a la caída de la noche. Mientras se nos preparaba el desayuno, salimos a gozar del aire fresco de la mañana. Uno de los muchachos señaló un arroyo próximo a la casa, donde una mujer extrajo ocho onzas de oro en un solo día. Don Santiago confirmó lo dicho y me dijo que él se lo había comprado a razón de $12.50 la onza.

"Todo el suelo de aquí, tan lejos como puede usted verlo", dijo, "contiene oro. ¿Ve usted aquella garganta más allá de aquella cadena de colinas? Allí fue donde las dos hijas de María Sáenz encontraron su famosa ganancia inesperada de cuatro libras de oro en dos días. En todo lo largo de aquella cadena de cerros con las dos altas palmeras a la derecha, usted puede excavar y lavar una pailada de tierra sin dejar de encontrar chispas de oro hasta en la superficie. Más allá, en aquellas serranías de las que solo pueden verse las cimas azuladas quedan vestigios de viejos laboreos y aún ahora las mujeres van y tienen mediano éxito. Bajo sus pies, donde usted está parado, puede encontrar oro, sencillamente lavando. Arranque una mata de maíz de aquella plantación y nueve veces de diez hallará polvo amarillo; y mire los adobes con los cuales aquella casa está construida: usted puede hacer polvo cualquiera de esos bloques de lodo y raramente fallará en encontrar, después de lavarlo, unas pocas chispas de oro en el fondo". "¡Oro!", continuó mi amigo, agarrando nerviosamente el cigarro que tenía firme entre sus dedos, "¡oro!". "Hay tanto aquí, don Guillermo, como en California. Nosotros solo necesitamos la energía, la empresa y el trabajo de la gran raza norteamericana para extraerlo. "¡Hasta los muros de nuestras casas están impregnadas del metal!".

Dejé a mi bondadoso amigo y me escabullí a una poza de la quebrada para bañarme. Aquí observé sinsontes chapaleando con el mismo objeto y agitándose locamente aquí y allá, ahora zambulléndose de cabeza en el plácido elemento o apartándose un momento para llevar a cabo un pleito jovial en algún árbol cercano, desde el cual descendían otra vez, aparentemente con un deleite mayor, hacia el baño. Varios de ellos, posados entre el follaje amenizaban el tedioso proceso de sacar sus alitas con su concierto matutino, cuyos arpegios la ganchuda y torpe guacamaya interrumpía con su áspera voz y, luego, como insatisfecha de su competencia infeliz, se componía su plumaje vistoso y volaba hasta que sus colores radiantes se desvanecían en el obscuro azul del cielo.

En mi ansiedad por llegar a Juticalpa rehusé la tentadora invitación que me hicieron para que me quedara en Galeras, y temprano todavía salimos del patio en compañía de los tres hermanos mayores y varios miembros jóvenes de la familia Zelaya. Deseaban acompañarme unas pocas millas en el camino. Mientras pasábamos rápidamente en la brisa fresca de la mañana, los tres viejos caballeros se apartaron un momento para conversar gravemente. Una mirada ocasional me decía que estaban hablando sobre mis propuestas a fin de que suscribiéramos un contrato y estaban tal vez discutiendo mis puntos de vista. Después de un rato, dándole rienda a sus caballos iban a trote largo, se acercaron y don José Manuel, el mayor de ellos, me dijo:

"Don Guillermo, hemos observado que algo le molesta a usted; tal vez sea el temor de que no estemos dispuestos a entrar en un arreglo con usted. Usted ha venido desde lejos y está, sin duda, asociado con personas ricas y pudientes del norte. Ellas esperan que usted tenga éxito, y lo tendrá. Vaya a Juticalpa y pase la función festejando y bailando, y cuando haya visto el departamento, venga a donde nosotros y el general firmará un contrato con usted para que empiece la explotación de sus minas de oro. Todos estamos de acuerdo en que este es el único modo de mostrar al mundo entero lo que es Olancho, y si pudiéramos volver a ser jóvenes iríamos personalmente allá para conocer sus grandes progresos con el objeto de hacer por nuestra tierra lo que creo que los norteamericanos eventualmente llevarán a cabo".

En este respecto estos hermanos de noble corazón me alentaron. Después de andar unas pocas millas a mi lado, frenaron y deseándome buen viaje, dieron vuelta y se alejaron por el llano. Quedé inmóvil contemplándoles hasta que se perdieron de vista en el bosque. Entonces, con una sensación casi de nostalgia, volví hacia el este, y con L. y los dos sirvientes proseguimos hacia Juticalpa.

CAPÍTULO XVII: LAS FALDAS DEL RÍO JUTICALPA

Lavadoras de oro en el Juticalpa. – El camino. – Arboles de "Lignum Vitae". – Monte del aguacate. – Quebradas secas. – Mamisaca. – Más lavadoras. – Comprando oro en polvo. – El monte encantado. – La campanilla. – Paisaje en el camino. – Sembradores alados. – Juticalpa. – Vista desde la montaña. – Primeras inspecciones. – La iglesia. – Presentaciones. – Don Francisco Garay. – Uno de los hidalgos de Olancho. – Los padres Cubas y Buenaventura. – Ofrecimientos liberales. – Dibujo de mapas. – El clima. – Juticalpa en los viejos tiempos. – Don Apolonio Ocampo. – Una aventura con los "Chanchos de Monte". – Más lavaderos de oro. – El árbol de Liquidámbar. – Preparativos para la función. – Pedigüeños. – Un patriarca olanchano. – "La Plaza".

A poco de despedirnos de los Zelaya llegamos a una falda cerca del río Juticalpa, donde el suelo parecía haber sido escarbado en buen trecho dejando desnudo el lecho de roca a una profundidad de unas catorce pulgadas y con un aspecto similar al que queda en California después de la operación llamada "ground-sluicing" (lavado de la tierra). Después supe que aquí fue encontrado un depósito aurífero de mucho valor, indicado por la abundancia de una roca roja, ferruginosa, que parecía cinabrio, que en Olancho es considerada como indicio cierto de la existencia de oro. Las mujeres habían llevado de esta tierra al río en sus bateas (réplica de la excavación en seco que se hace en California) y en una semana habían obtenido varias libras de oro fino. Sea porque el depósito se hubiera agotado o porque el oro restante era tan fino y escaso, no valía la pena continuar la operación lenta de acarrear la tierra al río en pequeñas cantidades. Yo estoy casi seguro que con un juego de mangueras y buen aparato hidráulico, como los usados en el distrito de Nevada, podría hacerse que toda la colina pagara buenos dividendos. El trabajo de estas mujeres había sido hecho con varas puntiagudas y no con barras, zapapicos o palas, que nunca han sido usados en la vecindad.

De Lepaguare a Juticalpa hay una distancia de más o menos treinta millas. Bajo la impresión de que este camino debía ser transitado por carretas llevando maquinaria, iba yo tomando nota cuidadosa de las facilidades que prestaba, y aunque el desnivel entre el valle de Lepaguare y la ciudad es como de un millar de pies, no hay lugar donde no pueda pasar una carreta, y con algunas pequeñas mejoras en algunos pasos del río Juticalpa el camino podría responder a cualquier uso. Así como está, uno puede caminar de prisa a caballo entre los dos lugares porque va por llanos parejos, muy bien arbolados, que se parecen en mucho a las regiones planas de Nueva Inglaterra. En algunos lugares el camino está bordeado por apretadas malezas, donde flores y plantas raras se agrupan y dan abrigo a una variedad de pájaros y otros animales.

Entre los árboles vi el lignum vitae (o guaiacum) que aquí se conoce con el nombre de guayacán. Debido a su extrema dureza solo los cortadores de caoba se atreven a cortar esta valiosa madera. Creo es idéntica a la madera de que oí hablar frecuentemente como quebracho (quiebrahacha) y que crece silvestre en todas las montañas del este de Honduras, junto con el palo rosa y la caoba. El árbol generalmente alcanza una altura de cuarenta pies. El follaje es peculiar, se parece al del ciprés y está cargado de flores pequeñas y blanquecinas. Entre los indios payas, la corteza y la goma se usan como medicina. El guayacán por lo general, forma parte de los cargamentos de caoba que se transportan por las aguas del Guayape o Patuca.

Al mediodía habíamos llegado a una montaña cónica al noreste de nuestra ruta, llamada Pico del Aguacate, al pie de la cual, la "Quebrada", arroyo de este nombre, corre vocinglero y se precipita más abajo en el río Juticalpa. Aquí también vimos señales de lavaderos de oro. El mercurio en mi termómetro circular marcaba 80° al sol. Nubes blancas, aborregadas, pasaban a prisa impelidas por el fresco viento que susurraba entre las frondas, y por eso durante nuestro viaje nunca experimentamos incomodidad a causa del calor. Mientras L. hacía esbozos del Pico del Aguacate, los muchachos descargaron las mulas y tendieron en la grama la comida que llevábamos. Pequeñas y delicadas flores, como las que vimos en las zonas templadas, nos saludaban alegremente al paso del viento y adornaban las laderas de las colinas adyacentes.

Hay muchas quebradas secas bordeadas de pinos en toda esta sección del departamento, parecidas en todos los aspectos a las de California. Mis sirvientes, que habían vivido siempre en el escenario sobrio del departamento de Tegucigalpa y nunca habían visto paisajes tan bellos como estos, expresaban su admiración con exclamaciones sencillas y me rogaban que les recordara y les empleara cuando yo volviera con la empresa de El Norte.

Después de dejar El Aguacate, nos encontramos con varias personas en el camino, la mayor parte a caballo, las que contentas de la oportunidad de enterarse de las últimas noticias del mundo se regresaban y caminaban con nosotros algún trecho. Yo procuraba impresionarles con la importancia de los americanos del norte y con los beneficios inestimables que ellos podrían darle a Olancho como agricultores y mineros. En nuestra ruta hacia la ciudad, ocho veces cruzamos el río Juticalpa. En varios lugares hallamos señas recientes de lavaderos de oro. En esta época y, en verdad, varias semanas antes de la Función de la Virgen, las mujeres con un celo religioso se consagraban a trabajar empeñosamente en los lechos de los ríos para extraer de ellos los gastos para las ceremonias, el decorado de la iglesia y para sus propios vestidos con los adornos que podrían hallar en las tiendas. Entre las pequeñas quebradas que desembocan en el río estaba la de Tilapa, también conocida por algunos como el lugar en donde unas mujeres encontraron mucho oro hace varios años. De este lugar la distancia a la hacienda y caserío de Mamisaca, es de dos leguas, otra por las curvas del camino a la hacienda del Nance y de ahí dos más hasta Juticalpa.

En Mamisaca alcanzamos a dos muchachas que vadeaban el río. L. las abordó afablemente y les preguntó qué distancia había a la ciudad. "¡Aquí no más!", respondieron. "¿Ve usted cómo están de arrugados sus vestidos?", me dijo L., "Eso es señal de que han estado lavando oro, que han tenido sus enaguas recogidas en su cintura mientras trabajaban metidas en el agua". Intenté trabar conversación, pero ellas solo se miraban la una a la otra estúpidamente y sonreían; parecían tener miedo de responder y hasta de mirarnos de frente. Después de repetidos intentos, sin embargo, vencimos su falta de confianza y vi que L. tenía razón en su conjetura en cuanto a su reciente ocupación. Les ofrecí comprarles su oro si ellas me buscaban en Juticalpa, por lo cual inmediatamente me mostraron lo que habían recogido. Según dijeron habían dejado sus varas y sus bateas allá en la Quebrada, adonde pensaban regresar al día siguiente. La mayor de ellas sacó del pecho un trapo que cuidadosamente desplegó, descubriendo que estaba lleno con finísimas escamas de aquellas partículas color amarillo canario que distingue al oro del Guayape y de sus tributarios, del de otras porciones de Olancho y Segovia en donde su aspecto blanco indica una mezcla parcial con otros metales o substancias. El trapo estaba húmedo todavía y el polvo más fino se adhería por dentro lo que impedía que saliera todo su contenido; pero al pesarlo después en Juticalpa, había más o menos un cuarto de onza que yo compré por la bagatela de un poco más de dos pesos plata.

Aquí nos despedimos de las lavadoras, y subiendo por una loma desde el río, vimos un pico muy bonito al que llamaban Monte Encantado, porque dice la tradición que su cima, donde se ven llamas pálidas y suenan las campanas, está frecuentada por los espíritus de los aborígenes. Los nativos pasan por los alrededores de El Encantado con un temor reverente y rezan rosarios con doble unción cuando se aproximan a sus misteriosos recintos.

El inofensivo y pequeño meteoro de la floresta, probablemente el insecto llamado Linterna Fulgora, es el que suple las luces espectrales, y el autor de los solemnes tañidos no es otro que el pájaro campana o campanero. El viajero en su tráfico por los bosques queda a veces sorprendido al oír de repente el sonido distante de una campana, flotando en las ondas del viento con las modulaciones peculiares de los templos. Se detiene a escuchar y, después de un pequeño intervalo, oye nuevamente el tañido penetrando en las soledades y exactamente igual al de alguna campana conventual de boca ancha. El "campanero" emite su voz poco más o menos una hora antes del anochecer; es un pájaro modesto, sin el ropaje vistoso de otros pájaros y tiene predilección por las más obscuras reconditeces de los bosques. Raramente se le ve y, se dice, al emitir sus sonidos se le para una cresta que de tamaño extraordinario lleva en la cabeza.

Todo el camino hacia Juticalpa abunda en panoramas espléndidos y yo, con una avidez de judío, sentía el deseo de atraparlos todos para conservarlos en mi recuerdo. Algunas veces nos llevaba por un emparrado natural como los que se ven en Hartford y New Heaven o dentro de un bosque de aspecto gótico, vestido de lianas y adornado con múltiples florescencias; en otras, a un vallecito en que la casa rústica de la pequeña hacienda nos espiaba entre grupos de árboles frutales, frijolares, arrozales, ayoteras y naranjos agrupados apretadamente, en medio del cual la niñas broncíneas (cuyo adorno sencillo era una sarta de cuentas y una mata de pelo frondoso y desaliñado) nos miraban medio amedrentadas y tan inmóviles que parecían formar parte del follaje; o bien nos hacía pasar por campos abiertos donde nos colábamos a través de los jicarales, cuyas ramas mostraban al viajero sus pequeños frutos, que sirven al campesino como indispensables vasos para beber en las montañas.

Los pájaros de Olancho son los sembradores más perseverantes del departamento. Como por un designio de la providencia, llevan ellos las semillas de una diversidad de frutas en sus picos, o las dejan caer sin digerir en las colinas y en los valles en donde, acunadas con las copiosas lluvias y el calor de la luz del sol pronto germinan. Muchas frutas son propagadas de esta manera por los campos. Por eso se ven con frecuencia en las rutas solitarias los limoneros, los naranjos, las limas dulces. Los deliciosos zarciles, ya descritos, han sido distribuidos de este modo por todo Olancho y la vainilla se disemina, no hay duda, de manera igual.

Pero yo tenía ansiedad por llegar a la meta de mis esperanzas, Juticalpa, para detenerme mucho en estas cosas. El botánico tiene aquí un amplio campo de investigación y muchas drogas de valor, plantas y flores magníficas tiene aún que darse a conocer cuando el departamento esté abierto a las investigaciones de los sabios.

Al dejar Lepaguare, el general había insistido en que dejáramos nuestras mulas peludas para que se recuperaran en la hacienda y nos dio, en su lugar, caballos finos y fuertes, tanto a nuestros sirvientes como a nosotros. El mío –que el amigo generoso me obsequiara después– era un tordillo brioso y de fina estampa. Nos condujeron con paso infatigable por las pendientes de los cerros hasta que los frecuentes patachos de mulas y varios nativos caminando hacia el este, nos indicaron que se acercaba el término de nuestra jornada. Apresuramos la subida suave de la cordillera que da hacia el valle de Juticalpa y, descansando un poco en la cúspide, contemplaos allá abajo, por primera vez y en medio de la luz mortecina de la tarde, la cabecera de Olancho.

Difícil es describir el placer con que contemplé en silencio el rico panorama brillando con los últimos rayos del sol poniente, y el aspecto singular de la vieja ciudad española extendida ante mis ojos. Hacía tiempo que la tenía retratada en mi imaginación y ahora, después de varios meses de expectación, aquí me hallaba participando del sonido de sus campanas y del ruido citadino. Construida lejos de las rutas ordinarias para el viajero y el comercio, siendo casi un mito hasta en la aislada Centroamérica, gozando de vieja reputación como centro de las regiones auríferas que hace dos siglos, antes de que la civilización hubiera comenzado a subyugar las soledades de Nueva Inglaterra, atrajo a Alvarado y a sus acompañantes a su conquista [1]. Juticalpa ofrece un gran interés para el moderno aventurero, solo igualado al atribuido a las misteriosas ruinas aborígenes de Chichen, Uxmal o Palenque.

El visto llano se pierde en el horizonte aunque está limitado por montañas boscosas que apenas alcanzamos a divisar; se extiende hacia el este y el norte y en él las nubes purpúreas del oeste arrojan brillo radiante, coloreando débilmente las colinas e indicando por una fajita de luz el curso ondulante del río Juticalpa, que pasa al norte de la ciudad y desemboca en el Guayape algunas millas más abajo. El distante toque de un tambor nos recordaba la persistencia de la costumbre inmemorial de patrullar la plaza a la caída de la noche, y el toque de la campana de oración nos decía que aquí también se observaba aquel bello ritual a que he hecho mención en páginas anteriores. L. me despertó de mi embelesamiento y pronto descendimos y entramos a las calles empedradas de la ciudad. El lugar no es diferente a Tegucigalpa en cuanto a arquitectura, aunque tres veces más pequeña, teniendo la iglesia de estilo, la plaza, el cabildo, las casas particulares y las calles que se cruzan en ángulo recto. Algunas de las residencias son hermosas y hay varias de dos pisos, nítidamente encaladas, enladrilladas y con grandes jardines y frutales en el interior. La iglesia, que es reciente, ocupa el sitio del viejo edificio y fue construida parcialmente con las contribuciones piadosas de las lavadoras.

Paramos frente a una pequeña tienda que estaba en la intersección de dos calles y preguntamos por la casa del señor Gardela. La residencia de este, que es una de las mejores de la ciudad, forma parte del lado sur de la plaza. El señor Gardela estaba ausente en una de sus haciendas, pero uno de los sirvientes nos dijo que la casa, aunque cerrada, estaba a nuestra disposición. Preferimos, no obstante, seguir adelante hacia la casa del venerable don Francisco Garay, de quien habíamos sabido era un rico ciudadano que vivía en una finca solitaria en los alrededores de la cabecera y era compadre del general Zelaya.

---

[1] Juarros dice que a San Jorge Olanchito la fundó Diego de Alvarado, por orden de su hermano D. Pedro, el año de 1530. V. **Historia de la Ciudad de Guatemala**, tercera edición, p. 35.

Como nos demoramos un poco, pronto se reunió un grupo de personas ofreciéndose para guiarnos. Cruzamos la plaza, seguimos la dirección que se nos indicó y pronto llegamos frente a un gran edificio blanco, con ventanas enrejadas y aparentemente cerrado por todos lados. Tocamos a la puerta varias veces sin obtener respuesta, por lo que Víctor, siguiendo mis instrucciones, se fue hacia un gran portón de la derecha que comunicaba con el patio interior. Inmediatamente fue zafado el pesado pasador de madera de la ventana y una figura vestida de blanco según podíamos discernir en la obscuridad, nos miró y gritó: "¿Quién?".

L. contestó que traíamos cartas de presentación para el señor Garay y que deseábamos pasar la noche en su casa. Este mensaje fue entregado e inmediatamente una voz cascada, evidentemente de una persona de edad avanzada, salió de la ventana y preguntó por nuestros hombres.

Al saber quiénes éramos, se disculpó por la tardanza en abrírsenos y nos invitó, "en el nombre de Dios", a que pasáramos adelante. Al mismo tiempo el portón se abrió de par en par y todos entramos al patio.

Dejamos a Víctor y a Roberto que atendieran nuestras bestias y seguimos a un indito hacia la sala, donde nos presentamos a un anciano de cabellos blancos, que de una gran hamaca que estaba tendida de lado a lado del apartamento se levantó con dificultad a recibirnos. Tenía él una contextura hercúlea y debe haber sido, medio siglo antes, un hombre muy bien parecido. Recibió nuestras cartas con dignidad, las vio y a través de sus anteojos repitió su cordial bienvenida, al mismo tiempo que gritó con voz estentórea que se sirviera muy pronto una cena para sus visitantes. La casa se puso rápidamente en movimiento y en media hora estábamos sentados alrededor de una gran mesa, donde se veían tantas viandas exquisitas que yo no tuve tiempo ni inclinación para tomar nota de ellas.

Este era el famoso don Francisco Garay, el creso del departamento de Olancho, el propietario de diez mil cabezas de ganado y de seis haciendas entre las cuales figuraba la bella y extensa de "La Herradura". Nuestro anfitrión, después de volver a su hamaca, encendió un cigarro y yo, brevemente, le informé acerca del objeto de mi visita y de los sucesos mundiales en general. Aquí estaba un hombre de corazón sencillo, hospitalario, de cabellos blancos y de un aspecto gentil, que nunca había salido más allá de las fronteras de

Olancho en su larga vida de ochenta años. Solo su ganado, si se estimara su valor en la medida que lo pudiera hacer un propietario de hacienda después de los descubrimientos de oro en California, se contaría como una fortuna principesca y esto sin incluir los incontables hatos de mulas y caballos y las leguas de la más rica tierra en una de las regiones más sanas y más pintorescas del mundo.

Había procreado una familia de catorce hijos; muerta su esposa, sin ocupación o entretenimiento dedicó su vida a mejorar sus propiedades, y enviando frecuentemente a Trujillo recuas de mulas cargadas con quesos, pieles de venado y cuero de res, o grandes partidas de ganado, de caballos y de bestias mulares a Guatemala o a la feria de San Miguel. Hace como veinte años fue arrojado de su silla por un caballo chúcaro y se quebró una pierna en la caída. Esta le fue atendida por un chapucero ambulante y quedó renco para siempre. Con la excepción de cortos viajes en una mula mansa, cuidadosamente seleccionada y domada para su uso especial, renunció a sus labores activas y la supervisión de las haciendas pasó a sus hijos. Ahora vive meciéndose en su hamaca y fumando todo el tiempo.

Entre su progenie había una hija que casó hacía varios años con el señor Zelaya, alcalde primero de Tegucigalpa [1]. Me dijo el viejo, como algo de sumo interés, que había enviado por ella a fin de que pasara la función de Olancho. Los otros hijos, ausentes en distantes secciones del departamento, también eran esperados para que estuvieran presentes todos durante la fiesta próxima y reunidos en el hogar. "Usted no puede llegar más a tiempo", me dijo nuestro anfitrión después de habernos dado, entre chupadas de su cigarro, los detalles arriba asentados; "la ciudad ahora se parecerá a los tiempos de fiesta y de holgorio de antaño, cuando los placeres de oro producían tan vasta riqueza bajo la dominación de los españoles".

Era casi medianoche cuando habíamos cambiado protestas de amistad con el viejo olanchano, y supe de sus elocuentes labios los detalles de su vida, de su familia y de sus dominios. Nosotros, en cambio, le pormenorizamos los sucesos políticos y sociales del año pasado, de los cuales en su confín solo había oído referencias vagas o exageradas. Escuchaba atentamente nuestros comentarios sobre la guerra europea, destinada, según su opinión, a causar más

---

[1] Se refiere a D. José María Zelaya, casado con Da. Justa Garay

derramamientos de sangre y cambios que las de Napoleón. Luego hicimos colgar nuestras hamacas, meciéndonos en ellas, y cansados de nuestro viaje de treinta millas pronto nos dormimos.

La llegada de un americano del norte produjo una sensación extraordinaria en la pequeña sociedad de Juticalpa. Al siguiente día la sala del señor Garay estaba llena de bote en bote. Entre mis visitantes se hallaban los padres Francisco Cubas y Buenaventura Colindres, el señor Felipe Bustillos [1], don Mateo Pavón y otros numerosos elementos prominentes de la ciudad. La ceremonia de la presentación a estos era de una formalidad casi ridícula, que en cualquier otra parte hubiera provocado mi risa, pero ya estaba yo acostumbrado a observarla. El padre Colindres, o padre Buenaventura, como se le llamaba familiarmente, pronto se interesó en mis proyectos. Era en extremo popular entre todas las clases sociales, con un gran cerebro repleto de conocimientos campesinos, pues no leía otra cosa que su Misal, su libro de oraciones y, ocasionalmente, los periódicos de Tegucigalpa. Examinó con gran curiosidad los mapas que había traído conmigo de los Estados Unidos y, especialmente, los de California. Copió los nombres de los Estados y estuvo por algún tiempo estudiando una breve traducción que le hice sobre la forma del gobierno local en cada Estado y sobre asuntos generales, relacionados con el país del norte. El padre cura de Juticalpa, Francisco Cubas, tenía un cargo superior al del padre Buenaventura. Cada quien tenía asignada su jurisdicción en el departamento, a donde hacían una visita semi anual para el bienestar espiritual de los feligreses. Pagué la visita de ambos y tuve la suerte de ganarme su buena voluntad. Como antes he dicho, el apoyo y protección del clero es un poderoso auxiliar para el éxito de cualquier empresa en Hispanoamérica.

Mientras me hallaba en la casa del cura y durante el término de la función, tuve la oportunidad de ver el poder que tiene el clero sobre el pueblo y la facilidad con que este contribuye a su sostenimiento. Varios jóvenes fuertes llegaron sucesivamente durante nuestra entrevista, y haciendo un saludo reverente en la puerta, entregaban a su consejero espiritual varias sumas de dinero, desde uno a cuatro pesos, para que los encomendara a la protección de la santa virgen. Estas eran, me dijo el padre, parte de las ganancias de ellos al monte, juego favorito entre los españoles en todo el mundo. La procesión de

---

[1] D. Felipe Bustillo ejerció el Poder Ejecutivo en calidad de vicepresidente el año de 1848. Fue abuelo del general Manuel Bonilla.

mujeres y viejos era continua y cada quien deseaba atenuar algún pecadillo dando una bagatela a la virgen. Creo que el padre, de no más de treinta años, es el hombre más inteligente que yo había encontrado en Olancho. Era un autodidacto en latín y francés y su biblioteca, de unos doscientos volúmenes sobre teología, metafísica e historia, demostraba que no era un lector superficial.

Apenas había estado una hora en la casa del señor Garay y ya había hecho una o media docena de citas con igual número de personas para ir en excursión a varias partes del departamento, entre ellas una a la famosa y comercial ciudad indígena de Catacamas; otra de pocos días a la osta, cerca de donde el río Guayambre se une al río Guayape, cuyo lugar se llama La Confluencia de los Ríos. Cada quien parecía imbuido del deseo de traerme noticias sobre alguna localidad otrora célebre como placer aurífero, las cuales, si sus aseveraciones fueran tomadas al pie de la letra, con una cantidad apropiada de eficiencia y de empresa podrían producir millones.

Como siempre lo hacía, extendí mi mapa de Olancho que luego se convirtió en objeto de general interés tanto en esta ocasión como en todo Juticalpa. Muchas personas vinieron a verlo y cada quien tenía una hacienda que insertar, o sugerir que se incluyera en él alguna cadena de montañas o algún río. Hasta el más ignorante comprendía la naturaleza del trabajo, pero hallé que su estimación sobre distancias no era digna de confianza en casos donde un norteamericano de las regiones más apartadas podría ser claro y exacto. Para obtener la dirección de cualquier lugar preguntaba a media docena de personas sucesivamente para señalar lo que ellos consideraban el curso exacto, y en este particular invariablemente encontraba que todos estaban de acuerdo. Nada sabían sobre los puntos cardinales de la brújula o sobre la posición de la Estrella del Norte, pero su sentido de dirección era casi infalible y tan seguro entre ellos mismos como el viejo sistema de navegar guiándose por las estrellas. Al determinar la exacta situación de un lugar con mi brújula, la incluía en mi mapa y luego hacía una serie de preguntas en cuando a las quebradas, las montañas y los valles que debían cruzarse para llegar hasta ese punto. La aseveración de que una brújula de nada sirve en las montañas de Honduras debido a los depósitos minerales, es sencillamente absurda y no merece la menor consideración siquiera.

Quizás ha dado demasiado espacio a la descripción del clima de Olancho. Ello es debido a que las tradicionales opiniones que comúnmente se reciben en cuanto a los "terribles trópicos" han tomado posesión de la mente del público, y que yo me he propuesto desbaratar para demostrar que estas mesetas elevadas, abanicadas por los vigorizantes vientos del mar, son tan sanas como las regiones deliciosas de Puebla, de Jalapa o de México, lugares todavía frescos en la memoria de los compatriotas norteamericanos que las visitaron durante la guerra con México.

No concibo que los norteamericanos que visiten Olancho, o cualquier otra parte del interior de la República de Honduras, pudieran degenerar en razón de su clima o de los hábitos indolentes de sus habitantes, provenientes de la asociación con las gastadas razas de Hispanoamérica. En los suelos abundantes en oro, el yankee no puede resistir la tentación del trabajo, y es mi convicción que en Olancho solo, en la América tropical, el problema de la colonización por ciudadanos industriosos del norte, será pacífica y felizmente resuelto. Las colinas siempre arboladas y los llanos siempre herbosos, preservan la humedad de la tierra durante nueve meses del año (junio a febrero inclusive) y los vientos alisios que soplan en todas las épocas moderan la temperatura y la hacen deliciosa. Juticalpa, Lepaguare, La Concepción, Catacamas, Las Flores, son todos lugares salubres, pero particularmente los dos primeros, en donde pueden establecerse estaciones para un tráfico activo, las cuales, bajo la dirección de empresarios norteamericanos y bajo la garantía de un gobierno estable y discreto, podrían prosperar hasta convertirse en ciudades florecientes que dependerían de una inagotable provisión de oro, de ganados sin límite, caballos, mulas, una población pacífica y una de las más fértiles regiones del mundo.

La ciudad de Juticalpa, aunque construida en el sitio que ocupó una antigua aldea indígena de ese nombre, no es tan antigua como la vieja capital de esta sección centroamericana, Olancho, y que ahora se conoce con el nombre de Olancho Viejo o Antigua, de la cual solo las ruinas existen para denotar su anterior importancia. Estas ruinas están situadas al pie del monte Boquerón [1] en el río de Olancho, hacia

---

[1] El anotador conjetura que la historia de la erupción del Boquerón no pasa de ser una leyenda sin fundamento real, recogida por el Br. Juan Francisco Márquez, cura propio de Tegucigalpa. Refiere que la ciudad de Olancho el Viejo fue destruida "por haber llegado a tanta la corrupción de las gentes, que el oro se empleaba hasta en las herraduras de los caballos, con mayor soberbia que los peruvianos o cusquillos, por falta de hierro, cuando se encontraban de cuero las coronas de los

Catacamas y su descripción la reservo para después. Antes de la destrucción de Olancho Viejo, Juticalpa era una aldea insignificante. Aunque es el centro comercial del este de Honduras y cabecera de un departamento que comprende en su extensión más territorio que todo El Salvador y Costa Rica juntos, hasta hace poco la ciudad no tenía lugar en ningún mapa de Centroamérica. Su misma existencia parece haber sido ignorada como la de las otras ciudades de Olancho. Ha sido muy poco visitada aun por los escasos aventureros de los cortes de caoba que penetraron en el interior durante la última centuria, de los establecimientos de Belice y a lo largo de la costa oriental. Es ahora el centro comercial del tráfico del departamento. La ciudad, se me dijo, tuvo antes arriba de ocho mil habitantes, pero la disminución de su comercio, el decaimiento de las empresas mineras bajo el cambio de los gobiernos nacionales en la república y, últimamente, por los estragos causados por la langosta que barre todos los cultivos en una sola noche, todo se ha combinado para disminuir la población de Juticalpa a poco más o menos cuatro mil almas que, en tiempo de celebraciones públicas, se triplicaba temporalmente.

Existe una red de caminos, que son más bien veredas para mulas, que arranca de Juticalpa y se extiende por todo el departamento. Casi todos los ricos en haciendas de ganado tienen residencias en la cabecera departamental.

Recogiendo datos relativos a Olancho fui presentado a un costarricense, el señor Apolonio Ocampo [1], quien, por varios años había estado ocupado en los cortes de caoba en el Guayape, el Guayambre y el Jalán. Le conocí en casa del señor Garay, y el mutuo conocimiento se convirtió luego en una íntima amistad que duró hasta mi despedida de Olancho. Inteligente, con educación liberal y con una sagacidad agudizada por el trato con los negociantes de caoba londinenses en Belice, estaba peculiarmente calificado para

---

santos" (**Revista del Archivo**, t. I, p. 309). Pero según la carta dirigida al rey por el obispo de Comayagua, Fr. Gaspar de Andrada y Quintanilla, el 12 de octubre de 1598, "los vecinos de la villa de Olancho sin orden ni licencia desampararon, algunos años ha, el pueblo donde vivían, y poblaron en un sitio muchas leguas distantes del" (Archivo de Indias, Guatemala, 164). De manera que en 1611, año en que se afirma que hizo erupción del Boquerón, hacía ya muchos años que Olancho estaba despoblada.

[1] Parece que fue casado con Da. Mariana Arbizu, padres de Da. Trinidad Ocampo, esposa de jurisconsulto hondureño D. Pedro J. Bustillo.

proporcionarme una información veraz, ya que sus hábitos de observación le habían capacitado para darla sobre sus viajes constantes al interior del país y en sus transportes en balsa por los ríos Guayape y Patuca. Tenía a veces varios cientos de hombres trabajando en sus benques del Guayape y sus tributarios. En particular, debo a don Apolonio los detalles minuciosos que me diera sobre el curso de los ríos principales, más allá del punto donde yo los cruzara.

Durante varios días, anteriores a la función, con el señor Ocampo visitamos a caballo la región. Generalmente llevábamos armas, más por mi iniciativa que por alguna advertencia que él me hiciera al respecto. Una vez íbamos hacia la aldea de Jutiquile, que queda más o menos dieciocho millas al noroeste de Juticalpa, vimos en el camino un pequeño cerdo salvaje de ojos malignos, y estaba a punto de recetarle una de mis píldoras de plomo, cuando don Apolonio me aconsejó que me abstuviera de hacerlo porque donde había uno de estos animales, seguro que cerca estaba toda la manada, cuyo número y ferocidad no eran para despreciarse. Así, dejé que el animalito entrara trotando a uno de los matorrales; pero más adelante, como a distancia de cien yardas, el camino estaba lleno de ellos. En la costa norte este animal se conoce con el nombre de "Warey". No pude resistir la tentación de bajarme del caballo, llevarme el rifle a la cara y disparé, no obstante el consejo que me diera el señor Ocampo; con el estallido, el más grande que pude seleccionar describió una serie de vueltas, gruñendo con furia salvaje y, por último, rodó pataleando hasta que quedó tendido. Curioso era observar el resto de la manada viendo sus contorsiones. Don Apolonio, mientras tanto, prudentemente se había retirado colocándose a una distancia respetable entre él y los jabalíes.

Como la manda no hacía sino gruñir, dar chillidos agudos, dar vueltas en derredor y hocicar el cuerpo de su compañero muerto, hice la misma operación a otro, desde un lado de mi caballo. En el momento que con sus pequeños rojos me divisaron, salieron velozmente hacia mí, trepé a la silla y, volviendo grupas a la legión que avanzaba, vi luego que don Apolonio era cuestión de competencia a quien interponía más terreno en el más corto tiempo. Nos siguieron por varios cientos de yardas, y sintiendo quizás que su poder de locomoción era desigual a sus propósitos, regresaron hacia donde estaban los cuerpos de sus compañeros muertos y recomenzaron su hociqueo. Los seguimos y matamos cuatro más, y cuando la manada tomó esto como una lucha desigual, corrió hacia el bosque dejándonos en posesión del campo.

Estas son criaturas bravías, de patas delgadas, vivas, como un cruce de cerdo común y un puercoespín, tienen ojos pequeños y malignos, formidables colmillos y, generalmente, un color moreno sucio. Corren en las montañas siempre en grupo, donde el viajero solitario que los encuentra, a veces se ve obligado a subirse el árbol más cercano en busca de refugio, especialmente si ha tenido la temeridad de dispararles. En tales ocasiones él puede tirarles desde allí con perfecta seguridad, y aunque con su rifle logre ultimar la mitad de ellos, continuarán lanzándose alrededor del árbol entre los cuerpos yertos de sus compañeros, rechinando los dientes y emitiendo un gruñido bajo y colérico hasta que el jefe de ellos, generalmente el más grande, es muerto, ocurrido lo cual, se escabullen a toda velocidad, pues la pérdida de su guía desalienta su ferocidad porcina.

En estado doméstico andan de puerta en puerta en las aldeas, devorando los desperdicios que pueden arrojárseles y disputando con los zopilotes el oficio de agentes de salubridad, comiendo carroñas. Los muchachos descalzos aprenden pronto lo que significan los brillantes dientes del "warey". Este animal raramente se caza en Honduras o en Costa Rica, en donde particularmente abundan y se le confunde, erróneamente, con el pecarí. Como una ilustración de la variedad de nombres que en una sola localidad de Honduras se da a muchos animales y pájaros por cuya razón si los extranjeros no están familiarizados con el lenguaje caen en absurdas conclusiones, el nombre de este animal servirá de muestra. En un círculo de unas cien millas se le llama: "Waree", chancho de monte, jabalí, pecarí, saíno, "warey", y chancho bravo, amén de tener también su nombre en latín.

En los alrededores de Juticalpa hay numerosas minas o placeres. No son, sin embargo, muy productivas y solo se conocen como sitios en donde de tiempo en tiempo se han encontrado algunas chispas del precioso metal. Cerca de Monte Rosa, hacia el suroeste, hay lugares en los cuales las lavadoras van después de las crecidas y colectan cantidades considerables. Pero la labor de los viejos españoles, como de las mujeres del tiempo presente, parece haber sido dirigida principalmente a las arenas de las quebradas, más bien que a cambiar el curso de los ríos o a excavar profundamente en los secos barrancos y cañadas, que es donde más se le encuentra en California.

Mientras andábamos por Monte Rosa con el padre Buenaventura examinando estos placeres, encontramos a dos muchachas que estaban lavando oro en el río. Habían traído la tierra en burdas canastas de palma, desde una distancia de media milla y las partículas de oro se distinguían bien después de la operación del lavado. Esperamos hasta que terminaran su labor y, a ruego del padre, regresaron con nosotros al lugar desde donde habían traído la tierra. Estaba este en la ladera de una pequeña colina, donde la tierra roja indicaba la presencia del oro. El lecho de roca aquí era bastante superficial cubriendo la tierra poco más o menos un pie de profundidad. Esto es lo que las pequeñas trabajadoras habían raspado y recogido de la sustancia arcillosa, dejando la roca enteramente limpia. Así habían barrido un espacio como de una yarda cuadrada y de allí obtuvieron como quince centavos de un oro puro, escamado, de color amarillo brillante y de una calidad solo productiva si se le trabajara por medio del azogue. La operación del "lavado del suelo" pagaría aquí buenas ganancias.

Fue en este viaje cuando por primera vez vi el árbol de donde se extrae el liquidámbar (Liquid-amber. Ámbar líquido). Es natural de varias secciones de Centroamérica, pero especialmente de las mesetas de Olancho, donde se le ve creciendo exuberante entre los muchos árboles de brillantes hojas que integran el paisaje del departamento. Después me lo mostraron en el camino entre Lepaguare y Galeras y, también, en las vecindades de Catacamas. La mayor parte de estos árboles, sin embargo, han sido horadados y, por consiguiente, dañados. Su altura media es de unos treinta pies, pero el general Zelaya me aseguró que en las montañas, como a veinte millas al norte de Juticalpa, se les encuentra de treinta a ochenta pies de altura y de unos tres pies de diámetro en la base. El tronco es suave y desnudo de ramas hasta la altura de veinte pies desde donde salen hacia la parte superior, muy parecidas a las del pino norteño y formando un cono de viva esmeralda.

Las hojas tienen siete puntas y están profundamente marcadas, muy arrugadas y cuelgan de tallos finos. La florescencia es a principios de febrero; en este tiempo el árbol se destaca entre el follaje que le rodea. Las flores son de color rosado, grandes y puntiagudas, salen de los extremos de las ramas y revientan en ricos corimbos globulares. El haz de las hojas es glutinoso y brillante y se parece al del arce de hojas plateadas. La madera es dura, y cuando se la trabaja muestra un grano fino jaspeado, capaz de recoger un alto brillo, pero raramente se la corta y usa en esta tierra donde abundan las maderas preciosas para construcción, las maderas de tinte y las plantas medicinales.

Los propietarios de las haciendas de ganado envían a sus mayordomos a las montañas a recoger la resina que exuda a través de los poros del árbol y, a menudo, como la del durazno, se concentra en algún nudo a lo largo de la superficie lisa. La goma o resina gotea de la incisión en lágrimas transparentes hacia los conductos hechos por los nativos hasta que, de una espinita insertada en un punto conveniente, puede recogerse una botella o más de líquido. Según supe, de las ramas más altas se obtiene un producto de mejor calidad.

La pestaña hecha de hojas de plátano y que se ata apretadamente alrededor del tronco, se deja por varios días para encontrarla después llena de la preciosa destilación. Con Julio, el mayordomo de Lepaguare fui a ver uno de estos árboles como a dos leguas, donde él recogió por lo menos una botella, de las pestañas hechas de hojas. El tronco del liquidámbar es pegajoso al tacto, donde numerosas abejas quedan atrapadas cuando, atraídas por la substancia glutinosa que exuda de los poros, acuden a la corteza. La goma cuando se embotella adopta la consistencia de la miel. En la caballeriza del general Zelaya había por lo menos dos galones de liquidámbar, que no usaba sino con el propósito de curar las heridas de los caballos, las mulas y el ganado. Mientras estuve ahí vi un patacho de yeguas y potros que se encorralaban por haber sido mordidos por los vampiros o heridos por las bestias salvajes. Las heridas se limpiaban primero con un cocimiento de plantas medicinales recogidas por uno de los muchachos, y después de las cubría con liquidámbar. Se me aseguró que nunca fallaba para una cura rápida de las heridas en la piel de los caballos y que en las montañas cuando los cortadores de caoba o los cazadores se hieren, inmediatamente se aplican de este árbol el remedio consiguiente. Los indios, con el objeto de preservar su dentadura la mastican, pero si la goma está muy espesa, la mezclan algunas veces otras substancias. No vi liquidámbar sino en Olancho, e investigando en otras partes de Centroamérica como particularmente abundante en dicho árbol.

Desde el día de nuestro arribo a la ciudad de Juticalpa la población aumentaba constantemente. Todo era alegría y entusiasmo con los preparativos para la función, largamente esperada. Se reunieron las autoridades y dieron licencia a los habitantes para que pudieran disparar armas de fuego y bombas; la pequeña guarnición del cabildo se atavío lo mejor que pudo, desfiló por las calles y a intervalos despertaban a los habitantes con el eco de su cañón de montaña, viejo y destartalado armatoste español del calibre de las escopetas que sirven para cazar patos. En Centroamérica se estiman los cañones por el ruido que puedan hacer. Un grupo de señoritas se reunió en casa de doña Teresa, al otro lado de la calle. El interior, como pude ver desde mi ventana, estaba alegre con la policromía de los estampados, cintas y mantones que llevaban. La gente llegó de todas partes. Venían a diario desde lugares a cincuenta millas de distancia. La plaza de toros estaba recibiendo los toques finales de los trabajadores que durante varios días habían estado trayendo a la ciudad con bueyes y mulas cargas de ramas y palos para completar las barreras. Varios músicos, que tocarían durante la semana de festejos, habían visitado al señor Garay para la acostumbrada contribución; los pudientes de la ciudad habían estado en solemne cónclave en nuestra casa con los curas, discutiendo los gastos del decorado de la iglesia en una manera que concordara con la importancia de la ocasión; los toros (siempre suplidos gratuitamente por el señor Garay) ya estaban en camino desde sus haciendas; los cohetes y buscapiés (también los llaman escarba niguas) anuncian la función chisporroteando y explotando alrededor del cabildo, y la dormida ciudad de Juticalpa, comúnmente tranquila, presenta ahora una admirable escena de ruido y excitación.

Durante todo este bullicio, tocado con sus vestiduras de fiesta, con su pierna coja sostenida entre cojines y su hamaca arreglada de tal modo que jalando una cuerda suspendida del techo pudiera mecerse de aquí para allá, el viejo caballero abrió su casa y distribuyó monedas y consejos a las varias personas que diariamente le visitaban. Alguna vez, a hurtadillas, un sujeto entraba a su cuarto, sombrero en mano, y se sentaba respetuosamente sobre un baúl y quedaba mudo, con sus ojos fijos y lánguidos hacia el piso. Cuando el señor Garay había terminado sus asuntos con el sujeto que había venido antes, miraba con bondad hacia su nuevo visitante, prendía un cigarro y le decía:

"Ahora, amigo, ¿qué tienes?"

A esto el sujeto (ahora seguro de su éxito) levantaba los ojos, decía que él trabajaba duro para sostener a su madre ciega o a sus pequeñas hermanas, pero que debido a los destrozos de la langosta le había sido imposible conseguir un medio para poder celebrar la fiesta a la gloria de Dios, y después de un largo cuento bajaba otra vez los ojos y permanecía en silencio. El viejo golpeaba con su bastón el piso, llamaba a un indito que tenía de criado, quien procedía a abrir un baúl antiguo de roble y sacaba de él una caja llena de monedas de cobre. Estas eran contadas cuidadosamente y dándoselas al peticionario, le decía: "¡Vamos! Sin duda sois buen muchacho", y cuando le obsequiaba las monedas agregaba con aire paternal para guardar su talante patriarcal: "Acuérdate, Antonio, que un peso en el bolsillo es el mejor amigo en este mundo".

El sujeto que, se quiera o no, era algún pelagatos o vagabundo, invocaba a Dios para que derramara sus bendiciones sobre su venerable benefactor y, saliendo de prisa hacia la plaza, rápidamente gastaba los cobres apostándolos al "monte" en la primera mesa de juego.

Uno de los pasatiempos favoritos del señor Garay, y que él compartía con toda la población de Olancho, era el de las corridas de toros, entretenimiento en el que, allá en sus días de juventud, no desdeñaba tomar parte, pero ahora solo se contentaba con presenciar desde el alto andamiaje levantado, tantas veces como se celebrara la fiesta expresamente para él, fuera de la gran barrera y desde donde se dominaba todo el redondel. Conociendo esta debilidad suya, los toreros siempre le sacaban al rico don Francisco fuertes contribuciones. Nunca rehusaba él las peticiones de sus favoritos, quienes, en su concepto, ofrendaban la vida para alegrar al público y celebrar como se merecía la Función de la Virgen.